民航运输
市场营销管理

Minhang Yunshu Shichang Yingxiao Guanli

主编 张 玉

人民交通出版社
China Communications Press

内 容 提 要

本书是关于民航运输市场营销理论的教材,运用市场营销学和管理学的原理和方法,结合民航运输业的特点,以民用航空公司为研究对象,重点探讨新时代背景下现代航空公司的市场营销与管理问题。全书共十二章,内容新颖、案例丰富,主要包括绪论、民航运输市场营销基础知识、民航运输市场营销环境、民航运输市场调查与预测、民航运输市场消费者行为、民航运输市场竞争战略、民航运输市场营销战略、民航运输市场产品策略、民航运输市场价格策略、民航运输市场营销渠道策略、民航运输市场促销策略、民航运输市场客户关系管理。

本书可以作为高等院校航空管理、航空经济、航空运输等专业的教学用书,也可作为民航相关从业人员的培训教材,还可以供从事民航运输市场研究的人员参考使用。

图书在版编目(CIP)数据

民航运输市场营销管理/张玉主编.—北京:人民交通出版社,2013.8
 ISBN 978-7-114-10616-3

Ⅰ.①民… Ⅱ.①张… Ⅲ.①民航业—营销管理—中国—教材 Ⅳ.①F562.6

中国版本图书馆 CIP 数据核字(2013)第 098347 号

书　　名:	民航运输市场营销管理
著 作 者:	张　玉
责任编辑:	吴燕伶
出版发行:	人民交通出版社
地　　址:	(100011)北京市朝阳区安定门外外馆斜街 3 号
网　　址:	http://www.ccpress.com.cn
销售电话:	(010)59757973
总 经 销:	人民交通出版社发行部
经　　销:	各地新华书店
印　　刷:	北京建宏印刷有限公司
开　　本:	787×1092　1/16
印　　张:	23.25
字　　数:	596 千
版　　次:	2013 年 8 月　第 1 版
印　　次:	2022 年 12 月　第 5 次印刷
书　　号:	ISBN 978-7-114-10616-3
定　　价:	42.00 元

(有印刷、装订质量问题的图书由本社负责调换)

前　言

民航运输作为交通运输业的重要组成部分，近年来取得了巨大发展，运量持续快速增长，航线网络不断扩大，机队运输能力显著增强，机场、空管等基础设施建设取得重大发展，管理体制改革和扩大对外开放迈出较大步伐。与之相伴的则是市场竞争越来越激烈，需要民航运输业从业人员重点关注。

遵照民航运输市场营销自身特点，适应专业教育、培训以及广大民航运输从业人员的需要，编者经过详细的市场调研，在多年教学实践的基础上，编写此书。本书在编写过程中，注重理论性与应用性相融合，学术性与普及性相兼顾，体现时代特点，突出基本理论在工作中的应用。

本书共分十二章，理论框架简练明了，内容安排新颖有趣，教学案例丰富多样。学习者可以由浅入深、由表及里系统地掌握民航运输市场营销管理的相关知识。在编写过程中，编者吸收了国内外民航运输市场营销理论最新的研究成果，借鉴了多位同行专家的学术成果，参考和引用了他们的部分资料，在此特做说明并对这些文献资料的作者们表示谢意。

本书可以作为高等院校及职业院校相关专业的教学用书，还可供民航运输市场营销人员参考学习。

由于编者水平有限，书中难免会有不妥和疏漏之处，恳请专家和广大读者批评指正。

编　者
2013 年 3 月 1 日

目　　录

第一章　绪论 ... 1
　第一节　市场营销学的产生与发展 ... 1
　第二节　市场营销学的传播与应用 ... 6
　本章小结 ... 9
　复习思考题 ... 9
　中英文对照专业名词 ... 9
　课后阅读　"现代营销学之父"——菲利普·科特勒 ... 10

第二章　民航运输市场营销基础知识 ... 12
　第一节　民航运输市场 ... 12
　第二节　民航运输市场营销管理 ... 18
　第三节　民航运输市场营销观念的演变与发展 ... 26
　本章小结 ... 32
　复习思考题 ... 33
　中英文对照专业名词 ... 33
　课后阅读　中国民航业的发展历程 ... 33

第三章　民航运输市场营销环境 ... 37
　第一节　概述 ... 37
　第二节　民航运输市场宏观营销环境 ... 42
　第三节　民航运输市场微观营销环境 ... 51
　第四节　民航运输市场营销环境分析 ... 55
　本章小结 ... 60
　复习思考题 ... 61
　中英文对照专业名词 ... 61
　课后阅读　中国民航业发展现状及前景分析 ... 62

第四章　民航运输市场调查与预测 ... 66
　第一节　概述 ... 66
　第二节　民航运输市场营销调研 ... 76
　第三节　民航运输市场调查问卷 ... 84

第四节　民航运输市场预测 ………………………………………………………… 95
　　第五节　民航运输市场主要业务量预测 …………………………………………… 98
　　本章小结 ……………………………………………………………………………… 109
　　复习思考题 …………………………………………………………………………… 110
　　中英文对照专业名词 ………………………………………………………………… 110
　　课后阅读　空客公司发布2012年~2031年全球民用航空市场预测 …………… 111

第五章　民航运输市场消费者行为 ………………………………………………………… 113
　　第一节　概述 ………………………………………………………………………… 113
　　第二节　民航运输市场消费者购买行为 …………………………………………… 119
　　第三节　民航运输市场消费者购买决策过程 ……………………………………… 127
　　本章小结 ……………………………………………………………………………… 133
　　复习思考题 …………………………………………………………………………… 134
　　中英文对照专业名词 ………………………………………………………………… 134
　　课后阅读　国际民航旅客消费行为特征分析(2010年) ………………………… 135

第六章　民航运输市场竞争战略 …………………………………………………………… 140
　　第一节　民航运输市场基本竞争力量 ……………………………………………… 140
　　第二节　民航运输市场竞争战略 …………………………………………………… 149
　　第三节　民航运输市场竞争策略 …………………………………………………… 165
　　第四节　航空公司战略联盟 ………………………………………………………… 173
　　本章小结 ……………………………………………………………………………… 179
　　复习思考题 …………………………………………………………………………… 180
　　中英文对照专业名词 ………………………………………………………………… 180
　　课后阅读　"竞争战略之父"——迈克尔·波特 ………………………………… 180

第七章　民航运输市场营销战略 …………………………………………………………… 182
　　第一节　民航运输市场细分 ………………………………………………………… 182
　　第二节　民航运输企业目标市场选择 ……………………………………………… 192
　　第三节　民航运输市场定位 ………………………………………………………… 196
　　第四节　民航运输市场营销组合 …………………………………………………… 203
　　本章小结 ……………………………………………………………………………… 208
　　复习思考题 …………………………………………………………………………… 209
　　中英文对照专业名词 ………………………………………………………………… 209
　　课后阅读　国际民航旅客群体构成分析(2010年) ……………………………… 209

第八章　民航运输市场产品策略 …………………………………………………………… 214
　　第一节　民航运输市场产品质量管理 ……………………………………………… 214
　　第二节　民航运输市场新服务开发 ………………………………………………… 223

    第三节　民航运输市场航线组合策略 231
    第四节　民航运输市场产品生命周期策略 238
    第五节　民航企业品牌策略 242
  本章小结 249
  复习思考题 249
  中英文对照专业名词 250
  课后阅读　航空旅游与航空运输的协同发展 250

第九章　民航运输市场价格策略 254
    第一节　概述 254
    第二节　民航运输市场定价方法 257
    第三节　民航运输市场多等级票价策略 261
    第四节　民航运输市场航班超售策略 271
    第五节　民航运输市场收益管理 276
  本章小结 280
  复习思考题 280
  中英文对照专业名词 281
  课后阅读　中国民航运输市场运价形成机制的历史沿革 281

第十章　民航运输市场营销渠道策略 284
    第一节　民航运输市场营销渠道 284
    第二节　民航运输市场销售代理人管理 290
    第三节　民航运输市场网络直销渠道管理 295
    第四节　民航运输市场计算机销售系统 302
  本章小结 306
  复习思考题 307
  中英文对照专业名词 307
  课后阅读　网络环境下民航客票销售渠道的变迁 308

第十一章　民航运输市场促销策略 312
    第一节　概述 312
    第二节　民航运输市场广告策略 315
    第三节　民航运输市场人员推销策略 321
    第四节　民航运输市场营业推广策略 328
    第五节　民航运输市场公共关系策略 331
  本章小结 336
  复习思考题 337
  中英文对照专业名词 337
  课后阅读　"航空小霸王"的经典危机公关 337

第十二章　民航运输市场客户关系管理 ·············· 341
　第一节　民航运输市场客户关系管理 ·············· 341
　第二节　航空公司常旅客计划 ·············· 352
　本章小结 ·············· 359
　复习思考题 ·············· 359
　中英文对照专业名词 ·············· 360
　课后阅读　微博粉丝也是生产力，从常旅客计划到粉丝团 ·············· 360
参考文献 ·············· 362

第一章 绪 论

学习目的与要求
- 认识市场营销学产生的历史背景；
- 了解市场营销学发展历程及理论基础；
- 理解市场营销学的应用领域及在中国的传播；
- 熟悉市场营销理论在民航运输领域的应用；
- 掌握民航运输市场营销的研究内容。

第一节 市场营销学的产生与发展

市场营销理论诞生于 20 世纪初的美国，它的产生是美国社会经济环境发展变化的产物。19 世纪末 20 世纪初，美国开始从自由资本主义向垄断资本主义过渡，社会环境发生了深刻的变化。伴随着工业生产飞速发展、专业化程度日益提高、人口急剧增长与个人收入上升，日益扩大的新市场为创新提供了良好的机会，也使得人们对市场的态度开始发生变化。这些因素都有力地促进了市场营销思想的产生和市场营销理论的发展。

一、市场营销学产生的历史背景

1. 市场规模迅速扩大

为开发美国西部而迅速进行的铁路建设，有力地促进了美国钢铁工业的发展和国内市场规模的扩大。到 20 世纪初，美国国内市场扩大到了历史上前所未有的程度。外延性市场的扩大，意味着买卖双方不再像过去那样相互了解、彼此熟悉。扩大的市场给大规模生产带来了机会，同时也引进了新的竞争因素，信息、促销等变得越来越重要。

2. 工业生产急剧发展

19 世纪末，科学技术的进步，标准产品、零部件和机械工具的发展，食品储存手段的现代化，电灯、自动纺织机的应用等，促使美国的农业经济迅速向工业经济转化。原先以家庭为单位的作坊式生产日益向工厂生产转化，大量的资本被投入扩大再生产，政府也通过免费提供工厂场地、减免税收等各种优惠方式刺激工业生产。

大规模生产带来了日益增多的商品，使得市场供给超过了市场需求，从而卖方市场开始向买方市场转化。生产者不再只是为一个局部的当地市场服务,而更多为众多的充满了各种不确定性的外地甚至外国市场服务。以往人们总是在非常熟悉的当地市场上从事购买活动,买主有一种自信感和安全感,然而随着市场的扩展,这一切都有所削弱或不复存在。

此外,随着生产的发展,大量新产品涌入市场,生产者与消费者之间又介入了中间商,市场上还出现了各种广告、促销活动。所有这些,都使得消费者有些困惑不解,他们渴求能有一门新的学科或理论来对此作出解释,以便更有效地指导其经济生活实践。

3. 分销系统发生变化

在古典经济学发展的鼎盛时期,介于生产者和消费者之间的中间商被认为是不重要的。到了20世纪,中间商的作用和社会地位开始有所变化。在这个时期,直接出售家庭手工业品和农产品的现象逐渐减少,而通过正规的专门化分销渠道买卖商品的趋势日益明显。中间商执行了他们以往没有执行的职能,他们的人数增加了,相互之间有了分工,并且出现了同第一流生产企业并驾齐驱的百货商店、邮购商店和连锁商店等。

新的分销体制向有关价值创造的传统理论提出了挑战,人们要求创造一个新的价值理论,它将包含曾被早期经济学家排斥在外的服务。有关价格和定价行为的概念也必须根据定价中的新因素进行修正,价格由生产要素成本构成这个概念已不足以解释分销系统中的管理价格,价格已不仅仅是生产要素可计成本的总和,而是一种管理现象。分销组织利用价格作为一种实现其目标的手段,可以用低价扩大销售,也可以用高价提高利润。

正如大工厂需要一支专门的企业管理队伍一样,随着分销组织规模的扩大和分工的深化,分销组织也需要管理人员,但是管理工厂所要求的才能与新的分销组织所需要的才能是不同的,培养这方面人才所需要的技术知识和理论思想在现成的理论书中是找不到的,它迫切需要有一种新的理论问世。

4. 传统理论面临挑战

整个19世纪,企业经营的环境在很大程度上是由企业主决定的,他们信奉个人主义,信奉商业寡头政治,信奉政府干预极小化而政府对企业的支持极大化。企业领导人坚持个人所拥有的权利和财富丝毫不能有任何限制或干涉,他们强调积累规律和竞争规律,不理会有人认为商业竞争是极大浪费的议论。当时的人们普遍认为勤俭和努力工作是值得赞美的,认为贫穷来自懒惰和无能。这些观念助长了经济自由的思想,经济学家则把希望寄托在市场竞争机制上。

20世纪初出现了一种论点,即完全的自由竞争并不能使社会总体利益达到最佳水平,并引起了社会广泛的重视。1901年,西奥多·罗斯福在改革经济、社会和政治弊端的浪潮中当选为美国总统。进步党要求政府控制大工业、金融和运输公司,企业兼并应该受到有关法律的制约。这表明了长期以来所谓的自由竞争在市场上必然奏效的论断已经过时,而这些新现象在当时的经济理论中无法找到现成的答案。

传统的经济学家一般是从宏观的和政治的角度来考虑市场问题的,例如,亚当·斯密最感兴趣的是如何通过增加英国的商业和贸易来加强其外交和军事力量,而当时的管理经济学家则主要考虑企业组织的内部问题,尤其是有关生产过程的问题。大量有关分销和市场的新问题造就了一批新的理论家,即市场营销学家。

市场营销思想最初的产生是自发的，是人们在解决各种市场问题的过程中逐渐形成的，直到20世纪30年代，学者们才开始从科学的角度来解释这门学科。市场营销思想的出现，对美国社会和经济产生了重大影响，它给予了成千上万的企业主指导，提供了企业市场营销计划制订的依据，推动了中间商社会地位的提升，改变了人们对社会、市场和消费的看法，形成了人们新的价值观念和行为准则。美国商学院把那些反映市场营销新思想的著作用作教科书，并将市场营销思想理论化，进而使之成为一门独立的学科即市场营销学。

二 市场营销学的发展历程

西方市场营销学的产生与发展同商品经济的发展、企业经营哲学的演变是密切相关的。美国市场营销学自20世纪初诞生以来，其发展经历了六个阶段。

1. 萌芽阶段（1900年~1920年）

这一阶段，各主要资本主义国家经过工业革命，生产力迅速提高，城市经济迅猛发展，商品需求量迅速增多，出现了需过于供的卖方市场，企业产品价值充分实现。与此相适应，市场营销学开始创立。早在1902年，美国密执安大学、加州大学和伊利诺伊大学的经济系开设了市场学课程，随后，宾夕法尼亚大学、匹兹堡大学、威斯康星大学也相继开设了此课。在这一时期，出现了一些市场营销研究的先驱者，其中最著名的有阿切·W·肖（Arch. W. Shaw）、巴特勒（Ralph Star. Bulter）、约翰·B·斯威尼（John B. Swirniy）及赫杰特齐（J. E. Hagerty）。哈佛大学教授赫杰特齐走访了大企业主，了解他们如何进行市场营销活动，于1912年出版了第一本名为 Marketing 的教科书。这本教科书的问世成为市场营销学作为一门独立学科出现的里程碑。

2. 功能研究阶段（1921年~1945年）

这一阶段以营销功能研究为特点，最著名的代表人物有克拉克（F. E. Clerk）、韦尔达（L. D. H. Weld）、亚历山大（Alexander）、瑟菲斯（Sarfare）、埃尔德（Ilder）及奥尔德逊（Alderson）。1932年，克拉克和韦尔达出版了《美国农产品营销》一书，对美国农产品营销进行了全面的论述，指出市场营销目的是使产品从种植者那儿顺利地转到使用者手中。这一过程包括三个重要又相互有关的内容——集中（购买剩余农产品）、平衡（调节供需）、分散（把农产品化整为零），以及7种市场营销功能——集中、储藏、财务、承担风险、标准化、推销和运输。1942年，克拉克出版的《市场营销学原理》一书，在功能研究上提出创新，把市场营销功能归结为交换功能、实体分配功能、辅助功能等，并提出了推销是创造需求的观点，实际上是市场营销的雏形。

3. 形成和巩固阶段（1946年~1955年）

这一阶段的代表人物有范利（Vaile）、格雷特（Grether）、考克斯（Cox）、梅纳德（Maynard）及贝克曼（Beckman）。1952年，范利、格雷斯和考克斯合作出版了《美国经济中的市场营销》一书，全面地阐述了市场营销如何分配资源、指导资源的使用，尤其是指导稀缺资源的使用；市场营销如何影响个人分配，而个人收入又如何制约营销；市场营销还包括为市场提供适销对路的产品。同年，梅纳德和贝克曼在出版的《市场营销学原理》一书中，提出了市场营销的定义：影响商品交换或商品所有权转移，以及商品实体分配服务的一切必要的企业活动。梅纳德归纳了研究市场营销学的五种方法,即商品研究法、机构研究法、历史研究法、成本研究法及功能研究法。

由此,这一阶段形成了市场营销的原理及研究方法,标志着传统市场营销学的形成。

4. 管理导向阶段(1956年~1965年)

这一阶段的代表人物主要有罗·奥尔德逊(Wroe Alderson)、约翰·霍华德(John A. Howard)及杰罗姆·麦卡锡(E. Jerome Mclarthy)。奥尔德逊在1957年出版的《市场营销活动和经济行动》一书中,提出了"功能主义"。约翰·霍华德在出版的《市场营销管理:分析和决策》一书中,率先提出从营销管理角度论述市场营销理论和应用,从企业环境与营销策略两者关系来研究营销管理问题,强调企业必须适应外部环境。杰罗姆·麦卡锡在1960年出版的《基础市场营销学》一书中,对市场营销管理提出了新的见解,他把消费者视为一个特定的群体,即目标市场,企业制订市场营销组合策略,适应外部环境,满足目标顾客的需求,实现企业经营目标。

5. 协同和发展阶段(1966年~1980年)

这一阶段,市场营销学逐渐从经济学中独立出来,同管理科学、行为科学、心理学和社会心理学等理论相结合,使市场营销学理论更加成熟。

在此时期,乔治·道宁(George S. Downing)于1971年出版的《基础市场营销:系统研究法》一书,提出了系统研究法,其认为公司就是一个市场营销系统,企业活动的总体系统,通过定价、促销、分配活动,并利用各种渠道把产品和服务供给现实的和潜在的顾客。书中还指出,公司作为一个系统,同时又存在于一个由市场、资源和各种社会组织等组成的大系统之中,它将受到大系统的影响,同时又反作用于大系统。

1967年,美国著名市场营销学教授菲利普·科特勒(Philip Kotler)出版了《市场营销管理:分析、计划与控制》一书。该著作更全面、系统地发展了现代市场营销理论。书中精辟地对营销管理下了定义:营销管理就是通过创造、建立和保持与目标市场之间的有益交换和联系,以达到组织的各种目标而进行的分析、计划、执行和控制过程,并提出市场营销管理过程包括分析市场营销机会、进行营销调研、选择目标市场、制订营销战略和战术和制订执行及调控市场营销计划。

菲利普·科特勒突破了传统市场营销学所认为的营销管理的任务只是刺激消费者需求的观点,进一步提出营销管理的实质是需求管理,还提出了市场营销是与市场有关的人类活动,既适用于盈利组织,也适用于非盈利组织,扩大了市场营销学的范围。

6. 分化和扩展阶段(1981年至今)

在此阶段,市场营销领域又出现了大量丰富的新概念,使得市场营销这门学科出现了变形和分化的趋势,其应用范围也在不断地扩展。

1981年,莱维·辛格和菲利普·科特勒对"市场营销战"这一概念以及军事理论在市场营销战中的应用进行了研究。几年后,列斯和特罗出版了《市场营销战》一书。1981年,瑞典经济学院的克里斯琴·格罗路斯发表了论述"内部市场营销"的论文,科特勒也提出要在企业内部创造一种市场营销文化,使企业市场营销化。1983年,西奥多·莱维特对"全球市场营销"问题进行了研究,提出过于强调对各个当地市场的适应性,将导致生产、分销和广告方面规模经济的损失,从而使成本增加。因此,他呼吁多国公司向全世界提供一种统一的产品,并采用统一的沟通手段。1985年,巴巴拉·本德·杰克逊提出了"关系营销"、"协商推销"等新观点。1986年,科特勒提出了"大市场营销"概念,提出了企业如何打进被保护市场的问题。在此期间,"直接市场营销"也是一个引人注目的新问题,其实质是以数据资料为基础的市场营销,由于事先获得大量信息和电视通信技术的发展才使直接市场营销成为可能。

进入20世纪90年代后,关于市场营销、市场营销网络、政治市场营销、市场营销决策支持系统及市场营销专家系统等新的理论与实践问题开始引起学术界和企业界的关注。进入21世纪后,互联网的发展应用,推动着网上虚拟营销的快速发展,更刺激了基于互联网的网络营销迅猛发展。

三 市场营销学的理论基础

企业的市场营销活动是直接的市场经济行为,必然要受到市场经济规律的支配与制约。市场经济规律反映着经济现象发生变化的内在本质联系。市场经济的主要规律包括:价值规律、供求规律、竞争规律、按比例发展规律与周期波动规律等,企业的市场营销工作应顺应这些规律来开展。

市场营销作为一门学科,其理论基础主要有商品供求理论、商品价值实现理论、竞争理论和社会人理论。

1. 商品供求理论

市场是供给方和需求方的统一体。市场供给是指一定时期一定价格水平下某种商品的市场供给量,它反映生产者的经济行为。市场需求是指一定时期一定价格水平下某种商品的市场需求量,它反映消费者的经济行为。在商品交换过程中,供给、需求、价格始终相互联系、相互影响、相互制约。市场机制的作用如图1-1所示。

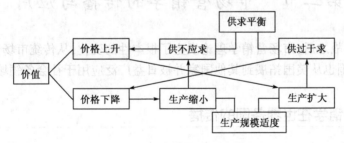

图1-1　市场机制的作用

图1-1概括地反映了价格、供求、生产规模三者变化时相互之间的内在联系。从其中任何一点出发,都能得到一个现实的有机循环过程。供求间的矛盾始终是存在的,即使是供求相互平衡的市场,也存在暂时的或局部的不平衡。因此,供求规律是市场营销学重要的理论基础。

2. 商品价值实现理论

商品价值实现问题是社会再生产的关键问题,商品的价值能否得到实现,要看在市场上能否顺利地销售出去。市场营销就是解决商品价值实现的问题。在商品经济条件下,商品为交换而产生,但并非所有的商品都能实现由产品向货币的转化。商品价值的实现取决于消费者,因而企业的利益不是通过生产和推销产品获得的,而是通过满足消费者的需要获得的。

3. 竞争理论

竞争是市场经济的必然现象。从竞争对象来看,买方市场条件下主要是卖者之间的竞争,在竞争中吸引顾客,争夺销路,还有买卖之间的竞争。市场经济发展的程度不同,竞争的形式有所不同。在市场营销活动中,企业间的竞争十分广泛,包括商品竞争、信息竞争、价格竞争、分销渠道竞争、广告竞争和服务竞争等。现代市场营销要求企业间的竞争必须建立在公平合理的基础上,反对采取不正当的竞争手段,为此,企业必须建立公平的竞争秩序,认真执行相关竞争法规。

4. 社会人理论

现代市场营销学注重研究消费者的消费心理,把行为科学中的社会人观点引入市场营销中,把人看作是社会人和经济人的复合体。企业只有同时看到人的经济性和社会性,才能真正认识到消费者的需求特征和变化规律,从而使产品的设计与制造同市场需求相一致,使产品的更新换代同市场的变化相一致,最终形成以消费者为中心的完整的市场营销活动。现代市场营销从社会人的观点出发,奉行的原则是:把争取消费者作为企业的最高目标;爱自己的消费者而非爱自己的产品;不追求企业生产方面的特权而是发挥市场方面的优势;生产消费者愿意购买的产品而非容易生产的产品;经常从消费者的立场来检验和确定企业的经营方针与策略;等等。

近几十年来,随着社会经济及市场经济的发展,市场营销学发生了根本性的变化,从传统市场营销学演变为现代市场营销学,其应用从赢利组织扩展到非赢利组织,从国内扩展到国外。当今,市场营销学已成为与企业管理相结合,与经济学、行为科学、人类学和数学等学科相结合的应用型边缘管理学科。

第二节 市场营销学的传播与应用

第二次世界大战之后,市场营销学理论发生了根本性的变化,从传统市场营销学演变为现代市场营销学,范围也从美国拓展到其他国家并被日益广泛应用于社会各领域。

一 市场营销学在世界各国的传播

20世纪50年代,市场营销学开始从美国传播到其他国家。

日本于50年代初开始引进市场营销学。1953年,日本东芝电气公司总经理石坂泰三赴美参观访问,回到日本的第一句话是我们要全面学习市场营销学;1955年成立的日本生产力中心和1957年成立的日本营销协会对推动营销学在日本的发展起了积极作用;60年代,日本经济进入快速发展时期,市场营销原理和方法被广泛应用于家用电器工业,市场营销观念被广泛接受;60年代末70年代初,社会市场营销观念开始引起日本企业界的关注;从70年代后期起,随着日本经济的迅猛发展及国际市场的迅速扩大,日本企业界的市场营销开始从以国外各个市场为着眼点的经营战略向全球营销战略转变。

20世纪50年代,市场营销学传播到法国,最初被应用于英国在法国的食品分公司;60年代开始被应用于工业部门,继而扩展到社会服务部门;1969年被引进法国国营铁路部门;70年代初,市场营销学课程先后在法国各高等院校开设。

20世纪60年代后,市场营销学被引入原苏联及东欧等国家。

二 市场营销学在社会各领域的应用

市场营销观念和理论首先被引进生产领域,如日用品公司和小包装消费品公司等,继而被引入耐用消费品公司,接着被引进工业设备公司,稍后被引入重工业公司,如钢铁和化工公司等;其次,营销理论从生产领域引入服务业领域,如航空公司、银行、保险和证券金融公司等;后来,它又被专业团体诸如律师、会计师、医生和建筑师所运用。

在一些国家,市场营销原理与方法亦应用于社会领域及政治领域,如将市场营销方法应用于大学、医院、博物馆及政府政策的推行等;又如西方国家政党及政治候选人应用市场营销方法对选民进行市场细分,对选民进行广告宣传并争取选民投票支持等。

与市场营销学应用范围的扩大相适应,市场营销学从基础市场营销学扩展为工业市场营销学、服务市场营销学、社会市场营销学、政治市场营销学及国际市场营销学等。

三 市场营销学在中国的应用与发展

新中国成立之前,我国虽曾对市场营销学有过一些研究,但仅限于几所设有商科或管理专业的高等院校。1949年~1978年,中国内地的市场营销学研究几乎中断。十一届三中全会以后,西方市场营销理论逐渐被引入我国。我国开始走上由理论指导实践,再从实践上升到理论的有中国特色的市场营销之路。首先,通过对国外市场营销学书刊、杂志及国外学者讲课内容进行翻译介绍;其次,自1978年后,我国选派学者、专家赴国外访问、学习,考察国外市场营销学开设课程状况,了解国外企业对市场营销原理的应用情况,邀请外国专家和学者来国内讲学等。1984年1月,我国高校市场营销学会成立,继而各省先后成立了市场营销学会。这些营销学术团体对于推动市场营销学理论研究及在企业中的应用起了巨大作用。如今,市场营销学原理与方法已广泛应用于各类企业。由于各地区、各部门之间生产力发展不平衡,产品市场趋势有别,各企业经营机制改革深度不同等因素,使市场营销学在各地区、各部门、各类企业的应用程度不尽相同。

改革开放30年多年来,西方市场营销理论在我国的传播应用不可忽视。它帮助公有制企业顺利实现了由计划经济向社会主义市场经济的转变;帮助各行各业的企业提高了市场营销水平,增强了企业的竞争优势。市场营销理论在我国市场经济建设中发挥着越来越重要的作用。

四 市场营销学在民航运输业中的应用

民航运输是对社会公众开放的商业性空中交通运输。近年来,民航运输市场已从卖方市场向买方市场过渡,而且一直处于供过于求的状态。民航运输市场规模不断扩大,其中客运旅客构成发生了深刻的变化,使得民航运输市场竞争日趋激烈,而且民航产品难以转移和储存。因此,民航运输市场营销管理尤为重要。西方国家在几十年以前就开始将现代营销理论运用于民航领域的经营管理中,并且取得了显著的成效。市场营销学在民航业中的创新应用,使得人们对民航业管理与经营的认识上升到一个新层次,可以说世界上任何一家航空运输企业都在一定程度上应用市场营销学原理来有效指导企业的经营与管理。在现代民航运输市场竞争日益激烈的环境下,市场营销理论在企业扩大规模、提高竞争力、扩展客户群体和提高经济收入等方面都具有非常重要的指导作用。

近年来,为了适应建立社会主义市场经济体制的要求,我国民航在市场化改革方面进行了许多重要和有益的探索,也取得了长足的进展。民航的市场化改革是随着航空技术的发展和大众消费水平的提高逐步形成的,是一个历史进程。十一届三中全会以前,我国民航实行的是以军队领导为主的政企合一的管理体制,发展缓慢,连年亏损,基本上是在国家财政补贴下维持和发展的。从1980年开始,我国民航开始走上了全面企业化改革的道路。1979年民航与空军分开,民航开始由国务院直接领导;1980年2月,邓小平同志作出了"民航要走企业化道路"的重要决策,这对民航改革起了极大的推动作用;1987年1月,民航系统进行了较全面的机构调整和企业重组,包括实行政企分开,组建航空公司和机场,允许其他企业进入民航运输市场。改革进程中,我国民航经历了管理局、航空公司与机场分立、航空运输价格改革、民航全行业严重亏损以及规范国内航空运输市场、扭亏为盈等重大事件。

进入21世纪,我国民航在市场准入、航线准入、机场建设和飞机购置等方面逐步放松管制。我国民航已形成相互竞争的市场格局,并开始步入新的历史时期。随着经营条件和环境的改善,尤其是航空器的大型化以及在市场经济条件下,航空公司逐步走上企业化的道路。它们按照企业的意志决定投资、经营、机构设置和人事工资等,自主经营、自负盈亏,以减少国家财政补贴,促进民航事业发展。

五 民航运输市场营销学研究的内容

民航运输市场营销学是现代市场营销学的一个分支,是运用市场营销学和管理学的概念和方法,结合民航运输业的特点,研究民航运输企业在航空运输市场上的营销行为及其规律性的学科。民航企业营销行为是航空运输企业以国内外旅客、托运人的需要为导向,以满足他们的需要为中心,以提供系统的服务为手段的全方位经营决策行为。它的基本思想是民航企业面向顾客的需要组织运输生产和提供各种满意的服务,而且以最少的费用、最快的速度、最安全的方式使旅客以及托运人得到所需要的空间"位移"。

民航运输市场营销是一种综合性、全方位的经营活动,研究的问题包括:分析国内外营销环境和营销机会;调查、预测民航运输市场;研究进入目标市场的途径和策略;研究如何运用军事概念和竞争策略,规划、施展市场营销战术;研究民航运输产品、价格、渠道和促销组合策略以及客户关系管理等。

在实践中,民航运输市场营销研究的内容如下。

(1)旅客研究:包括对消费者特点、行为模式和消费动机等的研究。
(2)市场研究:包括对航空旅程特性,对产品、服务和票价进行综合分析。
(3)营运系统研究:包括对航线、航班、机队规划、服务设施及其他营运手段和管理现代化等的研究。
(4)财务研究:包括对民航运输市场的营运收益、成本、利润和内部收益率等综合方案评估。

当前,民航运输市场正处在国际民航制造业大兼并、国际航空公司大改组大兼并、国内各地方航空公司风起云涌、国内机场改扩新建势头不减、新航线持续开出,而铁路、公路高速化的进程明显加快的时代。运输市场竞争激烈,民航企业应正确认识市场营销理论在行业发展和企业发展中的巨大作用,用市场营销的观念、方法指导企业的生产、运营、销售等环节,以求在激烈的市场竞争中获胜。

本章小结

市场营销理论于20世纪初诞生在美国,它的产生是美国社会经济环境发展变化的产物。

市场营销学产生的历史背景是:工业生产急剧发展、市场规模迅速扩大、分销系统发生变化以及传统理论面临挑战。

市场营销学的理论基础主要有商品供求理论、商品价值实现理论、竞争理论和社会人理论。

赫杰特齐教授于1912年出版了一本名为Marketing的教科书,标志着市场营销学的诞生。

市场营销学的发展主要历经了六个阶段,即萌芽阶段、功能研究阶段、形成和巩固阶段、管理导向阶段、协同和发展阶段、分化和扩展阶段。

市场营销学的应用领域有生产领域、服务业领域、社会领域和政治领域等。

民航运输市场营销实践研究的主要内容有旅客研究、市场研究、营运系统研究和财务研究。

复习思考题

1. 市场营销学产生的历史背景是什么?
2. 简述市场营销学发展的6个阶段。
3. 市场营销学诞生的标志是什么?
4. 市场营销学引入民航领域的意义何在?
5. 民航运输市场营销研究的内容有哪些?

中英文对照专业名词

市场营销、市场营销学	Marketing
营销管理	Marketing Management

课后阅读

"现代营销学之父"——菲利普·科特勒

菲利普·科特勒(Philip Kotler)博士生于1931年,是现代营销集大成者,被誉为"现代营销学之父"。现任美国西北大学凯洛格管理学院终身教授,是西北大学凯洛格管理学院国际市场学S·C·强生荣誉教授,具有麻省理工大学的博士、哈佛大学博士后及苏黎世大学等其他八所大学的荣誉博士学位。现任美国管理科学联合市场营销学会主席、美国市场营销协会理事、营销科学学会托管人、管理分析中心主任、杨克罗维奇咨询委员会成员和哥白尼咨询委员会成员。除此以外,他还是许多跨国公司在营销战略和计划、营销组织和整合营销上的顾问。同时,他还是近20本著作的作者,为《哈佛商业评论》、《加州管理杂志》、《管理科学》等一流杂志撰写了100多篇论文。

科特勒博士见证了美国40年经济的起伏坎坷、衰落跌宕和繁荣兴旺的历史,成就了完整的营销理论,培养了一代又一代美国大型公司的企业家。他多次获得美国国家级勋章和褒奖,包括保尔·D·康弗斯奖、斯图尔特·亨特森·布赖特奖、杰出的营销学教育工作者奖、营销卓越贡献奖和查尔斯·库利奇奖等。他是美国营销协会(AMA)第一届"营销教育者奖"的获得者,也是至今唯一三次获得过《营销杂志》年度最佳论文奖——阿尔法·卡帕·普西奖(Alpha Kappa Psi Award)的得主。1995年,科特勒获得国际销售和营销管理者组织颁发的"营销教育者奖"。

他亦曾担任许多跨国企业的顾问。这些企业包括:IBM、通用电气(General Electric)、AT&T、默克(Merck)、霍尼韦尔(Honeywell)、美洲银行(Bank of America)、北欧航空(SAS Airline)和米其林(Michelin)等。此外,他还曾担任美国管理学院主席、美国营销协会董事长和项目主席以及彼得·杜拉克基金会顾问。

菲利普·科特勒的营销思想

科特勒博士一直致力于营销战略与规划、营销组织、国际市场营销及社会营销的研究,他的最新研究领域包括:高科技市场营销,城市、地区及国家的竞争优势研究等。他创造的一些概念,如"反向营销"和"社会营销"等,被人们广泛应用和实践。

虽然科特勒的名字和市场营销紧紧联系在一起,但他却是从经济学起步的。在相继获得芝加哥大学的硕士学位和麻省理工学院的博士学位后,他重返芝加哥大学从事行为科学的博士后研究,并在哈佛大学钻研数学。1962年,他受邀加盟凯洛格管理学院,从此开始了令人尊重的执教生涯,他从营销学助教开始,一步一步走向营销学的顶峰。

菲利普·科特勒的主要著作

科特勒博士著作众多,许多都被翻译为20多种语言,被58个国家的营销人士视为营销宝典。其中,《营销管理》一书更是被奉为营销学的圣经。

他的《营销管理》(Marketing Management：Application，Planning，Implementation and Control,1967 第一版,与凯文·凯勒合著)不断再版,至今已是第 14 次再版,是世界范围内使用最广泛的营销学教科书,也成为现代营销学的奠基之作,它被选为全球最佳的 50 本商业书籍之一,许多学者把该书誉为市场营销学的"圣经"。在大多数学校的 MBA 项目中,这本著作是市场营销学的核心教材,它改变了主要以推销、广告和市场研究为主的营销概念,扩充了营销的内涵,将营销上升为科学。

市场营销学涉及市场安排、市场调查以及客户关系管理等,科特勒曾经写到,市场营销是"创造价值及提高全世界生活水准"的关键所在,它能在"赢利的同时满足人们的需求"。他一直试图将有关市场营销的探讨提升到产品与服务之上,1987 年出版的《高度可见性》就是围绕着市场营销的地点、理念和知名度展开的。他的一些论著专门针对特殊的听众,其中包括了非营利性机构、宗教组织、甚至博物馆等。他深信世界上最有成就感的市场营销工作应该带给人们更多的健康和教育,使人们的生活质量有根本的改观。

科特勒曾致力于研究互联网对市场营销概念的影响,这在他的《科特勒营销新论》(Marketing Moves：A New Approach to Profits，Growth and Renewal,2002)中有深入的阐述。他为全方位营销下的定义是"公司将创业资源的安排、供应链的管理和客户关系的管理等信息能量整合在一起,以换取市场上的更大成功。"这就需要利用互联网、企业内部网络和外部网络,组合成合作网络以取得发展。它将是全方位的,因为市场营销不再被看作是以各个部门为单位,不相往来的活动,还必须成为企业中供销链和合作网络的设计师。

市场营销学在 20 世纪 70 年代末被引入我国,但没有引起足够的关注。20 多年后,我国市场发生了翻天覆地的变化,当企业面临巨大的市场困境和竞争压力时,科特勒作为营销学的教父出现在了人们的视野中。如今,国内陆续出版了科特勒著作近 10 种,累计印量超过 50 万册,几乎每个 MBA 毕业生都研读过科特勒式的"百科全书"。其他被采用为教科书的还有:《营销管理》、《科特勒营销新论》、《非营利机构营销学》、《新竞争与高瞻远瞩》、《国际营销》、《营销典范》、《营销原理》、《社会营销》、《旅游市场营销》、《市场专业服务》及《教育机构营销学》。

科特勒晚年的事业重点是在中国,他每年来华六七次,为平安保险、TCL、创维、云南药业集团、中国网通等公司作咨询。1999 年底,有着近 30 年历史的科特勒咨询集团(KMG)在我国设立了分部,为中国企业提供企业战略、营销战略和业绩提升咨询服务。2009 年 5 月,由菲利普·科特勒博士与约翰·卡斯林博士联手推出的新作《混沌时代的管理和营销》在我国正式面世。

第二章 民航运输市场营销基础知识

> **学习目的与要求**
> - 认识民航运输市场及其构成要素;
> - 了解民航运输市场营销手段的创新;
> - 理解民航运输市场营销的内涵与功能,推销与营销观念的区别;
> - 熟悉民航运输市场的类型及分布特征,民航运输市场营销观念的演变与发展历程;
> - 掌握民航运输市场营销需求管理的类型及基本任务;明确民航运输市场营销管理的过程。

第一节 民航运输市场

企业的一切经济活动都是围绕市场展开的,市场是企业开展经营活动的出发点和归宿。一个欲将市场营销理论成功应用于实践的企业必须"通市知行",才能保证在市场竞争中获胜。

一、民航运输市场

菲利普·科特勒将市场定义为:一个市场是由具有特定的需求或欲望,而且愿意并能够通过交换来满足这种需求或欲望的全部潜在顾客组成。在市场营销学的范畴里,市场往往等同于需求。如图2-1所示。

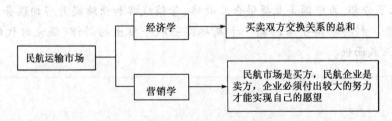

图 2-1 经济学与营销学中"市场"的理解

民航运输市场(Air Transport Market),指以飞机为运输手段,实现旅客、货物发生空间位移和满足社会需求的交易领域,由提供民航运输产品、服务、信息、技术的供给方和对民航运输产品和服务的需求方共同构成。民航运输市场规模的大小取决于三个因素,即:购买人口、购买力和购买欲望,如图 2-2 所示。

购买人口:一方面,民航运输需求数量与人口的密集程度有关;另一方面,人口结构对民航运输需求也产生影响,而且这方面的影响作用比人口数量的增加更为突出。

购买力:消费者的收入水平与交通需求之间有一定联系,收入水平的提高会使人们出行更远的距离或在交通上支付更多的费用。

购买欲望:购买欲望是顾客产生购买行为的愿望和要求,是顾客将潜在的购买力变为现实购买行为的重要条件。

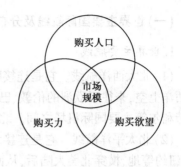

图 2-2 民航运输市场规模的制约因素

民航运输市场的规模由消费者意愿和能够购买的民航运输产品和服务数量所决定,这包括两个方面的内涵:一是消费者需要民航运输产品和服务,二是消费者有支付能力。消费者的需要和支付能力是构成民航运输市场需求的基本要素,如果消费者不需要民航运输服务,或者没有支付能力购买民航运输服务,都不能构成民航运输市场需求。

二 民航运输市场的分类

民航运输市场按经营范围,可分为国内航空运输市场、地区航空运输市场和国际航空运输市场。按运输对象,其可分为民航客运市场、货运市场和邮运市场。从法律上,其又可分为受雇运输市场(把为别人运输作为商业活动)、自身运输市场(用自己的运输工具运送自己的员工、货物);受雇运输又分为公共运输和合同运输。

国际航空运输市场还分为国家派对航空运输市场(如美英航空运输市场)、地区派对航空运输市场(如北美—欧洲,即北大西洋航空运输市场)、城市派对航空运输市场(如纽约—巴黎航空运输市场)和世界航空运输市场四大类。

民航客运市场按经营航线的范围,可分为国际客运市场、国内客运市场、地区客运市场。国内客运市场又分为干线客运市场和支线客运市场;按市场需求的规模,可分为快线市场、大运量市场、中等运量市场、瘦薄市场和缝隙市场五种类型,如表 2-1 所示。

按市场需求规模来划分的民航客运市场　　　　　表 2-1

民 航 客 运 市 场	平均单程客运量 (每天每线)
快线市场(Shuttle)	≥1000
大运量市场(Trunk)	≥400,＜1000
中等运量市场(Medium)	≥200,＜400
瘦薄市场(Thin)	≥50,＜200
缝隙市场(Regioinal Niche)	＜50

(一) 世界主要国际航线及分布特征

1. 世界主要航线

(1) 北大西洋航线。它是连接欧洲与北美最重要的国际航线，集中分布于中纬地区的北大西洋上空，来往于欧洲的伦敦、巴黎、法兰克福、马德里、里斯本和北美的纽约、费城、波士顿、蒙特利尔等主要国际机场之间。北大西洋航线是目前世界上最繁忙的国际航线。

(2) 北太平洋航线。它是连接北美和亚洲之间的重要航线，东起北美大陆东岸的蒙特利尔、纽约等地，横穿北美大陆后，从西海岸的温哥华、西雅图、旧金山、洛杉矶等地飞越太平洋，途中有位于太平洋当中的火奴鲁鲁(檀香山)等中转站，西到亚洲东部的东京、北京、上海、香港、曼谷、马尼拉等城市。北太平洋航线是世界上最长的航空线。

(3) 欧亚航线。它是横穿欧亚大陆，连接欧亚大陆东西两岸的重要航线，又称西欧—中东—远东航线。欧亚航线对东亚、南亚、中东和欧洲各国之间的政治、经济联系起到了重要作用。

除以上主要的国际航线外，民航运输市场比较活跃的还有欧洲—非洲航线、欧洲—拉美航线、北美—拉美航线、北美—非洲航线、北美—大洋洲航线、亚洲—大洋洲航线以及北极航线。

2. 世界航线的分布特征

(1) 航线最密集的地区和国家为欧洲、北美、中东、日本等地，航线最繁忙的海域为北大西洋以及北太平洋。

(2) 航线走向的总趋势呈东西向，主要的国际航线集中分布在北半球的中纬度地区，大致形成一个环绕纬圈的航空带。

(3) 在纬向航空带的基础上，由航线密集区向南辐射，形成一定的径向航线分布。另外，航线与航站共同组成一定的运输网络结构。

(二) 我国航线的分布特征

1. 我国国际航线的分布特征

(1) 我国的国际航线以北京为中心，通过上海、广州、乌鲁木齐、大连、昆明和厦门等航空口岸向东、西、南三面辐射。

(2) 我国国际航线的主流呈东西向。向东连接日本、北美，向西连接中东、欧洲，是北半球航空圈带的重要组成部分。

(3) 我国的国际航线是亚太地区航空运输网的重要组成部分，与南亚、东南亚、澳大利亚等地有密切的联系。

2. 我国国内航线的分布特征

(1) 国内航线集中分布于哈尔滨—北京—西安—成都—昆明一线以东的地区，其中又以北京、上海、广州的三角地带最为密集。整体上看，航线密度由东向西逐渐减小。

(2) 国内航线多以城市对为主，以大、中城市为辐射中心为辅。

(3) 国内主要航线多呈南北向分布，在此基础上，又有部分航线从沿海向内陆延伸，呈东西向分布。

三 民航运输市场的构成要素

民航运输系统如图2-3所示。民航运输市场的构成主要包括五个方面的要素。

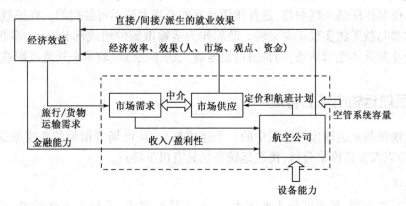

图 2-3 民航运输系统示意图

1. 旅客与货主

旅客与货主是民航运输市场的需求者,运输需求者的总体数量以及单个运输需求者的需求状况决定民航运输市场的总体需求规模。民航运输市场上的需求方构成比较复杂,包括各类部门、企事业单位和个人,这些需求者在运输需求的质量、数量等方面存在较大差异,客观上形成了不同层次、不同类型的运输需求。

2. 航空公司

航空公司作为供给方,是民航运输市场构成的基础要素,其提供各种客货运输服务,满足旅客及货物空间位移的需求。航空公司所提供的运输产品数量和质量取决于它们所拥有的相关运输资源的数量和质量。从民航运输市场的供需情况来看,不同的航空公司所提供的运输产品并不一定都能够满足市场需求,这就出现了有效供给问题。航空公司并非能提供完全有效的供给,因此,随着市场的不断变化,航空公司应不断调整和改变自己,以使提供的产品更符合市场需求,提供更多的有效供给。

3. 机场

机场(包含相关的服务机构)是民航运输市场的中介服务主体,是介于运输供给主体和运输需求主体之间并为之服务的中间组织。机场具有双重身份,即相对于运输供给主体来说,它是运输需求者;相对于运输需求者来说,它是运输供给者。机场依靠服务与供需双方共同参与民航运输市场活动,并同样以追求经济利益为目标。

4. 销售中介

销售中介为客货运输需求与供给牵线搭桥,包括提供服务的各类客货代理企业、经纪人和信息服务公司等。随着经济的不断发展,市场上各种信息越来越多,对于消费者来说,获得有关信息是他们进行购买的前提和基础。在民航客运市场中,60%以上的客票是由客运代理人销售完成的;在民航货运市场中,80%以上的舱位是由货运代理人销售完成的。

5. 政府方

政府方是代表国家即一般公众利益对运输市场进行调控的工商、财政、税务、物价、金融、公安、监理、城建、标准、仲裁等机构和航空运输管理部门。现代市场经济条件下，政府在经济活动中的地位和作用越来越明显，这种作用是其他经济主体不可替代的。在民航运输市场中，没有政府的参与就无法实现正常运转。政府作为运输市场的组成部分之一，多数情况下并不直接参与企业的具体经营活动，而是通过制定有关法律、法规、政策来规范或影响市场。

四 民航运输市场的特点

民航运输市场是运输市场体系中的一个组成部分，从市场营销学的角度来研究民航运输市场特点，即以卖方角度来分析，民航运输市场具有以下特点。

1. 派生性

根据直接性与否，需求可分为两大类：一是直接性需求，或称本源性需求；二是间接性需求，或称派生性需求。民航运输需求就是一种派生性需求。旅客乘坐飞机并不是其最终目的，而是通过乘坐飞机实现空间位移的改变，最终满足其工作、学习、探亲、访友或其他目的的需要。货主的运输需求也是如此，运输并不是最终目的，而是为了满足其生产或将生产的产品运到市场上销售的目的。由此可以看出，民航运输需求的产生和变化是被动的，没有与运输需求相关的本源性需求，就不会有运输需求的产生。当与运输需求相关的本源性需求发生变化时，运输需求也会随之发生变化。

2. 广泛性与多样性

现代人类生产和生活的各个方面、各个环节都离不开物和人的空间位移，除了一部分由个人或企业、团体自行完成以外，大部分运输需求的满足都来自运输服务的专门提供者。

运输需求的种类繁多，从客运和货运需求来看，可以分为不同的类型。

在客运需求中，由于旅客的旅行目的、年龄、收入水平、职业等不同而形成不同的客运需求，如旅客的旅游运输需求、通勤运输需求等。

在货运需求中，由于货物的种类、需要运送的目的地和距离、对时间的要求不同，因此形成了不同的运输需求，如普通货物运输需求、特种货物运输需求（包括贵重物品、危险货物、鲜活易腐货物）、长途运输需求、短途运输需求及快捷运输需求等。

3. 波动性

民航运输需求的波动性是指运输需求在一定时期内，所呈现的时间分布和空间分布的不均衡性。例如在一天、一周、一年，甚至更长时期内，运输需求存在淡季和旺季之分，运输需求量在某一市场上存在来回程不均衡性等特点。运输需求的波动性，归根到底是由运输需求的派生性所引起的。由于运输需求的发生和量的变化，均决定于本源性需求的发生和变化，因此，一旦本源性需求发生变化时，运输需求也必然发生波动。

客运需求的波动主要是由于旅客最终目的（即本源性需求）的季节性变化所引起的。如"五一"、"十一"黄金周及夏季旅游的旅客较多，寒暑假期间，学生的运输需求集中，春节期间探亲访友的人数增多，这些都会引起运输市场的波动。

货运需求的波动主要是由于大多数货物在生产和消费上存在季节性,有的在生产上是均衡的,消费上却不均衡,如化肥、农药等;有的在生产上不均衡,在消费上却是均衡的,如粮食、蔬菜等;有的生产和消费都不均衡。从某种意义上来讲,货物运输市场普遍存在波动性。

在较长时期内,不同年份的运输需求会呈现出周期性波动,这种周期性波动主要是由宏观经济的周期性波动引起的。因此,正确把握市场的波动性这一特征,对分析和预测民航运输市场的变化有着十分重要的作用。

4. 部分可替代性

不同的运输需求在一定范围内可以相互代替。这是因为从运输需求的发生来看,无论是客运还是货运需求者,所需要的都是改变旅客或货物的空间位置。而将旅客或货物由一地运往另一地,既可以通过铁路、公路和水运,也可以通过航空运输来实现,既可以由甲企业来运输,又可以由乙企业来运输。当然,这种替代性只能在一定范围内存在。由于不同运输方式的技术经济特征不同,在不同范围内,运输的经济效果不同,因而使运输需求有了一定的划分。在同一运输方式内的不同运输企业之间,也会因服务质量、运费水平的不同而形成差异。因而,无论从民航运输整体市场,还是单个航空公司运输市场,都存在部分可替代性。

五 民航运输市场的竞争

经济全球化和信息技术迅猛发展的今天,传统的运营模式已被打破,自由化、区域化、集团化、联盟化、科技化已成为当今世界民航运输业发展的主要特征,航空运输市场竞争也因此变得越来越全球化、全方位和动态化。

1. 各种交通运输方式之间的竞争

随着市场机制作用的逐渐明显,各种运输方式之间的竞争越来越激烈。不同运输方式为获得更多的市场份额,开始注重自身竞争能力的提高。不同运输方式竞争的结果使运输市场更加活跃,服务质量明显提高,企业的各种行为更加接近市场的要求。

民航运输在中长距离上受到了铁路运输的威胁,在短距离上受到公路运输的威胁,在大宗货物方面受到水路运输的威胁。随着高速铁路、高速公路建设的不断加快,在一些中短程航线上,尤其是交通发达地区,由于旅客大量流向铁路和公路,航空公司不得不缩减甚至退出经营航线。从世界各国的情况看,高铁运输对民航运输的影响程度最大。在日本,新干线开通后,日航停飞了东京至大阪、名古屋等航线;在英国,欧洲之星快速列车占据着伦敦至巴黎七成的运输市场份额,BMI航空公司从2007年起就停飞了伦敦至巴黎的航班;在法国,法国高铁公司开通了巴黎至里昂、巴黎至马赛的线路后,法国航空公司便逐步退出了这些市场;在我国,哈大线、京沪线、武广线等数条高铁线路的开通,使得国内航空公司纷纷降价,缩减航班。铁路与民航的客源之争已成为民航运输市场关注的问题。

2. 国内民航运输企业之间的竞争

随着国内民航运输市场规模化、网络化、国际化进程的不断加快,各航空公司之间的竞争形势也在发生着深刻的变化。截至2011年底,我国共有航空公司47家,按不同类别划分:国有控股公司38家,民营和民营控股公司9家;全货运航空公司11家;中外合资航空公司16

家;上市公司5家。面对竞争激烈、形势复杂的国内民航运输市场,航空公司如何找准定位,充分挖掘并利用自身的竞争资源,采取最有效的竞争方式,快速实现企业战略目标已成为每个公司都非常关心的问题。在国内民航运输市场,各航空公司以加强服务产品设计,改善服务功能、扩大服务内涵,提供比竞争对手更具竞争力、更有效率的高品质、特色服务;以加强人员的管理和培训,建立科学的服务人员遴选机制,强化绩效评估和过程控制,提高人员素质和服务技能;以加强营销实务的管理,引入收益管理系统,规范分销网络,建立多等级票价系统,来实现企业经营目标。

3. 国内民航运输企业与国际民航运输企业之间的竞争

在国际民航运输市场,我国面临着联盟化了的国外大型航空公司的竞争,特别是我国加入世界贸易组织以后,这种竞争更加剧烈。截至2011年底,我国与其他国家或地区签订双边航空运输协定114个,其中:亚洲43个、非洲23个、欧洲35个、美洲8个、大洋洲4个和地区组织1个。调查显示(2010年国际旅客对航空公司的选择性偏好分析),我国国际出港旅客选择外航的比例已经超过本国航空公司,外航已占到51.9%。在国际民航运输市场上,我国的航空公司处于弱势地位,开拓市场的任务十分艰巨。

4. 民航运输企业与顾客之间的竞争

民航运输产品的差别越来越小,顾客购买简单化程度提高,顾客面对众多的航空产品,在航班时刻、机型、票价、特色服务等方面的选择余地越来越大,使得民航运输企业与顾客之间的竞争加剧。

第二节 民航运输市场营销管理

一、市场营销的概念与功能

(一)市场营销的概念

市场营销是从英文词"marketing"翻译而来,西方市场营销学者从不同角度及发展的观点对市场营销下了不同的定义。

有些学者从宏观角度对市场营销下定义。例如,杰罗姆·麦卡锡把市场营销定义为一种社会经济活动过程,其目的在于满足社会或人类需要,实现社会目标。又如,菲利普·科特勒指出,市场营销是与市场有关的人类活动。市场营销意味着和市场打交道,为了满足人类需要和欲望,去实现潜在的交换。

还有些定义是从微观角度来表述的。例如,美国市场营销协会(American Marketing Association, AMA)于1960年对市场营销下的定义是:市场营销是引导产品或劳务从生产者流向消费者的企业营销活动。

杰罗姆·麦卡锡于1960年也对微观市场营销下了定义:市场营销是企业经营活动的职责,它将产品及劳务从生产者直接引向消费者或使用者以便满足顾客需求及实现公司利润。这一定义虽比美国市场营销协会的定义前进了一步,指出了满足顾客需求及实现企业赢利成为公司的经营目标,但这两种定义都说明,市场营销活动是在产品生产活动结束时开始的,中间经过一系列经营销售活动,当商品转到用户手中就结束了,因而把企业营销活动仅局限于流通领域的狭窄范围,而不是视为企业整个经营销售的全过程。

菲利普·科特勒于1984年对市场营销又下了定义:市场营销是指企业的这种职能,即认识目前未满足的需要和欲望,估量和确定需求量大小,选择和决定企业能最好地为其服务的目标市场,并决定适当的产品、劳务和计划(或方案),以便为目标市场服务。

美国市场营销协会于1985年对市场营销下了更完整和全面的定义:市场营销是对思想、产品及劳务进行设计、定价、促销及分销的计划和实施的过程,从而产生满足个人和组织目标的交换。2004年,美国市场营销协会又公布了市场营销的最新定义:市场营销既是一种组织职能,也是为了组织自身及利益相关者的利益而创造、沟通、传递客户价值,管理客户关系的一系列过程。

学者们对市场营销下的定义各有千秋,本书采用菲利普·科特勒教授的定义:市场营销是个人或组织通过创造并同他人交换产品和价值以满足需求和欲望的一种社会和管理过程。根据这一定义,可以将市场营销具体归纳为以下几点:

(1)市场营销的出发点是"满足需求和欲望"。

(2)市场营销的核心是"交换",交换过程是一个主动、积极地寻找机会,满足双方需求和欲望的社会过程和管理过程。

(3)交换过程能否顺利进行,取决于营销者创造的产品和价值满足顾客需求的程度和交换过程管理的水平。

民航运输市场营销是通过了解消费者最基本的需要,通过营销手段激发消费者的购买欲望,使其能够且愿意购买民航运输产品为主要目的活动。我们常用"6W1H"市场营销理论——What、When、Who、Why、Where、Which和How来研究民航运输市场营销活动,即市场营销是在适合的地方、适合的时间,以适合的价格提供适合的产品或服务销售给适合的人。

(二)市场营销的基本功能

1. 了解顾客需求

市场营销应以消费者为中心,企业也只有通过满足消费者的需求,才可能实现企业的目标。因此,发现、了解旅客和货主的需求是民航运输市场营销的首要功能。如每年秋季江西鄱阳湖螃蟹上市,恰逢广交会,货主需空运螃蟹从南昌到广州,可航班爆满。当时某航空公司南昌—广州航线上使用的飞机全都是客机,没有货舱,为满足货主的需求,该航空公司销售部门提出在每天航班结束后把客舱的座位全部拆除,开货运包机。销售部门通过调研发现,广交会期间广州—南昌的客票极度紧张,如果能在广州机场卸下螃蟹后即时在飞机上加装座位,就能加开一个客运航班。在公司各部门的大力配合下,销售部门的设想得以实现,企业获得了可观的收入。

2. 指导企业正确决策

航空公司通过市场营销活动,分析企业外部环境的动向,了解旅客和货主的需求和欲望,了解竞争者的现状和发展趋势,并结合自身的资源条件,指导企业在产品、定价、分销、促销和服务等方面作出相应的、科学的决策。

3. 开拓市场

民航运输市场营销活动的另一个功能就是通过对旅客、货主现有需求和潜在需求的调查、了解与分析,充分把握和捕捉市场机会,积极开发产品,建立更多的分销渠道及采用更多的促销形式,开拓市场,增加销售。

4. 满足消费者需求

通过市场营销活动,从消费者的需求出发,并根据不同目标市场的顾客,采取不同的市场营销策略,合理地组织企业的人力、财力、物力等资源,为消费者提供适销对路的产品,做好销售后的各种服务,让消费者满意。

二 市场营销的组织形式及内部关系

(一) 市场营销的组织形式

市场营销组织有很多类型,为了实现企业目标,市场营销经理必须选择合适的市场营销组织。下面介绍4种市场营销组织类型。

1. 职能型组织

这是最古老也最常见的市场营销组织形式。它强调市场营销各种职能如销售、广告和研究等的重要性,如图2-4所示。当企业只有一种或很少几种产品,或者企业产品的市场营销方式大体相同时,按照市场营销职能设置组织结构比较有效。但是,随着产品品种的增多和市场的扩大,这种组织形式就暴露出发展不平衡和难以协调的问题,如企业没有一个部门能对某产品的整体市场营销活动负全部责任,各部门强调自身的重要性,以便争取到更多的预算和决策权力,致使市场营销总经理无法进行协调。

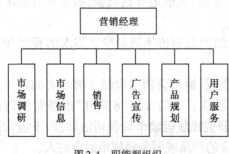

图2-4 职能型组织

2. 产品型组织

产品型组织是指在企业内部建立产品经理组织制度,以协调职能型组织中的部门冲突。在企业所生产的各产品差异很大,产品品种繁多,以致按职能设置的市场营销组织无法处理的情况下,建立产品经理组织制度是适宜的。其基本做法是,由一名产品市场营销经理负责,下设几个产品线经理,产品线经理之下再设几个具体产品经理来负责各具体产品,如图2-5所示。

产品市场营销经理的职责是制订产品开发计划,并付诸执行,监测其结果和采取改进措施,具体可分为六个方面:①发展产品的长期经营和竞争战略;②编制年度市场营销计划和进行销售预测;③与广告代理商和销售代理商一起研究广告的文稿设计、节目方案和宣传活动;④激励推销人员和经销商经营该产品的兴趣;⑤搜集产品、市场情报,进行统计分析;⑥倡导新产品开发。

产品型组织形式的优点在于:产品市场营销经理能够有效地协调各种市场营销职能,并对市场变化作出积极反应;同时由于有专门的产品经理,那些较小品牌产品可能不会受到忽视。

该组织形式的缺陷在于：①缺乏整体观念。在产品型组织中，各个产品经理相互独立，他们会为保持各自产品的利益而发生摩擦；②部门冲突。产品经理们未必能获得足够的权威，以保证他们有效地履行职责。这就要求他们得靠劝说的方法取得广告部门、销售部门、生产部门和其他部门的配合与支持；③多头领导。由于权责划分不清，下级可能会得到多方面的指令。例如，产品广告经理在制定广告战略时接受产品市场营销经理的指导，而在预算和媒体选择上则受制于广告协调者。

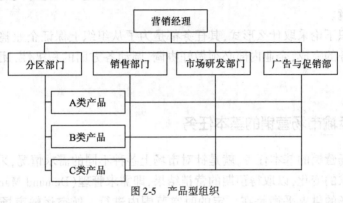

图 2-5　产品型组织

3. 地理型组织

如果一个企业的市场营销活动面向全国，那么它会按照地理区域设置其市场营销机构。该机构设置包括一名负责全国销售业务的销售经理，下设若干名区域销售经理、地区销售经理和地方销售经理。为了使整个市场营销活动更为有效，地理型组织通常都是与其他类型的组织结合起来使用。

4. 市场型组织

当企业面临如下情况时，建立市场型组织是可行的：拥有单一的产品线；市场需求各种各样（不同偏好和消费群体）；不同的分销渠道。许多企业都在按照市场系统安排其市场营销机构，使市场成为企业各部门为之服务的中心。

在市场型组织下，一名市场主管经理管理几名市场经理（市场经理又称市场开发经理、市场专家和行业专家）。市场经理开展工作所需要的职能性服务由其他职能性组织提供并保证，其职责是负责制定所辖市场的长期计划和年度计划，分析市场动向及企业应该为市场提供什么新产品等。他们的工作成绩常用市场占有率的增加情况来判断，而不是看其市场现有盈利情况。市场型组织的优点在于：企业的市场营销活动是按照满足各类不同顾客的需求来组织和安排的，这有利于企业加强销售和市场开拓；其缺陷是：存在权责不清和多头领导的矛盾，这和产品型组织类似。

（二）市场营销部门和其他部门的关系

为确保企业整体目标的实现，企业内部各职能部门应密切配合。但实际上，各部门间的关系常常表现为激烈的竞争和明显的不信任，其中有些冲突是由于对企业最高利益的不同看法引起的，有些是由于部门之间的偏见造成的，而有些是由于部门利益与企业利益相冲突所造成的。

在典型的组织结构中，所有职能部门可以说对顾客的满意程度都有或多或少的影响。在市场营销观念下，所有部门都应以"满足消费者"这一原则为中心，致力于消费者需求的满足，而市场营销部门则更应在日常活动中向其他职能部门灌输这一原则。市场营销经理有两大任务:一是协调企业内部市场营销活动,二是在顾客利益方面,协调市场营销与企业其他职能部门的关系。如,假设航空公司的市场营销经理在致力于提高市场占有率的过程中,并没有具体的权力去影响乘客的满意程度:他不能雇用或培训机组人员(人事部);他不能决定食品的质量和种类(餐饮部);他不能确保飞机的安全标准(维修部);他不能解决价格表问题(业务部)。他只能控制市场研究、销售人员与广告促销,并只能通过与其他部门的协调努力形成乘客满意的飞行环境。

市场营销组织不论采取什么形式,其任务都是为了从组织上保证企业整个营销任务的完成。为了保证任务的完成,企业内部必须做好协调,调动各方面的积极性,团结一致全面实现企业的营销目标。

三 民航运输市场营销的基本任务

民航运输市场营销的基本任务,就是针对市场上各种不同的需求情况,采取不同的营销方式来适应市场需求的变化,以取得预期的营销结果,即需求管理(Demand Management)。

民航运输市场的供求平衡是在一定的时空范围内进行。航空运输市场需求可分为以下八种。

(1)负需求(Negative Demand),是指绝大多数人对某个产品感到厌恶,甚至愿意出钱回避它的一种需求状况,如有些顾客内心害怕而不敢乘飞机。

(2)无需求(No Demand),是指目标市场顾客对某种产品从来不感兴趣或漠不关心。

(3)潜在需求(Latent Demand),是指消费者虽然有明确意识的欲望,但由于种种原因还没有明确的显示出来的需求。一旦条件成熟,潜在需求就转化为现实需求,为企业提供无穷的商机。

(4)下降需求(Falling Demand),是指市场对一个或者几个产品的需求呈下降趋势的一种需求状况。

(5)不规则需求(Irregular Demand),是指某些物品或服务的市场需求在不同季节,或一周不同日子,甚至一天不同时间上下波动很大的一种需求状况。如运输业、旅游业、娱乐业都有这种情况。

(6)充分需求(Full Demand),又称饱和需求,是指某种物品或服务的目前需求水平和时间等于预期的需求水平和时间的一种需求状况。这是企业最理想的一种需求状况。但在动态市场上,充分需求常常由于两种因素的影响而变化:一是消费者偏好和兴趣的改变,二是同行业者的竞争。

(7)过度需求(Verfull Demand),是指某种物品或服务的市场需求超过了企业所能提供或者愿意提供的水平的一种需求状况。这种情况在春运高峰或旅游旺季反映最突出。

(8)有害需求(Unwholesome Demand),是指市场对某些有害物品或服务的需求,有害需求的产品或劳务对消费者、社会公众或供应者有害无益。

市场上的需求状态是不断变化的,企业应时刻关注民航运输市场的需求状况,并行之有效地制订营销策略,开展营销活动。针对不同需求状态实施的营销管理,见表2-2。

不同需求状态的营销管理　　　　　　　表 2-2

市场需求状态	营 销 类 型	应改变的状态
负需求	改变营销	正需求
无需求	刺激营销	有需求
潜在需求	开发营销	实际需求
下降需求	再营销	恢复需求
不规则需求	同步营销	适应需求
充分需求	保持营销	维持需求
过度需求	减少营销	降低需求
有害需求	反营销	消灭需求

四 民航运输市场营销管理过程

企业营销管理是指企业把科学的管理技术和方法用于对市场营销的管理,通过营销管理系统(包括营销情报、营销策划、营销组织和营销控制四个系统)发现、分析、选择和利用市场营销机会,以实现企业任务和预期目标的过程。民航运输市场营销管理过程是民航企业为实现其任务和目标而发现、分析、选择和利用市场机会的管理过程,具体包括:分析市场机会、选择目标市场、设计市场营销组合、执行和控制市场营销计划。

(一) 分析市场机会

市场机会就是未满足的需要。为了发现市场机会,营销人员必须广泛收集市场信息,进行专门的调查研究,充分了解当前情况,按照经济发展规律,预测市场未来的发展趋势。营销人员不但要善于发现和识别市场机会,还要善于分析、评价哪些才是适合本企业的营销机会。市场上一切未满足的需要都是市场机会,但能否成为本企业的营销机会,要看它是否适合于企业的目标和资源,是否能使企业扬长避短、发挥优势,比竞争者或可能竞争者获得更广阔的市场发展前景。

(二) 选择目标市场

企业选定符合自身目标和资源的营销机会以后,还要对市场容量和市场结构进行进一步分析,确定市场范围。任何一家民航企业都不可能为具有某种需求的全体顾客服务,只能满足部分顾客的需求,这是由民航运输市场需求的多样性、变动性及企业拥有资源的有限性所决定的。因此,企业必须明确在能力可及的范围内满足部分顾客的需求,这就要求进行市场细分、选择目标市场、进行市场定位以及设计营销组合。

(三) 设计营销组合

企业在确定目标市场和进行市场定位之后,市场营销管理过程就进入设计市场营销组合阶段。市场营销组合是指企业用于追求目标市场预期销售量水平的可控营销变量的组合。民航运输市场营销组合中包含的可控变量众多,可以概括为七个基本因素:产品、价格、渠道、促销、人员、服务环境和服务过程。

市场营销组合的因素对企业来说是可控因素,即企业根据目标市场的需求,可自主决定产品结构、产品价格、选择分销渠道和促销方式等,但这种自主权是相对的,要受到企业资源和目标的制约及各种微观和宏观环境的影响。

(四) 执行和控制营销计划

企业市场营销管理的第四步是执行和控制营销计划,只有有效地执行计划,才能实现企业的战略任务,因此这是营销过程中极其重要的步骤。

1. 营销计划的执行

市场营销计划是企业整体战略规划在营销领域的具体化,是企业的一种职能计划。其执行过程包括五个方面。

(1)制定详细的行动方案。为了有效地实施营销战略,应明确营销战略实施的关键性决策和任务,并将执行这些决策和任务的责任落实到个人或部门。

(2)建立组织结构。不同的企业其任务不同,需要建立不同的组织结构。组织结构必须与企业自身特点和环境相适应,规定明确的职权界限和信息沟通渠道,协调各部门和人员的行动。

(3)设计决策和报酬制度。科学的决策体系是企业成败的关键,而合理的奖罚制度则能充分调动人的积极性,充分发挥组织效应。

(4)开发并合理调配人力资源。企业的任何活动都是由人来开展的,人员的考核、选拔、配置、培训和激励问题对企业至关重要。

(5)建立适当的企业文化和管理风格。企业文化是指企业内部人员共同遵循的价值标准和行为准则,对企业员工起着凝聚和导向作用。企业文化与管理风格相联系,一旦形成,对企业发展会产生持续、稳定的影响。

2. 营销计划的控制

在营销计划的执行过程中,可能会出现一些意想不到的问题,需要一个控制系统来保证营销目标的实现。营销控制主要有年度计划控制、盈利能力控制、效率控制和战略控制。

(1)年度计划控制。年度计划控制是企业在本年度内采取制定标准、绩效测量、因果分析、改正行动的控制步骤,检查实际绩效与计划之间是否有偏差,并采取改进措施,以确保营销计划的实现与完成。

(2)盈利能力控制。运用盈利能力控制来测定不同产品、不同销售区域、不同顾客群体、不同渠道以及不同订货规模的盈利能力。帮助管理人员决定各种顾客群体活动是否扩展、减少或取消。控制指标有销售利润率、资产收益率和运输周转量等。

(3)效率控制。效率控制包括销售人员效率控制、广告效率控制、促销效率控制和分销效率控制,通过对这些环节的控制以保证营销组合因素功能执行的有效性。

(4)战略控制。战略控制是企业采取一系列行动,使实际市场营销工作与原规划尽可能一致。在控制中通过不断评审和信息反馈,对战略进行不断修正。战略控制必须根据最新的市场情况重新评估计划和进展,对企业来说这是难度最大的控制。

案例2-1
简·卡尔森的"营销"——斯堪的纳维亚航空公司

当简·卡尔森在1980年接任斯堪的纳维亚航空公司总经理时，公司正亏本，前几年管理层曾面临削减费用的问题。卡尔森认为，这是错误的解决方法，公司必须寻找新的方法去竞争，并实现创收。斯堪的纳维亚公司过去一直无重点地满足所有旅客，没有给任何旅客提供优惠。事实上，该公司被看作是欧洲不守时的运输公司。竞争引起了许多问题需要卡尔森去解决：

1. 谁是我们的顾客？
2. 他们需要什么？
3. 我们必须做什么来赢得他们的喜爱？

卡尔森认为这些问题的答案是把斯堪的纳维亚公司的服务重点放在经常搭乘飞机的商人和他们的需要上。同时他也意识到，其他航空公司也都是这样想的，他们也会采取商务航班和提供免费饮食及其他娱乐的办法。斯堪的纳维亚公司必须找出更好的办法，才能成为经常来往的商务旅客偏爱的航空公司。其出发点是从市场调研开始，找出在航空运输服务中经常来往的商务旅客需要和期望的服务方式。其目标是在100个服务细节都做到百分之百的优秀，而不是仅在一个细节上做到百分之百的突出。

市场调研表明，商务旅客首先要求准时到达，同时也要求快速办理乘机登记和取回行李。卡尔森指定许多任务，迫使公司提出改进这些服务的设想。于是，公司从数百个方案中选择了150个方案，共花了4000万美元费用将之付诸实现。

方案关键之一是训练公司全体员工树立完全顾客导向的思想。卡尔森算出平均每一航程中每一旅客与该公司五位员工接触，两者的相互接触便产生出一个"关键时刻"。假设每年有500万乘客搭该公司的飞机，则一年中，有总数共达2500万个使顾客满意或不满意的"关键时刻"。为了在公司内培养正确对待顾客的态度，公司送10000名一线员工参加服务讲习班两天，并送25000名经理进行三个星期课程的学习。卡尔森认为，一线员工是公司接待顾客的最重要的人员，而经理的作用是帮助一线员工做好工作，而他作为总经理，则是帮助经理支持一线员工。

结果在四个月内，公司就成为欧洲最准时的航空公司，而且继续保持这个记录。登记系统也非常快，包括对住在该公司旅馆旅客的服务，可直接把旅客的行李送到机场并上机装载。当飞机着陆时，公司也同样很快就把行李卸下来。其他创新是该公司将全部机票作为商务级客票发售，除非旅客想乘坐较经济的航班。公司在商务空运业中的声誉改善，使其在欧洲的满员客运量增长8%，洲际满员客运量增长16%。这在航运市场纷纷降价的情况下，是不容易做到的。

卡尔森在斯堪的纳维亚航空公司的影响，说明了当公司的领导创立了公司的远景和使命，就会激励全体员工向共同的方向努力——即向着满足目标顾客的方向前进。

案例讨论：
1. 谁是斯堪的纳维亚航空公司的顾客？他们需要什么？
2. 斯堪的纳维亚航空公司是如何赢得顾客的喜爱的？
3. 斯堪的纳维亚航空公司是如何开展全员营销的？

第三节 民航运输市场营销观念的演变与发展

在早期，企业面对的是一个需求巨大而供给不足的卖方市场，提高产品产量成为企业管理的中心，企业的管理基本是产值管理。企业努力的结果使生产效率不断提高，产品日趋丰富，导致产品销售竞争激烈，于是销售额中心论取而代之。为了提高销售额，企业就必须在内部采取严格的质量管理，在外部强化推销的观念。质量竞争的结果使产品成本越来越高，销售竞争的发展使企业销售费用越来越高，造成企业销售额虽不断提高，但利润却不断下降。于是，作为销售额中心论的修正版本——利润中心论登上企业管理的舞台，企业管理的目标放在了以利润为中心的成本管理上。然而，成本是不可能无限压缩的，当在一定的质量前提下，成本压缩有一定的极限，当企业利润要求仍然无法得到满足的时候，成本再压缩必然会带来产品质量的下降或者提供给客户的价值降低。至此，企业不得不再次审视自己的管理思想，顾客的地位被提高到了前所未有的高度，顾客中心论被确立。纵观企业管理思想的发展历程，可以看到一种由内到外、由产品中心到客户中心的转变。市场营销作为企业经营活动的主要部分，其发展过程和企业管理思想的转变有类似的特点。

一、民航运输市场营销观念的演变

营销观念是市场营销活动的指导思想，是企业开展市场营销活动的基本态度和思维方式，是企业在组织和谋划其营销管理实践活动时，在处理企业、社会、顾客、员工、竞争者等方面的利益和关系上所持的态度、思想及观念。菲利普·科特勒在他的《营销管理》中总结了营销观念的五个发展阶段，即生产观念、产品观念、推销观念、营销观念和社会营销观念。

1. 生产观念（The Production Concept）

生产观念是一种传统的经营思想，在供给相对不足、卖方竞争有限的条件下支配着企业的生产经营活动。生产观念的核心是以生产者为中心，企业以顾客买得起和买得到产品为假设的出发点，企业的主要任务是扩大生产经营规模，增加供给并努力降低成本和售价。如我国改革开放之初，海外旅游者蜂拥而至，航空运输供不应求，在卖方市场下以生产观念作为经营导向，增加飞机运力、扩大机队、加强航线、航班建设、保障供给，对于顾客需求的变化和发展趋势则很少去研究。

近现代工业发展史中，不少企业在这种经营观念的指导下获得过成功。但是，在客观环境和市场状态变化以后，固守这种观念会使企业走向衰亡。在环境和市场状态改变以后，限于企业的生产经营条件，某些企业希望通过改良产品，而不是基于顾客的需要重新考虑生产经营的资源和组织方式，这种以产品为中心的生产经营活动，其指导思想仍属于传统的生产观念。

2. 产品观念（The Product Concept）

产品观念是一种较早的企业经营观念，是以产品为中心，通过提高或改进产品质量和功能来吸引顾客购买的经营思想，它产生于市场产品供不应求的卖方市场形势下。产品观念认为，消费者喜欢高质量、多功能和具有某种特色的产品，企业应致力于生产高价值产品，并不断加以改进。在该观念的指导下，容易导致"市场营销近视症（Marketing Myopia）"，即不适当地把注意力放在产品上，而不是放在市场需要上，在市场营销管理中缺乏远见，只看到自己的产品质量好，看不到市场需求变化，致使企业经营陷入困境。

3. 推销观念（The Selling Concept）

推销观念也称销售观念，产生于资本主义经济由卖方市场向买方市场的过渡阶段，盛行于20世纪30、40年代。推销观念是指以推销现有产品为中心的企业经营思想。推销观念认为，消费者通常表现出一种购买惰性或抗拒心理，如果听其自然的话，消费者一般不会足量购买某一企业的产品。因此，企业必须积极推销和大力促销，以刺激消费者大量购买产品。推销观念在现代市场经济条件下被大量用于推销那些非渴求物品，即购买者一般不会主动想到要去购买的产品或服务。一些企业善于使用各种技巧来寻找潜在客户，并采用高压方式说服他们接受其产品。许多企业在产品过剩时，也常常奉行推销观念，它们的短期目标是销售其能生产的产品，而不是生产能出售的新产品。

在推销观念指导下，企业把主要精力放在生产上，把部分精力放在产品销售上，这时的企业并没有真正面向市场，而仅仅只是把已经生产出的产品设法销售出去，至于消费者是否满意，企业不太关心。这一观念与生产观念相比是一个进步，但由于它所重视的推销是已制产品或现有产品，因而二者不存在本质的区别，企业依然是生产什么就推销什么，生产之前不了解消费者需求，销售以后也不征询他们的意见和要求。所以，这是一种只在形式上作了改变的生产观念。

4. 市场营销观念（Marketing Concept）

市场营销观念形成于20世纪50年代。市场营销观念是一种以消费者需求为中心，以市场为出发点的经营指导思想。该观念认为，实现企业诸目标的关键在于正确确定目标市场的需要和欲望，一切以消费者为中心，并且比竞争对手更有效、更有利地传送目标市场所期望满足的产品。市场营销观念的产生是市场营销哲学的一种质的飞跃和革命，它不仅改变了传统营销观念的逻辑思维方式，而且在经营策略和方法上也有很大突破。它要求企业营销管理贯彻顾客至上的原则，将管理重心放在善于发现和了解目标顾客的需要，并千方百计去满足这些需求，从而实现企业目标。因此，企业在决定其生产经营之前必须开展市场调研，根据市场需求及企业自身条件选择目标市场，组织生产经营，最大限度地提高顾客满意程度。

在市场营销中，人们常把推销活动当作营销活动，其实两者有本质的区别（见图2-6）。①营销重点不同。推销观念以产品作为营销的重点；市场营销观念以顾客需求作为营销的重点。②营销的目的不同。推销观念以通过产品销售来获取利润；市场营销观念以通过顾客满意而获得长期利益，既注重近期利润，又注重长期利益。③营销手段不同。推销观念以单一的推销和促销为手段，不注重各种营销因素的综合运用；市场营销观念则以整体营销为手段。④营销程序不同。以推销观念为指导的企业营销活动，是产品由生产者达到消费者的企业活动，既以生产者为起点，以消费者为终点的"生产者→消费者"的单向营销活动过程；以市场营销观念为指导的企业营销活动,是从调查研究消费者需求入手,确定目标市场,研制目标顾客所需要的产品,提供目标顾客满意的价格、渠道、促销和服务,并反馈消费者的需求信息的全过程,即由"消费者→生产者→消费者"的不断循环上升的活动过程。⑤营销机构不同。推销观念指导下的企业,由第一副总经理抓生产管理,由居于从属地位的销售副总经理直接领导若干个销售机构和销售人员;市场营销观念指导下的企业,将整体营销工作作为企业的主要工作,由第一副总经理全面负责市场调研和市场销售工作,下设市场调研部、产品销售部、广告推广部、顾客服务部等。⑥双方结果不同。推销活动只能短暂地拉住旅客,不能永久地占有市场;营销活动从顾客的需求出发,用优质服务来满足顾客的需求。

图 2-6 推销观念与营销观念的主要区别

5. 社会营销观念(Social Marketing Concept)

社会营销观念是对市场营销观念的修改和补充。社会营销观念产生于 20 世纪 70 年代,西方资本主义出现能源短缺、通货膨胀、失业增加、环境污染严重和消费者保护运动盛行的新形势下。1971 年杰拉尔德·蔡尔曼和菲利普·科特勒最早提出了社会市场营销的概念。社会营销观念认为,企业的任务是确定目标市场需求、欲求和利益,并且在保持和增进消费者和社会福利的情况下,比竞争者更有效率地使目标顾客满意。这不仅要求企业满足目标顾客的需求与欲望,而且要考虑消费者及社会的长远利益,即将企业利益、消费者利益与社会利益三者有机地结合起来。社会营销观念是符合社会可持续发展要求的营销观念,应当大力提倡。

五种营销观念的比较见表 2-3。

五种营销观念的比较　　　　　　　　　　　表 2-3

观　念	基 本 观 点
生产观念 (The Production Concept)	努力生产,以保障供应
产品观念 (The Product Concept)	顾客欢迎安全、服务好的产品
推销观念 (The Selling Concept)	只要努力推销,产品都可被售出
营销观念 (Marketing Concept)	确定目标市场需求,比竞争者更好地满足顾客
社会营销观念 (Social Marketing Concept)	正确处理消费者需要、企业利益和社会利益之间的关系

生产观念、产品观念、推销观念称之为传统营销观念,是以企业为中心、以企业利益为取向和最高目标来处理营销问题的观念;市场营销观念、社会营销观念称之为现代营销观念,是以消费者为中心的顾客导向观念和以社会长远利益为中心的社会导向观念。传统营销观念和现代营销观念的主要区别见表2-4。

传统营销观念和现代营销观念的区别　　　　表2-4

对比项目	传统营销观念	现代营销观念
出发点不同	以产品为中心,以企业为出发点	以顾客为中心,以社会利益为出发点
重点不同	以产品为重点	以消费者需求的满足程度为重点
手段和方法不同	提高产品产量和加强推销	强调整体营销手段
目标和结果不同	重视眼前利益获取有限的短期利润	从长远利益出发获取长期稳定的利润
组织机构设置及管理不同	以生产部门为中心,销售部门处于次要地位	以市场需要为中心,以营销部门为主导

二　民航运输市场营销手段的创新

近年来,民航企业将市场营销这个大平台上出现的文化营销、绿色营销、关系营销、网络营销、事件营销等多种营销观念和方法加以灵活应用,使民航运输市场营销活动不断推陈出新。

1. 文化营销(Cultural Marketing)

文化营销就是从特定的文化背景中寻求新的创新,在营销活动中巧妙地融进生活中的文化现象和形式,从而提高商品的文化含量,增加商品的文化附加值,创造营销机会。其实质在于与消费者情感的沟通和价值观、审美观的融合,是一种软营销。文化营销通常是从产品、促销渠道或环境等方面,挖掘自身所特有的文化资源,营造出独特的文化氛围。文化营销把商品作为文化的载体,从而达成企业的目标,文化营销创新点在于将对文化差异、不同文化发展的关注注入到营销全过程中,而消费者在消费过程中得到文化层面上的认可和尊重。

如:2007年3月~2008年8月,东方航空公司在国内12个分公司的航班、29个大中城市营业部及国外办事机构,推出了"东方空中文化体验之旅"活动。活动以周为单位,每周在东航各营业部、售票点、国内外办事机构和机场等地,集中展示一个地区的特色文化和旅游资源。活动期间,活动主题变化多样,不仅开展了诸如"俄罗斯田园风光文化之旅"、"英格兰、苏格兰深度文化之旅"、"英国亲子文化之旅"、"斯里兰卡文化探索之旅"等国际航班的文化活动;还展开了"文明旅游周"、"茶文化周"、"快乐儿童周"、"青年文化周"、"好男儿特色航班";又开展了以飞行让生活更美好为主题的"航空安全宣传周"、以"鱼水情,银燕心"为主题的"八一周"、以"城市,让生活更美好!东航,让旅行更精彩!"为主题的"上海世博周"、以弘扬中华勤廉美德为主题的"勤廉文化周"和以节能环保为主题的"绿色环保周"等极具特色的社会公益活动。东方航空公司推出文化体验之旅活动,给旅客带来一种新的体验,同时也极大程度的增强了竞争力。

2. 绿色营销(Green Marketing)

绿色营销是企业以保护环境观念作为经营思想,以绿色文化作为价值观念,以消费者的绿色消费作为中心和出发点,通过制定及实施绿色营销策略,满足消费者的"绿色"需求。绿色营销是社会经济发展到一定阶段的产物,是未来世界市场营销的主流,为此,民航企业应树立满足消费者和经营者的共同利益为目的的社会绿色需求管理,以保护生态环境为宗旨的绿色市场营销模式。在绿色营销观念下,消费者可以在消费过程中得到环保意识、社会责任等心理层面的满足和更健康、安全的物质层面的满足。如航空公司推出"绿色航班",取消在飞机上提供餐食的服务,同时用乘机代金券来鼓励旅客不在飞行途中就餐,从而保护环境。

3. 关系营销(Relationship Marketing)

关系营销最早由美国营销专家巴巴拉·本德·杰克逊于1985年提出。关系营销是把营销活动看成是一个企业与消费者、供应商、分销商、竞争者、政府机构及其他公众发生互动作用的过程,其核心是建立和发展与这些公众的良好关系。关系营销与传统营销观念相比,最根本的区别在于:传统营销观念的核心是商品交换,是一种短期行为,而关系营销的核心是"关系",旨在双方之间建立一种联系,是长期行为。市场营销的核心是"交换",关系包含的意义远远超过交换,因为如果在两个或多个商业合作伙伴间存在相互信任的关系,交换肯定会经常发生的,因此争取稳定的顾客群,建立良好的顾客关系显得尤为重要。从本质上讲,关系营销是对人类商业与贸易活动本源关系的回归,顺应了新时期商业和营销环境的挑战。传统的交易营销与关系营销的区别见表2-5。

交易营销与关系营销的区别　　　表2-5

对比项目	交易营销	关系营销
适合的顾客	眼光短浅和低转换成本的顾客	具有长远眼光和高转换成本的顾客
核心概念	交易、你买我卖	建立与顾客之间的长期关系
企业的着眼点	近期利益	长远利益
企业与顾客的关系	不牢固,如果竞争者用较低的价格、较高的技术解决顾客问题,关系可能会中止	比较牢固、竞争者很难破坏企业与顾客的关系
对价格的看法	是主要的竞争手段	不是主要的竞争手段
企业强调的重点	市场占有率	顾客回头率、顾客忠诚度
营销管理追求的目标	单纯交易的利润最大化	追求与对方互利最佳化
市场风险	大	小
了解对方的文化背景	没有必要	非常必要
最终结果	未超出营销渠道的范围	超出营销渠道的范畴,可能成为战略伙伴,发展成为营销网络

关系营销特别适合于民航运输市场的营销,其主要内容是对消费者进行科学的管理,方法则灵活多样,比如可以借助计算机建立消费者数据库,使企业准确了解用户的有关信息,使产品能得以准确定位,同时使企业促销工作更具有针对性,从而提高营销效率。运用数据库与消费者保持紧密联系,无需借助大众传媒,比较隐秘,不易引起竞争对手的注意。此外,还可建立顾客俱乐部、顾客信用卡、会员卡制度,对关键顾客专门设立关系经理,进行常旅客管理。

4. 网络营销(On-line Marketing;E-Marketing)

网络营销是以国际互联网为基础,利用数字化的信息和网络媒体的交互性来辅助营销目标实现的一种新型的市场营销方式。目前,网络已经成为民航运输市场营销信息沟通的重要的渠道。此外,由于民航企业内部信息系统的完善,生产、分销、采购和供应链管理趋于信息化和网络化,网络促成了企业内部各部门的营销导向,使企业内部营销发生质的变化。大多数航空公司通过Internet建立网站,传递产品信息,吸引网上消费者注意并在网上购买,网络分销渠道缩短了生产与消费之间的距离,扩大市场和经营规模,消费者通过互联网在电脑屏幕前直接点击鼠标就可完成购买行为,当前消费者正在充分享受计算机网络通信技术带来的便利。

5. 事件营销（Event Marketing）

事件营销亦称活动营销,是企业通过策划、组织和利用具有名人效应、新闻价值以及社会影响力的人物或事件,引起媒体、社会团体和消费者的兴趣与关注,以求提高企业或产品的知名度、美誉度,树立良好品牌形象,并最终促成产品或服务的销售目的的手段和方式。事件营销是近年来国内外十分流行的一种公关传播与市场推广手段,集新闻效应、广告效应、公共关系、形象传播、客户关系于一体,并为新产品推介、品牌展示创造机会。

面对经济全球化和经营管理知识化的全面挑战,市场营销理论与实践也在不断地创新、发展,以适应新的、更为急剧的市场环境变化。当代营销理论及其实施正推动民航企业以市场需求为导向、以服务创新为基础,强化营销职能,不断向追求卓越的目标前进。

案例2-2
奥运营销的"带头大哥"——中国国际航空公司

奥运工作对于中国国际航空公司(简称国航,下同)是一个史无前例的机会。2008年,北京迎来了世界200多个国家和地区的运动员、奥林匹克大家庭成员、政府官员、媒体记者和旅游者。为各国来宾提供便捷、安全、舒适的航空服务是成功举办奥运会
的重要因素。作为2008北京奥运会航空客运合作伙伴的国航,为此做好了一切准备。

1. 不打无准备的仗

早在2007年,国航就根据自身的特点,将奥运营销分为三大块:宣传推广、奥运营销和运行保障。三个部门负责人脱产专职做奥运营销工作。国航的奥运营销团队来自不同的部门,有原华北营销中心的经理、有原法兰克福办公室的销售经理、还有从日本大阪调来的产品设计人员等,国航的这支队伍来自不同部门和不同地区,就是希望背景的多元化能使得大家在一起不会受到思维的约束,更容易碰撞出火花。同时,着眼于2008年北京奥运物流,国航启动了基地扩建工程,将北京营运基地移至首都机场第三候机楼并独家使用其中的国内候机楼,这从侧面也说明了国航在同业内的竞争优势进一步加强。

2. 练好内功

在硬件加强的同时,练好内功是国航服务奥运、奉献奥运的一项重要措施。为此,国航启动了一线员工全员奥运英语工程。通过空中、地面专业英语的培训,员工的语言沟通能力得到加强,旅客的需求得到最大限度的满足。除此,还启动了奥运礼仪培训活动。2008年受奥运会推动,行业需求增速高于运力扩张5.89个百分点,行业客座率和综合载运率明显提升。做好了充分准备的国航在众多航空公司中受益显著。

3．打好奥运牌

睿智的国航在奥运营销挖掘到了更多的商机。随着奥运营销的深入,国航与可口可乐等其他奥运合作伙伴的联合营销也适时展开。可口可乐公司免费为国航开发了"奥运吉祥号"可口可乐纪念版,中国网通则免费为"奥运吉祥号"推出纪念版电话卡。据国航估计,如果达到这样大规模的广告效应,一般至少应投入1000万元以上。对于国航来说,这是他们首次尝到了"奥运大蛋糕"的甜头。

为了进一步增强与合作伙伴间的业务合作,国航在2007年还做了一个计划,就是把北京奥运会22家合作伙伴联合起来,利用大家在国内外的品牌影响力进行联合营销和互动宣传。国航与威士国际组织(VISA)、中国移动、中国银行、通用电器、柯达、联想集团、松下电器、中石油、大众汽车、强生、中国银行、中国网通、伊利等国际奥委会和北京奥组委的合作伙伴、赞助商建立了业务合作关系。国航此举,堪称奥运营销的大手笔。强强联合,对于每一个合作伙伴都是双赢甚至多赢。在这里,国航担当了"带头大哥"的角色,并得到市场的认可。

案例讨论:

1. 中国国际航空公司是如何利用奥运商机进行市场营销活动的?
2. 你认为我国航空企业应如何利用商机进行市场营销?

本 章 小 结

民航运输市场规模的大小取决于购买人口、购买力和购买欲望三个因素。

民航运输市场的构成要素主要有旅客或货主、航空公司、机场、销售中介和政府方。

民航运输市场具有派生性、广泛性与多样性、波动性、部分可替代性等特点。

民航运输市场的竞争主要表现在:各种交通运输方式之间的竞争、国内民航运输企业之间的竞争、国内民航运输企业与国际民航运输企业之间的竞争、民航运输企业与顾客之间的竞争。

市场营销是个人或组织通过创造并同他人交换产品和价值以满足需求和欲望的一种社会和管理过程。可以用6W1H市场营销理论,即用What、When、Who、Why、Where、Which和How来研究市场营销活动。

市场营销的基本功能是了解顾客需求、指导企业正确决策、开拓市场、满足消费者需求。

市场营销的组织形式有职能型组织、产品型组织、地理型组织、市场型组织等多种形式。

民航运输市场需求的类型有负需求、无需求、潜在需求、下降需求、不规则需求、充分需求、过度需求、有害需求八种。

民航运输市场营销管理的过程具体包括分析市场机会、选择目标市场、设计营销组合、执行和控制营销计划四个步骤。

市场营销观念历经了生产观念、产品观念、推销观念、营销观念和社会营销观念五个发展阶段。

民航运输市场营销新手段有文化营销、绿色营销、关系营销、网络营销和事件营销等。

复习思考题

1. 分析经济学与营销学中的市场的区别。
2. 民航运输市场的规模受哪些要素的制约？
3. 民航运输市场中各市场主体在市场中的作用有哪些？
4. 市场营销对于民航企业的发展有何作用？
5. 民航运输市场营销管理的过程有哪些具体内容？
6. 传统市场营销观念和现代市场营销观念的区别有哪些？
7. 简述推销观念和营销观念的区别与联系。
8. 举例说明，民航运输市场营销手段有哪些创新？

中英文对照专业名词

民航运输市场	Air Transport Market
营销近视症	Marketing Myopia
需求管理	Demand Management
营销观念	The Marketing Concept
生产观念	The Production Concept
产品观念	The Product Concept
推销观念	The Selling Concept
市场营销观念	Marketing Concept
社会营销观念	Social Marketing Concept
文化营销	Cultural Marketing
绿色营销	Green Marketing
关系营销	Relationship Marketing
网络营销	On-line Marketing；E-Marketing
事件营销	Event Marketing

课后阅读

中国民航业的发展历程

　　我国在 1919 年 3 月由北洋政府交通部成立了筹办航空事宜处，1920 年 5 月 8 日京沪航线的北京—天津航段投入运营，这是中国的第一条航线，北京和天津也有了机场，中国民用航空业务从此开始。1928 年国民政府开始筹办民航机构，1929 年成立沪蓉航空管理处，

当年开通上海—南京航线。1930年与美商合资组建中国航空公司,1931年与德国汉莎航空公司组建欧亚航空公司,1933年西南五省组建西南航空公司。直至抗战前,中国民航有了较大的发展,初步建成国内除东北以外的主要城市间的航空线。1936年底全国通航里程2万多km。抗日战争中断了中国民航的发展,但民航从业人员仍然不惧困难,参与"驼峰航线"的空中运输。

1949年11月2日,新中国民航宣告诞生,揭开了我国民航事业发展的新篇章。从这一天开始,新中国民航迎着共和国的朝阳起飞,从无到有、由小到大、由弱到强,经历了不平凡的发展历程。特别是十一届三中全会以来,我国民航事业在航空运输、通用航空、机群更新、机场建设、航线布局、航行保障、飞行安全和人才培训等方面都持续快速发展,取得了举世瞩目的成就。民航事业的发展与国家的经济发展,与党中央、国务院直接领导和支持密不可分,是几代民航干部职工励精图治、团结奋斗的结果,为祖国蓝天事业书写了壮丽的篇章。

新中国民航发展至今主要历经四个阶段。

1. 第一阶段(1949年~1978年)

1949年11月2日,中共中央政治局会议决定,在人民革命军事委员会下设民用航空局,受空军指导。同年11月9日,中国航空公司、中央航空公司总经理刘敬宜、陈卓林率两公司在香港员工光荣起义,并率领12架飞机回到北京、天津,为新中国民航建设提供了一定的物质和技术力量。1950年,新中国民航初创时,仅有30多架小型飞机,年旅客运输量仅1万人,年运输总周转量仅157万t·km。

1958年2月27日,国务院通知,中国民用航空局自当日起划归交通部领导。1958年3月19日,国务院通知,全国人大常委会第95次会议批准国务院将中国民用航空局改为交通部的部属局。

1960年11月17日,经国务院编制委员会讨论原则通过,决定中国民用航空局改称"交通部民用航空总局"。为部属一级管理全国民用航空事业的综合性总局,负责经营管理运输航空和专业航空,直接领导地区民用航空管理局的工作。

1962年4月13日,第二届全国人民代表大会常务委员会第五十三次会议决定民航局名称改为"中国民用航空总局"。

1962年4月15日,中央决定将民用航空总局由交通部属改为国务院直属局,其业务工作、党政工作、干部人事工作等均直归空军负责管理。这一时期,民航由于领导体制几经改变,航空运输发展受政治、经济影响较大。1978年,航空旅客运输量仅为231万人,运输总周转量3亿t·km。文革时期的前五年,民航受到了严重的破坏和损失。1971年9月后,中国民航在周总理的关怀下,将工作重点放在开辟远程国际航线上。到1976年底,中国民航的国际航线已发展到8条,通航里程达到4.1万km,占通航里程总数的41%;国内航线增加到123条。中国民航在1971年从前苏联购买了5架伊尔-62飞机,在1973年又从美国购买了10架波音-707型飞机,还从英国购买了三叉戟客机和从前苏联购买了安-24型客机。这样,中国民航各型运输飞机总数达到117架,能够较好地贯彻"内外结合、远近兼顾"的经营方针。

2. 第二阶段(1978年~1987年)

1978年10月9日,邓小平同志指示民航要用经济观点管理。1980年2月14日,邓小平同志指出：民航一定要企业化。同年3月5日,中国政府决定民航脱离军队建制,把中国民航局从隶属于空军改为国务院直属机构,实行企业化管理。这期间中国民航局是政企合一,既是主管民航事务的政府部门,又是以中国民航(CAAC)名义直接经营航空运输、通用航空业务的全国性企业。下设北京、上海、广州、成都、兰州(后迁至西安)和沈阳6个地区管理局。1980年全民航只有140架运输飞机,且多数是20世纪40年代或50年代生产制造的苏式伊尔14、里2型飞机,载客量仅20多人或40人,载客量100人以上的中大型飞机只有17架；机场只有79个。1980年,我国民航全年旅客运输量仅343万人；全年运输总周转量4.29亿t·km,位居新加坡、印度、菲律宾和印尼等国之后,列世界民航第35位。

3. 第三阶段(1987年~2002年)

1987年,中国政府决定对民航业进行以航空公司与机场分设为特征的体制改革。主要内容是将原民航北京、上海、广州、西安、成都和沈阳6个地区管理局的航空运输和通用航空相关业务、资产和人员分离出来,组建了6个国家骨干航空公司,实行自主经营、自负盈亏、平等竞争。这6个国家骨干航空公司是：中国国际航空公司、中国东方航空公司、中国南方航空公司、中国西南航空公司、中国西北航空公司、中国北方航空公司。此外,以经营通用航空业务为主并兼营航空运输业务的中国通用航空公司也于1989年7月成立。

在组建骨干航空公司的同时,在原民航北京管理局、上海管理局、广州管理局、成都管理局、西安管理局和沈阳管理局所在地的机场部分基础上,组建了民航华北、华东、中南、西南、西北和东北六个地区管理局以及北京首都机场、上海虹桥机场、广州白云机场、成都双流机场、西安西关机场(现已迁至咸阳,改为西安咸阳机场)和沈阳桃仙机场。六个地区管理局既是管理地区民航事务的政府部门,又是企业,领导管理各民航省(区、市)局和机场。

航空运输服务保障系统也按专业化分工的要求相应进行了改革。1990年,在原民航各级供油部门的基础上组建了专门从事航空油料供应保障业务的中国航空油料总公司。该公司通过设在各机场的分支机构为航空公司提供油料供应。属于这类性质的单位还有从事航空器材(飞机、发动机等)进出口业务的中国航空器材公司；从事全国计算机订票销售系统管理与开发的计算机信息中心；为各航空公司提供航空运输国际结算服务的航空结算中心；以及飞机维修公司、航空食品公司等。

1993年4月19日,中国民用航空局改称中国民用航空总局,属国务院直属机构。当年12月20日,中国民用航空总局的机构规格由副部级调整为正部级。

20多年中,我国民航运输总周转量、旅客运输量和货物运输量年均增长分别达18%、16%和16%,高出世界平均水平两倍多。2002年,民航行业完成运输总周转量165亿t·km、旅客运输量8594万人、货邮运输量202万t,国际排位进一步上升,成为令人瞩目的民航大国。

4. 第四阶段(2002年至今)

2002年3月,中国政府决定对中国民航业再次进行重组,主要内容如下。

(1)航空公司与服务保障企业的联合重组。民航总局直属航空公司及服务保障企业合并后于2002年10月11日正式挂牌成立,组成六大集团公司,分别是:中国航空集团公司、东方航空集团公司、南方航空集团公司、中国民航信息集团公司、中国航空油料集团公司和中国航空器材进出口集团公司。成立后的集团公司与民航总局脱钩,交由中央管理。

(2)民航政府监管机构改革。民航总局下属7个地区管理局(华北地区管理局、东北地区管理局、华东地区管理局、中南地区管理局、西南地区管理局、西北地区管理局和新疆管理局)和26个省级安全监督管理办公室(天津、河北、山西、内蒙古、大连、吉林、黑龙江、江苏、浙江、安徽、福建、江西、山东、青岛、河南、湖北、湖南、海南、广西、深圳、重庆、贵州、云南、甘肃、青海和宁夏),对民航事务实施监管。

(3)机场实行属地管理。按照政企分开、属地管理的原则,对90个机场进行了属地化管理改革,民航总局直接管理的机场下放所在省(区、市)管理,相关资产、负债和人员一并划转;民航总局与地方政府联合管理的民用机场和军民合用机场,属民航总局管理的资产、负债及相关人员一并划转所在省(区、市)管理。首都机场、西藏自治区区内的民用机场继续由民航总局管理。2004年7月8日,随着甘肃机场移交地方,机场属地化管理改革全面完成,标志着民航体制改革全面完成。

2004年10月2日,在国际民航组织第35届大会上,中国以高票首次当选该组织一类理事国。2005年,我国航空运输总周转量在世界的排名由第三位上升至第二位,超过德国,成为仅次于美国的世界第二航空运输大国,并连续三年保持这一位置,成为当今世界名副其实的航空运输大国,在中国经济社会发展和世界民航事业发展的进程中,扮演着愈来愈重要的角色。

2011年,全行业完成运输总周转量577.44亿t·km,国内航线完成运输周转量380.61亿t·km,全行业完成旅客运输量2.9亿人次,全行业完成货邮运输量557.5万t,全国民航运输机场完成旅客吞吐量6.21亿人次,完成货邮吞吐量1157.8万t,完成起降架次597.97万架次。截至2011年底,民航全行业运输飞机期末在册架数1764架,颁证运输机场180个,定期航班航线2290条,按重复距离计算的航线里程为512.77万km,按不重复距离计算的航线里程为349.06万km,定期航班国内通航城市175个(不含香港、澳门、台湾),定期航班通航香港的内地城市45个,通航澳门的内地城市14个,通航台湾的大陆城市37个和运输航空公司47家。

新中国民航60多年的发展历程证明发展是硬道理。不断深化改革、扩大开放,是加快民航发展的必由之路。当前,民航全行业正在认真研究如何从加强执政能力建设,提高驾驭社会主义市场经济条件下民航快速健康发展的能力入手,以制定民航"十二五"规划和2020年展望为契机,为实现从民航大国到民航强国的历史性跨越而努力奋斗!

第三章 民航运输市场营销环境

> **学习目的与要求**
>
> - 认识民航运输市场营销环境;
> - 了解民航运输市场营销环境的特点、作用;
> - 理解民航运输市场营销环境的各要素及各要素对民航企业发展的影响;
> - 熟悉民航运输市场营销环境的分析流程;
> - 掌握民航运输市场营销环境 SWOT 分析法和民航企业市场经营战略。

第一节 概 述

企业的生存和发展依赖于一定的市场环境,"树欲静而风不止"形象地说明了民航企业所需面临的各种营销环境,营销环境是民航企业营销战略建立的背景。

一 市场营销环境

市场营销环境(Marketing Environment),泛指一切影响和制约企业市场营销决策和实施的内部条件和外部环境的总和。市场营销环境关系民航企业生存和发展、影响并制约民航企业营销战略的制订和实施,是企业营销策略中的不可控制的参与者和力量,这些参与者和力量影响着民航企业的管理发展和维持同目标顾客进行成功交易的能力。

企业市场营销环境的内容非常广泛,可以从不同的角度划分为多种类型。

(1)根据营销环境对企业营销活动发生影响的方式和程度,可以将市场营销环境分为两大类,即宏观营销环境和微观营销环境。宏观营销环境也称间接营销环境,主要由人口环境、经济环境、政治法律环境、自然环境、科学技术环境、社会文化环境等方面的基本因素构成,对企业的营销活动构成间接影响;微观营销环境也称直接营销环境,主要由供应商、企业、营销中介、顾客、公众、竞争者等组成,对企业的经营活动构成直接的影响。

(2)根据企业对营销环境控制的难易程度,可以将市场营销环境分为可控制环境和不可控制环境。可控制环境是指对企业的营销活动乃至整个企业的应变能力、竞争能力发生影响的、企业可以控制的各种内部环境因素,如市场营销目标、营销计划、目标市场的选择等;不可控制环境是指对企业营销活动发生影响的企业难以控制和改变的各种外部环境因素,如顾客、竞争对手、政治状况、技术水平及媒体等。

（3）根据影响环境的性质，可以将市场营销环境分为自然环境和文化环境。自然环境包括气候、生态系统的变化等，它的发展变化也会给企业造成一些环境威胁和市场机会；文化环境包括社会价值观念、科学和技术、政治和法律力量、经济力量等，企业高层管理者进行营销决策时必须研究这些文化因素，因为文化会通过影响人的欲望与行为，从而对企业的营销活动产生影响。

（4）根据影响营销活动的时间长短，可将市场营销环境为长期营销环境和短期营销环境。

营销环境的划分如图3-1所示。

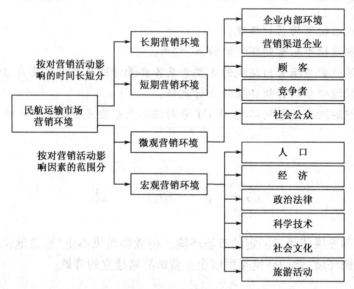

图3-1　民航运输市场营销环境的划分

民航运输市场宏观营销环境和微观营销环境不是并列关系，而是包容和从属的关系。微观营销环境直接制约和影响企业的市场营销活动，宏观营销环境要通过微观营销环境间接影响和制约企业的市场营销活动，微观营销环境受制于宏观营销环境。

二　市场营销环境的特点

企业要想在复杂多变的环境下熟练地驾驭市场，就必须认真研究市场营销环境，而市场营销环境是一个多因素、多层次且不断变化的综合体，对市场营销环境的研究是一项复杂的工作，要做好对市场营销环境的研究，首先要了解它的特点。概括起来讲，企业市场营销环境的特点主要表现在以下五个方面。

1. 客观性

企业总是在特定的社会经济和其他外界环境条件下生存、发展的。企业只要从事经营活动，就不可避免地受到各种各样环境因素的影响和制约。一般来说，企业无法摆脱和控制营销环境，特别是宏观环境，难以按自身的要求和意愿随意改变它们，如企业不能改变人口因素、政治法律因素、社会文化因素等。但企业可以主动适应环境的变化和要求，制定并不断调整市营销策略。如果企业善于适应环境,就能生存和发展,否则就难免被淘汰。因此,企业决策者必须清醒地认识到这一点,及早做好充分的思想准备,随时应付企业面临的各种环境的挑战。

2. 差异性

企业所面临的营销环境具有客观性,但是对每个企业而言,它面对着自己唯一的营销环境。即使是两个同处于某一行业的竞争企业,由于它们本身的特点和管理者的眼界不同,对环境的认识和理解是不同的。例如,中国加入世界贸易组织,意味着大多数中国企业进入国际市场,进行"国际性较量"。面对这一环境的变化,经济实力强、敢于竞争、勇于挑战的企业认为市场规模扩大,营销机会增加;相反,经济实力较弱、竞争能力较差的企业却认为企业将面临极大的威胁。因此,企业所面临的营销环境是有差异性的,营销环境的差异性要求企业进行营销环境分析时,必须具体问题具体分析,不能套用现成的战略模式。

3. 可变性

市场营销环境是一个动态概念,任何企业都不会处于一个永恒不变的环境之中。例如,20世纪60、70年代,中国处于短缺经济状态,短缺几乎成为社会经济的常态。改革开放30年后,卖方市场向买方市场转变,市场营销环境已产生了重大变化。再如,现在我国消费者的消费倾向已从追求物质的数量化为主流向追求物质的质量及个性化转变,这无疑对企业的营销行为产生最直接的影响。市场营销环境的变化有快慢大小之分,有的变化快一些,有的变化慢一些;有的变化大一些,有的变化小一些;有些变化是可以预测的,而有些变化是不可预测的、突发性的。例如,科技、经济等因素的变化相对快而大,因而对企业营销活动的影响相对短且跳跃性大;而人口、社会文化、自然因素等相对变化较慢较小,对企业营销活动的影响相对长而稳定。因此,没有一个企业在营销管理的整个过程中,始终都面临着同样的营销环境。营销环境的变化,既会给企业提供机会,也会给企业带来威胁。虽然企业难以准确无误地预见未来环境的变化,但可以通过设立预警系统,追踪不断变化的环境,及时调整营销策略。

4. 关联性

市场营销环境系统中,各个影响因素是相互依存、相互作用和相互制约的。这是由于社会经济现象的出现,往往不是由某种单一的因素所能决定的,而是受到一系列相关因素影响的结果。例如,企业开发新产品时,不仅要受到经济因素的影响和制约,更要受到社会文化因素的影响和制约。又如,市场需求除受消费者收入水平、爱好以及社会文化等方面因素的影响外,政治法律因素的变化,往往也会产生决定性的影响。

5. 不可控制性与企业的能动性

影响市场营销环境的因素是多方面的,也是复杂的,并表现出一定的不可控性。不可控性是指外部环境的变化对于企业来说是不可控的。例如,企业不可能控制和改变国家的政策方针、法律法规以及社会风俗习惯等,更不可能控制人口的增长。市场营销环境的不可控性要求企业必须不断适应变化着的市场营销环境。当然,企业对其营销环境的适应,并不意味着企业对于环境是无能为力或束手无策的,只能消极地、被动地改变自己以适应环境,而是可以充分发挥其应有的主观能动性,从积极主动的角度出发,能动地去适应营销环境,主动调整市场营销战略和策略,并可在一定条件下转变市场营销环境中的某些可能被动的因素,从而冲破营销环境的某些制约,变威胁为机会。

三 市场营销环境分析的作用

市场营销环境的发展变化,既可以给企业带来市场机会,也可能对企业造成严重的威胁。由于生产力水平的不断提高和科学技术的进步,当代企业外部环境的变化远远超过企业内部因素变化的速度,企业的生存和发展越来越取决于其适应外部环境变化的能力。如何适应、创造与之相适应的外部环境,对企业开展营销活动至关重要。市场营销环境分析的重要性具体表现在以下三个方面。

1. 它是企业市场营销活动的立足点和根本前提

开展市场营销活动的目的一方面是为了更好地满足人们不断增长的物质和文化生活需要,同时也是为了使企业获得最好的经济效益和社会效益。要实现上述目标,其立足点和根本前提就是要进行市场营销环境分析。只有深入细致地对企业市场营销环境进行调查研究和分析,才能准确而及时地把握消费者需求,才能认清本企业所处环境中的优势和劣势,扬长避短。否则,企业便不可能很好地实现其满足社会需求和创造良好的经济效益和社会效益的目的,甚至陷入困境,被兼并或被淘汰。许多企业的实践都充分证明,市场营销环境分析是企业市场营销活动的立足点和根本前提,成功的企业无一不是十分重视市场营销环境分析的。

2. 它是企业经营决策的基础,为科学决策提供保证

企业经营决策的前提是市场调查,市场调查的主要内容是要对企业的市场营销环境进行调查、整理分类、研究和分析,并提出初步结论和建议,以供决策者进行经营决策时作为依据。市场营销环境分析的正误,直接关系到企业决策层对企业投资方向、投资规模、技术改造、产品组合、广告策略、公共关系等一系列生产经营活动的成败。

3. 它有利于企业发现新的市场机会,及时采取措施,科学把握未来

市场营销是一个系统过程,在这一系统过程中市场机会分析占有重要的位置。新的经营机会可以使企业取得竞争优势和差别利益或扭转所处的不利地位。当然,现实生活中,往往是机会与威胁并存,且可能相互转化。企业要善于细致地分析市场营销环境,抓住机会,化解威胁,使企业在竞争中求生存、在变化中谋稳定、在经营中创效益。

案例3-1

不注意环境分析就会走入困境——泛美航空公司

泛美航空公司是泛美世界航空公司(Pan American World Airways)的简称。泛美航空公司自1930年至1991年倒闭前,一直是美国的主要航空公司之一。

泛美航空公司可以算是由于不重视环境分析,跟着感觉走而使自己一步一步滑入困境的企业典型。在经过了多年的苦心经营之后,泛美曾成为全美第三大航空公司。但在70年代末期,世界航运业的发展就已经显示出了竞争将会日益激烈的

基本态势。泛美航空公司的股票一跌再跌,在此困境之下,泛美航空公司进行了领导层更换,艾克尔开始出任公司总裁。但是艾氏并不是一个注重营销环境分析的决策者,相反,他是一个独断而凭直觉办事的家长,这使得泛美航空公司在困境中越陷越深。

长期以来,泛美航空公司一直在美国民航局的控制之下经营海外航运业务,而没有经营美国政府管制之下的国内航空业务。后来泛美航空公司收购了国家航空公司,由此也就等于取得了国家航空公司在美国境内的航线和航运权。但是,急剧的市场营销环境变化在这时出现了:美国政府突然宣布解除对美国国内航空市场的管制,开放天空,让各航空公司自由竞争。这样,原本试图通过购买国家航空公司来取得国内航线营运权的泛美公司,又与其他的同行竞争者——各家航空公司平起平坐了。费了好大劲才到手的国内航线营运权,竟被竞争者所共享。

泛美航空公司历史悠久,有大量年资颇高的职员长期享受高薪与高福利待遇,在其合并了国家航空公司之后,总裁艾克尔又慷慨地给国家航空公司职员加薪,与原泛美航空公司的职员享受同等待遇。加之,泛美航空公司本来就有机型复杂、成本偏高的弱点,因而在环境剧变后的竞争中失去了竞争力。

尽管泛美航空公司并没有倒闭,但公司的亏损现象极为严重,不得不将公司位于纽约的总部大楼出售以解燃眉之急。后受当时世界石油价格下降的影响,泛美航空公司的经营状况曾一度有过好转,其股票价格也直线攀升。同年五六月间,在美国经济开始复苏的环境中,乘客量明显回升,机票价格提高具有了现实基础,高营业收入与低燃料成本从两个方面改善了泛美航空公司的内部营运状况。但是,这仅是昙花一现,由于环境变化而带来的市场机会,纯属偶然,并非公司注重了环境分析和加强了环境适应能力,所以,当随之而来的又一次环境的重大变化出现时,公司便再也支持不住了。

泛美航空公司劳工组织以公司盈利增加为依据要求实施加薪措施,恢复一度由于公司经营状况不佳而削减的劳工待遇,但这一要求并没有受到公司决策层的重视,相反,对于原本拖欠职工的退休金,公司也计划实施冻结。这种决策明显触犯了众怒,泛美航空公司的机械工人首先宣布罢工,并获得职员、机员和驾驶员的支持,这次罢工持续了一个月之久,给公司造成的损失之巨。

泛美航空公司在处理内部环境变化方面的低能,也不可避免地波及到了公司在空运市场上的竞争力。罢工风波刚刚平息,美国国内市场上的恶性削价竞争又起狼烟,公司股东对泛美公司失去了信心,纷纷抛出泛美公司的股票,致使泛美雪上加霜。公司内外环境联合作用的结果,使泛美航空公司面临倒闭的危险。于是,泛美公司以9亿美元的价格,将其在太平洋地区的航线、航权以及飞行在这些航线上的客机全部出售给了美国联合航空公司。到此,泛美航空公司的势力正式撤出了它曾苦心经营的地区。

案例讨论:

1. 泛美航空公司遇到哪些宏观营销环境和微观营销环境的变化?
2. 泛美航空公司的领导人针对环境变化采取了哪些措施?
3. 你认为泛美航空公司应如何应对营销环境的变化?

4. 泛美航空公司案例中,说明在现代市场营销实践中非常重要的哲理是什么?

第二节 民航运输市场宏观营销环境

宏观营销环境(Macro-environment)是指对企业营销活动造成市场机会和环境威胁的主要社会力量。分析宏观营销环境的目的在于更好地认识环境,通过企业营销努力来适应社会环境及变化,达到企业营销目标。分析研究民航企业的宏观营销环境,通常使用 PEST 分析法对企业宏观环境进行分析,P 代表政治(Political)、E 代表经济(Economic)、S 代表社会(Social)、T 代表技术(Technological),各环境中又包含子环境,如图 3-2 所示。

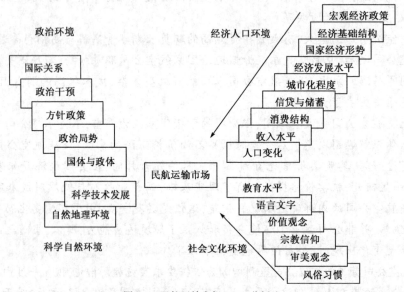

图 3-2 民航运输市场 PEST 分析法

一、人口环境

人口环境(Population Environment),是指人口的数量、分布、年龄和性别结构等情况。人口环境既是企业生产经营活动必要的人力资源条件,又是企业的产品和劳务的市场条件,也使之成为企业生产经营的重要外部环境。在分析人口环境时,市场营销人员所要分析的是各个城市、地区和国家的人口规模与增长率、人口的年龄结构与民族结构、教育程度、家庭结构、地区人口的特征与人口迁移等。这些人口统计的主要特征与趋势对企业的市场营销具有整体性、长期性、决定性的影响,是制订营销决策最重要的客观依据。

1. 人口数量

在收入水平和购买力大体相同的条件下,人口数量的多少直接决定了市场规模和市场发展的空间,人口数量与市场规模成正比。从全世界的角度来看,世界人口正呈现出爆炸性的增长趋势,2012 年达到近 70 亿人。我国人口已由再生产类型转入低生育、低死亡、低增长的发展阶段,进入了世界低生育水平国家行列。2010年第六次全国人口普查结果表明中国总人口达到13.39亿人,比第五次人口普查增长5.84%,年平均增长率为0.57%。世界人口及中国人口的增长速度对商业有很大的影响,人口增长意味着人类需求的增长,但只有在购买力保证的前提下,人口增长才意味着市场的扩大。

2. 人口结构

人口结构包括人口的年龄结构、教育结构、家庭结构、收入结构、职业结构、性别结构、阶层结构和民族结构等。其中,人口的年龄结构最为主要,直接关系到各类商品的市场需求量,以及企业目标市场的选择。在一个市场上,每个年龄段的人数不同,需要的商品也不相同,市场营销人员要确定年龄段中可能成为目标市场的人群。例如:有收入和购买能力的学生;单身贵族;双职工没有孩子的家庭;双职工有孩子的家庭;低收入的城市职员;富裕的老年人等。这些人群都有对固定类型的产品与服务以及媒体与零售店的偏好,这就使得市场营销人员能够进一步改进自己的产品。

3. 人口分布

人口分布可以从人口的城乡分布与地域分布两方面考察。从总体上看,中国城镇特别是大中城市人口密度大、消费需求水平高;乡村人口密度小、消费需求水平低,但随着社会经济与文化的发展,城乡差距将日趋缩小。从区域人口分布看,中国东部沿海地区经济发达,人口密度大、消费水平高;中西部地区经济相对落后,人口密度小、消费水平低。随着我国西部大开发战略的深入,必然推动西部地区的经济发展,刺激西部市场需求大幅度的提高,从而拓展了企业发展的空间。

人口的数量及结构对民航运输需求的影响较大。一方面,民航运输需求数量与人口的密集程度有关,人口密集的国家和地区,民航运输需求量高;人口稀疏的国家和地区,民航运输需求低;人口增加时,民航运输需求也会相应增加。另一方面,人口结构对民航运输需求也产生影响,而且这方面的影响作用比人口数量本身的增加显得更加突出。例如,城市人口因大都从事各种工业、商业和服务业等工作,出行频率要比生产单一、分散的农村人口形成更多的运输需求。

二 经济环境

经济环境(Economic Environment),是指构成企业生存和发展的社会经济状况和国家经济政策,是影响消费者购买能力和支出模式的因素。它包括收入的变化、消费者支出模式的变化等。企业的经济环境主要由社会经济结构、经济发展水平、经济体制和宏观经济政策等四个要素构成。

1. 社会经济结构

社会经济结构指国民经济中不同的经济成分、不同的产业部门以及社会再生产各个方面在组成国民经济整体时相互的适应性、量的比例及排列关联的状况。社会经济结构主要包括五方面的内容,即产业结构、分配结构、交换结构、消费结构、技术结构,其中最重要的是产业结构。所谓产业结构是指不同产业在整个经济中的比例关系,如农业、轻工业和重工业的比例,第一、第二和第三产业的比例等。以货运为例,产业结构对货运需求的影响主要表现在不同产业结构必然引起不同的产品结构,而不同的产品结构意味着不同的货物结构。

分析经济因素还必须考虑国际经济和地区经济结构的变动。我国处在亚洲太平洋地区,亚洲地区结构相对稳定,亚洲经济的增长高于世界平均增长速度,太平洋地区经济发展带来了贸易的急剧增加。相应地,这一地区各航空公司的国际定期业务量的增长也大大高于世界的平均增长速度,多数航空公司都对亚太地区民航运输市场的发展前景持乐观态度。国际民航组织报告指出,亚太地区的空运量在国际航空运输量中的比重上升,与此同时,北美和欧洲地区比重开始下降。总之,亚太地区经济的崛起以及我国经济的平稳增长为我国民航运输业开拓了广阔的市场。

2. 经济发展水平

经济发展水平是指一个国家经济发展的规模、速度和所达到的水准。反映一个国家经济发展水平常用的指标有国民生产总值、国民收入、人均国民收入、经济发展速度和经济增长速度等。从静态来看,凡是经济发展水平高的国家和地区,运输需求水平就高;相反,凡是经济发展比较落后的国家和地区,运输需求水平就低。从动态来看,当经济进入上升期间,民航运输市场需求旺盛,航空公司向飞机制造商采购了大批的新飞机,有的航空公司改变了整体营销战略,将经营重点放到了头等舱和商务舱的高端旅客市场上。当经济进入衰退期,商务旅客为了节省费用改坐经济舱,使得航空高端客运市场受到严重影响;旅游休闲旅客取消外出旅行的概率增大;货运市场也因人们的消费能力下降而致使物流量减少,航空公司的主营业务大幅度缩水,迫使部分航空公司调整经营重点,改变航线,重新定位目标顾客。

此外,经济发展水平还通过影响人们的收入水平和消费水平进而影响民航运输需求。国际货币基金组织的一项研究显示,当人均 GDP 由 1500 美元增长为 5000 美元时,国民每人每年坐飞机的次数,将由 0.01 次迅速增长为 0.5 次左右。可见,经济发展水平是影响民航运输需求的一个重要因素。

3. 经济政策

经济政策是指国家、政党制定的一定时期国家经济发展目标实现的战略与策略,包括综合性的全国经济发展战略和产业政策、国民收入分配政策、价格政策、物资流通政策、金融货币政策、劳动工资政策和对外贸易政策等。2010 年 1 月,国务院发布《关于推进海南国际旅游岛建设发展的若干意见》,将海南建设国际旅游岛上升为国家战略。根据《若干意见》,海南省建设国际旅游岛,将构建以旅游业为龙头、现代服务业为主导的特色经济结构,《意见》的出台对海南民航的发展、航空公司国际航线的发展都产生重要的影响。

三 政治法律环境

政治法律环境(Political and Legal Environment),是指一个国家或地区的政治制度、行政体制、方针政策、法律法规等方面。政治法律环境是影响企业营销的重要宏观环境因素,主要包括政治环境和法律环境。政治环境引导企业营销活动的发展方向,法律环境则是企业经营活动的行为准则。民航运输业是对政治环境变化非常敏感的行业,这些因素常常制约、影响民航运输企业的经营行为。

1. 政治环境

政治环境是指企业市场营销活动的外部政治形势,包括对国内政治环境和国际政治环境的分析。国内政治环境主要包括政治制度、政党和政党制度、政治性团体、党和国家的方针政策及政治气氛;国际政治环境主要包括国际政治局势、国际关系与目标国的国内政治环境。从世界民航范围看,恐怖主义活动和东道国政局动荡给企业经营带来的负面影响最大。

(1)恐怖主义活动。自20世纪60年代以来,恐怖主义活动日益频繁,在西欧、中东、拉丁美洲和南亚等地区蔓延,严重威胁着国际社会的安全和秩序。进入21世纪后,恐怖主义活动日益成为航空公司经营管理所面临的严重问题之一。如"9·11"事件,不仅沉重打击美国的航空业,也使其他国家的航空业受到不利影响,全球航空运输市场的需求急剧下滑,在纽约肯尼迪国际机场的英国航空公司柜台前,办理登机手续的乘客门可罗雀。由于民航业常常代表了一个国家的形象,航空公司首当其冲成为恐怖袭击的目标,恐怖活动对航空运输业影响不可轻视,恐怖分子无论对航线上的飞机还是对某个城市的袭击都会减少航空运输市场的需求。

(2)政局动荡。东道国的政局稳定性是民航企业国际营销考虑的关键变量之一。影响一国政局稳定性的因素很多,主要有政策稳定性和国内政治冲突。对于民航企业来说,政局稳定、社会安定、经济发展、人民安居乐业,有利于民航企业的长远发展,增强旅客与货主的消费信心,民航运输市场就会存在较多的机会;反之,政局动荡会对民航运输市场带来巨大的冲击,对企业的市场营销活动造成非常不利的影响,致使民航运输市场衰退,乃至企业倒闭。因此,民航企业在市场营销中,特别是在国际航线市场上,一定要考虑东道国政局变动和社会稳定情况这些因素。

2. 法律环境

法律环境是指国家或地方政府所颁布的各项法规、法令和条例等,它是企业营销活动的准则,企业只有依法进行各种营销活动,才能受到国家法律的有效保护。为了规范企业的行为,保护消费者和社会公众的利益,各国政府都制定了相关的法律法规,民航企业作为经济实体,必须要认真了解这些法律法规,并做到自觉遵守。

经营国内航线市场的企业应遵守《中华人民共和国民用航空法》及其他有关法律规定;经营国际航线市场的企业必须遵守所在国和地区的有关法律规定,如华沙公约、芝加哥公约等,还应遵守目的国的法律法规和两国间的有关航空运输协议。

3. 航空运输政策

航空运输政策是民航运输市场政治法律环境的具体化。世界各国的航空运输政策大致可分为非管制化政策、开放性政策和保护性政策三种。美国凭借其雄厚的经济实力和广阔的空域实行非管制化政策,鼓励各航空公司竞争;新加坡因其优越的地理位置,实行开放性的航空运输政策,欢迎各国航空公司开航新加坡,以促进旅游,繁荣经济;西欧各国则出于经济实力、国土面积和市场等因素的考虑,实行保护性的航空运输政策。对全球民航业的历史进程来看,放松管制政策和开放天空政策对民航企业的影响最为深远。

(1)放松管制政策(Deregulation)。放松管制的内容主要有两项:一是在国内放宽或取消进入航空运输市场的限制(市场准入);二是在国内放松对空运定价权的限制。从各国民航运输发展的过程看,国家对航空运输业实行某种程度的经济管制曾是各国普遍的做法。这是基于这样的认识:航空运输业在新生期,为了使公众得到充分的空运服务,国家有必要对空运企业的经营给予保护,对航线、客货运价、承运人之间的协议、航空公司间合并与购买等进行广泛的管理,以防止无限制的自由竞争造成对空运业及社会公众的损害。但随着市场经济的发展,各国对空运业的上述认识逐渐改变,认为空运业已经成熟,不应再依靠政府资助和保护,应像对待其他产业一样,允许市场竞争。因此,许多国家相继采取了国内放松管制政策。美国率先在1978年通过航空管制改革法,规定了放松管制的时间表:1982年,基本取消对航空运输企业进入新市场的管制,只保留必要的资格审查;1983年,取消对航空公司运价的管制;1985年,取消原来主管民航业的民航委员会,权利交由美国司法部和运输部管理。放松管制为美国航空运输业的发展注入了活力,并很快得到了世界许多国家特别是经济发达国家的相继仿效,如欧洲国家、日本、韩国及澳大利亚等,形成了一股潮流。

放松管制对民航运输业的规模、结构、运价水平和服务质量等方面都产生了相当大的影响。第一,新航空公司大量涌现;第二,竞争加剧,票价大战风行,其结果使一些缺乏竞争力的航空公司破产,大部分市场份额被少数具有雄厚实力的大公司垄断;第三,航线航班座位增加,服务质量大为改善,旅客和货主从中获益。

(2)开放天空政策(Open Sky)。开放天空是美国政府自二战后大力推行的一种国际航空政策,推行航空运输双边自由化和区域多边自由化。欧盟和美国用"开放天空"来形容放开大西洋两岸的航空航线限制。第二次世界大战以后至今,欧洲国家和美国基本以双边协议的方式界定航空航线,协议中有诸多限制。开放天空政策对民航运输业带来了重大影响。

第一,加剧了民航领域内的竞争,民航业不发达国家面临挑战。

第二,各国航空公司为了生存和发展,纷纷结成战略联盟或实行兼并。如:一直以来,欧盟航空公司的飞机只能从本国机场飞往美国,不能从欧盟其他成员国的机场起飞,随着30号新协议的正式生效,欧美的任何航空公司,都可以直接开辟两地所有城市间的航线,这将增加跨大西洋的航空客运量。此外,由于开放天空协议的正式实施,市场分割的局面被打破,欧美两地的航空公司可能会掀起新一轮兼并浪潮。那些效率较低的航空公司要么被高效的航空公司收购,要么被迫采取措施降低运营成本。

第三,降低票价,提高服务质量,便利国际间的政治、经济、文化、技术交流。例如,德国汉莎航空公司原来飞往美国的航线只能从法兰克福、斯图加特等德国城市起飞,而在新协议生效后,德国汉莎航空可以在法国巴黎、西班牙马德里等开通直飞纽约等美国城市的航班,回程也可以飞往欧盟境内任何城市。开放天空政策使得航线上的竞争进一步加剧,航空公司或是纷纷降价、或是提高服务质量、或是营销创新、亦或是调整战略,以获得竞争优势。

各国运输政策大相径庭,并有较大的可变性,它随着政治经济形势的变化而变化。民航企业要随时注意研究不同时期的各项有关方针政策,在贯彻执行国家政策的基础上及时寻找营销机会,调整企业的运营战略。

四 社会文化环境

社会文化环境(Socio-cultural Environment),是指企业所处的社会结构、社会风俗和习惯、信仰和价值观念、行为规范、生活方式以及文化传统等因素的形成和变动。社会文化环境是影响企业营销诸多变量中最复杂、最深刻、最重要的变量。社会文化是某一特定人类社会在其长期发展历史过程中形成的,它影响和制约着人们的消费观念、需求欲望及特点、购买行为和生活方式,对企业营销行为产生直接影响。文化环境所蕴含的因素主要有社会阶层、家庭结构、风俗习惯、宗教信仰、价值观念、消费习俗及审美观念等。民航运输市场营销对社会文化环境的研究一般从以下五个方面入手。

1. 教育状况

受教育程度影响消费者对民航服务与产品要求,不同受教育水平的消费者在价格、满意度、忠诚度等方面都有明显差异。一项航空旅客调查研究显示,高、中职以下学历的顾客对基本需求的满意度高于高、中职以上学历的顾客,这可能因为学历越高者对基本需求的认知越深,所以对基本需求的要求也就越高;对于忠诚度,高、中职以上学历的顾客明显高于高、中职以下的顾客。因此企业的市场开发、产品定价和促销等营销活动都要考虑到消费者所受教育程度来采取相适应的策略。

2. 消费习俗

消费习俗是人们在长期经济与社会活动中所形成的一种习惯。它在饮食、服饰、居住、婚丧、信仰、节日与人际关系等方面,都表现出独特的心理特征、道德伦理、行为方式和生活习惯。研究消费习俗,不但有利于组织好民航企业的生产与销售,而且有利于正确、主动地引导健康的消费。了解目标市场消费者的禁忌、习俗、避讳、信仰、伦理等,是民航企业进行市场营销的重要前提。

3. 宗教信仰

宗教是构成社会文化的重要因素,宗教对人们消费需求和购买行为的影响很大。不同的宗教有自己独特的节日礼仪、商品使用的要求和禁忌。某些宗教组织甚至在教徒购买决策中有决定性的影响。为此,企业可以把影响大的宗教组织作为自己的重要公共关系对象,在营销活动中还应注意到消费者不同的宗教信仰,以避免由于矛盾和冲突阻碍企业营销活动。

4. 价值观念

价值观念是指人们对社会生活中各种事物的态度和看法。不同文化背景下,人们的价值观念往往有着很大的差异,消费者对商品的色彩、标志、式样以及促销方式都有自己褒贬不一的意见和态度。企业营销必须根据消费者不同的价值观念设计产品,提供服务。

5. 亚文化群

亚文化群是指在共同的文化传统大集团中存在的具有相对特色的较小团体。每一种社会文化的内部都包含若干亚文化群。亚文化群不仅可以划分为种族的、民族的、宗教的和伦理的团体,而且还可以按年龄群(如老年人、中年人、青年人等)、活动爱好(如足球迷、篮球迷、桥牌迷、围棋迷、拳击迷等)或者其他特殊的团体来划分。亚文化群实质上是一种非正式组织。充分研究亚文化群,才能使民航企业的营销活动做到有的放矢。

五 科学技术环境

科学技术环境(Technical Environment),是指由于科学技术的进步以及新技术手段的应用而对市场营销活动带来的影响。新技术革命后传统行业日趋衰落,许多新兴行业正在迅速兴起,给企业带来营销机会的同时也给企业带来了经营威胁。国际航空业市场经历了三次大的信息技术应用变革:第一次是20世纪60年代,美国航空公司使用的世界上第一个计算机订位系统(Sabre);第二次是20世纪80年代,各航空公司的售票代理商使用的电脑预订系统(CRS);第三次是21世纪初广泛使用的电子客票以及互联网的运用。随着信息技术的革新,航空公司经营管理方法也在不断改变。

案例3-2

今天你被自助服务了吗?

几乎所有人都有过这样的体验:网上预订、电子客票、网上值机、自助出票设备、自助打印登机牌以及在宾馆自助入住。这些自助服务已在航空旅游和其他旅游业得以普及。

航空公司、酒店、租车公司等企业从未停止过寻找削减成本、提高旅游服务产品传递速度的方法。随着信息技术的发展,企业都非常积极地把面对面的客户服务方式向计算机自动化服务方式转变。这个行动已经取得了巨大的成功。在美国,大约1/3的航空公司机票是在线销售出去的;大约有70%的旅客使用在线的预订工具。一半左右的航空公司目前可以提供网上值机业务,有40%的旅客在使用这项业务。专业人士预计未来绝大多数旅客将在机场通过自助服务设备完成登机。

目前,自助服务已经从根本上改变了一些旅客的旅行习惯。不过,这些旅客只有在不使用自助服务时才发现了对自助服务的依赖性,比如家里或者办公室里打印机坏了没能及时打印登机牌,而必须在机场痛苦地排长队等候。

再想像一下走出机场之后的事情:你来到机场附近的租车自助服务点,无需填任何的纸面表格,便可从一台自助设备中获得车钥匙,同时,你所要求的各类保险、收费折扣、汽油情况,以及作为航空公司常旅客从这次租车中可以累积的里程等手续,都已经自动处理完毕。你拿上钥匙,开着自己选好的汽车,离开了机场⋯⋯

上述自助服务已经有很多实现或者正在实现,我们从中仍然能看到自助服务方面的发展新方向。

机场通用行李托运设备以及远程行李托运设备

下一代机场自助值机设备将可以自助打印行李标签条,旅客自行在他们的行李上贴行李条,并在机场的一个集中交付托运行李点完成托运。

一些机场已经在试用通用行李处理设备,这样的设备可以服务于多家航空公司。有的机场考虑在停车场放置类似的行李处理设备,免得旅客在候机楼里拖着行李到处走。还有的机

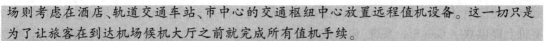

场则考虑在酒店、轨道交通车站、市中心的交通枢纽中心放置远程值机设备。这一切只是为了让旅客在到达机场候机大厅之前就完成所有值机手续。

当然,这些设想的实现还尚需时日,甚至以前在值机柜台的长队还可能会转移到自助设备前也说不定。一些研究也表明在自助设备处配备服务人员能够缩短一倍以上的办理时间。

自助遗失行李处理设备

每年都有旅客行李被错误转运的情况,且误转量还在逐年增多。目前有的航空公司考虑建立自助设备系统来让旅客自行申报和查询遗失行李。根据 SITA 的报告,有一家旅游 IT 公司研发了类似的自动设备系统,一半以上被访问的旅客表示他们非常愿意使用这样的系统。

自助机票改签/改期设备系统

一些航空公司把机票改期的流程自动化。有的航空公司可以在自助设备上通过信用卡支付或者常旅客里程支付来实现升舱。有些航空公司的自助设备让旅客可以自助登记更早航班的候补申请,这对于已经预订好了机票但希望尽早成行的旅客非常有帮助。

自助证件查验设备

这类自助服务设备通过指纹和护照的信息匹配来完成对旅客身份的识别,对于未能完成身份识别的旅客,需要额外的安全检查,会在他的登机牌上打印相应的代码。业界若干个航空公司已经开始使用这类机器来完成国际机票和持票者护照之间的匹配信息查验。

自助边检设备

新的生物识别技术使得旅客通过海关和边检检查点的速度加快,流程也更简单。目前在这方面最大的障碍是建立边防检查的系统标准,难点在于各个国家有自己的边检特殊规定。

所以在不久的将来,人们可能不禁会这么互相问候:"今天你被自助服务了吗?"

案例讨论:

新科技给民航企业带来了哪些发展机遇与挑战?

科技革命带来科技创新,改变企业生产、经营和管理组织模式,同时改变市场运行模式和机制。科学技术对民航企业的影响主要有以下几个方面。

1. 对顾客需求的影响

由于技术革命推动世界经济飞速发展,人民生活水平迅速提高,消费需求由低层次的生理需求向高层次需求的转变,从对物质需求向精神需求转变;消费需求日益趋向个性化;对服务水平和产品的品质有更高需求,而信息技术革命使得一对一服务成为可能。民航运输市场新技术的使用对旅客的需求和企业经营都产生了深远的影响。"简化商务"是世界航空运输业推出的,旨在通过信息技术来降低运营成本、提高服务效率的新举措,其内容包括电子机票、旅客自助值机服务系统、标准登机牌条码和行李无限射频识别技术等。借助"简化商务",航空公司可以实行机票直销,以直销网点、网上订票、电话订票、移动通信及自动销售机等多种方式取代代理人,从而降低交易成本。

2. 对产品策略的影响

利用技术革命对产品实行技术创新,提高产品的技术含量是企业的重要竞争策略。如机载电话的使用,使在飞机上打电话就像在家中和办公室一样方便。中国南方航空公司在B777客机上提供数字Gen Star系统,包括成套先进的机载设备。这一设备,加上卫星通信航空控制系统及天线,将在飞机制造过程中安装。机载电话通过卫星传送信号,能够与中国及世界各地联系。国际市场一体化和竞争激烈化,使企业要在国际市场立于不败之地,必须利用新技术对产品进行不断创新,并不断提高产品品质。

3. 对交易方式的影响

技术革命,特别是信息技术革命,使得全球经济呈现出网络化、数字化特征,传统的以实物交换为基础的交易方式被以数字交换为基础的无形交易所代替。网络化和数字化技术使世界各地市场被无形地连接在一起,在不同地区市场之间进行交换是透明的,不受地理位置和时间约束。信息的交换变得非常容易和成本低廉,通过网络获取市场信息和开展营销变得异常简洁,同时营销中的交易活动也变得更加灵活、直接,通过网络与国外市场如同在国内市场交易一样便捷。因此,信息技术发展推动交易的全球化、交易的直接化和便捷化。开展国际营销,必须充分利用网络进行信息交互和沟通,降低国际交易的风险和费用。

4. 对营销管理的影响

航空公司在开展国际营销活动时,企业面对的国际环境和因素比国内市场要复杂得多。传统的国际营销管理受地理位置和时间约束,一般采用松散型管理并对不同市场都必须设立相应的机构和配套组织,开拓国际市场成本较高,而且控制风险较大。信息技术革命带来全球通信便捷,使得远程办公、远程会议和远程管理成为可能,随着信息成本的不断下降,这种现代化的管理模式和方式越来越易于操作,也大幅度压缩传统的旅行费用和额外开支。可见,国际营销的迅猛发展与信息技术革命是紧密相连的。

5. 对生产运营的影响

航空公司的生产运营系统主要有运行控制系统、维修和机务工程系统、常旅客管理系统和收益管理系统等。其中计算机订座系统主要采用中航信管理或授权使用的DCS、CRS、ICS、收入结算及财务管理系统,这些系统已经在民航业得到普遍应用。

六 旅游活动环境

旅游业与航空业是同一供应链上的不同环节,两者相互依赖、相辅相成。旅游活动是民航运输市场营销环境中不可或缺的重要影响因素。

1. 旅游活动带动了民航业的发展

旅游活动是人们从居住地到旅游地的空间移动,必然要通过一定的交通方式来实现。民航运输使旅游的范围从国内、地区内扩大到世界范围,使人们在有限时间内进行长距离的旅游活动成为可能。当今,便利的交通已成为旅游活动的必备条件,许多旅游活动都离不开民航运输。旅游资源丰富的地区,只要有了便利的民航运输,便迅速成为旅游热点。如百慕大群岛,由于民航运输的发展使该地已成为世界上著名的旅游区。旅游资源缺乏的地区,只要有发达的民航运输和现代化的游乐设施,也可能成为旅游热点。例如,新加坡依仗其优越的地理位置和发达的民航运输,大力开发旅游业,使之成为亚洲的旅游大国,接待外国游客的人次居亚洲首位。又如,欧洲发达的航空运输促使旅游点遍布全境,使之成为世界旅游最发达的地区。

根据世界旅游组织预测,到2020年我国将成为世界最大的旅游目的地国和第四大旅游客源国。随着我国旅游业的持续繁荣,作为最舒适和最快捷的交通方式,航空运输必将获得极大的发展。旅游业的发展,促使民航运输市场和旅游市场的竞争与融合,旅游业经济效益刺激了民航企业的发展。某旅游地的游客锐减,且无法组织其他的航空客货源,航空公司将面临巨大的损失。

2. 旅游活动是民航业的重要收入来源

2010年,中国人均出游率1.57次,国内旅游人数21亿人次,预计到2015年将达到33亿人次。旅游旅客已成为民航运输市场客源的重要来源,据统计,2002年伊始民航业30%的客源就已来自旅游。民航局消费者事务中心的统计数据显示,2004～2007年,旅客的旅行目的为旅游的比例分别为32.5%、38.4%、40.3%和36.7%。旅游旅客有逐年增多的趋势,民航运输市场已呈现公商务、休闲并举的特征。旅游业与航空运输业的关联性越来越强,旅游客流已经成为航空客流的重要组成部分,并且是近年来航空客流增长的主导力量。对于长途旅游者来说,民航运输成为越来越普遍的交通方式。

3. 旅游活动拓展了民航运输企业的经营业务

一些民航运输企业将业务向旅游业延伸,逐渐走上集团化道路,建立了自己的旅游板块,通过控股、收购等方式涉足旅行社、酒店和景区。航空公司大多拥有自己的航空假期产品,利用航空运输网络为依托,发挥一般旅行社无法具备的优势,发展与航空相关的旅游产业,提高竞争力。以海南航空集团为例,海航旅业控股集团是海航集团航空旅游业的核心企业,负责整个海航集团旅游产业链的资源整合和业务拓展。海航旅业可整合、调动海航集团旗下290余架飞机、53家星级酒店、20家旅行社等丰富资源。海航旅业运营14家旅行社、383家海航乐游门店、25家货币兑换门店,建立了海航国际旅游岛开发建设有限公司等旅游相关机构。海航集团麾下的酒店业也初具规模,有酒店50家,其中35家全资、控股或参股企业,和15家受托管理酒店,资产达1300亿元,年收入500亿元。目前,海航酒店集团已位列全球第64位,国内酒店业排名第4位。

对于航空公司来讲,"航空+旅游"已经成为一种普遍的经营方式,"航空+旅游"的整合可以给企业带来在资产、生产、竞争等多方面的优势,容易形成企业差异化的核心能力。

第三节 民航运输市场微观营销环境

微观营销环境(Micro-environment),是直接制约和影响企业营销活动的力量和因素,包括民航企业、供应商、营销中介、竞争者和各种社会公众。分析微观营销环境的目的在于更好协调企业与这些相关群体的关系,促进企业营销目标的实现。微观营销环境要素之间的关系,如图3-3所示。

民航运输企业

民航企业开展营销活动要充分考虑到企业内部的环境力量和因素。企业内部环境包括人力资源状况、基础设施、技术装备、财务状况、管理水平和组织结构等。企业内部各职能部门的工作及其相互之间的协调关系，直接影响企业的整个营销活动。

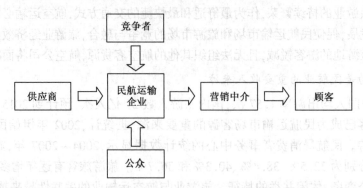

图3-3　民航运输市场微观营销环境各要素之间关系

航空公司的主要职能部门包括运营部、市场营销部、机务部、人事部和财务部等。其中运营部主要负责飞行控制、旅客服务、运行控制和地面保障等；市场营销部负责市场计划、销售控制、运输业务和广告等。每个部门之间的关系密切，企业在制订营销计划、开展营销活动时，必须进行有效沟通，协调处理好各部门之间的矛盾和关系。

二 民航运输市场顾客

民航旅客或货主是民航运输市场的顾客，任何一个企业都围绕顾客需求组织生产，提供产品从而实现顾客满意。根据ISO9001的定义，顾客满意是指顾客对其要求已被满足的程度的感受。航空公司的顾客包括乘机旅客、采购人群两大类别，顾客的需求也包含基本需求、延伸需求和价值需求三个不同的层次。顾客的需求在客户经济时代下已不是单纯的空间位移，而是更为复杂，从最低层次的空间位移需求上升到高层次的寻求出行解决方案的需求，航空公司的能力也因能否满足顾客三个层次的需求分为三种能力。

民航运输市场的顾客需求各不相同，见表3-1。企业要注重对顾客进行研究，分析顾客的需求规模、需求结构、需求心理以及购买特点，以不同的方式提供产品或服务。顾客的需求、欲望和偏好直接影响企业营销目标的实现。在客户经济时代下，民航企业应整合不同类型客户的需求特色以及客户不同层级的需求，创新产品，引领并创造公司的核心竞争优势。

旅客选择航空产品的关注点　　表3-1

关注点	安全	价格	时间	服务	品牌	航班频率	座位舒适度	餐食服务	会员政策	其他
百分比	22.0%	14.7%	14.3%	12.8%	8.8%	8.4%	7.9%	5.7%	2.4%	3.0%

（数据来源：民航旅客市场特征研究，2010年）

三 民航运输市场供应商

供应商是指对企业进行生产所需而提供特定的原材料、辅助材料、设备、能源、劳务和资金等资源的供货单位。这些资源的变化直接影响到企业产品的产量、质量以及利润，从而影响企业营销计划和营销目标的完成。航空公司的供应商主要包括：机场、空管、航材企业、航油企业、航空电信企业、航空维修企业等航空运输保障组织。

航空公司可以与关键供应商通过高层人员定期互访、互派员工进修学习、职能部门互动交流、组织航空公司进行评比等活动来加强与关键供应商之间的相互理解与合作关系，通过对供应商提出技术指导要求、提供航站代理管理培训、现场监控和指导和业务通告等信息平台，与供应商保持密切的沟通和联系。由于航空公司飞行器主要供应商属于国外垄断集团（波音和空客，以及航材供应商），而且关键采购（飞机引进）受到国家政策的制约，在供应商管理方面具有一定的难度。航空公司可以从各个方面加强与供应商的联系，如，通过加入国家采购大协议和 BFE（客户自选设备），不仅可以以优惠的价格引进飞机，而且在发动机、航材采购管理和专业培训方面也可取得显著成果。

企业在进行供应商管理时，要考虑供应的及时性和稳定性、供应的货物价格变化、供货的质量保证等几个方面。与供应商建立良好的合作关系才能为企业正常运营提供必要的保障。

四 民航运输市场竞争者

竞争是商品经济的必然现象。在商品经济条件下，任何企业在目标市场进行营销活动时不可避免地会遇到竞争对手的挑战。民航运输市场竞争者按竞争程度和竞争范围可以分为四个层次。

1. 品牌竞争者

品牌竞争者指品牌不同，但满足需要的功能、形式相同的产品之间的竞争，如在上海—北京的航线上，仅相隔 5min 的航班由两个不同的航空公司经营，这两个航班之间的竞争就属于典型的品牌竞争。品牌竞争者是企业最直接而明显的竞争对手，这类竞争者的产品内在功能和外在形式基本相同。大多数航空公司通过在消费者和用户中培植品牌偏好，进而展开市场竞争。

2. 形式竞争者

形式竞争者指是较品牌竞争者更深一层次的竞争者，即各个竞争者产品的基本功能相同，但形式、规格和性能或档次不同，如在袋鼠航线（特指来往欧洲及澳大利亚间经停东半球的客运航线）上，阿联酋航空公司的奢华头等舱与新加坡航空公司的舒适商务舱对高端旅客的竞争就属于产品形式的竞争。

3. 平行竞争者

平行竞争者是潜伏程度更深的竞争者，这些竞争者所生产的产品种类不同，但所满足的需要相同。如高铁和民航都能满足消费者对交通运输的需要，消费者只能选择其中一种。这属于较大范围的行业内部竞争。

4. 愿望竞争者

愿望竞争者是潜伏程度最深的竞争者，不同竞争者分属不同的产业，相互之间为争夺潜在需求而展开竞争。

在上述四个层次的竞争对手中，品牌竞争者是最常见、最外在的，其他层次的竞争者则相对比较隐蔽、深刻。正是如此，在许多行业里，企业的注意力总是集中在品牌竞争者上，而如何抓住机会扩大整体市场、开拓新市场领域则常被忽略。所以,有远见的企业不应仅仅满足于品牌层次的竞争,更要关注市场发展趋势,维护和扩大市场总需求。

五 民航运输市场营销中介

营销中介是指为企业营销活动提供各种服务的企业或部门的总称。其主要包括中间商、营销服务机构和金融机构等。

1. 中间商

把产品从生产商流向消费者的中间环节或渠道,主要包括批发商和零售商两大类。中间商能帮助企业寻找目标顾客,为产品打开销路,为顾客创造地点效用、时间效用和持有效用。企业一般都需要与中间商合作,来完成企业营销目标。为此,企业需要选择适合自己营销的合格中间商,与中间商建立良好的合作关系,了解和分析其经营活动,并采取一些激励措施来推动其业务活动的开展。

2. 营销服务机构

营销服务机构是提供专业服务的机构,包括广告公司、广告媒介经营公司、市场调研公司、营销咨询公司和财务公司等。这些机构的主要任务是协助企业确立市场定位,进行市场推广,提供活动方便。一些大企业或公司往往有自己的广告和市场调研部门,但大多数企业则以合同方式委托专业公司来办理有关事务。为此,企业需要关注、分析这些服务机构,选择最能为本企业提供有效服务的机构。

3. 金融机构

企业营销活动中进行资金融通的机构,包括银行、信托公司、保险公司等。金融机构的主要功能是为企业营销活动提供融资及保险服务。在现代化社会中,民航企业要通过金融机构开展经营业务往来,金融机构业务活动的变化还会影响企业的营销活动,比如银行贷款利率上升,会使企业成本增加;信贷资金来源受到限制,会使企业经营陷入困境。为此,企业应与这些公司保持良好的关系,以保证融资及信贷业务的稳定和渠道的畅通。

六 民航运输市场社会公众

对于营销领域而言,社会公众指对企业完成营销目标有实际或潜在利益关系和影响力的群体或个人。社会公众对企业的态度会对其营销活动产生巨大的影响,它既可以有助于企业树立良好的形象,也可能妨碍企业的形象。作为民航企业微观环境因素的社会公众主要有以下7类。

1. 金融公众

金融公众指可能影响企业取得资金能力的任何集团,包括银行、投资公司、证券经纪行和股东等。

2. 媒体公众

媒体公众主要包括报纸、杂志、广播、电视、网络等有广泛影响的,联系航空企业与公众的大众媒体。

3. 政府公众

政府公众指负责管理航空企业经营活动的有关政府机构,对企业的活动行使监督权。

4. 民间团体

民间团体主要包括行业协会、保护消费者权益组织、环境保护组织和少数民族组织等。

5. 地方公众

地方公众指民航企业所在地附近的居民和社区组织。

6. 一般公众

一般公众指不一定成为企业的顾客,但其舆论对企业市场营销有潜在影响的人。

7. 内部公众

内部公众指企业内部包括从总经理到一线工作人员等全部员工。

公众对企业的影响十分直接,有时却又是间接而深远的。比如,媒介公众对企业有利或不利的宣传报道;金融公众的资金支持;政府公众发展政策与发展方向的确定;消费者组织、环境保护组织等对企业产品的认可及企业在普通大众中的形象与地位等,均会对企业市场营销活动产生重大影响。

上述企业市场营销微观环境的六大因素构成了相互联系、相互作用的一个微观环境系统。企业只有全面、综合、有重点地考虑各因素的影响,才能在复杂的环境中获得竞争优势。

第四节 民航运输市场营销环境分析

企业在宏观、微观环境的研究与分析的基础上,还应对市场营销环境进行综合分析,以便对营销环境作出总体评价,为营销战略的制订提供可靠的依据。市场营销环境的综合分析也称为机会和威胁分析,通常分为三个步骤:扫描市场营销环境、评价市场营销环境和制订企业战略计划。

一 扫描市场营销环境

环境扫描就是从市场环境中辨别出对企业经营有影响的、反映环境因素变化的某些事件。市场环境是动态变化的,每时每刻都在出现不同的事件,但并不是所有事件的发生都会对企业产生影响,即使对企业产生影响的事件也会由于本身性质而对企业产生影响的程度或迫切性有所不同,这就需要通过环境扫描对其进行识别。

环境扫描工作通常由企业的高层领导召集和聘请企业内外熟悉市场环境的管理人员和专家组成分析小组,通过科学系统的调查研究、预测分析,将所有可能影响企业经营的环境因素变化引发的事件——罗列,然后加以讨论,逐一评审所有列为有关的环境事件的依据是否充分,并从中筛选出对企业经营将有不同程度影响的事件。

二 评价市场营销环境

经过环境扫描,甄别出环境中对企业产生影响的各种市场因素后,需要对这些影响因素的影响程度与影响方式进行评价。SWOT 分析法(SWOT Analysis)是评价市场营销环境最常用的方法。

(一) SWOT 分析模型

图 3-4 SWOT 分析模型

SWOT 分析法即态势分析法,20 世纪 80 年代初由美国旧金山大学的管理学教授韦里克提出,常用于企业战略制订、竞争对手分析等场合。SWOT 分析法是将对企业内外部条件各方面内容进行综合和概括,进而分析组织的优势和劣势、面临的机会和威胁的一种方法。其中,S 代表 Strength(优势),W 代表 Weakness(劣势),O 代表 Opportunity(机会),T 代表 Threat(威胁)。其中,S、W 是内部环境因素,O、T 是外部环境因素,如图 3-4 所示。按照企业竞争战略的完整概念,战略应是一个企业"能够做的"(即企业的强项和弱项)和"可能做的"(即环境的机会和威胁)之间的有机组合。

SWOT 分析法是将与研究对象密切相关的各种主要优势、劣势、机会和威胁等,按轻重缓急分类,明确哪些是目前急需解决的、哪些是可以稍后处理的、哪些属于战略目标上的障碍以及哪些属于战术上的障碍,并将这些研究对象列举出来,依照矩阵形式排列,然后用系统分析的思想,把各种因素相互匹配起来加以分析,从中得出一系列相应的结论,而结论通常带有一定的决策性,有利于领导者和管理者做出决策和规划。

(二) SWOT 分析流程

SWOT 分析流程如图 3-5 所示。

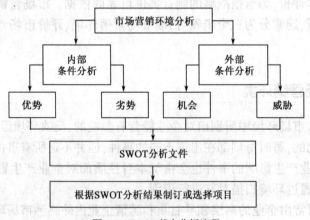

图 3-5 SWOT 基本分析流程

1. 分析环境因素

内部环境因素包括优势因素和劣势因素,外部环境因素包括机会因素和威胁因素。民航企业内部的优势和劣势是相对于竞争对手而言的,体现在诸如航空公司的融资能力、机队规模、员工素质、产品市场和评价价值等方面。航空公司的外部机会是指外部环境的有利因素,如政府关系、市场环境等,而威胁是指那些正在或可能会对公司不利的因素,如新的竞争对手的出现、航空安全或国际政治经济形势等。在民航行业,内外环境可重点按以下方向分析,其潜在关键因素见表3-2。

SWOT分析中的潜在关键因素　　　　　表3-2

潜在内部优势(S)	潜在内部劣势(W)	潜在外部机会(O)	潜在外部威胁(T)
专有技术	管理不善	进入新市场	市场增长缓慢
成本优势	缺乏资金	多元化经营	新的竞争者进入
创新能力	高成本	竞争到新的用户群	顾客需求变化
具有规模经济	技术开发滞后	市场增长迅速	替代产品的销售额上升
充足的资金	销售水平低	对互补产品的需求增加	外汇汇率波动
高素质的管理人员	低产品质量	业绩优良	政府管制
良好的经营战略	竞争地位恶化	市场前向或后向整合	消费方式的不利变动
买方的良好认知	缺乏创新	出现向其他地理区域扩张	客户、供应商的谈判能力提高
处于行业领先地位	利润率下降	技能技术向新产品、新业务转移	受经济萧条和业务周期的冲击

(1)潜在内部优势

内部优势是指一个企业超越其竞争对手的能力,或者指公司所特有的能提高公司竞争力的因素和特征。竞争优势可以是以下几个方面:①技术技能优势:独特的生产技术、低成本生产方法、领先的革新能力、雄厚的技术实力、完善的质量控制体系、丰富的营销经验、上乘的客户服务或卓越的大规模采购技能;②有形资产优势:先进的生产流水线、现代化车间和设备、拥有丰富的自然资源储存、吸引人的不动产地点、充足的资金或完备的资料信息;③无形资产优势:优秀的品牌形象、良好的商业信用或积极进取的公司文化;④人力资源优势:关键领域拥有专长的职员、积极上进的职员、很强的组织学习能力或丰富的经验;⑤组织体系优势:高质量的控制体系、完善的信息管理系统、忠诚的客户群或强大的融资能力;⑥竞争能力优势:产品开发周期短、强大的经销商网络、与供应商良好的伙伴关系、对市场环境变化的灵敏反应或市场份额的领导地位。

(2)潜在内部劣势

内部劣势指影响企业经营效率和效果的不利因素和特征。可能导致内部弱势的因素有:①缺乏具有竞争意义的技能技术;②缺乏有竞争力的有形资产、无形资产、人力资源或组织资产;③关键领域里的竞争能力正在丧失。

(3)潜在外部机会

市场机会是影响公司战略的重大因素。公司管理者应当确认每一个机会,评价每一个机会的成长和利润前景,选取那些可与公司财务和组织资源匹配、使公司获得的竞争优势的潜力最大的最佳机会。潜在的发展机会可能是:①客户群的扩大趋势或产品细分市场;②技能技术向新产品、新业务转移,为更大客户群服务;③市场前向或后向整合;④市场进入壁垒降低;⑤获得购并竞争对手的能力;⑥市场需求增长强劲,可快速扩张;⑦出现向其他地理区域扩张,扩大市场份额的机会。

(4)潜在外部威胁

在公司的外部环境中,总是存在某些对公司的盈利能力和市场地位构成威胁的因素。公司管理者应当及时确认危及公司未来利益的威胁,做出评价并采取相应的战略行动来抵消或减轻它们所产生的影响。公司的外部威胁可能是:①出现将进入市场的强大的新竞争对手;②替代品抢占公司销售额;③主要产品市场增长率下降;④汇率和外贸政策的不利变动;⑤人口特征、社会消费方式的不利变动;⑥客户或供应商的谈判能力提高;⑦市场需求减少;⑧受到经济萧条和业务周期的冲击。

由于企业的整体性和竞争优势来源的广泛性,在进行优劣势分析时,必须从整个价值链的每个环节上,将企业与竞争对手做详细的对比。如产品是否新颖、制造工艺是否复杂、销售渠道是否畅通或价格是否具有竞争性等。如果一个企业在某一方面或几个方面的优势正是该行业应具备的关键成功因素,那么该企业的综合竞争优势就可能强一些。需要指出的是,衡量一个企业及其产品是否具有竞争优势,只能站在现有潜在用户角度上,而不是站在企业的角度上。

2. 构造SWOT矩阵

将调查得出的各种因素根据轻重缓急或影响程度等排序方式,构造SWOT矩阵。在此过程中,将那些对组织发展有直接的、重要的、大量的、迫切的和久远的影响因素优先排列出来,而将那些间接的、次要的、少许的、不急的和短暂的影响因素排列在后面。现以我国民营航空公司的实例说明这种方法,见表3-3。

民营航空公司内外环境对照表 表3-3

	企业优势	企业劣势
内部环境	1. 成本优势; 2. 运营机制和管理体制的优势	1. 资金瓶颈; 2. 人才短缺; 3. 航线少; 4. 品牌知名度不高
	有利条件(机会)	不利因素(威胁)
外部环境	1. 经济发展; 2. 政策优惠机会; 3. 航空业发展	1. 竞争的威胁; 2. 政策的威胁; 3. 人才引进限制; 4. 航线审批限制

表3-3基本上概括了我国民营航空公司现阶段面临的形势。可以看出,SWOT法的优点是简便、实用而且有效,通过对照分析,把外部环境中的有利和不因素件、内部条件中的优势和劣势联系了起来。

3. 编写环境分析报告

在进行机会与威胁分析之后,需要整理、归纳对企业环境进行调查、分析和预测的结果,编写环境分析报告。该报告将作为企业最高领导层构想营销战略方案和进行战略决策的基本依据。编写环境分析报告的过程是对未来环境变化进一步调查分析，是明确问题、深化认识的过程，是环境分析的一个重要步骤，必须予以充分重视。

环境分析报告是环境分析结果的总结和概括，它应能回答战略决策所了解的未来环境问题。报告的主要内容包括以下方面。

(1) 企业未来将面临什么样的环境？

(2) 各个环境因素会如何变化，对企业将造成怎样的影响？

(3) 未来环境会使企业有哪些机会和威胁，它们出现的概率是多大？

(4) 企业适应未来环境的初步设想和战略课题是什么？

环境分析报告的叙述应力求简明扼要，论证要用事实和数据说明，尽量采用直观醒目的图表。

三 制订企业战略计划

在分析企业发展所面临的战略环境的基础上，依据企业的经营原则，采用适当的分析方法，可选择、确定企业的总体经营战略。各企业的内部条件不同，所处的环境不同，最终所确定的总体经营战略也有所不同。将优劣势分析同机会、威胁分析相结合，就能为业务的发展提供四种基本的战略选择，如图3-6所示。

图3-6　SWOT战略矩阵

(一) 增长型战略

处于第Ⅰ象限(优势—机会)的企业，外部环境存在许多机会，而且内部优势也很明显，这类企业可采用增长型战略(Growth Strategy)。增长型战略，又称扩张型战略、发展型战略，是指现有企业积极扩大经营规模，或增加生产能力和产品(服务)供应量，或投资新的领域扩大经营范围，以促进企业迅速发展壮大的一种战略。企业增长型战略可分为一体化扩张和多样化扩张。一体化扩张又可分为横向一体化(水平一体化)和纵向一体化(垂直一体化)。实现这些扩张的方法包括内部发展和外部发展(合并和合资等)。内部发展是现有企业通过新股票发放或自身资金积累，而扩大现有生产规模，建立新厂、新的部门、新的子公司等。

1. 横向一体化

横向一体化指企业现有生产活动的扩展并由此导致现有产品市场份额的扩大。该类增长可以从三个方向进行：①扩大原有产品的生产和销售；②向与原产品有关的功能或技术方向扩展；③与上述两个方向有关的向国际市场扩展或向新的客户类别扩展。通过横向一体化，可以带来企业同类生产规模的扩大，实现规模经济。

2. 纵向一体化

纵向一体化指企业向原生产活动的上游和下游生产阶段扩展。现实中，多数大型企业均有一定程度的纵向一体化。该类扩张使企业通过内部的组织和交易方式将不同生产阶段联结起来,以实现交易内部化。纵向一体化包括后向一体化和前向一体化。后向一体化(Backward Integration),指企业介入原供应商的生产活动;前向一体化(Forward Integration),指企业控制其原属客户公司的生产经营活动。

企业增长的各种战略和方法,均可导致企业的多部门、多区位发展。当企业规模增加到一定程度时,这种多部门、多区位的格局,对企业充分利用各地优势、降低生产成本、扩大盈利起着重要作用。

(二) 扭转型战略

处于第Ⅱ象限(劣势—机会)的企业,外部环境虽然有很多的机会,但企业内部存在的不足之处使其在竞争中处于下风,此类企业应采取扭转型战略(Torsional Strategy)。扭转型战略是指企业在一定时期内维持原有的生产能力和经营领域,谋求以现有生产条件下提高经济效益,既不大量投资扩大生产规模,也不准备进入新的产业领域,该战略是利用外部机会来弥补内部弱点,使企业改劣势而获取优势的战略。

(三) 防御型战略

处于第Ⅲ象限(劣势—威胁)的企业,外部环境不理想,而且企业自身的状况也不佳,处境极其不妙,此类企业应采取防御型战略(Defense Strategy)。防御型战略,是企业应付市场可能给企业带来的威胁,采取一些措施企图保护和巩固现有市场的一种战略。在某个有限的市场中,防御型组织常采用竞争性定价或高质量产品等经济活动来阻止竞争对手进入它们的经营领域,以此来保持自己的稳定。防御战略实施时应注意不同的阶段所使用的方法不同,在紧缩阶段,企业紧缩开支、节约原材料且缩小经营规模;在巩固阶段,企业完善管理制度、提高管理水平且检讨市场营销;在复苏阶段:企业推出新产品、改善形象、调整市场营销策略和实施计划,为彻底摆脱困境作好资源和财务上的安排。

(四) 多元型战略

处于第Ⅳ象限(优势—威胁)的企业,虽然自身实力强大,竞争优势突出,但外部环境存在着许多不利的因素,企业在其中的发展受到限制,应采取多元型战略(Diversified Strategy)。多元型战略是指企业在立足与巩固已有优势的基础上,应向多元化方向发展,分散投资风险,寻求新的机会。

民航企业在全面分析市场营销环境的基础上,发挥优势、克服劣势、利用机会、化解威胁,运用系统分析和综合分析方法,充分为企业战略的制定提供参考依据。

本 章 小 结

市场营销环境泛指一切影响和制约企业市场营销决策和实施的内部条件和外部环境的总和。

民航运输市场营销环境按营销活动发生影响的方式和程度,可分为宏观营销环境和微观营销环境。

民航运输市场营销环境具有客观性、差异性、可变性、关联性、不可控制性与企业的能动性等特点。

民航运输市场宏观营销环境包括人口环境、经济环境、政治法律环境、社会文化环境、科学技术环境和旅游活动环境。

民航运输市场微观营销环境包括民航运输企业、市场顾客、供应商、竞争者、营销中介和社会公众等。

民航企业竞争对手的四个层次为品牌竞争者、形式竞争者、平行竞争者和愿望竞争者。

民航运输市场营销环境的分析步骤是扫描市场营销环境→评价市场营销环境→制定企业战略计划。

SWOT分析法又称为态势分析法,SWOT四个英文字母分别代表英文Strength(优势)、Weakness(劣势)、Opportunity(机会)、Threat(威胁)。

SWOT分析法的基本分析步骤是分析环境因素→构造SWOT矩阵→编写环境分析报告。

民航企业总体经营战略的基本类型有增长型战略、扭转型战略、防御型战略和多元型战略。

复习思考题

1. 分析市场营销环境对民航企业的意义何在?
2. 民航企业在进行经济环境分析时,应考虑哪些因素?
3. 试述社会文化环境对企业市场营销活动的影响。
4. 步入21世纪后,人口老龄化问题在大中城市日益突出,航空公司应如何应对这一变化?
5. 民航企业在进行企业内部条件与外部环境分析时,可以从哪些方面进行重点分析?
6. 用SWOT法,分析某一航空公司所面临的市场营销环境,并提出企业发展的相关对策。

中英文对照专业名词

市场营销环境	Marketing Environment
宏观营销环境	Macro-Environment
微观营销环境	Micro-Environment
人口环境	Population Environment
经济环境	Economic Environment
政治法律环境	Political and Legal Environment
社会文化环境	Socio-cultural Environment
科学技术环境	Technical Environment
放松管制政策	Deregulation
天空开放政策	Open Sky
SWOT分析模型	SWOT Analysis
防御型战略	Defense Strategy
扭转型战略	Torsional Strategy

增长型战略	Growth Strategy
多元型战略	Diversified Strategy
后向一体化	Backward Integration
前向一体化	Forward Integration

课后阅读

中国民航业发展现状及前景分析

一、中国民航业发展现状

从新中国成立至今,我国民航业取得了长足的进展。特别是改革开放30年来,市场化改革循序渐进,促使我国民航业在航空运输、通用航空、机队规模、航线布局、法规建设以及运输保障等方面实现了持续快速发展,取得了举世瞩目的伟大成就。从2005年开始,我国航空运输总周转量位于世界第二位,并连续多年保持这一位置,成为当今世界名副其实的航空运输大国,在中国经济社会发展和世界民航事业发展的进程中,扮演着愈来愈重要的角色。

总体看,中国民航业在较长时间内仍处于成长期,目前航空运输经济方面还有不少薄弱环节,在数量和质量上都还不能充分适应改革开放和经济社会发展的需要,同民航发达国家相比存在诸多差距,使得航空运输发展尚不能很好地适应我国全面建设小康社会的需要,不能很好地适应世界航空运输发展的大趋势。

随着中国经济在世界经济中地位的日益提高,中国航空业也在国际航空市场中崭露头角。国际航空业发展的五大趋势对中国航空业的改革和发展有极大的借鉴意义。第一,放松管制和航空运输自由化是全球性的大趋势;第二,竞争自由化和航空业跨国联合经营的趋势并存;第三,做强、做大的国际运行模式加快了全球资源整合;第四,国际航空货运业发展是促进航空业发展的重点;第五,以机场商业化运作提高航空业的地面服务质量。

二、中国民航业市场SWOT分析

(一)优势分析

一是国内航空运输持续快速增长,成为国民经济的重要组成部分。截至2008年底,我国民航全行业累计完成运输总周转量达到361亿t·km、旅客运输量1.85亿人、货邮运输量396万t,分别是1978年的120.5倍、80.5倍和61.9倍。航空运输总周转量和旅客周转量(不含香港、澳门、台湾地区)在国际民航组织(ICAO)缔约国中的排名均从1978年的第37位直线上升,2005年、2006年、2007年连续三年高居第二位。航空运输的持续增长,行业规模的不断壮大,使得民航业在我国国民经济中的地位越来越重要。

二是国际航空运输取得长足进步,成为世界民航发展的重要推动力。尤其是在"十·五"期间,我国与美、德、法、英、澳、泰等国家和地区新签署了前所未有的开放式双边航空

运输协定,标志着我国国际航空运输政策有了新的发展。我国国内航空公司勇敢"走出去",大胆参与国际竞争,开辟了越来越多的国际航线。1978年,我国国际航线仅仅通航前苏联、朝鲜、巴基斯坦和法国等13个国家12条航线,而在2007~2008年冬春航季,我国国内航空公司经营的定期客运航线通至48个国家92个城市,每周1441个往返航班;定期货运航线通往22个国家28个城市,每周217个往返航班,我国国际航空运输量迅速增长。

三是航空货物运输快速增长,成为航空运输新的增长点。截至2008年底,全行业全货运飞机总数为56架,全货运航空公司有国货航、中货航、中邮航、扬子江快运等9家,货邮运输量达到394.9万t。在航空运输客货结构中的比例由1978年的6%上升到20%左右。

四是航线网络不断拓展,初步形成完整的航空运输网络。截至2008年底,共有15家航空公司飞行48个国家的92个城市,每周提供1307个定期客运往返航班和204个定期货运往返航班。航线网络布局更加合理,初步形成了以北京、上海、广州等国际门户城市为中心,在国内联结了全国多数城市的、四通八达、干线与支线相结合的,在国际上联结世界主要国家和地区的较为完整的航空运输网络系统,极大地推进了全国统一大市场的形成和全球经济一体化的进程。

五是机队规模迅速扩大,提高了航空运输能力。截至2008年底,我国民航拥有运输飞机1131架(其中小型客机73架,全货运飞机56架),有通用航空飞机805架。主力运输飞机均为世界上技术水平先进、经济性能良好的机型。机队的更新和扩张不仅大大提高了我国航空运输的能力和运输质量,而且能够向旅客提供更安全、更舒适、更廉价的服务。

六是基础设施建设成绩巨大,运输保障能力大幅提高。截至2008年底,我国民航共有民用运输机场(含军民合用的机场)152个。在所有航班运营的机场中,有7个机场的旅客吞吐量超过1000万人次,按旅客吞吐量排名,北京首都国际机场名列世界第9位,进入世界前10位。与此同时,我国民航加速了空管、通信、导航和气象等航行保障系统的技术升级改造。目前,我国已经形成了区域管制、终端(进近)管制、塔台管制三级空中交通管制服务体系。在主要航路上实现了航管雷达覆盖和先进的通信导航设施联网。

七是通用航空稳步增长,对国民经济拉动作用增强。截至2008年底,全行业通用航空企业77家,通航飞机805架,初步形成了多机型、多层次、多用途的服务格局。服务范围从国内拓展到国外,服务项目不断拓展,目前我国通用航空服务已经发展到100多项,涉及工农业生产的各个方面。

八是航空安全接近航空发达国家水平,保障了航空运输持续稳定的发展。自2004年11月22日至今,中国民航飞行总量比历史上最长的安全周期增长了2.2倍,飞机日平均起落架次比历史上最长的安全周期增长了两倍,达到12000架次。2006年,国际民航组织对我国民航进行安全审计的结果表明,我国民航执行国际标准与建议措施的符合率为87%,这一结果在已经接受审计的46个国家中排行第三,好于一些发达国家。按照波音公司提供的数据,中国目前是全球航空最安全的地区之一。

九是初步构建了民航业法律法规,提高了依法治业的水平。我国民航业基本法律《中华人民共和国民用航空法》,起到基础性法律作用;民航业综合性法律有合同法、价格法、公司法、产品质量法和消费者权益保护法等;国务院制定颁布的行政法规有30部左右;民航系统制订的规章116部。

(二)劣势分析

一是政府在行使管理职能过程中缺乏系统和有效的制度保障。我国航空立法工作比较滞后,现行的《中华人民共和国民用航空法》与航空业发展和改革形势不相匹配,需尽快修订和完善;政府在行使市场进入管制和竞争行为监管等关乎行业发展和航空企业切身利益的管理职能时,缺乏相应的法律来规范;一些重要的政府管理职能还要依靠部门规章和规范性文件来操作。

二是国有航空企业还不是完全市场意义的竞争主体。我国航空运输企业与世界知名航空公司的差距并不在于资产、营运收入、机队规模和航线分布等"硬件"条件,而是企业的产权结构、治理结构、经营机制和企业文化等"软件"条件。无论是航空公司还是机场公司,产权结构单一、政策依赖性强、内部人控制、缺乏有效的激励机制和约束机制、财务制度缺乏透明度等,都是国有航空企业普遍存在的问题。

三是产业链多数环节垄断仍然是影响航空业发展的制约因素。目前在我国的航空油料采购和储存加油系统、航材的采购等领域仍然是垄断经营,这在很大程度上影响航空运输企业的经营成本。打破垄断、引入竞争和降低服务成本是航空运输业改革主要任务。

四是价格形成机制有待改进,价格管制的有效性有待提高。目前我国航空运输价格实行的是政府指导价,其主要弊端是不适应细分市场多层次需求,缺乏调节市场供求关系的弹性,迫使航空公司之间不得不通过简单的"折扣大战"方式来解决价格多样化问题。

五是完善的政府监管体系还没有建立起来。主要表现在政府监管体系的法律法规体系不健全、信息不充分、管制价格的设计不合理、企业公平竞争行为的监管等方面。

六是航空业的市场化改革还缺乏许多配套改革跟进。如我国开放第五、第六航权之后,国内企业有效地利用由此带来的市场机会还需要国家出入境管理政策的调整来配合,如在我国境内转机准予免办签证(此政策在许多国家已经非常普遍);降低我国航空运输企业的经营成本需要国家在进口环节税、增值税等方面进行政策调整。

(三)机会分析

从现在到2020年,是我国民航发展的重要战略机遇期。

首先,中国航空市场的国际关注度提高。随着中国经济快速稳健的发展以及人民生活水平的提高,不论是国内航线还是国际航线都出现高速增长的良好局面,中国民航业在收入和业绩上均创造了历史最高的水平,国际航空界开始高度重视中国的航空市场。国际航空业纷纷看好亚洲航空市场,特别是看好中国未来20年航空市场的巨大增长潜力。

其次,从国际环境看,世界经济对中国的依赖性增强。经济全球化趋势深入发展,各国经济及文化的相互联系和影响日益加深,资金、信息、商品、劳务、人口在全球范围流动对国际航空运输产生强劲需求,中国是全球范围流动的核心之一,这给中国民航发展带来了更加广阔的空间。

再次,从国内环境看,中国经济的持续快速发展对民航业需求增大。中国航空运输市场不仅是目前全球范围内增长最快的市场,也是未来世界发展潜力最大的市场。航空运输发达国家的经验显示,我国航空运输的发展迎来了"黄金时期",面临着前所未有的重要战略机遇。

(资料来源:王晓.我国民航业发展现状及前景分析.国有资产管理,2010年)

第四章 民航运输市场调查与预测

学习目的与要求

- 认识民航运输市场营销信息及市场营销信息系统;
- 了解民航运输市场调查与预测的主要内容;
- 理解民航运输市场调查与预测的方式、方法;
- 熟悉民航运输市场营销调查程序;
- 掌握市场调查问卷的设计;民航运输市场份额预测的方法。

第一节 概 述

市场调查(Marketing Research)是市场营销活动的起点,它通过一定的科学方法对市场加以了解和把握,在调查活动中收集、整理、分析市场信息,掌握市场发展变化的规律和趋势,为企业进行市场预测和决策提供可靠的数据和资料,从而帮助企业确立正确的发展战略。

一、市场营销信息与信息系统

(一)市场营销信息(Marketing Information)

市场营销信息是指一定时间和条件下,与企业的市场营销有关的各种事物的存在方式、运动状态及其对接收者效用的综合反映,它一般通过语言、文字、数据、符号等表现出来。所有的市场营销活动都是以信息为基础展开的,经营者进行的决策也是基于各种信息,而且经营决策水平要求越高,外部信息和对将来预测的信息就越重要。市场营销信息形成了企业的战略性经营信息系统的基础,对企业的营销活动有重要的指导作用。

1. 市场营销信息是企业经营决策的前提和基础

在企业营销过程中,无论是对于企业的营销目标、发展方向等战略问题的决策,还是对于企业的产品、定价、销售渠道、促销措施等战术问题的决策,都必须在准确地获得市场营销信息的基础上,才可能得到正确的结果。

2. 市场营销信息是制订企业营销计划的依据

企业的市场营销必须根据市场需求的变化,在营销决策的基础上制订具体的营销计划,以确定实现营销目标的具体措施和途径。不了解市场信息,就无法制订出符合实际需要的计划。

3. 市场营销信息是实现营销控制的必要条件

营销控制是指按既定的营销目标,对企业的营销活动进行监督、检查,以保证营销目标实现的管理活动。由于市场环境的不断变化,企业在营销活动中必须随时注意市场的变化,进行信息反馈,以此为依据来修订营销计划,对企业的营销活动进行有效控制,使企业的营销活动能按预期目标进行。

4. 市场营销信息是进行内外协调的依据

企业营销活动中要不断地收集市场营销信息,根据市场和自身状况的变化来协调内外部条件和企业营销目标之间的关系,使企业营销系统与外部环境、内部要素之间始终保持协调一致。

(二) 市场营销信息系统

营销信息系统(Marketing Information System),是指有计划、有规则地收集、分类、分析、评价与处理信息的程序和方法,有效地提供有用信息供企业营销决策者制定规划和策略的,由人员、机器和计算机程序所构成的一种相互作用的有组织的系统。

市场营销信息系统,如图4-1所示。左边的方框表示营销经理必须注意观察的营销环境的组成内容,营销环境的趋势是通过组成营销信息系统的四个子系统的整理和分析得出的,这四个子系统是:内部报告系统、营销情报系统、营销调研系统和营销分析系统。

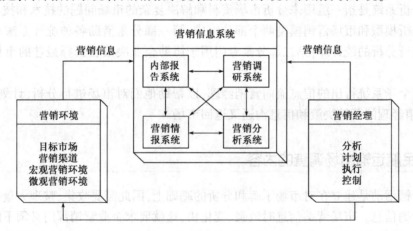

图4-1 市场营销信息系统

1. 内部报告系统

内部报告系统的主要任务是由企业内部的财务、生产、销售等部门定期提供控制企业全部营销活动所需的信息,包括订货、销售、成本、现金流量、应收应付账款及盈亏等方面的信息。企业营销管理人员通过分析这些信息,比较各种指标的计划和实际执行情况,可以及时发现企业的市场机会和存在的问题。企业的内部报告系统的关键是如何提高这一循环系统的运行效率,并使整个内部报告系统能够迅速、准确、可靠地向企业的营销决策者提供各种有用的信息。

2. 营销情报系统

营销情报系统是指企业营销人员取得外部市场营销环境中的有关资料的程序或来源。该系统的任务是提供外界市场环境所发生的有关动态的信息。企业通过市场营销情报系统,可能从各种途径取得市场情报信息,如通过查阅各种商业报刊、文件、网上下载,直接与顾客、供应者、经销商交谈,与企业内部有关人员交换信息等方式,也可通过聘请专家收集有关的市场信息,或是通过向情报商购买市场信息等。营销情报系统要求采取正规的程序提高情报的质量和数量、训练和鼓励营销人员收集情报、鼓励中间商及合作者互通情报、购买信息机构的情报以及参加各种贸易展览会等。

3. 营销调研系统

营销调研系统是完成企业所面临的明确、具体的市场营销情况的研究工作程序或方法的总体,其任务是:针对确定的市场营销问题收集、分析和评价有关的信息资料,并对研究结果提出正式报告,供决策者针对性地用于解决特定问题,以减少由主观判断可能造成的决策失误。由于各企业所面临的问题不同,所以需要进行市场研究的内容也不相同。根据国外对企业市场营销研究的调查,发现企业研究比较普遍的内容主要有:市场特性确定、市场需求潜量测量、市场占有率分析、销售分析、企业趋势研究、竞争产品研究、短期预测以及新产品接受性和潜力研究、长期预测以及定价研究等。

4. 营销分析系统

营销分析系统是指一组用来分析市场资料和解决复杂的市场问题的技术和技巧。这个系统由统计分析模型和市场营销模型两个部分组成,第一部分是借助各种统计方法对所输入的市场信息进行分析的统计库;第二部分是专门用于协助企业决策者选择最佳的市场营销策略的模型库。

上述四个子系统得出的信息流向营销经理,以帮助他们对市场进行分析、计划、执行和控制,然后营销经理的营销决策和信息沟通又返回市场。

二 民航运输市场调查的内容

市场营销活动是建立在对市场了解和分析的基础上,因此需要收集、整理大量民航运输市场相关的营销信息。市场营销信息时效强、变化快,这就要求企业营销部门必须不断地及时收集各种信息,以便掌握新情况,研究新问题,取得市场主动权。民航运输市场调查的内容主要有以下四个方面。

1. 民航运输市场旅客需求调查

民航运输市场旅客需求调查主要包括:①旅客需求特征调查,包括对旅客的年龄、性别结构、受教育程度和从事职业、家庭单位数与家庭结构、出行动机、旅行地点、时间、对运输价格的弹性的调查;②旅客进出机场的方法、在机场的消费等旅行行为的调查;③对空中配餐、售票网点、销售方式、候机、登机服务等消费需求方面的调查。表4-1是2004年~2007年我国民航运输市场旅客构成情况调查分析表。

2004年~2007年我国民航运输市场旅客构成情况（单位:%）　　　　　表4-1

项　目		2004年	2005年	2006年	2007年
旅行目的	公务	56.8	49.6	49.2	45.0
	旅游	32.5	38.4	40.3	36.7
	探亲访友	10.7	12.0	10.5	18.3
消费性质	公费	60.8	48.6	45.0	49.3
	自费	39.2	51.4	55.0	50.7
乘机次数分布	1~3次	36.4	40.6	42.3	39.1
	4~6次	23.2	24.1	27.0	26.0
	7~9次	13.4	12.9	11.3	11.2
	10~15次	9.8	8.9	8.5	9.1
	15次以上	17.2	13.5	10.9	14.6
乘坐舱位	头等舱	3.5	3.9	3.3	1.9
	公务舱	13.1	12.0	9.9	9.9
	经济舱	83.4	84.1	86.8	88.2
民航旅客购票时间分布	当天购票	11.8	10.9	9.5	9.7
	前1~2天	45.2	40.2	36.0	41.8
	前3~6天	30.9	32.7	36.1	34.8
	前7~15天	9.6	11.5	13.1	12.3
	前15天以上	2.5	4.7	5.4	1.5
旅客选择航班考虑因素（注：答案可以多选，因此各项比例总和超过100%）	安全	19.2	24.2	22.5	54.5
	航班时刻	17.3	14.6	16.5	37.9
	航空公司品牌	13.7	12.3	12.5	33.3
	服务	12.8	12.7	11.0	26.1
	票价	10.8	10.5	11.7	25.6
	航班正点	—	10.8	9.6	21.7
	机型	8.8	8.5	7.5	18.6
	常旅客计划	3.4	2.4	2.7	6.4
	其他	14.1	2.1	5.9	6.6
购票方式	航空公司售票处	25.51	23.11	21.97	29.60
	电话订票	—	—	—	50.12
	销售代理点	44.06	41.54	38.19	—
	旅行社	26.20	29.52	30.75	—
	电子商务购票	4.24	5.83	9.09	20.27

续上表

项	目	2004 年	2005 年	2006 年	2007 年
年龄	16~21	3.12	6.02	5.90	1.58
	22~34	44.47	38.25	39.41	35.64
	35~44	30.64	34.22	34.07	39.09
	45~54	15.38	15.51	14.51	17.71
	55~64	4.64	4.68	4.74	4.08
	65 以上	1.74	1.31	1.37	1.16
旅客行业	国家机关	16.90	13.39	12.96	17.60
	科教文卫	9.20	11.46	10.81	11.19
	国有企业	18.95	19.62	22.90	20.67
	外企	15.90	14.69	14.69	13.50
	民营企业	20.28	16.47	15.98	25.50
	部队	1.92	1.88	1.87	1.31
	农业生产	1.03	1.11	1.55	1.87
	其他	15.81	21.38	19.24	8.33
文化程度	初中以下	2.72	3.49	3.41	3.29
	高中/中专	20.55	21.11	23.02	19.13
	大学/大专	64.49	63.75	62.45	65.36
	研究生以上	12.25	11.66	11.11	12.22

(数据来源：中国航空运输发展报告，2008 年)

2. 民航运输市场环境调查

民航运输市场环境调查是指对影响企业生产经营活动的外部因素所进行的调查。它是从宏观上调查和把握企业运营的外部影响因素及产品的销售条件等，主要包括：①国家有关的方针、政策，如产业结构调整、航空管制、价格与税收等；②国家有关国民经济发展的计划和社会发展规划；③国家有关重大活动和重大事件，如大型体育盛会、国际交流会、大型庆典等。

3. 民航运输市场容量调查

民航运输市场容量调查主要包括：①地区间的经济联系，如原材料产地与耗用地，商品生产地与消费地，商品进出口岸与消费、生产地等方面存在的经济联系；②地区间的社会联系，主要指人口流动的联系，如旅游客源地与旅游目的地，劳动力资源丰富地与经济发达劳动力紧缺地区的联系。这些联系都会产生地区之间人和物的流动，这些客流和物流都有其特定的流向。

4. 民航运输市场供给与竞争调查

民航运输市场供给与竞争调查的内容包括：①各种交通运输方式的供给与竞争，如铁路、公路、水运、航空各有多少运输公司在该地区开航营业；②各运输公司投入多少班次、客座数和货载吨位；③各种运输方式的运输距离、时间、价格、安全和舒适程度；④如果两地之间有定期空运航班，则需要调查了解有多少家航空公司在此航线上开航、各用什么机型、投入多少客座数和货载吨位、各自的销售率、投入运力比率、市场占有率、各自班期、时刻、票价、广告、促销方法及销售网点的数量分布等信息。

三 民航运输市场调查的方式

民航运输市场调查方式按调查所包括的调查单位的数量分为全面调查和非全面调查。

(一) 全面调查（Complete Survey）

全面调查是对调查对象所涵盖的所有调查单位全部实施调查。如果调查目的和调查对象相同，这种调查方式要比非全面调查花费更多的人力、物力、财力和时间，因此，除非调查对象包括的调查单位数量少或有特殊要求。一般情况下，市场调查不易采用全面调查的方式。

(二) 非全面调查（Non-overall Investigation）

非全面调查是在统计调查过程中，仅对调查中的一部分单位进行调查。具体调查方式有重点调查、典型调查和抽样调查。

1. 重点调查（Key-point Investigation）

重点调查是在全部单位中选择一部分重点单位进行调查，以取得统计数据的一种非全面调查方法，其目的是为了了解总体的基本情况。这些重点单位在全部单位中虽然只是一部分，但它们在所研究现象的总量中却占有绝大比重，因而能够反映全部现象的基本情况。但重点调查取得的数据只能反映总体的基本发展趋势，不能用以推断总体，因而只是一种补充性的调查方式。重点调查的单位可以是一些企业、行业，也可以是一些地区、城市。重点调查的优点是所投入的人力、物力少，而又能较快地搜集到统计信息资料。一般来讲，在调查任务只要求掌握基本情况，而部分单位又能比较集中反映研究项目和指标时，就可以采用重点调查。

2. 典型调查（Typical Survey）

典型调查是根据调查目的和要求，在对调查对象进行初步分析的基础上，有意识的选取少数具有代表性的典型单位进行深入细致的调查研究，借以认识同类事物的发展变化规律及本质的一种非全面调查。典型调查一般用于调查样本太大，调查者又对总体情况比较了解，同时又能比较准确地选择有代表性对象的情况。典型调查法较为细致，适用于对新情况、新问题的调研，运用典型调查法时须注意所选的对象要具有代表性，能够集中有力地体现问题和情况的主要方面。

3. 抽样调查（Sample Survey）

抽样调查是从全部调查研究对象中，抽选一部分单位进行调查，并据以对全部调查研究对象作出估计和推断的一种非全面调查。根据抽选样本的方法，抽样调查可以分为概率抽样和非概率抽样，在我国习惯上将概率抽样称为抽样调查。

(1) 概率抽样（Probability Sampling）。概率抽样又称几率抽样、可能率抽样，在实践中受到人们的普遍重视和广泛应用。概率抽样是以概率论与数理统计为基础，按照随机的原则选取调查样本，使调查母体中每一个子体均有被选中的可能性，即具有同等被选为样本的可能率，机遇均等。较常用的随机抽样方法有简单随机抽样、等距抽样、类型抽样和整群抽样四种。

①简单随机抽样,也称纯随机抽样,即不加任何附加条件,按随机原则直接从调查总体的 N 个单位中抽取 n 个单位构成样本。在调查中,通常采用抽签法和随机数字表法。这两种方法都需要事先对总体单位进行编号,若采用抽签法,则将编号做成号签,将号签搅均匀,再从中抽选;若采用随机数字表法,则从随机数字表的任意列或任意行的某数字开始,向任何一个方向顺序抽选,直到抽够规定的样本数量为止。

②等距抽样,也称机械抽样或系统抽样,是先将总体单位按一定顺序排列起来,然后按一定间隔抽取样本单位。总体单位排序的方法有两种,一种是按与调查项目有关系的标志排序,另一种是按与调查项目无关系的标志排序。抽样间隔是 N/n, N 表示全部调查单位数, n 表示样本单位数。

③类型抽样,也称分层抽样、分类抽样,是先将总体按与调查目的有关的主要标志进行分组,然后再在各组中采用简单随机抽样的方法抽取一定数目的单位组成样本。如调查居民生活水平,可按家庭收入水平作为分类标志,分为高收入水平组、中等收入水平组和低收入水平组,然后再采用简单随机抽样方法从三组中各抽取一定数量的居民户共同组成样本。各组抽样数目的分配有等比例和非等比例两种。

④整群抽样,是先将总体划分若干群,从中随机抽取部分群,再对中选群的所有单位逐一进行调查。整群抽样中的"群"可分为两类,一类是由行政或地域而形成的群体,另一类是一个连续的总体,可由调查者根据需要来确定群体的大小。

(2)非概率抽样(Non-probability Sampling)。非概率抽样又称为不等概率抽样或非随机抽样,是调查者根据自己的经验或主观判断抽取样本的方法。它不是严格按随机抽样原则来抽取样本,所以失去了大数定律的存在基础,也就无法确定抽样误差,无法正确地说明样本的统计值在多大程度上适合于总体。虽然根据样本调查的结果也可在一定程度上说明总体的性质、特征,但不能从数量上推断总体。非随机抽样方法主要有任意抽样、判断抽样和配额抽样。

①任意抽样,是完全按调查者的意愿选取样本并进行调查的方法。如在街头向过路行人做调查,在商店对顾客进行调查,对调查对象的选择都比较随意。任意抽样一般用于非正式的试探性调查。

②判断抽样,是调查人员根据经验判断来选择调查对象的方法。一般选择多数型或平均型的样本为调查对象,通过对有代表性样本的分析来掌握总体的基本情况。判断抽样法通常适用于总体各单位差异较大而样本数又很小的情况。

③配额抽样,是先对调查总体中的所有单位按其属性或特征分为若干类,然后在每一类中用任意抽样或判断抽样法选取一定配额的样本单位。配额抽样类似于随机抽样中的分类抽样,不同之处是,分类抽样法是按随机原则从各类中抽选样本数额再抽选。配额抽样能够保证总体的各个类别都能抽到样本,所以与其他几种非随机抽样相比,样本具有较大的代表性。

四 民航运输市场信息资料的来源与收集

(一)市场信息资料的分类

根据获取信息的过程,可以将市场信息来源分为第一手资料和第二手资料。

第一手资料(Firsthand Data),是专门为要调查的问题而特地收集或实验得出的原始统计资料;第二手资料(Secondary Data),是指原始资料经过整理后所形成的可为他人利用的资料或其他项目已经拥有的资料。第一手资料往往是需要时才收集,通常要专门组织,并重视现场调查人员的选拔和培训工作,以确保调查人员能按规定进度和方法取得所需资料;第二手资料往往是不断地、定期地收集,这些资料经常先于调查项目存在,是广为人知的资料。第一手资料和第二手资料的调查可以同时展开,一般情况下,第二手资料调查是定性调查,第一手资料调查中定性调查与定量调查可能同时存在。

当第二手资料可有效利用又能充分说明问题的情况下,分析人员无需再花费更高的代价去获取第一手资料;当第二手资料在与研究人员的目的不一致、失效等情况下,分析人员才有必要转向寻求第一手资料。此时需要调查人员直接走向市场进行信息收集和调查,或委托专事调查的中介机构进行调查。

(二)第二手资料的来源

1. 运输量、经营成绩、成本和服务等信息的来源

运输量包括全球总运输量和主要国家、主要地区之间的流向流量。各城市之间,各航空公司按年、按月、按小时(分),以及不同服务等级和头等舱、公务舱、经济舱的航班运力投入量和完成运输量。

经营成绩包括各航空公司各机型不同航线的直达和经停的航班的成本和收益,各公司的服务项目和质量、安全等。

上述这些信息可以通过各航空公司的航班时刻表和有关业务统计资料汇总分析取得。中国民航总局每季度都发布统计公报。《航空公司指南》和《航班时刻表》载有各航空公司航线航班、舱位等级、出发到达时间。《世界航空运输统计》由国际航空运输协会编发,每年一期,载有参加协会成员公司的下列参数:拥有运输能力、飞机机型数量、雇员人数、完成运输量、飞行时间和公里数、班次和始发架次、收入情况和财政绩效以及安全、质量等。

2. 民航以外的经济、贸易、人口和交通等信息的来源

这些信息包括国家和地区的国民生产总值、国民收入、个人收入、消费水平和结构、人口总数及其年龄职业文化结构、生产和贸易的发展状况、生产力、市场和人口的分布,其他运输方式的营运状况、旅游业和旅馆业状况及航空旅行者的比例等,这些信息可以从国家和地方两级统计局公布的统计年鉴,国家与地方航空、交通、旅游局统计报告中获得。

(三)第一手资料的收集方法

当第二手资料不完整或不能配合需要时,应该设法收集原始资料即第一手资料。在民航业中,收集第一手资料有以下常用方法。

1. 询问法

询问法是调查人员将事先拟好的调查事项以直接或间接的方式向被调查者提出询问,以获得所需资料的方法。主要有:面谈调查、电话调查、邮寄调查、留置问卷调查和网络调查等。

(1)面谈调查。面谈调查是由调查者面对面地询问和观察被调查者。面谈调查需要调查者有较好的工作态度和谈话技巧,并在谈话中做好记录。例如,航空公司可以召开销售代理人

座谈会组织面谈调查,这种调查方式可以使被调查者之间相互启发、相互质疑、集思广益,从而更加深入、更加全面地了解实际情况。

面谈调查的优点是:可由调查者控制问题的次序、被调查者能够充分发表意见、问题回答率较高和所获信息也比较准确。不足之处是:调查费用高、时间长、调查结果的可靠性受调查者素质的影响较大,有的被调查者不愿意配合。

(2)电话调查。电话调查的优点是:能在较短的时间内访问较多的被调查者,时效性强、费用低,在某些问题上能得到更准确的信息;不足之处是:只能选择有电话的人群进行调查,使得调查总体不完整,询问时间不易过长,使得难以询问较复杂的问题。

(3)邮寄问卷调查。邮寄问卷调查是由调查人员将设计好的调查问卷邮寄给已选定的调查者,由被调查者按要求填写并按时寄回。这种方法的优点是:调查区域广,可选取较大的样本量,调查费用低,被调查者填写问卷时间充分,回答问题质量高。不足之处是:花费时间较长,问卷回收率较低,被调查者有可能误解问卷或替答问卷。

(4)留置问卷调查。留置问卷调查是将问卷当面交给被调查者,说明填写要求并留下问卷,由被调查者自行填写,调查人员定期收回。这是介于面谈法和邮寄法之间的一种调查法,综合了面谈调查和邮寄调查的优点:问卷回收率高、答案质量高。不足之处是:调查范围有限、费用高。在飞行途中调查是民航企业常用的资料收集方法。

各种询问调查法的综合评价见表4-2。

各种询问调查法的综合评价

表4-2

指　　标	面谈调查	电话调查	邮寄问卷调查	留置问卷调查
资料范围	面窄	较广	最广	面窄
调查对象	可以控制和选择	可以控制和选择	难以控制难以估计代表性	较难控制和选择
影响回答的因素	能了解控制和判断	无法了解控制和判断	难以了解控制和判断	基本能了解控制和判断
回收率	高	较高	低	较高
答卷质量	高	较高	较低	较高
速度(时间)	较慢(视人数)	快	较快	慢
费用	高	较低	低	较高
投入人力	较多	较少	少	较少

(5)网络调查。网络调查是一种新型的调查方法,是将问卷的设计、样本的抽取、数据的调查和处理整个过程都在互联网上完成的一种调查方法。随着互联网的迅速发展,网上调查已在很多领域的调查中得到应用,其优点是:便利、快捷、节省时间、调查成本低且问卷回收率和准确性都较高。不足之处是:调查仅限于网上用户,影响了样本的代表性,有时会遭到电脑病毒的干扰和破坏。

网络调查与传统调查的对比见表4-3。

网络调查与传统调查的比较   表4-3

	网 络 调 查	传 统 调 查
调研费用	较低,主要是设计费和数据处理费,每份问卷所要支付的费用几乎是零	昂贵,要支付包括:问卷设计、印刷、发放、回收、聘请和培训访问员、录入调查结果、由专业市场研究公司对问卷进行统计分析等多方面费用
调查范围	全国乃至全世界,样本数量庞大	受成本限制,调查地区和样本均有限制
运作速度	很快,只需搭建平台,数据库可自动生成,几天就可能得出有意义的结论	慢,至少需要2个月到6个月才能得出结论
调查的时效性	全天候进行	不同的被访问者对其可进行访问的时间不同
被访问者的便利性	非常便利,被访问者可自行决定时间和地点回答问卷	不方便,要跨越空间障碍到达访问地点
调查结果的可信性	相对真实可信	一般有督导对问卷进行审核,措施严格,可信性高
实用性	适合长期的大样本调查;适合要迅速得出结论的情况	适合面对面地深度访谈

2. 观察法

观察法是调查者通过对被调查者态度和行为的直接观察并加以记录来获取市场信息资料的一种调查方法。观察法从不同的角度看,有以下具体形式。

(1) 完全参与观察、不完全参与观察和非参与观察。完全参与观察是调查者隐瞒自己的身份,置身于调查者群体当中,以局外人身份观察,客观记录事件的发生、发展的真相。

(2) 控制观察和非控制观察。前者是按照事先确定的调查内容、步骤和要求进行观察;后者是只规定调查的任务和目标,至于如何观察、观察什么由调查者自己决定。

(3) 人工观察和设备观察。前者是调查者到现场观察,如到销售现场、使用现场去实地观察、记录;后者是借助于设备仪器等,连续记录被调查者的行为。

观察法的优点是:①直观、可靠,可以直接记录所观察的事实和被调查者在现场的行为;②干扰少,观察法一般不用语言交流,不与被调查者进行人际交往,有利于排除语言交流或人际交往中可能发生的种种误会和干扰;③简便易行,可随时随地进行调查。

观察法的不足之处是:①只能观察到表象,不能观察到被调查者行为背后的动机、心态等;②需要大量观察员到现场做长时间的观察,调查时间长、经费开支大。

因此,观察法比较适用于小范围的微观市场调查。

3. 实验法

实验法是调查人员在对某些市场因素进行人为控制的条件下,研究实验因素的变化对市场研究对象的影响。这些实验因素包括产品品质、价格与广告等。实验调查主要用于市场销售实验和消费者使用实验。

实验法的特点是将实地实验与正常的市场活动结合起来,因此取得的数据具有客观性和实用性,同时调查者可以主动控制市场因素的变化,借此研究市场现象之间的因果关系和相互影响程度。其不足之处是:由于市场中随机的、不可控的因素较多,完全相同的实验条件是不存在的,因此实验结果不宜相互比较;实验时间较长,有时会失去市场机会,也会增加成本。

第二节 民航运输市场营销调研

市场调研(Marketing Research),是市场调查与市场研究的统称,是个人或组织根据特定的决策问题而系统地设计、搜集、记录、整理、分析及研究市场各类信息资料,报告调研结果的工作过程,包括三个阶段、五个步骤。三个阶段即项目调研准备阶段、开展正式调研阶段、调查结果研究阶段;五个步骤即确定调研性质、制定调研方案、实施市场调研、分析调研数据与编写调研报告,如图4-2所示。

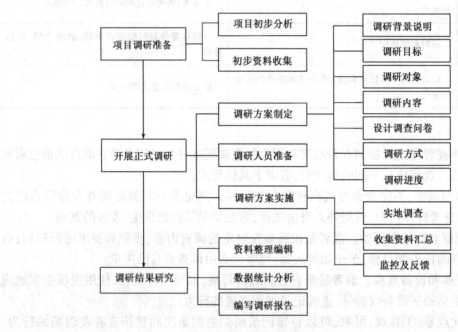

图4-2 市场营销调研流程

一 确定调研性质

市场调查的主要目的的是收集与分析信息资料以帮助企业更好地作出决策,以减少决策失误。如果对调查问题不作出清晰的定义,收集信息的成本可能会超过调查提出的结果价值。因此,在市场调查准备阶段对调研项目进行初步分析,收集项目资料,确定项目调查的性质。根据市场调研问题的性质,市场调研可分为探索性调研、描述性调研和因果性调研。

1. 探索性调研(Exploratory Research)

探索性调研一般是在调研专题的内容与性质不太明确时,为了了解问题的性质,确定调研的方向与范围而进行的搜集初步资料的调查。探索性调研是为了界定问题的性质以及更好地理解问题的环境而进行的小规模的调研活动,有助于把一个大而模糊的问题表达为小而精确的子问题,以使问题更明确,并识别出需要进一步调研的信息(通常以具体的假设形式出现)。

2. 描述性调研(Descriptive Research)

描述性调研是一种常见的项目调研,是指对所面临的不同因素、不同方面现状的调查研究,其资料数据的采集和记录着重于客观事实的静态描述。大多数的市场营销调研都属于描述性调研,例如对市场潜力、市场占有率、产品的消费群结构和竞争企业的状况的描述。在描述性调研中,可以发现其中的关联因素,与探测性调研相比,描述性调研的目的更加明确,研究的问题更加具体。

3. 因果性调研(Causal Research)

因果性调研也称因果关系调研,是指为了查明项目不同要素之间的关系,以及查明导致产生一定现象的原因所进行的调研。通过这种形式调研,可以清楚外界因素的变化对项目进展的影响程度以及项目决策变动对市场反应的灵敏程度,具有一定程度的动态性。

【应用】 天津航空旅客流失的原因调查分析

位于滨海新区的天津机场,是天津打造北方国际航运中心和国际物流中心、构筑两港两路大交通体系的重要支点,同时也是华北地区的第二大干线机场,首都机场的固定备降机场。有着众多优势的天津机场其旅客吞吐量却在2003年以前一直没有突破性的增长,从1994~2003年的10年间一直徘徊在82~110万之间,直到2005年也才突破200万,达到了运营以来的最高点219万,但其仍然与天津直辖市的地位和天津市国民生产总值极不相称(2005年天津市国民生产总值为3663.86亿元,全市财政收入实现725.5亿元,比2004年增长了26.8%,人均可支配收入为12639元)。通过与其他国民生产总值近似的城市进行类比,天津市的航空旅客应该远不止200多万,天津航空旅客大量流失到首都机场,已成为不可辩驳的事实。

针对这一情况,确定本次调查的性质是因果关系调研,即是什么原因导致了天津旅客流失严重的现象。

(资料来源:李海龙.天津航空旅客流失的主客观原因.中国民航大学)

二 制订调研方案

市场调研方案是指在正式调查之前,根据市场调查的目的和要求,对调查的各个方面和各个阶段所作的通盘考虑和安排。市场调研总体方案是否科学、可行,关系到整个市场调研工作的成败。

1. 确定调查的目的和任务

调查目的是指特定的调查项目所要解决的问题,即为何要调查、要了解和解决什么问题,对调查结果有什么作用。调查任务是指在调查目的既定的条件下,市场调查应获取什么样的信息才能满足调查的要求。明确调查的目的和任务是调查方案设计的首要问题,只有调查目的和任务明确,才能确定调查的对象、内容和方法,才能保证市场调查具有针对性。

> 【应用】 天津航空旅客流失的原因调查分析
> 为了进一步分析天津航空旅客流失的原因,我们明确了以下调查任务:
> ①天津市的航空市场到底有多少民航旅客?
> ②这些民航旅客中有多少流失到北京?
> ③是什么原因造成流失现象严重的局面?

2. 确定调查对象和调查单位

确定调查对象和调查单位是为了明确向谁调查和由谁来提供资料的问题。调查对象是根据调查目的和任务确定的一定时空范围内的所要调查的总体,它是由客观存在的具有某一共同性质的许多个体单位所组成的整体。调查单位就是调查总体中的每个个体单位,它是调查项目的承担者或信息源。

> 【应用】 天津航空旅客流失的原因调查分析
> 天津航空旅客流失调查中包括两大部分:第一部分为天津市出行的旅客,选用各种交通方式到达北京,再从北京首都国际机场出发;第二部分是到达天津市的旅客选择在首都机场落地,再通过其他交通方式到达天津。为此,我们选定本次调查的对象为在天津前往北京乘机的旅客以及落地在北京的前往天津的旅客。

3. 确定调查项目

调查项目是确定到调查单位调查的内容。调查项目的确定取决于调查的目的和任务,以及调查对象的特点与数据资料搜集的可能性。

4. 设计调查表或问卷

调查项目确定之后,就可设计调查表或问卷。作为搜集调查资料的工具,调查表或问卷既可作为书面调查的记载工具,亦可作为口头询问的提纲。调查表是用纵横交叉的表格按一定顺序排列调查项目的形式;问卷是根据调查项目设计的对被调查者进行调查、询问、填答的测试试卷,是市场调查搜集资料的常用工具。

5. 确定调查时间和调查期限

调查时间是指调查资料的所属时间,即应搜集调查对象何时的数据。确定调查时间是为了保证数据的统一性,否则数据无法分类和汇总,导致市场调查失效。调查期限是指整个调查工作所占用的时间,即一项调查工作从调查策划到调查结束的时间长度。一般来说,应根据调查课题的难易程度、工作量的大小和时效性要求来合理确定调查期限,并制定调查进度安排表。

> 【应用】 天津航空旅客流失的原因调查分析
>
> 天津航空旅客流失的原因调查期限为一年,取样选择四个不同特征时段,分别为"5·1"黄金周、7月暑期、11月淡季和2月春运四个时段。尽可能把握全年中各季节旅客出行的特点,利用这四个阶段的调查结果,映射天津市航空客运市场全年的旅客流失情况。

6. 确定调查方式和方法

市场调查方式是指市场调查的组织形式,通常有全面调查、重点调查、典型调查、抽样调查和非概率抽样调查等。调查方式的选择应根据调查的目的和任务、调查对象的特点、调查费用的多少及调查精度的要求作出选择。市场调查方法的确定应考虑调查资料搜集的难易程度、调查对象的特点、数据取得的源头与数据的质量要求等,若调查项目涉及面大、内容较多,则应选择多种调查方法来获取数据和资料。

> 【应用】 天津航空旅客流失的原因调查分析
>
> 在天津航空旅客流失调查的调查中,选取的调查方式、方法有以下五种。
> ①对天津市南京路开往首都机场的大巴人数进行统计,同时进行问卷调查。
> ②在首都机场返回天津的大巴停车处进行返津人员统计,同时进行问卷调查。
> ③在北京停车场出入口对天津开往首都机场的车辆和从首都机场返回天津的车辆的车型、车辆数和载客人数进行统计。
> ④对在天津机场离港的旅客进行抽样问卷调查。
> ⑤与铁路局和旅游部门协作,获得部分时段乘坐火车或者通过旅游团至首都机场乘机的旅客出行数据。

7. 确定资料整理方案及分析研究方案

资料整理是对调查资料进行加工整理和系统开发的过程,其目的在于为市场分析研究提供系统化、条理化的综合资料。为此,应确定资料整理的方案,对资料的审核、订正、编码、分类、汇总和陈示等作出具体的安排。调查资料分析研究是对调查数据进行深度加工的过程,目的在于从数据导向结论,再从结论导向对策研究。为此,应制订分析研究的初步方案,对分析的原则、内容、方法、要求、调查报告的编写与成果的发布等作出安排。

8. 确定调查进度安排及调查经费预算

在进行预算时,企业要将可能需要的费用尽可能考虑全面,以免将来出现一些不必要的麻烦而影响调查的进度。例如,预算中没有鉴定费,但调查结束后需要对成果作出科学鉴定,否则无法发布或结项。在这种情况下,项目调查组将面临十分被动的局面。

9. 制定调查组织计划

调查的组织计划是指为了确保调查工作的实施而制订的具体的人力资源配置的计划,主要包括调查的组织领导、调查机构的设置、调查员的选择与培训、市场调查负责人及成员与各项调研工作的分工等。企业委托外部市场调查机构进行市场调查时,还应对双方的责任人、联系人和联系方式作出规定。

10. 编写市场调查计划书

上述市场调查方案设计的内容确定之后,市场调查策划人员则可编写市场调查计划书(市场调查总体方案或调查项目建议书),以供企业领导审批,或作为调研项目委托人与承担者之间的合同或协议的主体。市场调查计划书的构成要素包括标题、导语(或摘要)、主体和附录等。其中,主体部分主要包括以上九个方面的内容,有些内容(如调查的组织计划)亦可列入附录中。附录主要包括调研项目负责人及主要参加者、抽样方案及技术说明、问卷及有关技术说明以及数据处理所用软件等。

三 实施市场调研

市场调查的过程就是收集基础数据的过程,它是关系到市场调查能否成功的关键一步。实施过程中要有严格的组织管理和质量控制,重点应做好三项工作:一是挑选和培训调查员;二是进行调研工作的质量监控;三是查收和评价调查员的工作。

【应用】 天津航空旅客流失的原因调查分析

本次调查的人员为天津民航大学的教授及学生,并对调查员进行了专业的培训,调查员在京津两地共发放调查问卷(第①项和第②项)7000多份,回收有效问卷5826份;在天津机场对离港的旅客进行抽样问卷调查(第④项),获得有效问卷1470份。

四 调研数据分析

调研数据分析主要是将所收集到的各种资料进行归纳和分类,使之成为能够反映市场经济活动本质特征和适合决策者需要的资料。调研数据分析属于信息资料的深加工,是形成分析结论的前提,主要包括两个方面。

1. 数据整理

从被调查者处收集来的资料千差万别,在编制调查报告之前,必须先进行数据资料的整理,有利于资料的保存。数据整理包括编辑、编号和制表。

(1)编辑。编辑的目的在于发现并剔除调查资料中的错误部分,如调查人员的主观偏见,答复者有意敷衍或不精确的回答、矛盾的答复等。

(2)编号。用数字符号代表资料,使资料易于编入适当的类别,以便查找、归档和使用。若采用电子计算机处理资料,编号更是不能省略。

(3)制表。将已分类的资料进行统计,并制成各种计算表、统计表和统计图,以便直观分析与利用。

2. 数据分析

对上述各项资料中的数据和事实进行比较分析,得出一些可以说明有关问题的统计数据,并就得出的综合数据进行解释,即就数据代表的意义和说明的问题给予一个详细的阐述,直到得出必要的结论。

五 编写调研报告

市场调查步骤的完成以调查或分析报告的提供为标志。调查报告主要归纳调查的结果并得出结论和建议。很多管理人员都十分关心调查报告,并将它们作为评价研究成果的标准。因此,调查与分析报告必须写得清楚、准确。

调查报告一般包括摘要、详细目录和正文三部分。正文通常包括导语、主体和附件。导语部分一般要介绍报告的根据、调查的目的与范围、资料来源及使用的调查方法等;主体部分一般包括调查的基本情况和主要发现,以及对调查结果的讨论、总结和建议等;附件部分一般包括调查问卷、图表、技术细节说明以及实施细节说明等。

在编写调查报告时应做到:
(1)态度客观、内容真实准确,不能曲意迎合。
(2)内容简明扼要、重点突出。
(3)结论和建议可归纳为要点,更为醒目。
(4)文后附表格、附件及附图,便于阅读和使用。
(5)报告完整,印刷清楚美观。

【应用】 天津航空旅客流失的原因调查报告(主体部分)
(一)天津旅客流失的客观原因分析
使用"航线可用座位数"这一参数与"旅客需求"之间的供求关系来阐述天津航空旅客流失的客观原因,现将分析结论表述如下。

1. 航线可用座位数为0

航线可用座位数为0意味着没有相应的航线提供,这包括大量的国际航线和少量的国内航线。国际航线的主要流向包括日本、美国(如纽约等)、欧洲(法德)和东南亚(如新加坡等),国内航线包括乌鲁木齐、福州等城市。由于缺失航线而造成的旅客流失可视为"刚性流失"。由于在短时期内天津机场的国际航班资源不会发生大的改变,而国内航线通达性也很难大幅度提高,所以航线缺失导致的旅客流失必然在一个相当长的时期内存在,这种流失在全国其他城市也存在,随着国际国内航线的丰富会逐渐改善,但难以杜绝。

2. 航线可用座位数小于旅客需求

此种情况的流失实际上是属于航线运量不足而造成的,调查发现大多数的流向城市都属于这种状况。航线运量不足主要体现在周航班数量较少和日航班出发到达时刻欠佳,这种原因导致的旅客流失可以视为"软性流失"。通常旅客在出行前会权衡分别从首都机场和天津机场出行的便利性和经济性。如调查统计显示前往成都的旅客年流失总量达到了8万人左右,而2004年天津到成都的航线可用座位数仅为4万多人,实际的年旅客吞吐量仅为30901人,流失人数大概是天津机场成都旅客年吞吐量的2.6倍,即便是按照B737每班120人的高客座率计算,仍然需要每天增加至少2班方可满足。可见,天津机场未能提供足够的航线运量是造成航空旅客流失的一个重要原因。另外,天津至杭州、昆明、厦门等航线的情况也大致如此。

3. 航线可用座位数大于旅客需求

航线可用座位数大于旅客需求则表明航线运量充足。调查发现,有相当数量的旅客即便是在运量充足的情况下仍然选择首都机场出行。通过调查过程中详细的交流和统计后的分析,其流失的原因,在客观方面与票价和服务密切相关;在主观方面则受出行心理的影响。值得注意的是,天津至上海、广州和深圳的航线运量非常充足,但这3个城市的流失人数比例也分别接近或者超过了其年旅客吞吐量的四分之一。以上海为例,天津至上海平均每天能够保证12架次以上的往返航班,但仍然有相当数量的旅客流失至首都机场,其主要原因就是票价和服务。机票价格无疑是人们选择航空出行的最敏感因素,而天津机场比首都机场到达同一目的港的机票价格普遍偏高,与首都机场机票价格相差2~3折的情况也较为常见。通过比较北京、天津两地始发到达同一目的港的不同折扣票价可以看出,航空公司作为形象窗口,服务不能让旅客感到满意也是直接导致天津航空旅客选择首都机场的重要因素。调查显示旅客对于航空公司的票务服务、咨询服务和客舱服务都有不同程度的不满。

4. 与航线可用座位数无关的其他因素

天津民航企业宣传不够,信息不畅,使得很多天津航空旅客因为对航班服务信息不够清楚而主观的惯性的直接选择首都机场出行。另外,机场周边交通状况较差和候机服务设施不佳等因素,也影响天津航空旅客的出行选择。

(二)旅客出行心理对天津旅客流失的影响分析

从调查数据和问卷统计上来看,天津航空旅客的流失确实受到一些客观因素的影响,使得将近一半的航空旅客流向首都机场。但是仅从客观因素方面来分析天津航空旅客流失原因仍然不够充分。如天津—上海、天津—广州航线上天津机场也能提供足够的运量,航班时刻也覆盖了全天,票价也非常接近,但仍然会有部分旅客选择从北京出发,形成运量充足但航线客座率不高的窘境。

天津航空旅客流失的原因不只是单方面客观条件的制约,通过对调查结果进一步的深入分析,天津航空旅客流失有着更深层次的心理因素的影响。这些心理因素的影响往往是隐蔽不易被发觉的,但无疑出行心理对人们的出行选择有着相当大的影响,因此对人们出行心理的研究有助于天津航空企业在今后的软硬件建设方面更加有针对性,在设施建设方面、旅客服务方面都更能有的放矢,对于天津航空旅客的回流也是大有裨益的。

需要说明的是,上述程序中除了第1、2步外,其他调查步骤不一定能完全依照设想的程序进行。例如,在设计调查表时,也许发现要调查的问题没有定义好,调查表的填写无法进行下去,调查人员就需要重新回到第1步,对需要调查的目标再作仔细地界定。再如,进入收集数据阶段时,可能会发现原先设想的收集方法成本太高,这时为了保持预算平衡,就需要对原来的调查设计方案进行改变,减少资料规模,或以其他资料来代替。另外,有时有的步骤可能用不上,也不要勉强使用,可以根据情况而定。

案例4-1

美国航空公司的市场调查

美国航空公司(American Airlines),常被译为美利坚航空公司,简称美航,隶属AMR公司。美航总部位于得克萨斯州的沃斯堡,紧邻达拉斯沃斯堡国际机场。美航是寰宇一家航空联盟的创始成员之一。

美航经常注意探索为旅客服务的好方法。为了达到这个目的,几个经理组织了一个头脑风暴式的小组会,产生了一些构思。其中一位经理提出在3万英尺的高空为乘客提供电话通讯服务项目的建议,大家一致认为这是激动人心的想法,同意对此作进一步的研究。

经过与美国电话电报公司联系,以B747飞机从东海岸到西海岸的航行为例,电话服务在技术上是可行的。这种系统的每航次成本约1000美元,如果每次电话服务费为25美元,则每航次至少有40人通话才能保本。今后的研究要解决什么问题,要掌握哪些信息呢?

管理当局必须妥善把舵,对问题的定义既不能太宽,也不能太窄。如果营销经理要求营销研究人员去"探寻凡是你能够发现的空中旅客需要的一切",那么这位经理将得到许多不需要的信息,而实际需要的信息却可能得不到。另一方面,如果营销经理要求营销研究人员去"探寻是否有足够多的乘客在从东海岸到西海岸的B747飞行中,愿意付足电话费,从而使美航能够保本提供这种服务",那么提出问题就太狭窄了。

最后,营销经理和营销研究人员确定要解决的问题是:提供飞行电话服务是一项会使美航创造日益增加的偏好和利润的更好投资吗?然后,就此提出下列的特定研究目标。

(1)航空公司的乘客在航行期间而不等到飞机着陆后再通电话的主要原因是什么?

(2)哪些类型的乘客最喜欢在航行中打电话?

(3)在一次典型的长距离B747飞行航班中,有多少乘客可能会打电话?价格对它有何影响?收取的最佳价格是多少?

(4)这一新服务会增加多少美航的乘客?

(5)这一服务对美航的形象,将会产会多少有长远意义的影响?

(6)其他因素,诸如航班次数、食物和行李处理等对影响航空公司作出选择的相对重要性是什么?电话服务与这些其他因素相比,其重要性又将怎样?

就美航的目标而言,研究人员将会发现许多关于航空旅行市场的第二手资料。例如:美国民用航空署的出版物提供了各种运输公司的关于规模、成长和市场份额的资料;美国空中运输协会的图书馆中有关于运输公司的偏好和空中旅行者行为的资料;各种旅游公司为空中旅客选择空运单位提供指南的资料等。

第二手资料为调查提供了一个起点,并具有成本较低和得之迅速的优点。但是,研究人员所需要的资料可能不存在,或现有资料可能过时、不正确、不完全或不可靠。在这种情况下,研究人员就必须花费较多的费用和较长的时间,去收集可能更恰当和更正确的第一手资料。例如:美航的研究人员可以逗留在飞机场、航空办事处和旅行社内,听取旅客谈论不同航空公司和代理机构如何处理飞行安排的方法;研究人员也可乘坐美航和竞争者的飞机,观察航班服务质量和听取乘客反映;研究人员可以在前次航行中,宣布每次通话服务的收费是 25 美元,而在以后的同一航次上,又宣布每次通话收费为 15 美元。

在美航的调查中,抽样单位应该是从事商业的旅客,还是享受旅游乐趣的旅客,还是两者兼有?应该访问 21 岁以下的旅行者?还是对丈夫和妻子都访问?当抽样的基本整体确定后,应向其中多少人进行调查?这些人应怎样被选择?这一切都需要美航的调查人员作出决定。

在决定实施调查计划之前,营销经理应该要求营销调查人员对调查计划的成本作出估算,然后才能予以批准。营销调查方案的目的是帮助公司减小风险和增加利润。假设公司未经市场调查,估计推出空中电话服务可获得 5 万美元的长期利润,而调查能帮助公司改进促销计划,并获得 9 万美元的长期利润。在这种情况下,公司就愿为这项研究花费 4 万美元。如果这项研究的成本超过 4 万美元,那就应拒绝它。

通过对资料的收集、分析,美航得到的主要调查结果如下。

(1)使用飞行电话服务的主要原因是有紧急情况、紧迫的商业交易或飞行时间上的混乱等。用电话来消磨时间的现象是不大会发生的。绝大多数的电话是商人所打,并由他们支付账单。

(2)每 200 人中,大约有 5 位乘客愿花费 25 美元作一次通话,而约 12 人希望每次通话费为 15 美元。因此,每次收 15 美元($12 \times 15 = 180$ 美元)比收 25 美元($5 \times 25 = 125$ 美元)有更多的收入。然而,这些收入都大大低于飞行通话的保本点 1000 美元。

(3)推行飞行电话服务使美航每次航班能增加 2 个额外的乘客,从这两人身上能收到 620 美元的纯收入。但是,这也不足以帮助支付保本点成本。

(4)提供飞行电话服务增强了美航作为创新和进步的航空公司的公众印象。创建这一额外的信誉使美航在每次飞行中需付出了约 200 美元的代价。

当然,这些调查结果可能会受到抽样误差的影响。考虑周全的营销调查方案,能帮助美航公司的经理作出比较好的决策,这个决策比坐在办公室中拍脑袋的决策要好得多。

案例讨论:

1. 请阐述本案例的市场调查程序。
2. 该案例中,美航运用了哪些市场调查方法?
3. 该调查给美航的决策带来哪些影响?

第三节 民航运输市场调查问卷

问卷调查是市场调查中的一种常用方法。它通过所设计的调查问卷,直接对单位或个人进行调查。由于问卷调查具有简明、通俗、客观、真实、反馈快、保密性好等特点,已被越来越多的企业、市场研究与咨询机构等所采用。

一 调查问卷的类型

调查问卷的类型,可以从不同角度进行划分。按问题答案划分,可以分为结构式问卷、半结构式问卷和开放式问卷;按调查方式划分,可以分为自填式问卷和访问式问卷;按问卷用途划分,可以分为甄别问卷、调查问卷和回访问卷(复核问卷);按问卷传递方式划分,可分为报刊问卷、邮寄问卷和送发问卷。

1. 按问题答案划分

(1)结构式问卷。通常也称为封闭式问卷或闭口式问卷。这种问卷的答案是研究者在问卷上早已确定的,由被访者认真选择问题的答案,划上圈或打上钩。

(2)开放式问卷。也称为无结构型或开口式问卷。这种问卷不设置固定的答案,让填答者自由发挥。它的特点是在问题的设置和安排上,没有严格的结构形式,被访者可以依据本人的意愿作自由的回答。开放式问卷一般较少作为单独问卷进行使用,往往是在对某些问题需要作进一步深入的调查时,和结构式问卷结合使用。

(3)半结构式问卷。这种问卷介于结构式和开放式两者之间,问题的答案既有固定的、标准的,也有让填答者自由发挥的,半结构式问卷吸取了结构式问卷和开放式问卷的长处。这类问卷在实际调查中运用比较广泛。

2. 按调查方式划分

(1)自填式问卷。是由被访者自己填答的问卷。自填式问卷由于发送的方式不同而又分为发送问卷和邮寄问卷两类。发送问卷由调查员直接将问卷送到被访者手中,并由调查员直接回收。邮寄问卷由调查单位直接邮寄给被访者,被访者填答后,再邮寄回调查单位。

(2)访问式问卷。是访问员通过访问被访者,由访问员填答的问卷。访问式问卷的回收率最高,填答的结果也最可靠,但是成本高、费时长,这种问卷的回收率一般要求在90%以上。

不同类型的调查问卷在问卷设计上有所差别,如访问式问卷的开头可采用开放式问句,旨在使应答者多发表意见,使应答者感到自在,不受拘束,能充分发挥自己的见解。自填式问卷使用开放式问句则应放在问卷末尾,由于开放式问句往往需要时间来考虑答案和语言的组织,放在前面会引起应答者的厌烦情绪。因此,问卷的设计者必须考虑问卷的类型及用途。

二 调查问卷的结构与内容

在长期的调查实践中,人们总结出一套较为固定的问卷结构与内容。调查问卷一般包括标题、说明、主体、编码号、致谢语和实验记录等六项内容。

1. 标题

每份调查问卷都有一个研究主题。研究者应开宗明义定个题目,反映研究的主题,使调查对象一目了然,增强填答者的兴趣和责任感,例如"关于航班延误的问卷调查"。

2. 说明

调查问卷前面应有一个说明,这个说明通常是一段引言。引言应包括调查目的、意义、主要内容、调查的组织单位、调查结果的使用者与保密措施等,其目的在于引起受访者对填答问卷的重视和兴趣,使其对调查给予积极支持和合作。引言依问卷形式而异,自填式问卷是对被访者的引导语,而访问式问卷则是对访谈员的引导语,所以在语气、方式等方面均有所差异。引言一般放在问卷的开头,篇幅宜小不宜大,一般以不超过两、三百字为佳。

3. 主体

主体是研究主题的具体化,是问卷的核心部分。问题和答案是问卷的主体,按形式划分,问题可分为开放式问题和封闭式问题两种;按内容划分,问题可以分为事实性问题、意见性问题、断定性问题、假设性问题和敏感性问题等。

4. 编码号

并不是所有问卷都需要编码号。在规模较大又需要运用电子计算机统计分析的调查,要求所有的资料数量化,与此相适应的问卷就要增加一项编码号内容。也就是在问卷主题内容的右边留出统一的空白顺序,编上1,2,3…的号码(中间用一条竖线分开),用以填写答案的代码。整个问卷有多少种答案,就要有多少个编码号。答案的代码由研究考虑后填写在编码号右边的横线上。

5. 致谢语

为了表示对调查对象真诚合作的谢意,研究者应当在问卷的末端写上感谢的话语,如果在前面的说明部分已经有表示感谢的话语,那末端也可不用。

6. 实验记录

实验记录的作用是用以记录调查完成的情况和需要复查、校订的问题,格式和要求都比较灵活,调查访问员和校查者均在上面签写姓名和日期。

以上问卷的基本项目是要求比较完整的问卷所应有的结构内容,但通常使用的如征询意见及一般调查问卷可以简单些,有标题、主题内容和致谢语及调查研究单位就行。

案例4-2

2010年民航国际旅客调查问卷

尊敬的旅客:

　　欢迎您乘坐民航班机。为了更好地为您提供服务,我们正在进行一项关于航空旅客的市场调查,诚邀您填写本问卷,发表您的意见,十分感谢您的支持和帮助!

中国航空运输市场研究所

航班号:_____　　舱位等级代号:_____　　最终目的城市:_____

1. 您的性别:　　□男　　　　　　□女
2. 您的出生年代:　□1990年后　　□1980～1989年
　　　　　　　　　□1970～1979年　□1960～1969年　□1959年前
3. 您的年收入(人民币):□无收入　　□5万元以下　　□5～10万元
　　□10～20万元　□20～40万元　□40～60万元　□60万元以上
4. 您最近一年经常工作/居住的城市是:_____
5. 您本次出行目的:
　　□公商务出差　□探亲访友　□度假旅游　□留学　□其他

是否随团： □是 □不是

6. 请您选出一项购票时最关心的因素：
　　□航班时刻　　□机上餐饮　　□座椅舒适度　　□机上娱乐　　□航空公司品牌
　　□机票价格　　□航班直达　　□常旅客计划　　□航班密度　　□航班衔接

7. 您本次购票是出发前：
　　□3天以内　□4~7天　□8~14天　□15~30天　□1~2月　□2月以上

8. 您本次的购票方式： □自己购票　□委托别人购票　□单位负责购票
　　如果是自己购票,选择的渠道是：
　　□航空公司官方网站　　□航空公司热线电话　　□航空公司售票处
　　□代理人网站　　　　　□代理人电话　　　　　□代理人售票处

9. 您购票时是否需要预订：
　　□指定座位　　　　□酒店　　　　□会议、会展安排
　　□旅游度假安排　　□租车服务　　□其他　　　　□不需要

10. 您的票款来源是：
　　□单位支付　□自费　□常旅客里程兑换机票　□免费机票或赠票

11. 您最近一年内从中国出境的次数是：
　　□首次出境　□2~3次　□4~6次　□6次以上

12. 当您来往中国时,您最经常乘坐_____航空公司的国际航班。（请填写）,是因为这家公司(可多选)：
　　□安全　　　　　　□价格低　　　　□起飞时刻合适　　□机上服务好
　　□餐食饮料好　　　□座位舒适　　　□航班多　　　　　□品牌形象好
　　□常旅客计划好　　□机上娱乐设施好　□公务员出国指定承运人
　　□其他_____
　　您会向其他人推荐这家航空公司吗？　□会　□不会　□不确定

13. 对于您来往中国时经常乘坐的航空公司,您认为它急需改进的服务是(限选三项)：
　　□售票服务　　□海关联检　　　　□航班信息通告　□机上服务
　　□机上餐饮　　□座位舒适度　　　□行李服务　　　□常旅客计划
　　□客服热线　　□不正常情况处理　□航空公司网站　□其他_____

14. 您了解航空旅行信息的主要途径是(可多选)：
　　□航空公司网站　□其他网站　　　　□杂志报纸/电视/广播
　　□朋友介绍　　　□电话/客服热线　　□旅行社及代理　□其他_____

15. 您是常旅客会员吗？
　　□不是　□是,我拥有1张常旅客卡　□是,我拥有多张常旅客卡
　　乘坐国际航班时您最经常使用_____航空公司的会员卡。

16. 您最希望用里程积分兑换(请单选)：
　　□升舱　　　　　□免费机票　　　　　　　　□贵宾室休息　□机场接送　□酒店住宿
　　□逾重行李费　　□购物、消费代用券或折扣　□免费加油卡　□其他_____

87

17. 您在本机场是： □始发　　　　　□转机
　　符合以下哪些条件,您会考虑选择中转航班?
　　□票价便宜　　□航班衔接时间短　□中转手续简便　□行李直达
　　□时间合适　　□赠送或奖励　　　□其他_____　□不考虑中转航班
18. 您最需要航空公司提供以下哪项旅行材料：
　　□机上座位预定办法　　　　□中转机场办理手续示意图
　　□当地领事馆联系方式　　　□目的地机场交通工具　　□其他_____
19. 您所在的行业是：
　　□政府机关/社会团体　□商业/贸易　□服务业　□加工制造业　□金融业
　　□IT/通讯行业　　　　□科教文卫　□建筑/房地产　□能源业　□其他_____

案例讨论：

1. 该调查问卷是否遵循了调查问卷设计的基本原则?
2. 该调查问卷构成要素有哪些?
3. 举例说明该调查问卷中运用的调查问题的形式有哪几种?

三　调查问卷设计的原则

设计调查问卷的根本目的是要设计出符合调研与预测需要及能获取足够、适用和准确的信息资料，为实现这一目的，调查问卷设计必须遵循以下原则。

1. 目的性原则

问卷的主要目的是提供管理决策所需的信息，以满足决策者的信息需要。问卷设计人员必须透彻了解调研项目的主题，能拟出可从被调查者那里得到最多资料的问题，做到既不遗漏一个问题以致需要的信息资料残缺不全，也不浪费一个问题去取得不需要的信息资料。因此，问卷应从实际出发拟题，问题目的明确、重点突出，不应设计可有可无的问题。

2. 逻辑性原则

调查问卷中问题的排列应有一定的逻辑顺序，符合应答者的思维程序。一般是先易后难、先简后繁、先具体后抽象。这样能够使调查人员顺利发问、方便记录，并确保所取得的信息资料正确无误。

3. 通俗性原则

由于被调查者的文化程度不同，问卷中的用词要通俗，易被人理解，避免使用过于专业的术语，如果使用专业术语，应当对专业术语进行解释，便于被调查者的理解。

4. 便于处理原则

便于处理是指要使被调查者的回答便于进行检查、数据处理和分析。设计好的问卷在调查完成后，能够方便地对所采集的信息资料进行检查核对，以判别其正确性和实用性，也便于对调查结果的整理和统计分析。如果不注意这一点，在调查结束后很可能出现信息资料获得凌乱，无法进行统计处理的结果。

5. 合理的问卷长度原则

调查内容过多,使得参与者没有耐心完成全部调查问卷。如果一份问卷调查在 20min 之内还无法完成,一般的被调查者都难以忍受,除非这个调查对他非常重要,或者是为了获得奖品的目的才参与调查,即使完成了调查,也隐含一定的调查风险,比如被调查者没有充分理解调查问题的含义,或者没有认真选择问题选项,最终会降低调查结果的可信度。

四 调查问卷设计的方式

调查问卷根据问题是否预设答案,可将问题分为开放式、封闭式和混合式,在具体设计时需根据它们各自的优缺点进行选择。

(一) 开放式问题的设计

开放式问题又称无结构的问答题。在采用开放式问题时,应答者可以用自己的语言自由发表意见,在问卷上没有已拟定的答案。例如:今年国庆节您打算去什么地方度假?您为什么要选择 A 航空公司的航班?

开放式问题的优点:开放式问题可让被访者自由发挥,能收集到全面的资料,回答者之间的一些较细微的差异也可能反映出来,甚至调查者可以得到意外的调查发现。

开放式问题的缺点:开放式问题要求被访者有较高的知识水平和语言表达能力,能够正确理解题意,思考答案,并表达出来,因而适用范围有限。此外,对开放式问题的统计处理常常比较困难,有时甚至无法归类编码和统计,调查结果中还往往混有一些与研究无关的信息。因而,开放性问题多用于探索性调研中。

(二) 封闭式问题的设计

封闭式问题又称有结构的问答题。与开放式问题相反,它规定了一组可供选择的答案和固定的回答格式,被调查对象只要在备选答案中选择合适的答案即可。

封闭式问题的优点:从调查实施的难易度看,封闭式问题容易回答,节省时间,文化程度较低的调查对象也能完成,回答者比较乐于接受这种方式,因而问卷的回收率较高;从测量的层次看,封闭式问题在测量级别、程度、频率等一些等级问题方面有独特优势,其答案标准化便于统计分析。对于一些敏感的问题,用等级资料的方式,划出若干等级,让回答者选择,往往比直接用开放式问题更能获得相对真实的回答;从资料的整理和分析方面看,封闭式问题列出答案种类,可以将不相干的回答减少到最小程度,收集到的资料略去了回答者间的某些差异,统一归为几类,便于分析和比较。

封闭式问题的缺点:某些问题的答案不易列全,回答者如果不同意问卷列出的任何答案,则没有表明自己意见的可能,而调查者也无法发现。对于有些无主见或不知怎样回答的人,答案给他们提供了猜答和随便选答的机会,因此资料有时不能反映真实情况。

封闭型问题的罗列方式多种多样,其中常用的有以下六种。

1. 二项式

二项式是提供二项答案,只选择其中一项,例如:您的性别?见表 4-4。

二项式问题范例　　　　　　　　　　　　　　　表 4-4

男	1	
女	2	

2. 多项式

多项式是提供两个以上的答案,被访者按要求只选择一个答案或者几个答案。

例如:您累积里程的方式为_____。

　　A. 购票时登记　　　　B. 值机登记　　　　C. 网上补登　　　　D. 邮寄补登

3. 序列式

序列式是要求被访者对所给的全部答案做出考虑,并按理解的重要程度排出序列。

例如:在航空公司各项服务中,请按对您而言的重要性由高到低进行排序_____。

　　(1)客票销售服务　　(2)地面客运服务　　(3)空中服务
　　(4)延误航班服务　　(5)俱乐部会员服务

4. 对比式

按照排序的方法,如果过多或难以比较时,被访者不愿花时间去斟酌,甚至可能放弃填写,为此可使用对比式。

例如:下列航空公司的服务,请在对您而言最重要的那个选项的对应栏中打钩。见表 4-5。

对比式问题范例　　　　　　　　　　　　　　　表 4-5

客票销售服务	(1)	
地面客运服务	(2)	
空中服务	(3)	
延误航班服务	(4)	
俱乐部会员服务	(5)	

5. 等级式

等级式是回答的答案呈由低到高或由高到低的等级排序,回答者只选择其中一级。这种回答方式一般用于评价外在事物和测试内在心理的问题。

例如:你对 A 航空公司的整体服务水平的评价如何？(5 分最高,1 分最低),请在其中一个等级的对应栏中打钩。见表 4-6。

等级式问题范例　　　　　　　　　　　　　　　表 4-6

整体服务水平	1 分	
	2 分	
	3 分	
	4 分	
	5 分	

6. 表格式

此回答方式是把两个或者两个以上的问题集中起来,用矩阵来表示。一般主项是横栏,在左边,次项是纵栏,在右边。

例如:关于航空公司的机上服务您的理解是?请在最适合的项目栏中打上钩。见表4-7。

表格式问题范例　　　　　　　　　　　　　　　表4-7

序号	项　目	极不重要	不重要	普通	重要	极重要
1	服务人员的态度					
2	餐饮的种类					
3	报纸杂志的种类					

(三)混合式问题的设计

由于开放式问题在适用范围和统计分析等方面的缺陷,目前的调查问卷多以采用封闭式问题为主。在一些少数几个答案不能包括大多数情况的提问中,问卷设计者不能肯定问题的所有答案,或者要了解一些新情况时也可用开放式问题。许多采用封闭式问题的问卷,常常在预调查时先用部分开放式问题,以确定封闭式问题的答案种类。为了保证封闭式问题包括全部答案,可以在主要答案后加上"其他"之类的答案,以作补充,避免强迫被调查者选择不真实的答案。

例如:您的职业是?

①工人　②农民　③商人　④教师　⑤科技人员　⑥公务员　⑦其他(请注明)_____。

(四)问题设计的注意事项

在进行调查问卷问题设计时,需注意以下五个方面。

1.用词确切

具体可按"6W"准则加以推敲,并以此来判断问题是否清楚。当然,并不是一项提问中必须同时具备"6W"。

例如:您乘坐过几次A公司的航班?这个问题中的Who很清楚,What指乘坐飞机,When则未表明,是指过去还是现在?很容易造成回答偏差。因此,可以修改为:您在过去的一年中乘坐过几次A公司的航班?

也有一些询问问题的含义不清或过于笼统。例如:您觉得航空公司的服务质量怎么样?这里的"服务质量"的含义是很笼统的,被调查者不知道要回答哪些质量方面的问题。因此可以改为:您对航空公司的空中服务质量是否满意?

2.一项提问只包含一项内容

如果在一项提问中包含了两项以上的内容,被调查者就很难回答。

例如:您对A航空公司的客票销售服务满意吗?

客票销售服务涉及面比较广,调查者一时很难回答,"客票销售服务"包括销售工作人员的服务态度、售票的咨询、购票的便捷性以及航班信息的变更通知等方面的服务,问卷应分别展开询问。

3.避免诱导性提问

问卷中问题不能带有倾向性,应保持中立。词语中不应暗示出调查者的观点,不要引导被调查者该作出何种回答或该如何选择。

例如:A航空公司获得本年度最佳航空公司奖,您觉得该公司的整体空中服务质量怎么样?这里已经暗示了 A 航空公司最佳,对被调查者的选择具有引导作用。可改为:你觉得 A 航空公司的整体空中服务质量怎么样?

引导性提问容易使被调查者不假思索地作出回答或选择,产生顺应反应,从而按照提示作出回答或选择。

4. 避免否定形式的提问

在日常生活中,人们往往习惯肯定陈述的提问,而不习惯否定陈述的提问。例如:对网上订票系统的市场调查,采用否定的提问是:您对该航空公司的网上订票系统不满意吗?而采用肯定的提问则是:您对该航空公司的网上订票系统满意吗?

否定提问会影响被调查者的思维,或者容易造成相反意愿的回答或选择,因此,在问卷中尽量不要用否定的形式提问。

5. 避免敏感性问题

敏感性问题是指被调查者不愿意让他人知道答案的问题。比如个人收入问题、个人生活问题及政治方面的问题等。问卷中要尽量避免提问敏感性问题或容易引起人们反感的问题。对于这类问题,被调查者可能会拒绝回答,或者采用虚报、假报的方法来应付回答,从而影响整个调查的质量。

对有些调查,必须涉及敏感性问题的,应当在提问的方式上加以推敲,尽量采用间接询问的方式,用语也要特别婉转,以降低问题的敏感程度。

五 调查问卷设计的程序

调查能否取得成功的关键在于调查问卷的质量,因此,调查问卷设计必须严格遵守设计原则和程序,才能保证问卷具有较高的信度和效度。

1. 把握调研的目的和内容

问卷设计的第一步就是要把握调研的目的和内容,规定设计问卷所需的信息。对于直接参与调研方案设计的研究者来说,可跳过这一步骤,从问卷设计的第二步骤开始。但对从未参与方案设计的研究者来说,着手进行问卷设计时,首先要充分了解本项调研的目的和内容。为此,需要认真讨论调研的目的、主题和理论假设,并细读研究方案,向方案设计者咨询,将问题具体化、条理化和可操作化,形成一系列可以测量的变量或指标。

2. 搜集有关研究资料

问卷设计不是简单的凭空想象,而是需要搜集有关本项目的研究资料。搜集有关资料的目的主要有三个:其一,帮助研究者加深对所调查研究问题的认识;其二,为问题设计提供丰富的素材;其三,形成对目标总体的清楚概念。在搜集资料时对个别调查对象进行访问,可以帮助了解受访者的经历、习惯、文化水平以及对问卷所涉及知识的丰富程度等。

3. 确定调查方法的类型

不同类型的调查方法对问卷设计是有影响的。在面谈调查中,被调查者可以看到问题并可以与调查人员面对面地交谈,因此可以询问较长的、复杂的和各种类型的问题。在电话调查中,被调查者可以与调查员交谈,但是看不到问卷,这就决定只能问一些简短的和比较简单的问题。在邮寄问卷调查中,由于被调查者与调查者没有直接的交流,因此问题也应简单,并要给出详细的指导语。在网络调查中,可以实现较复杂的跳答和随机化安排问题,以减小由于顺序造成的偏差。

4. 确定调查问题的内容

确定每个问答题的内容,如每个问题应包括什么,以及由此组成的问卷应该问什么,是否全面切中要害。

在此,针对每个问题,设备者应反问:

(1) 这个问题有必要吗?

(2) 是需要几个问题还是只需要一个问题就行了?

确定调查问题内容的原则是问卷中的每一个问题都应对所需的信息有所贡献,或服务于某些特定的目的。如果从这一问题得不到可以满意的使用数据,那么这个问题就应该被删除。

调查问卷中通常要求将容易回答且具有趣味性的问题放在问卷的前面,核心问题置于问卷中间部分,分类性问题如收入、职业、年龄置于问卷末尾。问题设计还要注意逻辑顺序,可以按时间顺序、类别顺序等合理排列。

5. 问卷的版面布局

问卷的形式以及体裁的设计对于搜集资料成效的关系很大,应力求纸质及印刷精美,在某些开放性的问题后面留出充足的地方让被访者填写意见或建议。

6. 试行调查

在设计市场调查问卷之后,有必要根据计划举行小规模的试验性调查,从而得知问卷的格式是否正确、调查的方式是否正确、调查的目的是否达到、调查的编组是否合理等,以便及时改正及控制调查成本。

7. 修订及定稿

通过试验检查后将调查问卷进行修改,定稿印刷,在正式调查中使用,同时可以将调查中应该注意的问题编辑成册,以供相关人员参考。

简而言之,一份问卷必须具有以下功能:①问卷必须完成所有的调研目标,以满足使用者的信息需要;②问卷必须用可以理解的语言和适当的智力水平与应答者沟通,并获得应答者的合作;③对访问员来讲,问卷必须易于管理,可以方便记录应答者的回答;④问卷必须有利于方便快捷地编辑和检查,并容易进行编码和数据输入;⑤问卷必须可转换为能回答起初问题的有效信息。

案例4-3

航班延误问卷调查(网络调查)

主办单位:中国消费者报社

投票时间:2013年1月21日~2013年3月5日

　　航班延误一直以来广为消费者诟病,特别是近年来,由此引发的消费纠纷甚至暴力冲突更是屡见不鲜。航班延误的原因是什么？发生延误时您最难以容忍的是什么？您认为航空公司和机场应该为消费者提供怎样的服务？做出怎样的赔偿？请您在以下问题中选出自己认为合适的选项。

1. 您认为航班延误时机场、航空公司最需要向旅客提供什么？（可多选）
   □提前发布延误预警
   □实时航班动态通报
   □协助旅客换乘其他交通工具成行，及时疏散旅客
   □提供退票、改签便捷途径
   □提供住宿、市内交通等服务
   □及时与旅客沟通，了解旅客需求
   □餐饮、休息服务等应急措施

2. 您认为航班延误时机场、航空公司什么行为让您难以容忍？（可多选）
   □明明登记了乘客手机号，却不提前发布延误预警，等乘客到了机场甚至换了登机牌才说取消或者航班延误
   □不能在机场看到、打听到及时的实时航班动态通报信息
   □航班延误信息和原因不透明
   □让乘客先上飞机，舱门关闭后长时间等候
   □机场、航空公司互相推诿
   □没有便捷、热情的退票、改签服务
   □提供的住宿餐饮规格很差
   □赔偿条件和标准不统一、不透明

3. 您认为大面积航班延误时机场和航空公司应如何及时通报信息？（可多选）
   □候机楼内的所有显示屏停止播放广告，滚动播放航班延误信息
   □建立机场、航空公司统一的对外信息发布渠道，建立机场与航空公司之间的联动机制，一旦出现问题应该互相协作，共同解决，不要互相推诿
   □充分利用手机等平台及时发布即时航班和后续服务信息

4. 您知道国内航班延误补偿标准吗？（单选）
   ○知道　　○不知道

5. 您认为应该由谁出钱购买航空延误险？（单选）
   ○机场　　○航空公司　　○乘客

6. 您认为发生航班延误后乘客应该怎么办？（可多选）
   □遵纪守法、理性维权
   □可以采取霸占机，以及冲击办理乘机手续柜台、安检通道、登机口、机坪、跑道和滑行道、破坏服务设施、攻击民航工作人员等行为，引起关注
   □通过媒体等渠道曝光
   □应该通过媒体等渠道，进行常态的法制和相关知识的宣传引导

7. 您认为航班延误导致的纠纷日渐升级的原因是什么？（可多选）
   □航空公司和机场服务太差

☐航班延误信息不透明、处置流程和标准不规范、不统一
☐缺乏非不可抗力航班延误处罚机制
☐"大闹大赔、小闹小赔、不闹不赔"的现状导致暴力维权升级
☐旅客素质差,缺乏法制观念

8. 您觉得哪个航空公司延误率较高?(单选)
○国航　　　○南航　　　　　○海航　　　　○东航　　　○厦门航空
○山东航空　○上海吉祥航空　○四川航空　　○深圳航空

9. 航班延误后哪个航空公司服务最好?(单选)
○国航　　　○南航　　　　　○海航　　　　○东航　　　○厦门航空
○山东航空　○上海吉祥航空　○四川航空　　○深圳航空

案例讨论：

2011年航空服务消费者调查报告中指出:近年来,消费者普遍感到航班延误比例呈现上升趋势。调查发现,76.5%的消费者遇到过航班延误,消费者对航班延误后续服务的评价较低,有49.5%的消费者明确表示不满意。

请查阅本次调查结果,根据当前我国航班延误造成旅客不满意的现状,编写市场调查报告。

第四节　民航运输市场预测

民航运输系统是由机场、航线和机队组成,它作为一个特殊而又独立的公共运输部门,对推进社会经济发展具有重要的能动作用,是国际最重要和最基本的基础设施之一,也是社会扩大再生产和发展经济的先决条件。因此,必须结合当前国民经济的发展和民航运输的实际情况,对国际、国内的民航运输市场的发展进行科学预测,为民航运输决策提供科学可靠的依据。

一、民航运输市场预测的概念与意义

1. 民航运输市场预测的概念

民航运输市场预测是根据民航运输市场资料和其他各种相关资料,运用数学方法进行分析研究,探索民航运输市场变化和发展的规律,推断和测算未来一定时期内民航运输市场需求与供应量,为民航各级管理和决策部门制定计划目标、进行经营决策提供科学依据。

民航运输市场预测一般包括客运预测和货运预测两个方面。客运预测包括旅客出行需求预测和旅客出行分布预测。货运预测包括货运需求预测和货运引力预测。同时,按照预测时间的长度,民航运输市场预测又可分为短期预测(1年以内)、中期预测(1~5年)和长期预测(5年以上)。短期预测主要考虑航班计划和年度计划;中期预测主要用于市场需求,航线规划以及企业职工需求量等;长期预测主要用于机队规划、飞机选型和市场战略。

2. 民航运输市场预测的意义

对民航运输市场进行预测,一是系统投资、规划的需要。机场新建和改、扩建以及航空公

司机队调整等项目是否值得投资,什么时候投资,投资规模如何,必须根据未来的航空运量来决定。二是系统经济评价的基础。民航运输系统的各组成部分的投资规模和寿命期内的运营成本以及寿命期内的经济效益均取决于未来航空量的预测。如果没有科学、合理的运量为基础,就必然不能正确地衡量系统的经济成本和经济效益,致使经济评估失去真实性。

二 民航运输市场预测的内容

民航运输市场预测包括航空公司业务量预测、航线网络业务量预测和机场业务量预测。

航空公司业务量预测内容十分丰富,本章主要介绍航空公司运量预测;对于航线网络业务量预测,本章介绍航线旅客需求量的预测;对于机场业务量预测,本章介绍机场的旅客需求量预测。

三 民航运输市场预测的基本方法

民航运输市场预测的主要方法按其性质可以划分为三类,即定性预测法、定量预测法和综合预测法。

(一)定性预测(Qualitative Forecasting)

定性预测是指预测者依靠熟悉业务知识、具有丰富经验和综合分析能力的人员与专家,根据已掌握的历史资料和直观材料,运用个人的经验和分析判断能力,对事物的未来发展做出性质和程度上的判断,然后,再通过一定形式综合各方面的意见,作为预测未来的主要依据。定性预测法主要有头脑风暴法和德尔菲法。

1. 头脑风暴法(Brain Storming)

头脑风暴法又称智力激励法、自由思考法、畅谈法和集思广益法。头脑风暴法又分为直接头脑风暴法(通常简称为头脑风暴法)和质疑头脑风暴法(也称反头脑风暴法)。前者是专家群体决策尽可能激发创造性,产生尽可能多的设想的方法,后者则是对前者提出的设想、方案逐一质疑,分析其现实可行性的方法。采用头脑风暴法组织群体决策时,要集中有关专家召开专题会议,主持者以明确的方式向所有参与者阐明问题,说明会议的规则,尽力创造融洽轻松的会议气氛。该方法是在充分利用专家丰富的知识和经验的基础上,较全面的考虑事件发生的可能性,对事件作出预测,简单易行、节省时间,但不能广泛收集各方面的意见,由于是面对面的讨论,专家容易受权威人士意见的左右,不能充分发表意见和看法。

2. 德尔菲法(Delphi Method)

德尔菲法又称专家意见法,是依据系统的程序,采用匿名发表意见的方式,即团队成员之间不得互相讨论,不发生横向联系,只能与调查人员接触,反复填写问卷,以集结问卷填写人的共识及搜集各方意见修改,最后汇总专家基本一致的看法作为预测的结果。这种方法具有广泛的代表性,较为可靠。

(二)定量预测(Quantitative Forecasting)

定量预测法是根据已掌握的比较完备的历史统计数据,运用一定的数学方法进行科学的加工整理,借以揭示有关变量之间的规律性联系,用于预测和推测未来发展变化情况的方法。定量预测法可以分为时间序列法和因果关系法。

1. 时间序列法(Time Series Forecasting Method)

时间序列法是运用数学方法找出数列(同一经济现象或特征值按时间顺序排列而成的数列)的发展趋势或变化规律,并使其向外延伸,预测市场未来变化趋势的方法。时序列预测法应用范围比较广泛,如对航班销售量的平均增长率、季节性客运量、货运量的供求预测等。时间序列法包括移动平均法、趋势外推法、季节变动法和马尔可夫时序预测法。

(1)移动平均法(Moving Average),又称平均平滑法,是用一组最近的实际数据值来预测未来一期或几期内运输需求量、供给量等的一种常用方法。移动平均法适用于即期预测,当时间序列的数值由于受周期变动和随机波动的影响,起伏较大,不易显示出事件的发展趋势时,使用移动平均法可以消除这些因素的影响,显示出事件的发展方向与趋势(即趋势线),然后依趋势线分析预测序列的长期趋势。

(2)趋势外推法(Trend Extrapolation),是根据过去和现在的发展趋势推断未来的一类方法的总称。趋势外推法的基本理论是决定事物过去发展的因素,在很大程度上也决定该事物未来的发展,其变化不会太大。事物发展过程一般都是渐进式的变化,而不是跳跃式的变化,掌握事物的发展规律,依据这种规律推导,就可以预测出它的未来趋势和状态。

(3)季节变动法是对包含季节波动的时间序列进行预测的方法。使用这种预测方法,首先要研究季节变动的特点。季节变动的特点是有规律性的,每年重复出现,其表现为逐年同月(或季)有相同的变化方向和大致相同的变化幅度。

(4)马尔可夫时序预测法时根据事件的目前状况预测其将来各个时刻(或时期)变动状况的一种预测方法,是一种预测事件发生概率的方法。主要用于市场占有率的预测和销售期望利润的预测。

2. 因果关系预测法(Casual Forecasting Method)

因果关系预测是利用事物发展的因果关系来推测事物发展趋势的方法,一般根据过去掌握的历史资料找出预测对象的变量与其相关事物的变量之间的依存关系,来建立相应的因果预测的数学模型,然后通过对数学模型的求解来进行预测。因果关系预测包括:回归分析法、经济计量法与投入产出法等。本节只讲解回归分析法,经济计量法在航空公司运量预测中作详细介绍。

回归分析法(Regression Analysis Method),是在掌握大量观察数据的基础上,利用数理统计方法建立因变量与自变量之间的回归关系函数表达式(称回归方程式),并通过表达式预测某因变量的方法。回归分析中,当研究的因果关系只涉及因变量和一个自变量时,叫做一元回归分析;当研究的因果关系涉及因变量和两个或两个以上自变量时,叫做多元回归分析。此外,回归分析中,又依据描述自变量与因变量之间因果关系的函数表达式是线性的还是非线性的,分为线性回归分析和非线性回归分析。通常线性回归分析法是最基本的分析方法,遇到非线性回归问题可以借助数学手段转化为线性回归问题来处理。

(三)综合分析判断法

综合分析判断法是定量预测和定性预测相结合的方法,它不是依据历史资料,按照常规方法求出关系式,而是就其内因、外因进行动态的分析研究和预测。在民航领域,综合分析判断法有市场分析法和动态分析法两种。

1. 市场分析法

市场分析法是运用市场细分原理去解剖整个行业市场,找出其中关键性的、具有战略意义的市场和具有战略意义的产品,进行经济论证,分析经济效益,预计所需资源,确定企业将要发展的产品、将要占领的市场和将要采用的竞争手段的方法。在民航运输市场预测中,市场分析法是探求出行者的行为特征,通过将出行者加以区别和分类,预测出旅客需求量,即将旅客分为个人出行和公务出行两类。分析个人出行时,将人口按照收入、职业、教育和年龄的组合特性分为不同群体。分析公务出行时,将旅客按照收入、职务和产业类型的组合特征分为不同的群组。对不同的群组分别分析未来的航空运输量的发展趋势,并结合不同群组的未来人数预测出总的民航需求量。该方法适用于信息较全面、公开且相对稳定的航空市场。

2. 动态分析法

动态分析法是将不同时期的因素指标数值进行比较,求出比率,然后用以分析该项指标增减或变化速度的一种分析方法。如销量在时间上的变化、价格变化、市场供求关系变化等。该方法需要用大量的人力和物力进行复杂和庞大的工作,而且需要较长的时间。

总之,各种预测方法既有优点,也有不足之处。因此预测时最好采用多种方法,详细说明所采用的假设、数据和分析技术,对预测结果进行比较,对影响因素进行敏感性分析,从而以充分的分析和论述为决策者提供参考。

第五节 民航运输市场主要业务量预测

一 航空公司运量预测

(一) 航空公司运量预测概述

航空公司运量预测是根据航空公司运输量及其相关变量的过去发展变化的客观过程和规律性,参照当前已经出现和正在出现的各种可能性,运用现代管理、数学和统计方法,对航空公司运量及其相关变量未来可能出现的趋势和可能达到的水平的一种科学推测。

航空公司运量预测包括运输总周转量预测、旅客周转量预测、货物周转量预测、邮件周转量预测、行李周转量预测、旅客需求量预测、货物需求量预测、邮件运输量预测和行李周转量预测。对于上述预测内容,既可以做短期预测、中期预测,又可以做长期预测;既可以做航空公司的总体市场预测,又可以做某一市场预测;既可以做国内市场预测,又可以做地区市场和国际市场预测。

(二) 预测的主要方法

1. 权值分流法

权值分流法是指通过航空公司所完成的航空运量占全行业运量的比例(该比例在这里称

为权值),来分配全行业的运量预测值,从而达到航空公司运量预测的方法。该方法多用于航空公司的总周转量预测。航空公司的权值一般采用时间序列法来测算,即权值是个动态数列,对未来权值的发展趋势需要做预测。权值分流法的步骤如下:

(1)预测全行业运量。

(2)测算航空公司的权值。

(3)用不同年份的权值乘以全行业的运量预测,就可以得到航空公司的运量预测。

全行业运量预测是权值分流法的基础,它的预测精确度基本上决定了权值分流法的精确度。

2. 计量经济法

计量经济法是在空运运量(因变量)同影响运量的社会经济活动水平和服务水平(自变量)之间建立运量模型,尔后通过对影响变量的预测,最后由运量模型得到运输量的预测。它不仅提供预测值,而且给出影响预测结果的主要因素及其影响方式和影响程度的分析。

根据上面定义的计量经济法,要进行航空公司运量预测,就要建立运量模型。其步骤如下。

(1)根据预测目标,确定自变量、因变量和外生变量。明确预测的具体目标,即确定因变量。如预测具体目标是下一年度的运量,那么运量就是因变量。通过市场调查和查阅资料,寻找与预测目标的相关影响因素,即自变量,并从中选出主要的影响因素。外生变量必须从航空公司或航空公司所在区域的社会经济因素中选择,比如人口、国内生产总值、财政支出、外贸额、旅游业收入和城镇就业人口等与自变量和因变量无关的变量。

(2)建立回归预测模型。依据自变量、因变量和外生变量的历史统计资料进行计算,在此基础上建立回归分析方程,即回归分析预测模型。

(3)进行相关分析。回归分析是对具有因果关系的影响因素(自变量)和预测对象(因变量)所进行的数据统计分析处理。只有当自变量与因变量确实存在某种关系时,建立的回归方程才有意义。因此,作为自变量的因素与作为因变量的预测对象是否有关,相关程度如何,以及判断这种相关程度的把握性多大,就成为进行回归分析必须要解决的问题。进行相关分析,一般要求算出相关关系,以相关系数值来判断自变量和因变量的相关程度。

(4)检验回归预测模型,计算预测误差。回归预测模型是否可用于实际预测,取决于对回归预测模型的检验和对预测误差的计算。回归方程只有通过各种检验,且预测误差较小,才能将回归方程作为预测模型进行预测。

(5)计算并确定预测值。利用回归预测模型计算预测值,并对预测值进行综合分析,确定最后的预测值。

航空公司运量预测建立回归预测模型时应注意两个问题:

第一,将航空公司的运量数据加以分类。因为航空公司完成的运量有些与所在区域的社会经济有关,有些则无关。

第二,运量预测分两大部分。先做与航空公司所在的区域社会经济有关的运量预测,然后将与航空公司所在区域社会经济无关的运量预测考虑进去,才能完成运量预测。

(三)计量经济法的应用

> **【应用】** 计量经济法预测北京地区航空旅客和航空货邮运输需求
>
> 影响航空旅客和货邮运输需求的社会经济因素很多,根据以往的研究和经验,在诸多经济指标中,地区生产总值(GDP)和城镇居民人均可支配收入是两个重要的影响因素。GDP 是体现北京地区的经济实力、发展水平的指标,城镇居民人均可支配收入是体现城镇人民生活水准的指标。市场经济越发达,经济活动越频繁,公务、商务旅行必然增加;随着居民收入和生活水平的提高以及闲暇时间的增多,外出旅游的人次也会加大,将使航空旅客的需求量增加;随着国内外贸易的增加,航空货邮量也会提高。因此,选取 GDP、城镇居民人均可支配收入对航空旅客和货邮运输需求进行预测。通过对 1985~2010 年北京地区 GDP、城镇居民人均可支配收入和首都机场旅客吞吐量、货邮吞吐量的回归分析,确定旅客吞吐量、货邮吞吐量与 GDP、城镇居民人均可支配收入之间存在的相互联系、依赖和制约的关系,并找出内在的联系及变化规律,依据预测模型对 2015 年、2020 年、2025 年的北京地区旅客吞吐量、货邮吞吐量做出定量预测,并确定置信度为 95% 的预测区间。

1. 收集基础数据

1985~2010 年北京地区 GDP、城镇居民人均可支配收入和首都机场旅客吞吐量、货邮吞吐量见表 4-8。按照北京"十二五"规划,GDP 和城镇居民人均可支配收入年均增长 8%,可计算 2015 年 GDP 和城镇居民人均可支配收入,并按照 8% 的年均增长率预估 2020 年、2025 年的 GDP 和城镇居民人均可支配收入。

GDP、人均可支配收入、客货吞吐量统计　　　　　表 4-8

年份	北京地区 GDP (亿元)	北京地区 城镇居民人均可支配收入(元)	首都机场 旅客吞吐量(万人次)	首都机场 货邮吞吐量(万吨)
1985	257.1	907.7	327.8	11.2
1986	284.9	1067.5	425.6	12.4
1987	326.8	1181.9	466.6	13.8
1988	410.2	1437.0	460.5	13.9
1989	456.0	1597.1	351.6	12.2
1990	500.8	1787.1	482.1	14.2
1991	598.9	2040.4	631.0	15.2
1992	709.1	2363.7	870.0	18.7
1993	886.2	3296.0	1028.8	22.5
1994	1145.3	4731.2	1164.1	24.2
1995	1507.7	5868.4	1504.5	37.1

续上表

年份	项目	北京地区		首都机场	
		GDP（亿元）	城镇居民人均可支配收入(元)	旅客吞吐量（万人次）	货邮吞吐量（万吨）
1996		1789.2	6885.5	1638.5	39.0
1997		2077.1	7813.1	1690.8	45.7
1998		2377.2	8472.0	1731.9	51.1
1999		2678.8	9182.8	1819.0	62.8
2000		3161.7	10349.7	2169.1	77.4
2001		3708.0	11577.8	2417.7	59.1
2002		4315.0	12463.9	2716.0	88.6
2003		5007.2	13882.6	2347.1	69.3
2004		6033.2	15637.8	3488.9	66.9
2005		6969.5	17653.0	4100.4	78.2
2006		8117.8	19978.0	4874.8	120.2
2007		9846.8	21989.0	5361.2	141.6
2008		11115.0	24725.0	5593.8	136.8
2009		12153.0	26738.0	6537.5	147.6
2010		14113.6	29073.0	7394.8	155.1

2. 建立预测模型

以北京地区 GDP 为 x 坐标轴，以首都机场旅客吞吐量为 y 坐标轴，绘制 xy 散点图，见图 4-3a)，通过对图 a)的观察，可以看出，北京地区 GDP 与首都机场旅客吞吐量呈一元线性增长趋势，设 $y = \beta_0 x + \beta_1 + \varepsilon$（$y$=因变量，$x$=自变量，$\beta_0$=斜率，$\beta_1$=截距，$\varepsilon$=误差变量），并在图中添加趋势线。对表 4-4 中的北京地区 GDP、首都机场旅客吞吐量，按照最小二乘法进行一元线性模型的拟合，计算得 β_0、β_1 的无偏估计，$\beta_0 = 0.4984$，$\beta_1 = 441.74$，得 $y_1 = 0.4984x_1 + 441.73$，模型 1，见图 4-3a）。

同理，得出北京地区 GDP 与首都机场货邮吞吐量的模型 2 为：$y_2 = 0.2345x_2 - 0.3619$，见图 4-3b）；城镇居民人均可支配收入与首都机场旅客吞吐量的模型 3 为：$y_3 = 0.0111x_3 + 16.191$，见图 4-3c）；城镇居民人均可支配收入与首都机场货邮吞吐量的模型 4 为：$y_4 = 0.0053x_4 + 5.5668$，见图 4-3d）。

3. 评估模型和检验

模型 1 至模型 4 的估计标准误差 $s_{\varepsilon_1} = 236.2117$，$s_{\varepsilon_2} = 294.7585$，$s_{\varepsilon_3} = 12.004$，$s_{\varepsilon_4} = 9.6887$，由 $s_{\varepsilon_1} < s_{\varepsilon_2}$，$s_{\varepsilon_4} < s_{\varepsilon_3}$，估计标准误差越小，模型越优，可知模型 1 优于模型 2，模型 4 优于模型 3；模型 1 至模型 4 的判定系数 $R_1^2 = 0.9874$，$R_2^2 = 0.9804$，$R_3^2 = 0.9376$，$R_4^2 = 0.9593$，由 $R_1^2 > R_2^2$，$R_4^2 > R_3^2$，判定系数越接近 1，拟合数据的效果越好，可知模型 1 拟合数据的效果好于模型 2，模型 4 拟合数据的效果好于模型 3。

当 $\alpha=0.05$，置信水平为 0.95 的情况下，模型 1 至模型 4 的 F 检验结果为：
$$F_1=1884, F_2=1202, F_3=361, F_4=566$$

由 $F_1>F_2>F_{0.05}(1,24)=4.26, F_4=566>F_3>F_{0.05}(1,24)=4.26$，$F$ 值越大于 F 临界值，说明两样本存在显著差异，线性回归方程越有意义，可知每个模型中的两个变量存在线性关系，模型 1 好于模型 2，模型 4 好于模型 3。所以选择模型 1 对旅客吞吐量进行预测，选择模型 4 对货邮吞吐量进行预测。

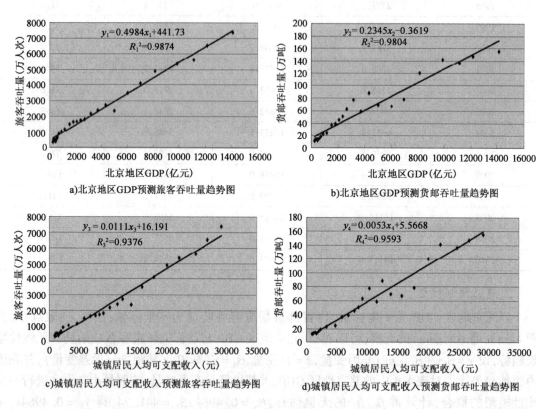

图 4-3 预测模型图

4. 预测 y 值和置信度为 95% 的预测区间

2015 年、2020 年、2025 年 GDP 和城镇居民人均可支配收入按照从 2010 年开始年均增长 8% 计算，对 2015 年、2020 年、2025 年的旅客吞吐量、货邮吞吐量进行预测，并确定置信水平为 0.95 的预测区间。如表 4-9 所示。

计量经济模型法预测旅客、货邮吞吐量统计   表 4-9

预测项目	2015 年	2020 年	2025 年
北京地区 GDP(亿元)	20737.51	30470.2	44770.73
北京地区城镇居民人均可支配收入(元)	42717	62766	92224
北京地区 GDP 预测旅客吞吐量(万人次)	10777±638	15628±803	22755±1089
北京地区城镇居民人均可支配收入预测货邮吞吐量(万 t)	231±25	338±32	494±43

由模型1可知，$n=26$，估计标准误 $s_{\varepsilon_1}=236.2117$，$t_{\alpha/2}(24)=2.0639$，在 $\alpha=0.05$ 的情况下，置信水平为 0.95，当 GDP = 20737.51 亿元时，旅客吞吐量的预测区间为 (10777 ± 638) 万人次，GDP = 30470.2 亿元时，旅客吞吐量的预测区间为 (15628 ± 803) 万人次，在 GDP = 44770.73 亿元时，旅客吞吐量的预测区间为 (22755 ± 1089) 万人次。

由模型4可知，$n=26$，估计标准误 $s_{\varepsilon_4}=9.6887$，$t_{\alpha/2}(24)=2.0639$，在 $\alpha=0.05$ 的情况下，置信水平为 0.95，当在城镇居民人均可支配收入为 42717 元时，货邮吞吐量的预测区间为 (231 ± 25) 万 t，在城镇居民人均可支配收入为 6276 元时，货邮吞吐量的预测区间为 (338 ± 32) 万 t，在城镇居民人均可支配收入为 92224 元时，货邮吞吐量的预测区间为 (494 ± 43) 万 t。

二 航线网络运量预测

（一）概述

航线网络上的航空运输需求量预测值，是航空公司确定每条航线运力投放的关键，也是飞机选型、编制机队规划和航班计划的基础，尤其是开辟新航线，更需要准确的预测市场需求。

飞机型号的选择主要根据航线特征及航线运量确定。原则是远程航线选择大飞机；中程航线选择200座级左右的飞机；短程航线采用中、小型飞机；支线采用支线飞机。但大、中、小和支线飞机中都有许多型号，飞机选型决策需进一步对航线运量作出准确预测。

机队规划是根据航空运输市场研究的结果，依据一定的原则和方法，对规划期内机队的结构及数量做出系统性动态的安排。机队规划要求既能满足客货需求，又能获得最佳经济效益，并使机队适配于航线结构、航班的配置，以及本公司的市场需求，确定机队规模，使本公司的机队规模达到能够以尽可能低的成本运营所进行的一种策略。航空公司必须对经营的航线运量做出预测，算出每条航线飞机的需求量，汇集起来加上备份飞机才能确定年度机队计划，进而编制出各年的机队计划。

航班计划就是规定正班飞行的航线、机型、班次、班期和时刻的计划，使之既能满足航线客货需求，又能提高飞机的利用率和经济效益。可见航空公司必须先预测出航线上的客货需求量，才能编制和优化航班计划。

由于城市与城市之间的客源、经济发展程度和旅游业等多种因素的不同，在不同城市间安排航班的密度、投放的座位数和吨位数也不一样。比如，南方航空公司的深圳—铜仁航线，两个城市中一个是经济发达的客流量密集的城市，一个是以旅游为基础的小城市，简单地仅考虑一方面来确定运力的投入是很不科学的。也是说，对于航空公司来说只有预测出航线需求量，才能对资源配置进行优化。

（二）预测的主要方法

航线网络运量预测的方法较多，但最基本的是梯度递减法和引力模型法。

1. 梯度递减法

梯度递减法是用航空公司的运量权值乘以全行业运量预测值，再用航线运量的权值乘以航空公司运量预测值，就可得到航线运量预测值。这种方法计算方便，便于操作，但是预测误差略大。

2. 引力模型法

引力模型法是国际上比较流行的一种预测航线网络运量的方法。它以牛顿经典力学的万有引力公式为基础：两个物体之间的引力，与它们质量的积成正比，与它们之间距离的平方成反比。由万有引力定理可以推算出两个城市间也应该存在引力，城市间的运输量就是两个城市间的引力，与城市的国内生产总值、人口等社会经济变量成正比，与城市的航程、航空票价等社会经济变量成反比。这种方式对于预测两个相互作用的城市之间的运量的预测十分有效。

三 航空公司市场份额预测

随着中国民航业的飞速发展和国家相关政策的放宽，国内航空公司之间的竞争日益激烈，更多的国外航空运输企业也将陆续加入到中国的航空旅客运输市场竞争中，因此由一家航空公司独飞的航线越来越少。当一条航线上有多家航空公司在运营时，准确地预测各家航空公司的市场需求量，对于各家航空公司制定在该航线上的运营策略，优化各航线网络布局，达到收益最大化等都具有非常重要的意义。

(一) 航空公司市场份额的影响因素

影响航空公司市场份额的因素很多，主要包括航空公司的安全水平、采用的机型、舱位及对应票价、航班时刻、航班频率、常旅客计划以及航空公司的旅客服务质量等。

1. 安全

安全是旅客选择航班的决定性因素，也是航空公司最为重视的方面。目前航空运输的安全水平有了较大的提高，我国及世界各航空公司的安全记录都比较好，因此对旅客选择航班的影响更多的体现在机型等其他因素上。

2. 机型

机型是影响航空公司航线市场份额和市场竞争力的一个主要因素。机型综合体现了航空公司所提供产品的安全性、舒适性和快速性。一般来说，新飞机比旧飞机的安全性更高，舒适性更好，速度也更快；大飞机的舒适性比小飞机好，速度更快。所以，在其他条件相近的情况下，旅客一般更加倾向于选择新飞机、大飞机。

3. 票价

当票价相对于人们的可支配收入还较高时，票价对于航空公司市场份额的影响就会很明显。一般来说，公务和商务旅客对价格不很敏感，更看重机型、航班时刻和航班频率等因素。

4. 航班时刻

所有旅客对于航班时刻都是有偏好的，只是不同性质的旅客或者在不同情况下的偏好程度不同。2011年"航空服务消费者调查"中显示，在影响消费者选择航班的诸多因素中，航班时间最受关注，消费者对其关注度达到53.4%。获得好的航班时刻是航班计划中的关键，也是占有较高的市场份额、获得更多航线需求量、提高航空公司经济效益最直接有效的手段。航班时刻安排得好，该航班的竞争力就强，航班客座率就高。航班时刻的确定主要取决于航空公司自身运力情况、机场和空管保障能力、航线网络的衔接、旅游市场的规律及乘客的心理等因素。

5. 航班频率

航班频率是吸引旅客的一项有效竞争方式,高航班频率会带来更高的市场份额。因为较高的航班频率往往能够覆盖更多的时间段,同时可以为旅客出行提供更多的选择机会,这一点对于公务和商务旅客尤为重要,因此较高的航班频率更能赢得高价值旅客的青睐。对于休闲旅客而言,其出行的计划往往较强,因此正常情况下航班频率对其选择航班的影响不大,但当出现航班延误或取消时,航班频率高的航空公司对于所有旅客都将显示出突出的优势。

6. 常旅客计划

目前大型航空公司都已实施了常旅客计划,当常旅客积累了规定的里程后就可得到承运人的各种奖励。当各家航空公司航班的其他方面相近时,常旅客们更倾向于选择所属的承运人航班。因此常旅客计划对旅客的航班选择也会产生一定程度的影响。

7. 旅客服务质量

随着民航运输业的快速发展,各航空公司都致力于提高航空服务质量,特别是对旅客的服务质量已逐步成为影响航空公司竞争力的重要因素。

(二)航空公司市场份额预测的方法

要对航空公司市场份额进行预测,首先必须计算旅客综合偏好度。在分析航班的旅客综合偏好度时,通常选取机型、票价和航班时刻这三个主要因素进行分析。通过对该航线的旅客进行调查,了解旅客选择航班时各种因素的重要度。用 ω_h 表示第 h 种因素的重要度,有

$$\sum_{h=1}^{3} \omega_h = 1 \tag{4-1}$$

设在某航线上运营的各家航空公司已经或可能采用的机型共有 m 种,通过对该航线的旅客进行调查,了解旅客对于各种机型的偏好度。用 α_i 表示旅客对于第 i 种机型的偏好度,有

$$\sum_{i=1}^{m} \alpha_i = 1 \tag{4-2}$$

设该航线上各航班的折扣共有 n 种,通过对该航线的旅客进行调查,了解旅客对于各种折扣的偏好度,用 β_j 表示旅客对于第 j 种折扣的偏好度,有

$$\sum_{j=1}^{n} \beta_j = 1 \tag{4-3}$$

将机场一天中可以安排航班的时间划分成 p 个时段,通过对该航线的旅客进行调查,了解旅客对于各个时段的偏好度。用 γ_k 表示旅客对于第 k 个时段的偏好度,有

$$\sum_{k=1}^{p} \gamma_k = 1 \tag{4-4}$$

则当某航班采用第 i 种机型、第 j 种折扣的票价,航班时刻位于第 k 个时段时,该航班的旅客综合偏好度为

$$\lambda = \omega_1 \times \alpha_i + \omega_2 \times \beta_j + \omega_3 \times \gamma_k \tag{4-5}$$

设该航线上共有 q 家航空公司运营,第 l 家航空公司每天执行 P_l 个班次航班。令

$$x_{ai}^l = \begin{cases} 1 & \text{第 1 家航空公司第 } a \text{ 个航班的机型为 } i \text{ 时} \\ 0 & \text{第 2 家航空公司第 } a \text{ 个航班的机型不为 } i \text{ 时} \end{cases}$$

$$y_{aj}^l = \begin{cases} 1 & \text{第 1 家航空公司第 } a \text{ 个航班的折扣票价为 } j \text{ 时} \\ 0 & \text{第 2 家航空公司第 } a \text{ 个航班的折扣票价不为 } j \text{ 时} \end{cases}$$

$$z_{ak}^l = \begin{cases} 1 & \text{第 1 家航空公司第 } a \text{ 个航班时刻为 } k \text{ 时} \\ 0 & \text{第 2 家航空公司第 } a \text{ 个航班的时刻不为 } k \text{ 时} \end{cases}$$

则第 l 家航空公司每天所有航班总的旅客综合偏好度 λ_l 为

$$\lambda_l = \omega_1 \sum_{a=1}^{P_l} \sum_{i=1}^{m} \{\alpha_i x_{ai}\} + \omega_2 \sum_{a=1}^{P_l} \sum_{j=1}^{n} \{\beta_j y_{aj}\} + \omega_3 \sum_{a=1}^{P_l} \sum_{k=1}^{p} \{\gamma_k z_{ak}\} \quad (l = 1, \cdots, q) \quad (4\text{-}6)$$

第 l 家航空公司每天的市场份额为

$$\eta_l = \frac{\lambda_l}{\sum_{l=1}^{q} \lambda_l} \quad (l = 1, \cdots, q) \quad (4\text{-}7)$$

同理,可以预测分析不同时期各家航空公司的市场份额。

(三) 预测方法的应用

国内的某条航线 XXX-YYY,该航线上目前有 3 家航空公司在运营航班。设计了调查表,针对该航线上的旅客关于机型、票价和航班时刻三种因素的认知情况进行调查。目前该航线每天有 7 个航班,每个航班随机抽样选择了 10% 的旅客进行调查,共得到 132 名旅客的调查结果,可以保证调查结果的可信度。

1. 旅客关于三种因素的重要性认知度调查

旅客在选择承运人时,主要从上述三种因素来考虑,但是对于不同的旅客每种因素的重要程度是不同的。采用 AHP 方法,请旅客结合自身情况,对三种因素重要程度进行了两两比较打分,由得到的判断矩阵计算出机型、票价、航班时刻相对于选择航班的重要度分别为

$$\omega_1 = 0.2807 \quad \omega_2 = 0.4311 \quad \omega_3 = 0.2882$$

2. 旅客关于机型的偏好度调查

目前 3 家航空公司在该航线上使用的飞机包括 B777、A340-200、A320-200 和 B737-500 这四种机型。在介绍了各种机型的特点后,请旅客结合切身感受,对 4 种机型进行了两两比较打分,由得到的判断矩阵计算出各种机型的旅客偏好度分别为

$$\alpha_1 = 0.4300(B777) \quad \alpha_2 = 0.3218(A340\text{-}200)$$
$$\alpha_3 = 0.1607(A320\text{-}200) \quad \alpha_4 = 0.0875(B737\text{-}500)$$

3. 旅客关于票价折扣的偏好度调查

三家航空公司在不同季节分别推出多种折扣的票价,不同折扣的客票在购票时间、退票、客票更改、客票签转等方面规定了不同程度的限制。在介绍了各种折扣相应的限制条件后,请旅客结合自身特点,对几种折扣级别进行了两两比较打分,由得到的判断矩阵计算出各种折扣票价的旅客偏好度分别为

$$\beta_1 = 0.6215(4\text{折以下}) \quad \beta_2 = 0.2653(5 \sim 7 \text{折}) \quad \beta_3 = 0.1132(8\text{折以上})$$

4. 旅客关于航班时刻的偏好度调查

将机场每天的运营时间划分成 6 个时段，即

[—,8:00]　　　[8:00,11:00]　　　[11:00,14:00]
[14:00,17:00]　　　[17:00,20:00]　　　[20:00,—]

请旅客结合自身偏好，对各时段进行两两比较打分，由得到的判断矩阵计算出各个时段的旅客偏好度分别为

$\gamma_1 = 0.0568$　　$\gamma_2 = 0.4301$　　$\gamma_3 = 0.1286$
$\gamma_4 = 0.2496$　　$\gamma_5 = 0.0938$　　$\gamma_6 = 0.0411$

5. 航空公司航班安排情况调查

经调查得知，目前该航班上各家航空公司每天的航班安排情况如下。

航空公司 1：

航班①：机型 B737-500，票价 4 折，起飞时间 7:10。

航班②：机型 B777，票价 9 折，起飞时间 9:30。

航班③：机型 B777，票价 7 折，起飞时间 15:20。

航空公司 2：

航班①：机型 A320-200，票价 5 折，起飞时间 7:40。

航班②：机型 A340-200，票价 9 折，起飞时间 9:15。

航空公司 3：

航班①：机型 A340-200，票价 5 折，起飞时间 8:30。

航班②：机型 A320-200，票价 9 折，起飞时间 15:00。

6. 航空公司市场份额的预测

航空公司 1、航空公司 2、航空公司 3 总的旅客偏好度分别为

$\lambda_1 = 0.2807 \times (0.0875 + 0.4300 + 0.4300) + 0.4311 \times (0.6215 + 0.1132 + 0.2653) +$
$\quad 0.2882 \times (0.0568 + 0.4301 + 0.2496)$
$\quad = 0.9094$

$\lambda_2 = 0.2807 \times (0.1607 + 0.3218) + 0.4311 \times (0.2653 + 0.1132) +$
$\quad 0.2882 \times (0.0568 + 0.4301)$
$\quad = 0.4389$

$\lambda_3 = 0.2807 \times (0.3218 + 0.1607) + 0.4311 \times (0.2653 + 0.1132) +$
$\quad 0.2882 \times (0.4301 + 0.2496)$
$\quad = 0.4945$

所以航空公司 1、航空公司 2、航空公司 3 的市场份额分别为

$$\eta_1 = \frac{0.9094}{0.9094 + 0.4389 + 0.4945} = 0.4935$$

$$\eta_2 = \frac{0.4389}{0.9094 + 0.4389 + 0.4945} = 0.2382$$

$$\eta_3 = \frac{0.4945}{0.9094 + 0.4389 + 0.4945} = 0.2383$$

利用上述方法,当任意航空公司的任意项因素发生变化时,特别是当有新的航空公司加入该航线竞争时,都可以预测出各航空公司将拥有的市场份额,对航空公司选取竞争策略、提高航线竞争力等都具有重要的决策支持作用。

四 机场旅客需求量预测

(一) 机场旅客需求量预测

机场旅客吞吐量预测是以机场发展的历史和现状为出发点,以调查研究和统计资料为依据,以科学的定性分析和定量计算为手段,对民航运输的发展规律进行分析,从而对民航运输的发展趋势做出科学的推测,它是机场规划设计的主要参数,也是机场建设项目决策的基础。进行机场旅客吞吐量预测要考虑到机场所在地区的经济发展水平、居民收入和旅游业发展等多种因素,并采用合理的预测方法进行有针对性预测,同时还应注意预测和目标之间的关系,以及定量预测中的检验问题。

(二) 机场吞吐量预测的方法

民用机场吞吐量预测的方法较多,有定性的预测方法,如调查预测法、类比法、集合意见法和德尔菲法等;有定量的预测方法,如时间序列法、趋势外推法和回归分析预测法等。进行旅客吞吐量预测时,应根据机场的具体情况,选择合理的预测方法,才能得到较为准确的预测结果。下面对工作中常用的预测方法及其适用原则进行分析。

1. 类比法

类比法是将机场所在城市与同类已通航城市相比较,通过城市性质、城市规模、地面交通状况、人口、经济发展程度、旅游业及机场航线航班、服务范围等方面的对比分析,推算机场旅客的吞吐量。类比法是新建机场旅客吞吐量预测的一种方法。新建机场由于没有旅客吞吐量的历史数据,需要将机场所在城市与同类已通航城市相对比,来预测新建机场的旅客吞吐量。

2. 时间序列法

时间序列法根据时间顺序排列统计资料,利用统计分析等进行预测。时间序列法一方面承认机场旅客吞吐量发展的延续性,运用过去时间序列的数据进行统计分析,推断未来的发展趋势;另一方面,又充分考虑到旅客吞吐量预测中偶然因素的影响而产生的随机性,为了消除随机波动的影响,利用历史数据,进行统计分析,并用加权平均等方法对数据加以适当的处理,进行趋势预测。时间序列法包括一次移动平滑、二次移动平滑、一次指数平滑、二次指数平滑等。时间序列预测法的原理为连续性原理,它具有跟踪因变量变化的特点,适宜在旅客吞吐量短期预测中应用。

3. 趋势外推法

机场旅客吞吐量同社会经济现象一样,在发展过程中大部分是渐进式的。随着时间的变化,呈现出一定的上升或下降的趋势,即一定的规律性。这种变化规律可用数学模型描述:$y = f(t)$。当赋予时间变量 t 未来的具体值时就能获得因变量 y 的值。趋势外推法是通过建立旅客吞吐量与时间之间的函数关系模型,如线形模型、多项式模型、指数模型、生长曲线模型和波布加门模型等,通过分析吞吐量随时间变化的趋势来预测机场吞吐量。此方法适用于预测期内社会经济环境较稳定的情况。

4. 梯减法

梯减法是将全国机场旅客吞吐量预测值分解到各大行政区,再将各大行政区域内的机场旅客吞吐量预测值分解到该区域内通航的城市,最后将通航城市的机场吞吐量预测值分解到该城市所属的各个机场。从梯减法的预测过程来看,全国机场旅客吞吐量预测值要经过中间多个层次才能分解到机场,而且下一层次的旅客吞吐量预测值小于上一层次的预测值。采用梯减法预测机场旅客吞吐量有两个关键问题:一是全国机场旅客吞吐量的预测精度要高;二是层层分解时,采用权值法,要求权值比较准确。对于前者,往往采用国家民航局权威部门发布的预测数据。对于后者,一般采用时间序列方法预测中间层次的权值。梯减法在大中型机场扩建工程的项目研究中经常使用。

5. 回归分析预测法

回归分析预测是研究变量与变量之间相互关系的一种数理统计方法,它是根据市场收集的资料所体现的相关关系,通过一定的方法求出反映其趋势的模型,然后依此进行预测。以多元线性回归模型为例,模型形式为

$$Y = b_0 + b_1 X_1 + \cdots + b_p X_p \tag{4-8}$$

式中:b_0、b_1、$\cdots$、b_p——模型系数;

X_1、X_2、$\cdots$、X_p——选取的参数,如地区人口、GDP、旅游人数等;

Y——机场旅客吞吐量。

多元线性回归模型是预测机场旅客吞吐量的有效方法,应用较广,效果也比较好。根据统计检验,可找出显著影响因素,建立最优回归模型;缺点是该方法涉及因素较多,需要收集的数据也较多,进行参数估计和统计检验比较复杂。

6. 灰色预测法

当一些机场缺乏相应的历史数据,可以采用灰色预测法。灰色预测采用将原始数据进行直接累加、移动平均加权累加等方法,使生成数列呈现一定的规律性,利用典型曲线逼近其相应曲线作为模型,对系统进行预测。灰色预测模型一般适应于短期预测,不适应于长期预测。当机场运输生产具有连续性时,在一定程度上可以保证生产前后条件的相似性,其旅客吞吐量的变化趋势会呈现出一定的规律性,即所谓的线形关系,就可以采用灰色模型进行预测。

机场旅客吞吐量预测涉及的因素很多,目前实际工作中使用的方法也很多,针对具体机场项目,需要进行具体分析,选择合理的预测方法,才能提高预测结果的准确性。准确的预测结果在机场规划、设计以及评估、决策等实际工作中具有重要的现实意义。

本 章 小 结

民航运输市场营销调查的内容有旅客需求调查、市场环境调查、市场容量调查、市场供给与竞争调查等。

民航运输市场调查的方式有全面调查和非全面调查,其中非全面调查有重点调查、典型调查和抽样调查等。

第一手资料收集的方法有询问法、观察法、实验法。其中询问法主要有面谈调查、电话调查、邮寄问卷调查、留置问卷调查和网络调查等。

民航运输市场营销调研程序包括三个阶段、五个步骤,三个阶段即项目调研准备阶段、开展正式调研阶段、调研结果研究阶段;五个步骤即确定调研性质、制定调研方案、实施市场调研、分析调研数据和编写调研报告。

民航运输市场调查问卷通常由标题、说明、主体、编码号、致谢语和实验记录6项内容组成。

民航运输市场调查问卷设计的原则有目的性原则、逻辑性原则、通俗性原则、便于处理原则和合理的问卷长度原则。

航空公司运量预测包括运输总周转量预测、旅客周转量预测、货物周转量预测、邮件周转量预测、行李周转量预测、旅客需求量预测、货物需求量预测、邮件运输量预测和行李周转量预测。

航空公司市场份额的影响因素主要有安全、机型、票价、航班时刻、航班频率、常旅客计划和旅客服务质量等。

机场旅客需求量预测的方法有类比法、时间序列预测法、趋势外推法、递减法、回归分析法、灰色预测法等。

复习思考题

1. 什么是营销信息系统?它一般由哪几个子系统构成?
2. 民航运输市场调查的内容有哪些?
3. 民航运输市场第二手资料的来源有哪些途径?
4. 网络调查和传统调查相比有哪些优点?
5. 民航运输市场营销调研有哪些步骤?
6. 设计调查问卷一般要遵循哪些原则?
7. 用计量经济法预测某地区的航空旅客需求量和货邮运输需求量。

中英文对照专业名词

市场调查	Marketing Research
营销信息	Marketing Information
营销信息系统	Marketing Information System
全面调查	Complete Survey
非全面调查	Non-overall Investigation
重点调查	Key-point Investigation
典型调查	Typical Survey
抽样调查	Sample Survey
概率抽样	Probability Sampling
非概率抽样	Non-probability Sampling
探索性调研	Exploratory Research
描述性调研	Descriptive Research

因果性调研	Causal Research
定性预测	Qualitative Forecasting
定量预测	Quantitative Forecasting
头脑风暴法	Brain Storming
德尔菲法	Delphi Method
移动平均法	Moving Average
趋势外推法	Trend Extrapolation
回归分析法	Regression Analysis Method
时间序列法	Time Series Forecasting Method
因果关系预测法	Casual Forecasting Method

课后阅读

空客公司发布2012年～2031年全球民用航空市场预测

空中客车公司于2012年9月在英国伦敦发布最新全球民用航空市场预测：从2012年到2031年，全球市场对新增客机和货机的需求量将达到28200架，总价值将近4万亿美元。其中客机(100座以上)27350架，总价值达到3.7万亿美元。该预测证实全球新飞机需求量呈上升趋势。

该预测认为，在今后20年时间里，全球航空客运周转量将以平均每年4.7%的速度增长。在这段时间里，将有10350架老旧客机退役，被燃油效率更高的新机型所取代。到2031年，全球在役客机数量将从目前的15550架增加到32550架，增长110%。同时，全球在役货机数量将从目前的1600架增加到3000架。20年时间里，货机数量差不多翻一番。

空中客车公司客户事务首席运营官雷义认为：未来20年，虽然国际航空运输量不断增长，但是在全球范围内，按航空运输量来排名，位列前四位的都是国内航空市场。到2031年，航空运输量最大的主要国内航空市场包括美国、中国、西欧(看成一个单一市场)和印度，占全球航空运输总量的三分之一。20年后，中国的国内航空客运周转量将超过美国，成为全球航空客运周转量第一的国内航空客运市场。

从地理分布来看，来自亚太地区的对于新增飞机的需求大约占全球总需求的35%，其次是来自欧洲和北美的需求，各占21%。从所需新增飞机的价值来看，最大的市场是中国，紧随其后的是美国、阿联酋和印度。

空中客车公司预测，在未来20年，全球对于诸如A380这样的400座以上的超大型飞机(VLA)的需求量将达到1700多架，价值6千亿美元。从地域上来说，大约46%的超大型飞机将交付到亚太地区，23%交付到中东地区，19%交付到欧洲。

在双通道飞机(从250座到400座)市场,未来20年里将需要新增6970架双通道客机和货机,价值1.7万亿美元。其中,6500架是客机,价值1.6万亿美元。按价值计算,占全球总需求的44%,按飞机数量计算,占全球总需求量的24%。

今后20年交付的新飞机总量中将有19500架是单通道飞机,价值1.6万亿美元。按价值计算,占全部需求量的43%,按飞机数量计算,占全球总市场需求的71%。其中三分之一将交付亚太地区,其次是北美(25%)和欧洲(22%)。在新增的单通道飞机中,有大约30%是交付低成本航空公司。

(资料来源:民航资源网,http://news.carnoc.com/list/232/232694.html)

第五章　民航运输市场消费者行为

> **学习目的与要求**
> - 认识民航运输市场消费者；
> - 了解民航运输市场消费者需要及动机；
> - 理解民航运输市场购买决策角色及类型；
> - 熟悉民航运输市场消费者购买行为及影响因素；
> - 掌握民航运输市场购买决策的类型及营销策略；购买决策过程及各阶段营销任务。

第一节　概　　述

消费者行为分析被称为"营销方法之母"，它与企业市场的营销活动密不可分。现代营销观念的核心是以比竞争者提供更加优质的产品和服务来满足消费者的需要。为此，了解和把握消费者行为及其变化规律，成为企业营销决策和制订营销策略的基础，它对于提高营销决策水平和增强营销策略的有效性等方面有着很重要意义。

一　消费者的界定

消费者作为市场经济活动中的重要主体，与生产经营者之间有着密切的联系，市场营销就是通过交易过程满足消费者对产品的需求，也是把产品转换成现金的流通过程，使产品尽快实现价值。企业营销只有围绕消费者展开才能使营销活动发挥作用，取得效益。

民航企业在制订与实施市场营销战略时，必须将"消费者"与"顾客"这两个概念加以区别。消费者(Consumer)，是指企业产品、服务的最终使用者和受益者，消费者的消费活动是整个社会经济运行的基础，也是企业经营活动的出发点与归宿；顾客(Buyer)，则是指与企业直接进行商业交往的人或群体。

作为直接与企业进行商业交往的人或群体，"消费者"在很多时候与"顾客"的身份是重叠的，如某女士购买机票去杭州旅游，某男士去航空货运部托运特殊物品。但"消费者"与"顾客"的身份也有很多情况下是分离的，如某公司的商务旅客欲搭乘海口—北京的航班，让他的秘书或公司差旅部门帮他预订机票，该商务旅客虽然是某航班的消费者，但却不是购买决策者。因此，正确区分购买过程中的角色，特别是认清最终购买决策者，有利于航空公司明确营销对象,从而实现经营目标。

鉴于消费者和顾客的区别,狭义的民航运输市场消费者是指航空产品、服务的最终使用者和受益者,主要包括旅游旅客、探亲访友旅客、商务旅客等。广义的民航运输市场消费者泛指与航空公司直接进行商业交往的人或群体。本书从"消费者"与"顾客"身份重叠的角度讨论消费者行为。

二 消费者需要

对消费者而言,需要产生消费动机,消费动机支配消费行为。在现实生活中,消费者各种各样的购买行为都是由需要而产生的购买动机引起的。需要是消费者产生购买动机的基础,也是消费者行为的最初动力,消费动机则是消费行为的直接驱动力。消费者需要、动机、行为的关系,如图5-1所示。

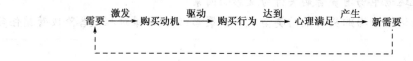

图5-1 消费者需要、动机、行为的关系

1. 消费者需要的含义

消费者需要是指消费者生理和心理上的匮乏状态,即感到缺少什么,从而想获得它们的状态。个体在其生存和发展过程中会产生各种各样的需要,如饿的时候有进食的需要,渴的时候有喝水的需要,在与他人交往的时候有获得友爱、被人尊重的需要等。

需要与人们的活动紧密联系,人们购买产品,接受服务,都是为了满足一定的需要。一种需要满足后,又会产生新的需要,因此,人的需要无限发展的特性决定了人类活动的长久性和永恒性。

需要虽然是人类活动的原动力,但它并不总是处于唤醒状态。只有当消费者的匮乏达到了某种迫切的程度,需要才会被激发,并促使消费者有所行动。需要大都只是潜伏在消费者心底,没有被唤醒,或没有被充分意识到。需要一经唤醒,可以促使消费者为消除匮乏感和不平衡状态采取行动,但它并不具有对具体行为的定向作用。在需要和行为之间还存在着动机、驱动力和诱因等中间变量。

2. 民航运输市场消费者需要

人们在生理上和心理上的需要是广泛的、多样的。由于人们自身的具体条件不同,所以解决需要的轻重缓急的次序也不同。美国人本主义心理学家马斯洛提出了需求层次理论(Maslow's Hierarchy of Needs),将人类需要按由低级到高级的顺序分成五个层次。

①生理需要(Physiological Need),是维持个体生存和人类繁衍而产生的需要。民航旅客的生理需要表现在对座位、饮食、环境与休息等方面的需要,产生对航食的种类、客舱的布置等方面的要求。

②安全需要(Safety Need),即在生理及心理方面免受伤害,获得保护、照顾和安全感的需要。在民航运输中,飞行安全、安检得当、准时起飞、起降次数、保险配备和个人财产安全等都

是旅客特别关注的问题。

③爱与归属的需要(Love and Belongingness)，又称社交的需要，民航旅客作为消费者，在消费过程中希望获得服务人员的理解、尊重、关心和帮助，其需要方式表现为民航服务人员为其提供周到、细致的服务和人性关怀。

④尊重的需要(Self Esteem)，即希望获得荣誉，受到尊重和尊敬，博得好评，得到一定的社会地位的需要。尊重的需要与个人的荣辱感紧密联系在一起，它涉及独立、自信、自由、地位、名誉、被人尊重等多方面的内容。

⑤自我实现的需要(Self Actualization)，即希望充分发挥自己的潜能，实现自己的理想和抱负的需要。自我实现是人类最高级的需要，它涉及求知、审美、创造和成就等内容。

马斯洛需求层次理论可进一步概括为两大类：一是生理的、物质的需要，包括生理需要和安全需要；二是心理的、精神的需要，包括爱与归属的需要、尊重的需要和自我实现的需要。物质需要和精神需要是相对的，又是密切相关，互相交叉的，就是当人们满足物质需要的同时，也追求精神需要，满足精神需要也需要物质条件作为保证。所以民航企业进行市场营销活动时，应分析多层次的消费者需要并提供相应的服务或产品予以满足。由于旅客对民航运输需求的目的不同，也可根据马斯洛需求理论对民航运输市场的需要进行划分，如图5-2所示。

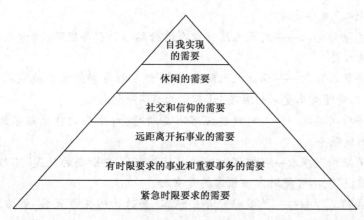

图5-2　民航运输市场多层次需要

在民航运输市场需要层次中，最低层次为有紧急时限要求的需要，即旅客、货主需要处理紧急事务而乘坐飞机；第二层次是有时限要求的事业和重要事务的需要，如公商务旅客因工作需要而选择航空运输；第三层次是远距离开拓事业的需要，由于旅客事业发展要求而不得不离开居住地，到外地创业而产生运输的需要；第四层次是社交和信仰的需要，旅客为了特定的社交活动，或者由于宗教信仰，需要朝拜而产生的民航运输需求；第五层次是休闲的需要，旅客为休闲娱乐产生的运输需要；第六层次是自我实现的需要。这六个层次的民航运输需求都属于派生性需求，其中第一、二、三层次的需要属于天然性需要，这类需要的基础是民航企业获取利润的主要来源；第四、五、六层次的需要属于社会性需要，这类需要受到社会生产和生活条件的制约，往往具有不确定性。每一个需求层次上的消费者对产品的要求都不一样，根据民航运输市场多层次需要的分析，民航企业应开发不同的产品，以满足不同的需要层次。

案例5-1

巫家坝国际机场的"爱心通道"

在繁忙的昆明巫家坝国际机场,有一支敢于吃苦、能打硬仗的安检队伍。他们担负着对进入昆明机场隔离区的老、弱、病、残、孕等特殊群体旅客的相关证件进行查验并提供特别的爱心服务。此外,他们还担负着对昆明机场工作人员、联检单位工作人员、航空公司机组成员的相关证件进行查验。他们就是昆明机场安检站"爱心通道"的员工。

爱心通道的员工每天要面对许多需要特殊服务的旅客,他们做到了"三点"、"四快"的服务要求,即亲情多一点、眼光柔一点、说话轻一点;疏通快、应变快、请示快和处理快。他们以旅客为重,克服一切困难,力求做到真正让广大旅客感受到"安检更温馨、服务更亲切、心情更舒畅"。

多年来,爱心通道的员工们一直围绕着如何更好的提高服务质量、如何为旅客提供更优质的服务方面下工夫。为了更好地服务旅客,他们提出了"七心"品质的精细服务理念,工作中强调:多说一句、多看一眼、多想一想、多动一动,让每个员工做到"心中有客"、"眼中有活",真正把"亲情服务"、"微笑服务"、"细致服务"等超值服务运用到服务旅客上。"爱心通道"提出的"七心"服务是:

"贴心"服务陪伴老人——对无人陪伴老人进行贴心的引导服务,由专人负责将其送到登机口交给地服人员。

"放心"服务留给家长——遇到无人陪伴儿童,能积极主动的配合地服人员进行爱心检查,给无人陪伴儿童随处感受家的温暖,让其父母确实感到放心。

"细心"服务对待病人——及时发现旅客所需所想,对生病的特殊旅客细心照料,让旅客感受他们的细致服务。

"爱心"服务献给残疾人——把握对残疾旅客进行关爱检查的尺度,不歧视残疾旅客,在确保安全的前提下,尽可能对残疾旅客关爱有加。

"关心"服务留给孕妇——关心照顾孕妇旅客,及时询问怀孕天数,看旅客是否适宜乘机,做一些善意的问候和提醒。

"耐心"服务解答疑难——主动帮助首次乘机的旅客,耐心回答旅客问题,为旅客讲解有关乘机小常识。

"尽心"服务满足需求——航班延误时尽心为旅客提供服务,主动为旅客联系相关部门工作人员,帮旅客办理签转退票手续,尽量满足旅客的需求。

"爱心通道"对旅客的基本承诺是"安全让您的生活更幸福,服务让您的生活更美好"。全体员工以出色的业绩和优质的服务赢得了各级领导和过往旅客的赞誉。

案例讨论:

1. 举例说明特殊群体旅客有哪些类型,他们有哪些需要?
2. 巫家坝国际机场是如何服务特殊群体旅客的?
3. 航空公司在客舱服务中应如何满足特殊群体旅客的需求。

三 消费者动机

1. 动机(Motivation)

动机这一概念是由伍德沃斯(R. Wood-worth)于1918年率先引入心理学的,并被视为决定行为的内在动力。1988年,德尔·I·霍金斯(Del I·Hawkins)、罗格·J·贝斯特(Roger J·Best),以及肯尼思·A·科尼(Kenneth A·Coney)在合著的《消费者行为学》一书中指出动机是行为的理由,代表一种表面上观察不到的内在力量,这种力量刺激和支配行为反应并提供对这种反应的具体发展方向。营销界常用马斯洛的需求层次论、弗洛伊德的精神分析理论和赫茨伯格双因素理论来研究消费者需要、动机及行为三者的关系。

消费者的动机过程,如图5-3所示。

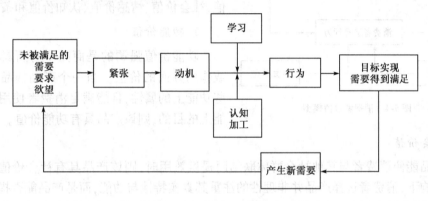

图5-3 消费者动机过程

当人产生需要而未得到满足时,会产生一种紧张不安的心理状态,在遇到能够满足需要的目标时,这种紧张的心理状态就会转化为动机,推动人们去从事某种活动,去实现某种目标。目标得以实现就获得生理或心理的满足,紧张的心理状态就会消除。这时又会产生新的需要,引起新的动机,指向新的目标,这是一个循环往复、连续不断的过程。由此,人们产生某种需要后,只有当这种需要具有某种特定的目标时,需要才会产生动机,从而成为引起人们行为的直接驱动力。每个动机都可以引起行为,但在多种动机下,只有起主导作用的动机才会引起人的行为。

2. 购买动机对购买行为的作用

购买动机是消费者需求与其购买行为的中间环节,具有承前启后的作用。概括来说,购买动机对购买行为有以下作用:①购买动机能够驱使消费者产生行动;②购买动机促使购买行动朝既定的方向或预定的目标进行,具有明确的指向性;③购买动机对购买行为有强化作用。行为的结果对动机有着巨大的影响,动机会因良好的行为结果而使行为重复出现,使行为得到加强;动机也会因不好的行为结果,使行为受到削弱,减少以至不再出现。这两种作用都是强化作用,前者叫正强化,后者叫负强化。正强化能够肯定行为、鼓励行为和加强行为;负强化则可以削弱行为、惩罚行为和不定行为。

研究消费者购买动机要把内因和外因结合起来,内因即人的需要,外因即外部刺激物。外因往往受环境因素和营销因素的影响。环境因素如政治、文化、经济等，营销因素如产品、价格、分销和促销等。企业营销成功的关键就是利用可控因素刺激一定环境下特定消费者的购买动机，从而实现购买行为。

四　消费者价值

消费价值是指消费者对于商品所带来的效用的需求程度，是消费者面临某一商品时选择购买或不购买，选择此产品而不是彼产品，及选择此品牌而不是彼品牌的主要原因。希斯（Sheth）、纽曼（Newman）和格罗斯（Gross）于1991年提出了以价值为基础，评价消费相关的价值的消费行为模型，如图5-4所示。该模式认为产品为顾客提供了五种消费价值，分别是功能价值、社会价值、情感价值、认知价值和条件价值。

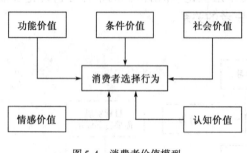

图5-4　消费者价值模型

1. 功能价值

功能价值强调的是商品本身所具有的实体或作用方面的价值。当一个产品或品牌具有某些功能上的属性，且能满足消费者使用该产品功能上的目的，则该产品具有功能价值。

2. 社会价值

当产品能使消费者与其他社会群体联结而提供效用时，则该产品具有社会价值。在社会价值的影响下，消费者选择产品并非理性的注重其真实特性与功能，而是产品能否提升自身的社会地位、塑造社会形象，或是满足内在的自我欲求。在消费者行为领域中与社会价值相关的研究主要包括社会阶级、符号价值以及参考团体。

3. 情感价值

消费者的选择可能取决于消费者渴望情感的抒发，消费者所获得的价值来自于其所选择的产品引起的感觉或喜爱程度。

4. 认知价值

消费者选择取决于产品具有满足其好奇心、新鲜感和追求新知，则产品具有认知价值。

5. 条件价值

消费者面临特定情况时所作的选择，产生条件价值的产品通常会和消费者的前序状态相联结。这些产品因条件使其产生外部效用，从而改变消费者原先的行为。

上述五种影响消费者市场选择行为的价值，在各种选择情境下的影响不同，消费者选择商品时，可能只受一种价值的影响，但大部分情况可能受到两种以上，甚至是全部五种价值的影响。

五　消费者态度

1. 消费者态度的含义

消费者态度是指消费者对客体、属性和利益的情感反应。态度不是与生俱来的，而是后天习得的,态度一经形成具有相对持久和稳定的特点,并逐步成为个性的一部分,使个体在反应模式上表现出一定的规则和习惯性。

消费者对产品、服务或企业形成某种态度,并将其贮存在记忆中,需要的时候就会将其从记忆中提取出来,以应付或帮助解决当前所面临的购买问题。一般而言,消费者态度对购买行为的影响主要通过三个方面体现出来:①态度将影响消费者对产品、商标的判断与评价;②态度影响消费者的学习兴趣与学习效果;③态度通过影响消费者购买意向,进而影响购买行为。

2. 消费者态度的改变

消费者的消极态度会阻碍购买决策与购买行为,这是企业改变消费者态度的主要原因。对于消费者的偏见,企业需要推行积极主动的营销策略改变消费者的偏见,从而保护企业的利益。如美国 AirTran 航空公司是一家短程航空公司,1996 年因一架客机坠毁,乘客对该公司的态度十分消极,承载率低于 50%。在广告和公关活动的协助之下,AirTran 启动了品牌形象工程,使用新的标志"a",重新制订价格策略,开发重点客户及其市场,采取新的策略与媒体合作。这些措施实施之后,乘客的态度得以逐渐转变,积极的态度渐渐占据主流,承载率上升到 70.4%,公司的赢利能力也大大提升。

消费者态度的改变包括态度强度和态度方向的改变,改变消费者态度的方式较多,主要分三个方面:①增加消费者对于商品信息的认知,并增加消费者对商品或服务的信赖程度;②强化诉求方式和诉求内容;③以情感性的营销手段降低消费者态度改变的难度。

消费者态度改变的结果主要表现在:①消费者行为的增加或强化,消费者态度向积极方面转变;②消费者消费习惯的形成;③消费者原有的消费行为弱化。

研究消费者态度的目的在于企业充分利用营销策略,让消费者了解企业的商品,帮助消费者建立对该企业的正确信念,培养对企业商品和服务的情感,让该企业产品和服务尽可能适应消费者的意向,使消费者的态度朝着有利于企业的方向转变。

第二节 民航运输市场消费者购买行为

一、消费者购买行为

消费者购买行为(Purchasing Behaviors),是指人们为满足需要和欲望而寻找、选择、购买、使用、评价及处置产品、服务时介入的过程活动,包括消费者的主观心理活动和客观物质活动两个方面(Philip Kotler,2000)。在现代市场经济条件下,企业研究消费者行为着眼于与消费者建立和发展长期的"交换"关系。为此,不仅需要了解消费者是如何获取产品与服务,还需要了解消费者是如何消费产品,以及产品在用完之后是如何被处置的。消费者的消费体验会影响消费者的下一轮购买,也就是会对企业和消费者之间的长期交换关系产生直接作用。随着对消费者行为研究的深化,人们越来越深刻地意识到,消费者行为是一个整体,是一个过程,获取或购买只是这一过程的一个阶段。因此,研究消费者行为,就应调查、了解消费者在获取产品、服务之前的评价与选择活动,也应重视在产品获取后对产品的使用、处置等活动。

消费者购买行为具有动态性、互动性、多样性、易变性、冲动性及交易性等特点。严格地说,消费者购买行为由一系列环节组成,即顾客购买行为来源于系统的购买决策过程,并受到内外多种因素的影响。民航企业可以通过对消费者购买行为的研究,来掌握其购买行为的规律,从而制定有效的市场营销策略。

二 消费者购买行为模式

研究消费者购买行为模式,对于更好地满足消费者的需求和提高企业市场营销工作的效果具有重要意义。国内外许多的学者、专家对消费者购买行为模式进行了大量的研究,并且提出一些具有代表性的典型模式。

1. 科特勒行为选择模式

菲利普·科特勒提出一个强调社会方面的消费行为的简单模式,见图 5-5。该模式说明消费者购买行为的反应不仅要受到营销的影响,还有受到外部因素影响。不同特征的消费者会产生不同的心理活动过程,通过消费者的决策过程,导致一定的购买决定,最终形成消费者对产品、品牌、经销商、购买时机和购买数量的选择。

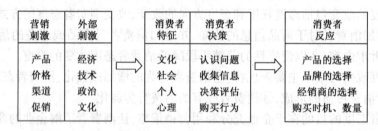

图 5-5 科特勒行为选择模式

2. 恩格尔模式

该模式又称 EKB 模式,是由恩格尔、科特拉和克莱布威尔于 1968 年提出,其重点是分析购买决策过程。整个模式分为中枢控制系统、信息处理程序、决策过程和环境因素四个部分,如图 5-6 所示。

恩格尔模式认为,外界信息在有形和无形因素的作用下输入中枢控制系统,即对大脑引起、发现、注意、理解、记忆与大脑存储的个人经验、评价标准、态度及个性等进行过滤加工,构成了信息处理程序,并在内心进行研究评估选择,对外部探索即选择评估,从而产生决策方案。整个决策研究评估选择过程受到环境因素的影响。如收入、文化、家庭与社会阶层等。最后产生购买过程并对购买的商品进行消费体验,得出满意程度的结论。此结论通过反馈后进入了中枢控制系统,形成信息与经验,影响未来的购买行为。

3. 尼科西亚模式

尼科西亚于 1966 年在《消费者决策程序》一书中提出这一决策模式。该模式由四大部分组成:第一部分,从信息源到消费者态度,包括企业和消费者两方面的态度;第二部分,消费者对商品进行调查和评价,并且形成购买动机的输出;第三部分,消费者采取有效的决策行为;第四部分,消费者购买行动的结果被大脑记忆、储存起来,供消费者以后购买参考或反馈给企业,如图 5-7 所示。

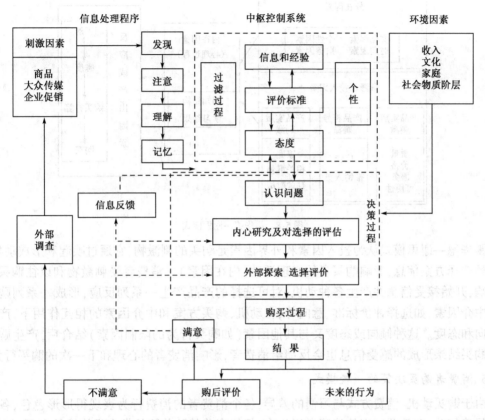

图 5-6　恩格尔模式

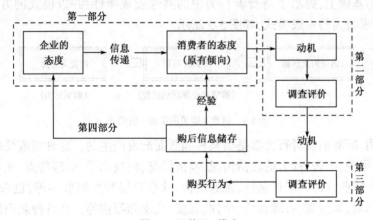

图 5-7　尼科西亚模式

4. 霍华德—谢思模式

该模式是由霍华德与谢思于 60 年代末在《购买行为理论》一书中提出。其重点是把消费者购买行为从四大因素去考虑:刺激或投入因素(输入变量)、外在因素、内在因素(内在过程)

和反应或者产出因素,如图 5-8 所示。

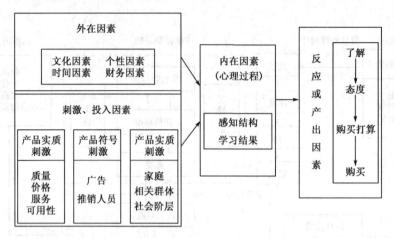

图 5-8 霍华德—谢思模式

霍华德—谢思模式认为投入因素和外界因素是购买的刺激物,它通过唤起和形成动机,提供各种选择方案信息,影响购买者的心理活动(内在因素)。消费者受刺激物和以往购买经验的影响,开始接受信息并产生各种动机,对可选择的产品产生一系列反应,形成一系列购买决策的中介因素,如选择评价标准、意向等,在动机、购买方案和中介因素的相互作用下,产生某种倾向和态度。这种倾向或态度又与其他因素(如购买行为的限制因素)结合后,产生购买结果。购买结果形成的感受信息也会反馈给消费者,影响消费者的心理和下一次的购买行为。

5. 消费者购买决策的一般模式

由于购买动机、消费方式与习惯的差异,各个消费者的消费行为表现得形形色色,各不相同。尽管如此,在千差万别的消费者行为中,仍然有着某种共同的带有规律性的东西。心理学家在深入研究的基础上,揭示了消费者行为中的共性或规律性,并以模式的方式加以总结描述,这就是消费者行为的一般模式,如图 5-9 所示。

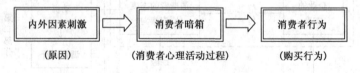

图 5-9 消费者购买决策的一般模式

该模式表明,所有消费者行为都是因某种刺激而激发产生的。这种刺激既来自外界环境,如产品的质量、服务、广告、社会的政治情况、经济情况、科技水平、地理特点、文化因素,以及个人的年龄、性别、职业、收入、居住条件、家庭结构、社会阶层和参照群体等,也来自消费者内部的生理或心理因素,如生理、心理动机、个性、态度、观念和习惯等。在各种刺激因素的作用下,消费者经过复杂的心理活动过程,产生购买动机。由于这一过程是在消费者内部自我完成的,因此,许多心理学家称之为"黑箱"或"暗箱"。在动机的驱使下,消费者进行购买决策,采取购买行动,并进行评价,由此完成了一次完整的购买行为。

现代企业的市场营销活动离不开对消费者行为的分析。通过消费者行为模式总结的规律性因素,并遵循一定的原则应用于企业的具体营销活动中,就能真正掌握市场主动,做到在满足消费者需求的基础之上实现企业的发展,这才是现代企业应有的经营哲学与经营理念。

三 消费者购买行为暗箱理论

暗箱理论(Black Box Theories)是指消费者心理如同暗箱,他人只能看到消费者购买的外界条件(产品信息、价格信息和促销信息)和最终选择的结果。暗箱理论用于研究消费者行为的基本内容,可以5W1H加以分析。它主要回答以下问题。

(1)可以购买什么——购买对象(What-Objects):了解消费者购买什么、了解什么。

(2)谁参与购买——购买者(Who-Occupants):既要了解消费产品的是哪些人,又要弄清购买行动中的购买角色。

(3)何时购买——购买时间(When-Occasions):了解消费在具体的季节、时间甚至时点所发生的购买行为。

(4)何地购买——购买地点(Where-Outlets):了解消费者在哪里购买,在哪里使用。

(5)怎样购买——购买行为(How-Operations):了解消费者怎样购买、喜欢什么样的促销方式,对所购买的商品如何使用。

(6)为何购买——购买目的(Why-Objectives):了解和探索消费者行为的动机或影响其他行为的因素。

前五个问题是消费者行为公开的一面,可以借助于观察、询问获得较明确的答案。最后一个问题却是隐蔽而且错综复杂的。营销人员如果能比较清楚地了解各类购买者对不同形式的产品、服务、价格、促销方式的真实反应,就能够适当地诱发购买者的购买行为。这就需要营销人员在掌握有关购买者行为基础理论的前提下,通过大量调查研究,明确企业各种营销活动与购买者反应之间的关系,采用相应的经营策略来发出适合的市场营销信息,去刺激和影响消费者的心理过程及其购买行为。

四 民航运输市场消费者购买行为

民航企业的营销活动对一个具体的消费者是否能够产生作用,能够产生多大作用,对哪些人最为有效,通常用科特勒行为模式去加以研究,如图5-10所示。

民航旅客消费行为分析主要包括:旅客机票费用来源、年内乘机次数、中转直达旅客比例、团体个人旅客比例、旅客选择航班的因素、旅客购票方式、旅客出行不便之处和旅客对机票价格的意见等八项内容。其中,机票费用来源决定着旅客对价格的敏感程度;年内乘机次数反映出旅客对航空公司的忠诚程度;旅客构成情况、团体个人旅客比例、中转直达旅客比例体现出哪些旅客是航空公司的主要购买者;旅客选择航班的因素、旅客购票方式、旅客出行不便之处和旅客对机票价格的意见则直接影响着航空公司经营战略与策略的选择和实施。

民航运输市场消费者购买行为较其他消费品市场的消费行为相对简单,是因为民航运输需求是一种派生需求,并非本源需求。民航运输市场上旅客乘坐飞机是为了旅游、公务、探亲等本源性需求;货主运输货物是为了获得生产原材料或将产品运输到市场上以便销售。民航运输不是其最终目的,完成空间位移只是中间一个必不可少的环节。因此当旅客、货主产生运输需求以后,对各种交通运输方式给顾客带来的让渡价值进行全面综合,即在问题识别、收集信息和方案评估中,对付出总成本和获得总价值的差值进行比较,从而选择其中一种运输方式。

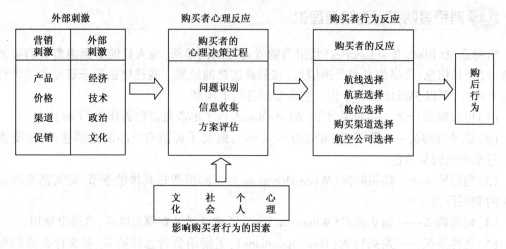

图 5-10　民航运输市场消费者购买行为模式

为了使消费者产生对民航运输的"指定"需求,航空企业通常以民航运输的优势(安全、快速、舒适)为激发点;应用品牌建设、广告宣传、公益活动等非市场方式建立或改变消费者的对航空运输的消费态度;同时,通过价格手段、促销手段、高服务质量手段等市场方式刺激消费者产生现实购买。在决定购买时,顾客会根据本源需求来对航线、航班加以选择;根据自身需求层次及动机对舱位进行选择;根据习惯或以往经验对购买渠道进行选择;根据常旅客计划或品牌认知对航空公司进行选择。

五 民航运输市场消费者购买行为的影响因素

研究民航运输市场消费者购买行为,一是对影响购买者行为的各种因素的分析,二是对消费者购买决策过程的研究。本章第三节将重点对消费者购买决策过程进行讲解。

影响消费者购买行为的因素可以分为经济因素和非经济因素两大类,其中非经济因素主要有文化因素、社会因素、个人因素和心理因素等四个方面,每个因素又包含若干子因素,见表 5-1。

消费者购买行为的影响因素　　　　　　表 5-1

	购买行为影响因素			
	文化因素	社会因素	个人因素	心理因素
购买者	文化 亚文化 社会层次	参考团体 社会阶层 家庭状况	年龄 性别 职业 教育 收入 生活方式	动机 感受 态度 学习

1. 文化因素

文化是指人类在社会历史实践中创造的物质财富和精神财富的总和。文化作为一种社会氛围和意识形态，无时无刻不在影响着人们思想和行为，以特定的认同感和影响力将各成员联系在一起，使之持有特定的价值观念、生活格调与行为方式。文化对于购买行为的影响有以下特征。

（1）具有明显的区域属性。生活在不同地理区域的人们的文化特征会有较大的差异。如西方人注重个人创造能力发挥，比较崇尚个人的奋斗精神，注重个人自由权的保护；东方人注重集体协作力量的利用，比较讲究团队精神，注重团体利益和领导权威性的保护。文化意识往往通过正规的教育和社会环境的潜移默化，自幼就在人们的心目中形成。

（2）具有很强的传统属性。文化的遗传性是不可忽略的，由于文化是影响着教育、道德观念甚至法律等对人们的思想和行为发生深层次影响的社会因素，所以一定的文化特征就能够在一定区域范围内得到长期延续。对某一市场的文化背景进行分析时，要重视对传统文化特征的分析和研究。此外，文化的传统性会引发两种不同的社会效应：一是怀旧复古效应；二是追新求异效应，因此在研究文化特征时必须注意多元文化的影响。

（3）具有间接的影响作用。文化对人们的影响在大多数情况下是间接的，其往往首先影响人们的生活和工作环境，进而影响人们的行为。目前，一些企业通过改变人们生活环境来影响人们的消费习惯的做法，已获得成效。

2. 社会因素

社会因素是指社会上各种事物，包括社会制度、社会群体、社会交往、道德规范、国家法律、社会舆论与风俗习惯等。它们的存在和作用是强有力的，影响着人们态度的形成和改变。社会的构成因素是众多而复杂的，对消费者行为影响较深远的主要有参考团体、社会阶层、家庭状况等。

（1）参考团体（Reference Groups）。参考团体指那些直接或间接影响人们的看法和行为的群体，可以分为三类：第一类是主要群体，包括家庭、朋友、同事、邻居等接触频繁，消费示范作用最大，对购买者产生直接影响的非正式群体；第二类是次要群体，包括消费者归属的职业团体、教会、学术组织、贸易协会等正式但接触相对较少的群体；第三类是渴望群体，包括影视歌星、体育明星、社会名流、达官显贵等，消费者虽不属于该团体，但崇拜、期望归属其中，并效仿其生活方式和消费行为。

相关群体对消费者购买行为的影响主要体现在三个方面。

①信息性影响，消费者出于对所在群体成员的信任，在购买过程中将群体成员的行为、观念、意见当作有用的信息予以参考，进而影响自身购买行为。

②规范性影响，群体成员所奉行的道德规范、价值观和生活方式往往被消费者当作自身的行为准则，消费者的思想、行为受到其影响和制约。

③价值性影响，个体在与群体成员长期的接触中受到群体潜移默化的影响，从而认可并自觉遵循相关群体的信念和价值观，在选择和购买商品时有明显的体现。

（2）社会阶层（Social Class）。社会阶层是由于人们在经济条件、教育程度、职业类型以及社交范围等方面的差异而形成的不同社会群体，并因其社会地位的不同而形成明显的等级差别。不同的社会阶层具有明显不同的消费特征：一是处于同一阶层的人的行为比处于不同阶层的人的行为有更强的类似性；二是当人的社会阶层发生了变化，其行为特征也会随之发生明显变化；三是社会阶层的行为特征受到经济、职业、职务、教育等多种因素的影响，所以根据不同的因素划分，构成的社会阶层会有所不同。

　　社会阶层对人们行为产生影响的心理基础在于人们的等级观和身份观，人们一般会采取同自己的等级、身份相吻合的行为。等级观和身份观又会转化为更具有行为指导意义的价值观、消费观和审美观，从而直接影响人们的消费特征与购买行为。如南方航空航空公司在中国内地首家购买 A380 飞机，A380 的京沪航线头等舱定价 4000 元，被很快销售一空，而在同一条航线上的春秋航空公司的低价客票也很畅销，这就是社会阶层对消费者购买行为的影响作用产生的结果。对民航企业来说，开发比竞争对手更胜一筹的、能够显露消费者身份的产品，也成为民航运输市场营销的一个重要内容。

　　(3) 家庭状况。家庭是社会最基本的组织细胞，也是最典型的消费单位。家庭对购买行为的影响主要取决于家庭的规模、家庭的性质(家庭生命周期)以及家庭的购买决策方式等几个方面。不同规模的家庭有着不同的消费特征与购买方式。家庭规模的变化会对整个市场带来很大的影响。家庭也有其发展的生命周期，处于发展周期不同阶段的家庭，由于家庭性质的差异，其消费与购买行为也有很大的不同。如一份调查显示，在民航旅客人群中，有超过八成为已婚人士，且以已婚并孕育子女的家庭结构为主。

3. 个人因素

　　影响民航运输市场消费者购买行为的个人因素主要有消费者的经济状况、职业、年龄与性别、生活方式、个性与自我观念等。

　　(1) 经济状况。消费者的经济状况会强烈影响其的消费水平和消费范围，决定着其的需求层次和购买能力。一份调查显示民航运输市场消费人群平均个人年收入为 23.8 万，有 79% 的人年收入在 10 万元以上。家庭平均年总收入为 35.8 万元，家庭经济基础较为殷实，因而对于民航运输具有较好的支撑作用。

　　(2) 职业。不同职业的消费者，对于航空运输服务的需求与爱好往往不尽一致。从职位状况的分布来看，民航运输市场消费人群中党政机关/社团/社会团体干部、专业技术人员、企业/公司管理人员的比例高达 92%。消费者的地位不同也影响其购买，身在高位的消费者，更倾向于选择能够显示其身份与地位的豪华头等舱、头等舱等。

　　(3) 年龄与性别。消费者对产品的需求会随年龄的增长而变化。民航运输市场消费人群年龄主要集中在 25～39 岁之间，平均年龄 33 岁，他们收入稳定，有较高的收入增长潜力，追求高品质的生活，具有相当的消费能力。不同性别的消费者，其购买行为也有很大差异。民航运输市场消费人群从性别构成上来说男性比例略高，一般而言，家庭主要收入者依然以男性居多，男性在家庭中具有大件产品可支配能力，同时在工作岗位上也担负着相对于女性群体更高的职务，拥有更强决策力。

　　(4) 个性与生活方式。个性是和人们的经验与行为联系在一起的内在本质特征。源于不同的遗传和经历，每个人的内心世界、知识结构、成长过程都不同。个性比较典型地表现为以下一种或几种特征，如：冲动、野心、灵活、死板、独裁、内向、外向、积极进取和富有竞争心等。生活方式是个人行为、兴趣、思想方面所表现出来的生活模式。个性往往通过人们的生活方式和消费方式而表现出来的,见表 5-2。市场营销人员应找出产品和各种生活方式群体之间的关系,努力使本企业的产品适应消费者不同生活方式的需要。

个性与生活方式的关系　　　　表 5-2

个性特征	欲望特征	生活方式
活跃好动	改变现状 获得信息 积极创意	不断追求新的生活方式 渴望了解更多的知识和信息 总想做些事情来充实自己
喜欢分享	和睦相处 有归属感 广泛社交	愿与亲朋好友共度好时光 想同其他人一样生活 不放弃任何与他人交往的机会
追求自由	自我中心 追求个性 甘于寂寞	按自己的意愿生活而不顾及他人 努力与他人有所区别 拥有自己的世界而不愿他人涉足
稳健保守	休闲消遣 注意安全 重视健康	喜欢轻松自在,不求刺激 重视既得利益的保护 注重健康投资

4.心理因素

消费者心理是消费者在满足需要活动中的思想意识,它支配着消费者的购买行为。影响消费者购买的心理因素有动机、感受、态度和学习,其中消费者购买动机和态度对消费行为的影响已在本章第一节中讲述,这里不再作研究。

第三节　民航运输市场消费者购买决策过程

消费者购买决策过程是消费者谨慎地评价某一产品、品牌或服务的属性并进行选择、购买并满足某一特定需要的产品的过程。

一　消费者购买决策角色

购买决策在许多情况下并不是由一个人单独做出的,而是有其他成员参与的,是一种群体决策的过程。在购买决策过程中,消费者常常会同他人商量或者听取他人的意见。因此了解哪些人参与购买决策,他们各自在购买决策过程中扮演怎样的角色,对于企业的营销活动是很重要的。一般来说,参与购买决策的成员大体可分为以下五种主要角色。

(1)发起者,即购买行为的建议人,首先提出要购买某种产品。

(2)影响者,对发起者的建议表示支持或者反对的人,这些人对购买行为的本身不进行最终决策,但他们的意见会对购买决策者产生影响。

(3)决策者,对是否购买,怎样购买有权进行最终决策的人。

(4)购买者,执行具体购买任务的人,其会对产品的价格、质量、购买地点进行比较选择,并同卖主进行谈判和成交。

(5)使用者,产品的实际使用人,其决定了对产品的满意程度,会影响购后行为和再次购买的决策。

上述五种角色相辅相成,共同促成了购买行为,是企业营销的主要对象。必须指出的是,五种角色的存在并不意味着每一种购买决策都必须要五人以上才能作出,在实际购买行为中有些角色可在一个人身上兼而有之,如,使用者可能也是发起者,决策者可能也是购买者。民航企业一方面可根据各种角色在购买决策过程中的作用,有的放矢地按一定程序分别进行营销宣传活动;另一方面也必须注意到一些商品的购买决策中的角色错位,这样才能找准营销对象,提高营销活动的效果。

二 消费者购买决策类型

消费者在购买商品时,会因商品价格、购买频率的不同而投入购买的程度不同。西方学者阿萨尔(Assael)根据购买者在购买过程中的介入程度和品牌间的差异程度,将消费者的购买决策分为四种类型,见表5-3。

购买决策的四种类型　　　　表5-3

品牌差异程度 \ 购买介入程度	高	低
大	复杂性 购买行为	寻求多样化 购买行为
小	减少失调 购买行为	习惯性 购买行为

1. 复杂性购买行为

复杂性购买行为是指消费者对价格昂贵、品牌差异大与功能复杂的产品,由于缺乏必要的产品知识,需要慎重选择,仔细对比,以求降低风险的购买行为。消费者在购买此类产品过程中,经历了收集信息、产品评价、慎重决策,用后评价等阶段,其购买过程就是一个学习过程,在广泛了解产品功能、特点的基础上,才能做出购买决策。

针对复杂性购买行为,民航企业可采取以下5种营销策略。

(1)开展体验营销,增强消费者对本企业产品的信心。如国航在2011年12月建立了中国民航首家旗舰店,在国航华北营销中心(北京)的旗舰店里,电子商务体验区、自助值机体验区、高端客户体验区和知音商城礼品展示区等多项新增服务一应俱全。它的推出不仅填补了国内航空公司没有旗舰店的记录,而且在实景氛围内营造了更加完善的产品视觉体系,让高端旅客在购票的同时体验到尊贵的服务和享受。特别是新两舱旅客体验区的设立,提高了高端旅客对国航产品的认识,为旅客带来了更直接的感官体验,为发展更多的高端旅客带来潜在的客源。

(2) 实行灵活的定价策略。

(3) 加大广告力度,创名牌产品。

(4) 运用人员推销,聘请训练有素、专业知识丰富的推销员推销产品,简化购买过程。

(5) 实行售后跟踪服务,加大企业与消费者之间的亲和力。

2. 减少失调购买行为

当消费者高度介入购买过程,但是又发现不了品牌间的较大差异时就会产生失调感,于是消费者便开始学习更多东西,试图证明自己的决策是正确的,以减少购后的不协调感。

针对减少失调购买行为,民航企业可采取以下营销策略。

(1) 价格公道、真诚服务、树立企业的良好形象。

(2) 选择较佳的销售地点,便于消费者购买。

(3) 及时消除消费者心中的疑虑。如 2010 年 11 月 1 日,中国国际运输协会下发了《航空运输服务质量不正常航班承运人服务和补偿规范(试行)》,除了春秋航空外,国内航空公司将实施新的延误补偿。为了消除顾客购买春秋机票后航班延误不能获得补偿的疑虑,春秋航空与大众保险签署合作协议,推出国内首个航空公司网站直销的航班延误保险。凡购买该保险的乘客,不论是天气原因、机械故障,还是流量控制,只要不是旅客自身的原因,航班延误达到 3h 可获赔 200 元,延误 6h 以上可获赔 400 元,航班取消可获赔 300 元。

3. 寻求多样化购买行为

消费者在购买产品时有很大的随意性,并不深入收集信息和评估比较,就决定购买某一品牌的产品,消费者尽管在前一次购买中选择某一品牌,但在下一次购买时,他也许就会转向另外一种品牌的购买。消费者寻求多样化购买行为大多发生在产品低值,购买频率比较高的行业,民航运输市场的大多数消费者的购买行为就属于典型的多样化购买行为。

针对寻求多样化购买行为,民航企业可采取以下营销策略。

(1) 采取多品牌策略,突出各种品牌的优势。如海南航空集团在民航运输领域的品牌有大新华航空、翔鹏航空、首都航空、天津航空、西部航空、香港航空和香港快运航空等。

(2) 价格拉开档次。

(3) 加大广告投入,实施常旅客计划,鼓励消费者形成习惯性购买行为。

4. 习惯性购买行为

许多产品的购买是消费者在低度介入、品牌间无多大差别的情况下完成的。消费者有时会长期购买同一种品牌的产品,在购买后可能评价也可能不评价。

针对习惯性购买行为,民航企业可采取以下营销策略。

(1) 利用价格与促销吸引消费者,一旦顾客了解和熟悉产品,就可能经常购买以至形成购买习惯。

(2) 开展大量重复性广告加深消费者印象。在低度介入和品牌差异小的情况下,消费者并不主动收集品牌信息,也不评估品牌,只是被动地接受包括广告在内的各种途径传播的信息,根据这些信息所形成的对不同品牌的熟悉程度来决定选择。

(3) 增加购买介入程度和品牌差异。在习惯性购买行为中,消费者只购买自己熟悉的品牌而较少考虑品牌转换,如果竞争者通过技术进步和产品更新将低度介入的产品转换为高度介入并扩大与同类产品的差距,将促使消费者改变原先的购买习惯,寻求新的品牌。

三 民航运输市场消费者购买决策过程

消费者购买决策过程是指消费者为了满足某种需求,在一定的购买动机的支配下,在可供选择的两个或者两个以上的购买方案中,经过分析、评价、选择并实施最佳的购买方案,以及购后评价的活动过程。它是一个系统的决策活动过程,包括需求的确定、购买动机的形成、购买方案的选择与实施、购后评价等环节,如图5-11所示。

图 5-11 消费者购买决策过程

1. 确认需要

消费者确认自己需要什么。需要是购买活动的起点,升到一定高度就变成驱动力,驱使人们采取行动予以满足。需要可由内在刺激或外在刺激唤起,被唤起后可能逐步增强,也可能逐步减弱以至消失。

营销人员在确认需要阶段的任务是:

(1)了解与本企业产品有关的现实的和潜在的需要。如学生、教师群体已成为当今民航运输市场的主要旅客群体。这两类群体有假期旅游出行的需求,特别是每到暑假,这两类旅客出行人数明显增加,而且他们不但需要快速的交通,还需要舒适的酒店以及知名度高的旅游景点景区。为此,很多航空公司都设计了假期旅游产品,如新加坡航空公司推出的"新航假期"品牌、印尼航空旗下的"鹰航假期"品牌、华航的精致旅游和澳航的假期"刮刮乐"活动等全新服务产品。

(2)按照消费者需要随时间推移以及外界刺激强弱而波动的规律性设计诱因,增强刺激,唤起需要,最终唤起人们采取购买行动。

2. 收集信息

当消费者产生购买动机之后会自动进入信息收集阶段。对于反复购买的产品,消费者会越过信息搜索。消费者信息的来源主要有以下四个方面。

(1)个人来源,从家庭、亲友、邻居及同事等个人交往群体中获得信息。

(2)商业来源,是消费者获取信息的主要来源,包括广告、推销人员等介绍的信息。

(3)公共来源,消费者从电视、网络及报纸杂志等大众传播媒体所获得的信息。

(4)经验来源,消费者从自己亲自接触和使用商品的过程中得到的信息。

上述四种信息来源中,商业信息最为重要。从消费者角度看,商业信息不仅具有通知的作用,而且一般来说具有针对性和可靠性;从企业角度看,商业信息是可以有效控制的。

营销人员在收集信息阶段的营销任务是:

(1)了解不同信息来源对消费者购买行为的影响程度。

(2)注意不同文化背景下收集信息的差异性。

(3)有针对性设计恰当的信息传播策略。如,截至2012年6月底,中国网民数量达5.38亿人,很多航空公司都使用互联网来对产品及公司信息进行传播。

3. 评估方案

消费者在获得全面的信息后就会根据这些信息和一定的评价方法对同类产品的不同品牌加以评价并决定选择。一般而言,消费者的评价行为涉及产品属性、品牌信念和效用要求三方面。在方案评估中,可以用顾客让渡价值理论来阐述民航运输市场消费者的决策行为。

顾客让渡价值(Customer Delivered Value),是指整体顾客价值(Total Customer Value)与整体顾客成本(Total Customer Cost)之间的差额。简单地说,消费者在选购产品和服务时,往往会从价值和成本两个方面进行比较分析,希望把有关成本包括货币、时间、精神和体力等降到最低限度,而同时又希望从中获得更多的利益,以使自己的需要得到最大限度满足。而价值最高、成本最低,即顾客让渡价值最大的产品就会成为消费者优先选购的对象。

(1)对运输方式的选择。航空公司面临来自水陆运输,特别是高铁运输愈来愈激烈的竞争。在短途市场上,铁路运输可以比航空运输更快捷,服务更优质。研究表明运距小于750km时,高铁占有明显的市场优势;运距大于1050km时,航空占有明显的竞争优势。对于休闲旅行市场和长途货运市场,水陆运输竞争的影响较大,除了服务质量方面的竞争外,水陆运输运营商更具备价格方面的优势。各种交通方式特点,见表5-4。消费者会在衡量各种运输方式带来的顾客让渡价值后,最终选择一种交通方式完成某一段航程。

各种交通方式特点比较 表5-4

运输方式 特点	航空	铁路	公路	水运
快捷	高	中	中	低
舒适	高	高或中	中或低	中或低
价格	高	中或低	中或低	中或低
安全	高	高	低	中

(2)选择舱位。选择航空作为运输方式的旅客下一步就要选择航班的舱位。很多航空公司为旅客提供了头等舱、商务舱和经济舱。在商务旅行市场,旅客一般没有权利决定自己乘坐哪个舱位,几乎所有的企业都有内部差旅政策,比如高级管理人员允许乘坐头等舱,中级管理人员允许乘坐商务舱,而普通员工则只能乘坐经济舱。在经济衰退期,有的企业为了节省开支会在不同程度上降低差旅标准,如取消员工乘坐头等舱和商务舱的待遇,规定一律乘坐经济舱。在休闲旅行市场,旅客绝大多数选择的是经济舱,票价仍是旅客的主要关注点。

营销人员在评估阶段的营销任务是:

(1)对于商务旅行市场的顾客,民航企业需要将工作目标转向企业中制订差旅政策的人,并特别强调乘坐优质舱位旅行的好处,例如在飞行途中可以更好的工作或者休息等。

(2)对于休闲旅客市场和长途货运市场,民航企业应进一步提高服务质量,采用多等级票价,吸引不同价格需求的顾客。

4. 购买决策

消费者经过搜索信息对产品进行评价与选择后,形成购买意图,作出购买决定。在正常情况下,消费者通常会购买他们最喜欢的品牌,但从购买意向到实际购买还有一些因素介入其间,如图 5-12 所示。

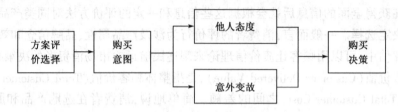

图 5-12 购买决策的影响因素

(1)他人态度。他人态度的影响力取决于三个因素,即:他人否定态度的强度,否定态度越强烈,影响力越大;他人与消费者的关系,关系越密切,影响力越大;他人的权威性,他人对此类产品的专业水准越高,则影响力越大。

(2)意外因素。消费者购买意向是以一些预期条件为基础形成的,如预期收入、预期价格、预期质量和预期服务等,如果这些预期条件受到一些意外因素的影响而发生变化,购买意向就可能改变。

营销人员在购买决策阶段的营销任务是:
(1)消除或减少引起可觉察风险的因素。
(2)向消费者提供真实可靠的产品信息,增强其购买信心。

5. 购后行为

消费者购买商品后,购买决策过程还在继续,他要评价已购买的商品。营销界常用预期满意理论来判断消费者的购后行为。

消费者购买产品后的满意程度取决于购前预期得到实现的程度。如果感受到的产品效用达到或超过购前期望,就会感到满意,超过越多,满意感越大;如果感受到的产品效用未达到购前期望,就会感到不满意,差距越大,不满意感越大,这就是顾客预期满意理论(Customer Satisfactory)。用函数式表示为

$$S = f(E, P) \tag{5-1}$$

式中:S——消费者满意程度;
   E——消费者对产品的期望;
   P——产品可觉察性能。

消费者根据自己从卖主、熟人及其他来源所获得的信息形成产品期望,购买产品以后的使用过程形成对产品可觉察性能的认知。

$P = E$,表示消费者感到满意;$P > E$,表示消费者会很满意;
$P < E$,表示消费者不满意,差距越大就越不满意。

心理学家认为情感体验可以按梯级理论划分若干层次,相应可以把消费者满意程度分五个级度:很不满意、不满意、一般、满意和很满意。管理专家根据心理学的梯级理论对消费者满意度划分,给出了如下参考指标。

（1）很不满意。消费者在消费某种商品或服务之后感到愤慨、恼羞成怒难以容忍的状态。在这种状态下,消费者不仅企图寻找机会投诉,而且还会利用一切机会进行反宣传以发泄心中的不满。

（2）不满意。消费者在购买或消费某种商品或服务后所产生的气愤、烦恼状态。在这种状态下,消费者尚可勉强忍受,希望通过一定方式进行弥补,在适当的时候也会进行反宣传,提醒自己的亲友不要去购买同样产品或服务。

（3）一般。消费者在消费某种商品或服务过程中所形成的没有明显情绪的状态,也就是对产品既说不上好,也说不上差,还算过得去。

（4）满意。消费者在消费了某种商品或服务时产生的称心、赞扬和愉快的状态。在这种状态下,消费者不仅对自己的选择予以肯定,还会乐于向亲朋推荐。

（5）很满意。消费者在消费某种商品或服务之后形成的激动、满足、感谢的状态。在这种状态下,消费者不仅为自己的选择而自豪,还会利用一切机会向亲友宣传、推荐。

消费者购后感觉和行为如图 5-13 所示。

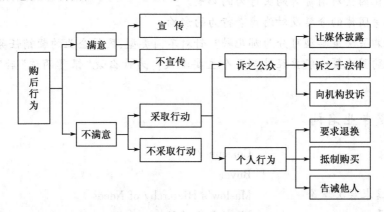

图 5-13 购后感觉和行为

营销人员在购后行为阶段的营销任务是:
(1)广告宣传等促销手段实事求是,不做夸大宣传,以提高消费者的满意度。
(2)采取有效措施减少或消除消费者的购后失调感,及时认真处理消费者投诉。
(3)建立与消费者长期沟通机制,在有条件的情况下进行回访。

研究和了解消费者的需要及其购买过程是市场营销成功的基础。市场营销人员通过了解购买者如何经历引起需要、寻找信息、评价行为、决定购买和购后行为的全过程,就可以获得许多有助于满足消费者需要的有用线索。

本 章 小 结

马斯洛需求层次理论的五个层次依次为生理需要、安全需要、爱与归属的需要、尊重的需要和自我实现的需要。

民航运输市场多层次需要依次为有紧急时限要求的需要、有时限要求的事业和重要事务的需要、远距离开拓事业的需要、社交和信仰的需要、休闲的需要和自我实现的需要。

消费行为中的五种消费价值分别为功能价值、社会价值、情感价值、认知价值和条件价值。

消费者购买决策模式有科特勒行为选择模式、恩格尔模式、尼科西亚模式和霍华德—谢思模式等。

民航运输市场购买行为的影响因素有经济因素和非经济因素,其中非经济因素主要有文化因素、社会因素、个人因素和心理因素。

民航运输市场购买决策的五种角色是发起者、影响者、决策者、购买者和使用者。

民航运输市场购买决策的类型有复杂性购买行为、减少失调购买行、寻求多样化购买行为和习惯性购买行为。

民航运输市场购买决策过程的五个阶段分别为确认需求、收集信息、评估方案、购买决策和购后行为。

复习思考题

1. 简述民航运输市场消费者购买行为模式。
2. 简述文化因素对消费者购买行为的影响。
3. 简述参考团体的分类及对消费者行为的影响。
4. 消费者购买决策类型可分为哪几种?针对不同类型,民航企业的营销任务分别是什么?
5. 消费者购买决策一般要经过哪几个主要阶段?为什么说"银货两讫"后购买行为过程并没有结束?

中英文对照专业名词

消费者	Consumer
顾客	Buyer
马斯洛需求层次理论	Maslow's Hierarchy of Needs
生理需要	Physiological Need
安全需要	Safety Need
尊重的需要	Self Esteem
爱与归属的需要	Love and Belongingness
自我实现的需要	Self Actualization
动机	Motivation
购买行为	Purchasing Behavior
暗箱理论	Black Box Theories
参考团体	Reference Groups
社会阶层	Social Class
顾客让渡价值	Customer Delivered Value
整体顾客价值	Total Customer Value
整体顾客成本	Total Customer Cost
顾客预期满意理论	Customer Satisfactory

课后阅读

国际民航旅客消费行为特征分析(2010年)

民航企业需要及时掌握旅客市场需求的特征及发展趋势,深入探询民航旅客的服务及产品要求,及时了解消费者的结构和消费偏好,有助于实现以需求为导向制定民航企业的发展战略,增强民航企业的市场竞争能力。为此中国民航管理干部学院民航运输市场研究所,2010年对民航旅客市场特征进行了深入的研究,包括旅客购票时间行为特征、购票考虑因素与附加服务要求等八个方面的国际民航旅客消费者行为特征的分析。这些研究结果有助于企业进一步研究民航旅客消费者的购买过程,从而制定更具有针对性的市场营销战略。

1. 旅客购票时间行为特征

关于国际旅客购票时间的调查结果显示,如图5-14所示,2010年我国国际出港旅客主要采取提前购票的方式,提前一周以上时间购票的旅客占到国际旅客群体的63.4%,淡旺季分别为60.4%和66.4%,均高于2008年淡旺季提前一周以上时间购票旅客53.1%和55.8%的比例。国际出港旅客出行时一般都会预留时间办理护照、签证手续与设计行程,因此机票提前预定可以提前较长时间。对比可知,一周内订票,主要以4~7天订票为主,占到一周内订票旅客群的65%。一周以上订票的旅客以8~15天订票为主,占到一周以上订票旅客群的67%。

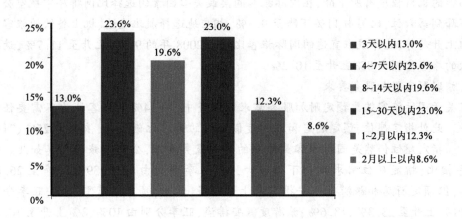

图5-14　2010年国际民航旅客购票时限

2. 旅客购票考虑因素

2010年重点调查了旅客购票时最关心的因素。在最关心因素方面,淡旺季调查结果差别不大,选择机票价格、航班时刻的旅客比例较高,超过23%;选择航班直达、座椅舒适度、机上餐饮的旅客比例也相对较高有超过10%的国际旅客认为这三项因素在购票时会首先考虑,如图5-15所示。

从趋势来看，2010年与2008年相同，机票价格和航班时刻最受旅客关注，只是对于航班时刻的关注程度略微下降且淡、旺季旅客选择比例略有变化。在机票价格方面，2010年淡季国际旅客首选比例为21.6%，低于2008年的首选比例23%，旺季国际旅客首选比例26.3%，高于2008年22%的比例；在航班时刻方面，淡、旺季国际旅客首选比例分别为26.2%、20.6%，均低于2008年淡、旺季28%和23%的比例，国际旅客对航班时刻的关注程度有所下降，这与2010年淡旺季度假旅游类旅客比例增长有一定关系。

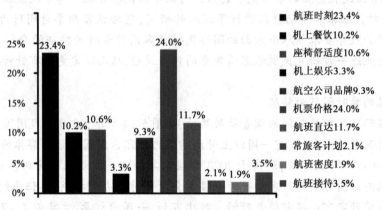

图5-15　2010年国际旅客购票考虑因素

2008年旅客最关心因素中，航空公司的品牌排在第三位，而2010年国际旅客对航空公司品牌的偏好程度有所下降，在国际旅客购票最关心因素的选择比例排序中航空公司的品牌下降到第六位，比例由11%下降至9.3%，相应地选择航班直达、机上餐饮的旅客比例表现出上升趋势，选择航班直达的国际旅客比例由2008年的9.5%上升至11.7%，选择机上餐饮的旅客比例由8%上升至10.2%。

3. 旅客预定附加服务要求

在关于国际旅客购票预定附加服务需求的调查中，约34%的乘客认为不需要任何附加服务。此外指定座位、预定酒店和旅游度假安排的需求比例较高，依次为25%、21%和10.1%。指定座位仍然是国际旅客最重要的附加服务要求，公商务旅客尤其如此。但与2008年相比，指定座位需求比例下降较大，淡、旺季分别由42%、39%下降至26.6%、23.4%，但预定酒店和旅游度假安排需求上升较多，其中，预定酒店需求淡、旺季分别由13%、11%上升至23.3%、18.6%；旅游度假安排淡、旺季分别由10%、8%上升至10.2%、10.0%。

公商务旅客和度假旅游类旅客对购票附加服务的需求，排在公商务旅客需要附加服务前三位的分别是：指定座位、预定酒店和会议/会展。显然，公商务旅客最需要的附加服务是指定座位；度假旅游类旅客则是：预定酒店、旅游度假安排和指定座位。不同旅行目的的国际旅客群体需求存在差异，但是度假旅游类旅客对购票预定附加服务的要求反映出国际旅客对"机票＋旅游"产品的诉求，开发国际自由行产品可以是航空公司未来努力的方向。

4. 购票方式

2010年国际民航旅客中,自己购票者占35.6%,委托别人购票者占31%,单位负责购票者占33.4%;分淡旺季看,淡季三者比例分别为34.3%、29.7%和36.0%,旺季三者比例分别为36.8%、32.2%和31.0%;淡旺季差别不大。

从购票渠道进一步分析,如图5-16所示,2010年国际旅客的购买行为有以下几点值得关注。一是,在各种购票渠道中,航空公司官方网站购票比例最高,淡旺季分别是26.0%和24.3%,高于2008年淡旺季12%和10%的比例,这反映了我国各航空公司大力推广网上直销的成果;二是,航空公司直销已经成为国际销售的重要渠道:2010年选择航空公司网站、电话、售票处三者之和为54.5%,超过一半;代理人购票比例有所下降,网站、电话和售票处三者之和45.5%,但代理人销售仍然占据重要地位;三是,网站购票方面,航空公司官方网站购票者高于代理人网站;但是在电话和售票处购票方面,代理人均高于航空公司。

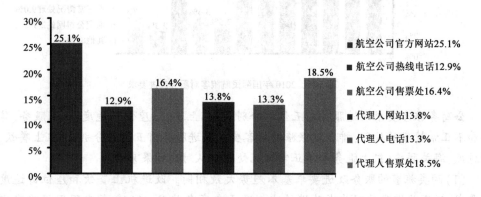

图5-16 2010年国际民航旅客购票渠道

5. 航空公司资讯了解途径

2010年国际旅客主要通过旅行社及代理、朋友介绍、杂志/报纸/电视/广播和其他网站了解航空公司信息,比例分别是21.5%、12.8%、11.3%和11%,其中旅行社及代理所占比例最高。与2008年相比,国际旅客从网站了解航空公司信息的比例有所下降,2010年淡、旺季从网站获取航空公司信息的比例分别为13.2%、13.3%,均低于2008年34.7%、38.8%的比例。2010年旅行社及代理在航空公司信息传播方面作用高于航空公司及相关网站的作用。

6. 对服务改进的要求

如图5-17所示,2010年国际旅客对承运人服务不满意、服务改进需求较为集中的几项分别是:机上餐饮、座位舒适度、机上服务、售票服务、海关联检、行李服务和不正常情况处理等。在旅客多项选择中这些选择比例均超过9%。其中机上餐饮改进需求比例最高,达到17.3%,其次是座位舒适度,达到13.7%。这表明国际长途旅行,旅客对餐饮和座位舒适度具有一定要求,目前航空公司在这两方面的服务仍需改进。尤其是机上餐饮服务,2008年淡、旺季要求改进机上餐饮的比例分别是14.8%、16.9%,2010年淡旺季这一要求均有所增长。

中外航空公司承运旅客的服务改进要求存在一定差异。在机上餐饮、机上服务、航班不正常处置、航班信息通告方面，中方承运旅客要求改进的比例高于国外航空公司承运旅客的要求改进比例；而在座位舒适度、售票服务、海关联检、行李服务等方面国外航空公司承运旅客的服务改进比例高于我国航空公司承运旅客的服务改进比例。

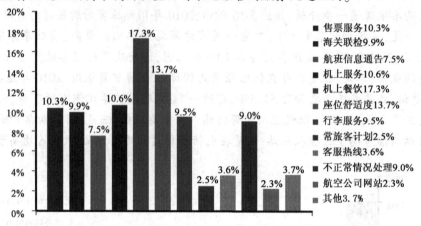

图 5-17　2010 年国际民航旅客对服务改进要求

公商务旅客要求改进服务前五位的分别是：机上餐饮、座位舒适度、机上服务、售票服务和不正常情况的处理；排在度假旅游旅客要求改进服务前五位的分别是：机上餐饮、座位舒适度、海关联检、机上服务和不正常情况处理。从对比结果来看：

（1）两类旅客的服务改进要求基本趋势大致相同。改进机上餐饮和座位舒适度是共性要求，度假旅游类旅客要求改进的比例高于公商务旅客。2010 年我国国际旅客中首次出境旅客比例较高，考虑到首次主观感受对旅客心理评价的影响度最高，因此航空承运人须对这两项改进需求予以足够重视。

（2）不同旅行目的旅客要求改进的其他类别服务存在一定差异，公商务旅客要求改进机上服务和售票服务的比例较高；度假旅游旅客，要求改进海关联检的比例较高。

（3）在要求改进不正常情况处理方面，公商务旅客的比例高于度假旅游旅客。

7. 需要航空公司提供的旅行材料

2010 年国际出港旅客中，需要航空公司提供的旅行材料主要包括：目的地交通工具，占 32.4%；机上座位预定办法，占 29.5%；中转机场办理手续示意图，占 25.3%；淡旺季趋势一致。此外，还有 8% 的旅客需要提供目的地领事馆联系方式。

8. 希望用里程积分兑换的服务

在对旅客希望里程积分兑换的服务调查方面，旅客最希望用里程积分兑换免费机票，比例高达 41.9%，其次是升舱服务和酒店住宿，比例分别为 17% 和 11.2%。

从趋势来看，2008 年调查结果是旅客最希望兑换的服务也是免费机票、升舱和住宿，只是比例略有变化。2010 年旅客最希望兑换免票的淡、旺季比例分别是 39.7%、44.1%，低于 2008 年淡、旺季 48.2% 和 50.3% 的比例；最希望兑换升舱服务的比例，2010 年淡、旺季分别是 17.8%、16.1%，低于 2008 年淡、旺季 22.6% 和 22.8% 的比例；兑换酒店住宿，2010 年淡、旺季比例分别是 11.1%、11.2%，高于 2008 年淡旺季 8% 和 7.1% 的比例。

（资料来源：国际民航旅客市场特征研究报告，2010 年）

第六章 民航运输市场竞争战略

学习目的与要求

- 认识波特五力竞争模型；价值链理论；波特竞争战略；
- 了解民航运输市场战略联盟及其方式；
- 理解民航运输市场基本竞争力量及国内、国际民航运输市场竞争要素；
- 熟悉民航运输市场竞争者营销策略；
- 掌握民航运输市场三大基本竞争战略及实施方法。

第一节 民航运输市场基本竞争力量

美国战略管理学家迈克尔·波特(Michael Porter)于20世纪80年代初提出了波特五力分析模型(Michael Porter's Five Forces Model)，如图6-1所示。五力模型用于对竞争者的全面分析并对企业制订竞争战略产生了深远影响。

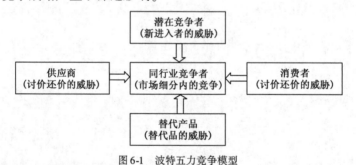

图6-1 波特五力竞争模型

在任何行业中，一般都有五种竞争力量——新进入者威胁、被替代的威胁、买方的议价能力、供方的议价能力和现有竞争对手的竞争，民航运输业也不例外。这五种力量的合力决定了民航运输业竞争的激烈程度及其利润率，最强的一种或几种力量占据统治地位并对企业战略起到决定性作用，下面逐一分析民航业中的这五种基本竞争力量。

 一 供应商的议价能力

民航运输得以正常运转离不开供应商，供应商向航空公司施加压力有两招：一是提价；二是维持原价,但降低其产品的质量和服务。当供方的压力足够大时,可以导致航空公司因无法使其产品价格跟上成本的增长而失去利润。供方和航空公司之间互相施加的压力是此消彼长的关系。

1. 油料公司

在国内市场上,中国航空油料总公司长期以来是各航空公司唯一的供应商。中航油在国内采取统一价格,其水平高于国际平均价格。因此,中航油在价格、数量、质量及供油时间上有相当大的决定权。在国际、地区市场上,油料供应商较多,航空公司的选择余地较大,譬如在香港有几家油料公司,国航油料处就采取招标的方式掌握了主动权。

2. 飞机制造公司

从世界范围来看,民用飞机制造商主要有四家,分别是欧洲空中客车公司(Airbus)、美国波音公司(Boeing)、加拿大庞巴迪公司(Bombardier)和巴西航空工业公司(Embraer)。波音公司历史最悠久,无论从员工数量,还是年度销售额,都是行业中的领头羊,近两年发展势头略有下降;空客公司近几年来发展异常迅猛,尤其是在 2003 年和 2004 年,空客更是在市场交付和合同订货方面均超过波音公司,成为世界上最大的民航客机制造商;加拿大庞巴迪公司是世界领先的创新型交通运输解决方案供应商,生产范围覆盖支线飞机、公务喷气机以及铁路和轨道交通运输设备等;巴西航空工业公司是世界第四大飞机制造商、第二大支线飞机制造商,占 110 座以下飞机生产量的 40%,仅次于加拿大庞巴迪公司(市场占有率为 45%)。

3. 航材公司

中国航空器材总公司隶属于民航总局,全权代表中国各航空公司对外采购飞机,实际上是中间商的角色。航空公司可以派员列席有关飞机定购的业务谈判,但不能绕开航材公司直接向飞机制造公司订货。除了飞机以外航空器材的选购业务一般是由航空公司自行办理。

4. 飞机发动机公司

目前世界上飞机发动机制造公司仍保持三足鼎立之势。美国的通用电器公司(General Electric)、普拉特·惠特尼公司(Pratt & Whitney Group)和英国的罗尔斯·罗伊斯公司(Rolls-Royce)长期以来竞争激烈。发动机制造是航空工业的重头戏,集中体现了这一产业高投入、高技术和高风险的特征。例如,为了争夺 B777 的发动机市场,三家公司都投入了巨资研制适合 B777 的发动机,并都通过了适航检验。对于中国市场,三家的争夺格外引人注目,我国航空公司与他们讨价还价的能力主要取决于我国的外交政策、三家的竞争及联合态势的程度和变化、具体机型的适航要求这三个因素。

5. 机上供应品制造商

机上供应品包括餐食、纪念品、报纸杂志等,从理论上讲,业务量较大的航空公司在与机上供应品厂商的交往中占据主动地位。

6. 劳动力组织

在国外,航空公司的高技术雇员(飞行员、机务维修员等)、普通员工大多数有自己的工会。欧美这一类工会的力量很强大,例如泛美航空公司的破产与工会的不合作有很大关系,又如在法航,前几年发生过几次罢工事件,公司损失很大。航空公司在考虑劳动力压力时,应着重分析两点:第一,劳动者组织起来的程度;第二,稀缺劳动力的供应是否会萎缩。在 20 世纪 80 年代末 90 年代初,由于国内的"航空公司热",一些新成立的公司挖走了不少大航空公司的技术人才,特别是飞行人员和机务人员。目前国内不少航空公司正面临着来自员工要求提高收入的压力。从组织角度看,这些压力尚不能形成合力,只要事关安全大局部门的人员稳定,航空公司在这种对抗中就能掌握主动权。

7. 机场

从供方角度,机场应给航空公司提供安全生产、优质服务的基本条件,但在现实中各机场的物质条件和管理风格存在差异。除此,航空公司与机场之间的关系也不相同,这种关系可分为两类:一类是航空公司与驻地所在机场之间的关系;另一类是航空公司与其航班经停机场之间的关系。某些机场目前的容量处于饱和或超饱和状态,加之机场的软件、硬件与航空公司的发展要求差距较大。近几年,国内航空公司的发展在客观上仍然受制于机场。

8. 飞机租赁公司

由于市场容量巨大,且资产的安全性比较高,越来越多的租赁公司把目光投向了飞机租赁领域,著名的飞机租赁公司有 YLFC、GECAS 和 BAS 等。在飞机租赁市场上,我国自 20 世纪 80 年代通过租赁方式引进第一架 B747 飞机以来,目前全国航空公司的 800 余架飞机中,约有 60% 以上是靠租赁引进的。

二 顾客的议价能力

顾客与航空公司竞争的手段主要有三种:压低价格、要求较高的产品质量和索取更多的服务项目。航空公司每一个主要买方集团的上述能力取决于众多市场情况的特点和这种购买对它整个业务的重要性。在下列八种情况下,一个买方集团会给航空公司带来较强的压力:①在相对于航空公司的销售量来说,购买是大批量和集中进行的;②购买者从航空公司购买的产品占后者成本或购买额相当大一部分;③各航空公司向社会推出的产品无差异或差异不大;④购买者面临的转换成本少;⑤买方盈利低;⑥购买者是同行;⑦航空公司的产品对买方的产品及服务无重大影响;⑧买方掌握航空公司充分的信息。下面逐一分析航空公司的买方。

1. 旅行代理(Travel Agent)

旅行代理,国内一般称之为代理人。在当今许多国家,70% 以上的客票都是通过旅行代理订购的。在欧美一些国家,由于放松管制和自由化力量的加强,佣金政策已成为很多航空公司市场营销的重要组成部分。为了培养和保持旅行代理的忠诚,航空公司为高销售额提出了高佣金。在国内代理市场上,代理人的力量也愈发强大,并已开始走联合之路,一些实力雄厚的代理人在与航空公司签协议时更具有压价的资本。

2. 旅游经营商(Tour Operator)

由于很多休闲旅客不仅希望买一张机票,还希望得到吃、住、行、游、购、娱的一条龙服务。旅游经营商也随之应运而生,他们与旅行社、饭店、出租车公司、商店、餐馆等供应商讨价还价,最后得到一揽子服务的最低价格。这种模式在国外方兴未艾,在国内已崭露头角,旅游经营商已成为航空公司的重要顾客。

3. 集运商(Consolidator)和包销商(Wholesaler)

在国外集运商是航空公司的另一个大买主兼顾客。他们的作用体现在"运"字上,与旅游经营商不同,他们只为了获得价格便宜的座位与航空公司讨价还价,并不负责膳宿和中转接送等项目,因为有不少旅客喜欢自行安排时间表和食宿地点。在大多数情况下,欧美的集运商也是包销商。所谓包销是指将某一航班上一段时期内一定百分比的客票包销出去,如果卖不出去,可以在一定提前期内退回航空公司。包销商也常常通过旅行代理将座位售给大众。在国内,温州等地已有包销商经营数年,业绩颇佳。

4. 有决策权的旅客和货主

有决策权的旅客和货主是指名要某家航空公司的消费者。这类旅客和货主在国内市场上的比例要高于国际市场,他们往往富有旅行经验,对航空公司之间的区别略知一二,在购买时倾向性较大。

5. 机场

在大多数情况下,机场既是航空公司的供方,也是航空公司的买方(几乎所有的机场、省局、航站都下设客货代理公司)。换言之,航空公司既是机场的供方,也是机场的买方。双方关系的实质以合作为主、以竞争为次,是一种双赢发展的关系,如果不能正确处理双方的关系,就会两败俱伤。

6. 货运代理公司

在欧美航空货运市场上,80%以上的出口货物和90%以上的进口货物都是通过货运代理方式运输的。在国内,由于货运代理业集中程度远远高于客运代理,航空公司的压价能力就很有限。

三 新进入者的威胁

新进入者是指加入航空运输业的新企业,由于进入者怀有占有市场份额的强烈欲望,通常具备较充足的资源,以新的业务能力为进攻武器,其竞争力往往不容小觑。

对于航空运输业来说,新进入威胁的大小由市场上呈现的进入障碍和进入者预计的现有航空公司的反击力度、规模和持久性这两点决定。如果进入障碍高或进入者预计现有航空公司反击报复力度强,则这种新进入者的威胁就会较小。下面列出了四种民航业进入的障碍。

1. 规模经济性障碍

规模经济性迫使进入者做两难的选择:要么一开始就以大规模生产并准备接受现有航空公司顽强抵制的风险,要么以小规模经营来承受高单位成本的劣势。一般情况下,新航空公司不得不选择后者,原因在于航空运输业充分体现了大规模生产的优越性,主要有以下四点:第一,拥有庞大航线网的航空公司能把竞争较弱的航线上得到的利润补贴到竞争激烈的航线上;第二,大规模生产在营销方面还可以增加常旅客优惠计划的吸引力,有利于树立公司形象;第三,大航空公司可以以低价成批定购飞机,从而降低购买、维修成本;第四,在一架飞机因故不能投入运营时大航空公司能更换另一架飞机。当然,大型化也有下列三方面的弊端:规模越大,经济性未必越佳;扩大到一定程度后,单位成本、管理费用增加;系统协调功能下降。

2. 产品差别化障碍

产品差别化是指现有的航空公司由于过去的广告、优质服务、特色产品和公共关系等因素而获得了品牌及顾客忠诚方面的优势。产品差别化迫使新进入者耗费很大的代价去克服顾客对现有航空公司的好感。

3. 资金需求障碍

航空运输业是高风险、高投入、高技术应用的产业,加上占用资金庞大的航材库存、高额的燃料费用、高昂的劳动力成本及高市场营销费用,都要求航空公司具有较强的资金实力以及管理者具备高超的理财能力。

4. 销售渠道障碍

民航运输产品的销售渠道在很大程度上已被现有的公司所控制。如美利坚公司(AMR)旗下 Sabre 集团的 sabre 系统实力强大,Sabre 集团在 1995 年是 AMR 的创利首富,超过了航空运输集团所创利润。

新进入者在给行业带来新生产能力的同时会产生与现有企业市场份额方面的竞争,可能导致行业中现有盈利水平降低,严重的话还有可能危及企业的生存。新航空企业进入可能性大小取决于进入者主观估计、进入所能带来的潜在利益、所需花费的代价与所要承担的风险及这三者的相对大小情况,并受政府对航空行业准入制度规定限制的制约。2005 年,中国民航总局相继颁布了《公共航空运输企业经营许可规定》和《国内投资民用航空业规定》,允许并鼓励国内外资本投资中国民航业。自 2004 年以来,我国先后有 39 家民营企业申请设立航空公司,春秋、吉祥、华夏等多家民营航空公司投入运行。

四 替代品的威胁

一般而言,所有的航空公司都在与生产替代品的产业进行竞争。替代品在价格、服务方面给民航运输市场带来了很大的压力,直接设置了民航业的上限价格,从而限制了空运业的潜在收益。

(一) 商业联络业务(Business Communication)

1. 来自高级电信器材(视听电话、电话会议设备等)的供应商的竞争

例如电话公司现在已经能够提供廉价的全球性通信手段,并且已开始逐步实行将纯声音通信辅之以形象、场景通信的新技术,经理人员将会既节省时间又降低成本,还能免受长途劳顿之苦。这种通信能力不仅影响了航空公司运送商务旅客的业务,而且严重地影响了与运送紧急文件有关的航空快递业务。

2. 来自水陆运输商的竞争

近年来我国重视了交通基础设施的建设,高速公路如沈大线、广深线、沪宁线、京太线、京津塘线和成渝线等的开通,大大缩短了城市之间的距离,对民航业带来了较大的压力。又如,

合肥—南京、南京—上海的高速公路通车后,上百辆大型豪华客车以其方便(营运班次多、随时可以乘车出发)、快捷(合肥—上海由过去的10余小时缩短为5～6h,南京—上海由过去的6～7h缩短为3～4h)、经济实惠和舒适的特点吸引了大量旅客。在短距离旅行中,乘飞机与高速公路上乘豪华大巴相比在省时、快捷、舒适等方面已无明显优势,在价格和班次上还处于下风。在国外,许多国家正在增加对铁路系统的投资,越来越多的城市进入了从自己的市中心到其他城市市中心的3h区间航程之列,这对于当天往返的商务旅行者而言,坐火车比乘飞机更加可行。

(二) 度假旅游业务(Leisure Travel)

与商业联络业务相比,在度假旅游业务方面可以替代空运的方式更多。由于度假旅游对于世界上大多数人来说是一种奢侈品,因此航空公司必须提醒自己:本公司正在与其他的奢侈品和服务供应商竞争。为此航空公司有三件事要做:一是说服顾客乘坐飞机旅行;二是想办法让顾客选择本公司;三是诱导顾客飞向本航空公司航班所到之处,因此,为让更多的人投资于旅游,既需要各航空公司的携手合作,也需要航空公司、机场、旅行社、饭店和地方政府的联合。

(三) 航空货运业务(Distribution)

一般把航空货运业务分为五类:紧急货运、日常性的易腐性货运(Time Sensitive Cargo)、日常性的非易腐性货运(Time Insensitive Cargo)、特快专递(Courier-service)和邮件。在很多市场中,由于空运费用较昂贵,发货人更愿意采用轮船、火车或卡车等水陆运输方式托运货物。

1. 紧急货运

紧急货运又分两种:一种是经营性紧急货运,如一家石油公司的一台打井机出了故障,导致停产,为把损失减少到最低限度,只有选用空运方式运来所需要的零配件。可以说,航空公司经营性紧急货运的业务基本上没有替代品的威胁;另一种是营销型紧急货运,供货商为了避免供货误期、失去顾客的忠诚和信任,只好选用空运方式,在此情况下,航空公司也鲜有替代品敌手。

2. 日常易腐货运

这类货物又分两类:物理易腐物,如鲜花、水果和海味食品等;经济易腐物,如新潮报纸、流行歌曲唱片等。在这两类业务中,也少有替代品的威胁,尤其是在中远程航线上。前面的分析中已提出货运业的替代品是地面运输,这主要是对日常性的非易腐性的货物运输而言的。认识到这一点,航空公司就要着力于说服更多的货主采用空运,这里有三方面的理由可以用来使精明的货主乐意选用空中服务:第一,包装费用较低,因为空运的环境较好;第二,保险费通常会有大量节省;第三,可以加快资金流转,因为往往是在收货人收到货后才开始支付。

五 同行业竞争者的竞争

从历史角度来看,民航业可划分为两个时期:管制(Regulation)时期和放松管制(Deregulation)时期。一般来说,在管制时期,航空公司的成立必须经过繁琐的、严格的审批程序,其战略规划和日常运营都受到政府强有力地控制,航空公司之间的竞争程度是有限的。以美国为例,在1978年之前,如果没有CAB(Civil Aeronautics Board,民用航空委员会,FAA的前身)或FAA(Federal Aviation Administration,联邦航空局)的批准,航空公司就不能改变其航线结构、票价和基本运营技术(如机型)。在放松管制时期,政府只行使行业管理的职能,航空公司在市场环境下自主经营,民航才真正进入竞争时代。以美国为例,国会于1978年通过了《航空公司放松管制法》(Deregulation Act),简化了新航空公司成立的手续,允许它们自由定价、自由选择国内航线。在过去的20年的时间里,美国市场可谓群雄逐鹿。这期间,有过人民捷运航空公司的辉煌与衰落,有过泛美和东方等巨型航空公司的破产和消失,有过很多航空公司的重组和被吞并,幸存下来的航空公司经历了1979~1989年的相对繁荣和1990~1994年的全面衰退(五年中全行业亏损130亿美元,比莱特兄弟发明飞机以来空运业的利润总和还多,只有西南航空公司和联邦捷运能保持盈利)。

迄今为止,只有极少数国家经历了美国这样的两个时期。我国的民航业正处于由管制时期缓慢地向放松管制时期转变的阶段,现阶段更多地带有管制时期的特点。航空运输业的竞争要素只有在放松管制时期才能充分发挥作用。由于民航业在国内市场和国际市场具有不同的行业特点,竞争要素也就分为下面两种类型。

(一)国内民航运输市场竞争要素

航空公司将安全工作放在首位,安全是顾客关心的第一要素,也是竞争的第一要素。除此,国内民航运输市场上的竞争要素分为两个级别,第一个级别是影响力较大的四个因素,即航班时刻、航线、定价和航班频率;第二个级别是影响力较小的四个因素,即设备、服务、忠诚和总体感觉。

1. 航班时刻

航空公司的计划人员总是力求在营运和市场这两大功能之间保持较好的选择性平衡。从营运角度来说,就是要使飞机日利用率最大化并使运营成本不断降低;从营销角度来说,市场营销工作则聚焦于需求高峰时期,以提高载运率,但这两者之间有时却难以协调。航班时刻不仅要考虑某一市场的特点,而且要考虑与其他市场上航班时刻的衔接,航班时刻还受到需求高峰期的影响,需求高峰往往是每天、每周、每年的某一段时期,比如傍晚的航班一般比晚上九点半以后的航班更受欢迎;另外,节日和假期对航班时刻的冲击力很强,并且多会有单向性。在高需求时间与低需求时间作平衡,对航班时刻计划人员是一个复杂的挑战,某些不可预测因素(如航班延误、取消等)将使这一问题更加棘手。为了达到较高的日利用率,飞机的过站中转时间往往被设计得较短(如美国西南航的平均中转时间为0.5h),在这种情况下,一次延误不仅影响某架飞机全天的安排,而且对本公司甚至其他公司的运营产生系统性影响。航空公司都将制定航班时刻的工作作为运营计划的核心内容,因为这一工作既能建立也能破坏顾客的选择偏好。综上所述,航班时刻是航空公司大多数职能的高级集成,这些职能包括销售、广告、市场研究、定价、服务、OD流(Origin and Destination)确定、运输高峰处理和飞机利用率提高等。

2. 航线网络

航线网络是航空公司竞争的重大内容,随着放松管制的进程,航线系统已成为一个脆弱的竞争因素。在航空公司的航线结构中,进退自由已成为一个变化很快的因素。对航空公司来说,进入一个新的航线时,开辟成本往往要权衡再三,如果一个航线被证明是可行的,那就意味着竞争者也会进入这个市场。就城市而言,一个航班可能是直达的、经停的或中转(换航空公司或换航班)的,这就对航空公司的航线网络提出了新的思考。航线网络通常有中心辐射系统(Hub-and-spoke System)、线型航线结构(In-line Route Structure)和网格式网络(Grid Network)三种形式,航空公司的航线网络可以是其中的一种形式,或几种形式的交织。三种网络在市场营销和运营、高峰期处理、方向的不平衡性的处理、恶劣天气的处理、飞机利用率、载运率、过站密度及服务统一性的可控程度等方面各有利弊,航空公司往往权衡各种利弊,选择其航线网络。如在美国,巨型航空公司(年营业额超过10亿美元的航空公司)一般都采用中心辐射系统,而中国的航空公司航线结构大多以线型和网格式网络为主。

3. 定价

在所有的竞争要素中,定价是最复杂和最不稳定的。定价把旅客行程的价值与具体的时间、具体的地点以及竞争因素结合起来转换为一种数量化的概念。定价涉及的因素主要有舱位等级、佣金、团队包座和一天中具体的时间。目前,由于大多数航空公司采用了收入管理系统,其定价完全建立在计算机自动处理的基础之上。

4. 航班频率

一个注重航班频率甚于增加航班座位的航空公司往往更容易攫取较大的市场份额。航班频率低意味着在航班的取消或增加方面缺乏弹性,也意味着航班时刻的灵活性较差。航班频率是一种强大的破坏旅客对其公司忠诚的武器,理由很简单:在一般情况下,即使某旅客对某公司一直存有好感,但他通常会选择第一个航班出行,把所有后面的航班作为候选。换言之,一个在一天内或一周内提供航班频率较高的航空公司往往成为旅客的首选。一般情况下,高航班频率意味着高市场占有率。

5. 设备

主要是指航空器和航空器上为旅客服务的设施。很多民航业的高级经理们高度强调机型对于航空公司运营的意义,他们认为旅客倾向于选择最新、最快、最舒服的飞机。很多航空公司相信,如果他们不能赶上或超过竞争者的设备水平,就会失掉一些市场份额。少数航空公司坚持用"年轻"的设备,如三角航空公司和新加坡航空公司。

6. 服务

当上述竞争要素难分高下时,顾客服务就扮演了一个极其重要的角色。传统的客运服务是一个包括订座、出票、信息查询、值机、登机、机上餐饮、空乘员举止、离机程序和行李领取的全过程。如今一些航空公司开始提供旅馆预定、旅游一揽子服务、租车、机上电影和机上电话等服务,顾客的需求正朝着更复杂的方向变化,航空公司的服务工作比以往任何时候都更加富有挑战性。

7. 忠诚

有一定民航运输经验的顾客倾向于选择自己忠诚的那家航空公司。近十年来,国际闻名的航空公司一般都用常旅客计划(Frequent Flying Program)来建立和维持顾客的忠诚。

8. 总体感觉

总体感觉是指被顾客感知到的竞争要素之和。当一个旅客将某公司看成能提供最理想的时刻、最多的航班频率、最低的票价、最好的服务和最新的飞机时,他将忠于这家航空公司。他的总体感觉可能是事实的反映,也可能是自己的想像,在他购票时有强大的影响力。

(二)国际民航运输市场竞争要素

从管制性下的国际民航运输市场到放松管制下的国际民航运输市场,竞争要素的作用也有很大差别。在前一个市场上,政府保持着强有力的控制权,公众利益被摆在第一位;在后一个市场上,政府不再控制或很少控制航空公司的运营,利润被当成主要目标。

在国际民航运输市场上,竞争的本质是政府的专制权力,这种权力可用来制定规章与法律、调整竞争要素以利于本国的航空公司。国际民航运输市场上的竞争要素主要有运价、航班频率、市场准入、设备、服务和广告等。

1. 运价

出于政治、经济和社会等方面的考虑,运价对于不同的国家有不同的意义。比如,对于某些国家而言,空运是赚取外汇的一种手段。对于所有经营国际业务的航空公司而言,只有不断改进其价格政策和价格体系,才能保证长期盈利。

2. 航班频率

航班频率被形容为航空公司的生命血液,很多国家的政府通常在外航的登机口时段上作出种种限制,迫使外航降低其航班数目,同时让本国的航空公司占有最佳的进出港时刻。

3. 市场准入

市场准入是国际航空运输双边和多边谈判中的核心内容。现在中国民航运输市场就面临着很多外航方面通航、增加航班、进入中国国内市场等的要求,如美国西北航空曾要求与国航代码共享。美国市场是世界上最大的航空运输市场,是不少大型航空公司垂涎的宝地,但美国政府在准入问题上非常谨慎。

4. 设备

政府主要在飞机适航方面对外航设置障碍,例如一些国家以没有基础设施支持为由,不允许外航某种机型降落。各国还充分利用环保问题限制外航对环境有污染的机型。

5. 服务

由于国际航班往往代表国家形象,加上公务旅客较多,各航空公司都很重视国际航线上的服务工作。在历次服务质量评比中,瑞士航和新加坡航是佼佼者。

6. 广告

对于许多国际飞行的旅客来说,广告是航空公司唯一能够接触到他们的方法,为此多数国际性航空公司在促销预算中都为广告列出一大笔费用。一般来说,航空公司的广告预算不低于其年营业收入的3%。

上述每一种竞争要素对航空公司的成本皆有影响,故采取任何一种竞争要素都要考虑成本与收益的关系。另外,很多不确定性与竞争要素的运用有关,这是因为判断竞争者潜在的反应并非易事。最重要的是航空公司决策者要意识到竞争要素是关键性的工具,它们如能被正确利用,公司就能较大幅度地提高其市场份额和盈利能力。

案例 6-1

折断的双翅——澳大利亚安捷航空公司

让澳大利亚人备感伤心的是,创造出66载傲视群雄辉煌历史的澳大利亚第二大航空公司——澳大利亚安捷航空公司(Ansett Australia,简称为AN),难以抵御接二连三停飞事件的重创,无可奈何地于2002年3月5日宣告倒闭破产,一步三回头地退出了澳大利亚航空业的竞争舞台,含泪忍悲地结束了遨游长空振翅飞的蓝天生涯。

澳大利亚安捷航空公司于1936年创建,并于20世纪80年代,被卖给了传媒大王——默多克麾下的澳洲新闻公司和新西兰航空公司。2000年2月,新西兰航空公司从澳洲新闻公司手里购回了安捷航空公司的另外50%股份,成了安捷航空公司的全资母公司。安捷航空公司主宰的新西兰航空公司CEO加里·托米为了迎接澳大利亚航空业私有化后所带来的强竞争态势,以一切均以利润最大化为唯一取舍标准,最大限度地延长飞机的飞行时数和使用寿命,挖空心思地降低维修成本和各种费用,试图通过无度的挖潜和节流追求利润最大化。这些饮鸩止渴的急功近利举措,虽使安捷航空公司获得了一时的丰厚回报,但却因安全系数大大降低,时不时发生停飞事件,最终不仅经济受损而且信誉顿失,于不知不觉丢掉了千金难买的旅客信任,埋下了业绩大幅度下滑的莫大祸根。加里·托米的管理不善和决策失误,给安捷航空公司带来了挥之不去的困窘阴影,不得不一次又一次面对"展翅难以自由飞,鹰击长空成奢望"的百般尴尬。仅从2000年圣诞节到2001年复活节的6个月时间内,安捷航空就因安全不过关而两度被勒令停飞,由此拉开了走向衰亡的序幕。2001年9月14日,安捷航空公司由于日亏损额高达67万美元而宣告破产,后虽在澳大利亚联邦政府的紧急"输血"下,于2001年9月29日部分复航,但这只是延缓了安捷航空公司的倒闭时日。2002年2月27日,由澳大利亚富翁林德塞·福克斯和所罗门·刘联合收购安捷航空公司的谈判破裂,安捷航空公司被迫于3月5日正式宣告破产。

澳大利亚报刊对安捷航空公司的倒闭破产进行了全方位、多层次的新闻剖析。其中,有这样一幅形象的讽刺漫画,一个孩子不解地问父亲:安捷为啥会停飞歇业?父亲巧妙地回答道:安捷与新西兰的恐鸟、澳大利亚的渡渡鸟一样,都是因为不会飞行而灭绝的!

案例讨论:
1. 请分析安捷航空公司被淘汰出局的主要原因。
2. 试分析安全因素对航空公司竞争的影响。

第二节 民航运输市场竞争战略

竞争战略(Competitive Strategy),又称为业务层次战略,是在企业总体战略的制约下,指导和管理具体战略经营单位的计划和行动。企业竞争战略要解决的核心问题是,如何通过确定顾客需求、竞争者产品及本企业产品这三者之间的关系,来奠定并维持本企业产品在市场上的特定地位。

一 波特竞争战略与波特价值链

在民航运输市场竞争战略的研究中,通常以迈克尔·波特的竞争战略和价值链理论作为市场营销竞争战略研究的基础理论。

(一)波特竞争战略

迈克尔·波特提出企业在与五种竞争力量的抗争中,蕴涵着三类成功战略思想:成本领先战略、差异化战略和集中化战略。波特五力模型与基本战略的关系见表6-1。

波特五力模型与基本战略的关系　　　　　表6-1

行业内的五种竞争力量	基本竞争战略		
	成本领先战略	差异化战略	集中化战略
供应商的议价能力	更好地抑制供应商的讨价还价能力	更好地将供应商涨价部分转嫁给顾客方	能更好地将供应商涨价部分转嫁给顾客方
顾客的议价能力	具备向顾客给出更低价格的能力	因为选择范围小而削弱了顾客的谈判能力	因为没有选择范围使大买家丧失谈判能力
新进入者的威胁	具备杀价能力以阻止潜在对手的进入	培育顾客忠实度以挫伤潜在进入者的信心	建立核心能力以阻止潜在对手的进入
替代品的威胁	能够利用低价抵御替代产品	顾客习惯于一种独特的产品或服务而降低了替代产品的威胁	特殊产品和核心能力能够防止替代产品的威胁
同行业竞争者的竞争	能更好地进行价格竞争	品牌忠诚度能使顾客不理睬其竞争对手	竞争对手无法满足集中差异化顾客的需求

1. 成本领先战略(Overall Cost Leadership)

成本领先战略也称低成本战略,是指企业通过在内部加强成本控制,在较长的时间内保持企业产品成本处于同行业的领先水平,并以低成本作为向价格敏感客户提供产品和服务的主要竞争手段,使自己在激烈的市场竞争中保持成本优势,获得高于平均利润水平的战略。成本领先战略要求坚决地建立起高规模的生产设施,在经验的基础上全力以赴降低成本,紧抓成本与管理费用的控制,以及最大限度地减小研究开发、服务、推销、广告等方面的成本费用。尽管质量、服务以及其他方面也不容忽视,但贯穿于整个战略之中的是使成本低于竞争对手,赢得总成本最低的有利地位。

2. 差异化战略(Differentiation Strategy)

差异化战略是指将产品或公司提供的服务差别化,树立起一些全行业范围中具有独特性的产品和服务。实现差别化战略可以有许多方式:设计名牌形象、技术上的独特、性能特点、顾客服务、商业网络及其他方面的独特性。波特认为,在建立公司的差异化战略活动中总是伴随着很高的成本代价,有时即便全产业范围的顾客都了解公司的独特优点,也并不意味着所有的顾客都将愿意或有能力支付公司要求的高价格。

3. 集中化战略(Focus Strategy)

集中化战略指主攻某个特殊的顾客群、某产品线的一个细分区段或某一地区市场。这一战略依靠的前提思想是：公司业务的专一化能够以更高的效率、更好的效果为某一狭窄的战略对象服务，从而超过在较广阔范围内竞争的对手。波特认为这样做的结果，必然地包含着利润率与销售额之间互以对方为代价的关系。

(二)波特价值链理论

价值链理论也是由迈克尔·波特提出的，他认为企业每项生产经营活动都是其创造价值的经济活动，企业所有的互不相同但又相互联系的生产经营活动，构成了创造价值的一个动态过程，即价值链。价值链将一个企业分解为战略性相关的许多活动，成为价值活动。价值活动可以广义地分为基本活动和辅助活动。通用的价值链和民航企业的价值链，如图6-2所示。

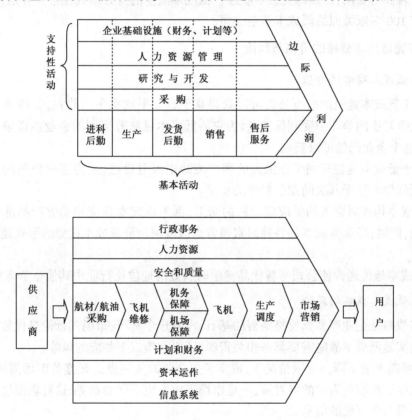

图6-2 通用价值链与民航企业价值链

价值链可以反映出企业生产经营活动的历史、重点、战略以及实施战略的方法，还有生产经营活动本身所体现的经济学观念。更具体地说，如果企业所创造的价值超过其成本，企业便有盈利；如果盈利超过竞争对手，企业便有更多的竞争优势。价值链分析，一方面帮助企业找到内部不增值的作业，降低成本增强竞争力，另一个方面可以使企业更好地认识自己所处的市场环境及顾客的需求和其变化趋势，帮助企业领导确定市场目标，做出正确决策。

二 民航运输市场低成本竞争战略

低成本航空公司的运营模式诞生于20世纪70年代的美国,第一家低成本航空公司是美国西南航空公司(Southwest Airlines,简称美西南),被称为低成本航空模式的始祖。1978年美国民航业放松管制之后,传统航空公司迅速建立起中枢辐射型航线网络的同时,低成本航空公司也逐渐登上历史舞台,在20世纪90年代获得巨大的发展,特别是在21世纪初,当传统航空公司由于政治、经济等方面的不利因素陷入困境,传统的航空公司经营模式受到广泛质疑的时候,低成本航空公司却一枝独秀,取得不俗的成绩。低成本航空公司产生的根本原因在于它符合旅客的需求,对旅客来说出行的效率和方便是最重要的,直达航班使旅客既可以快速到达,又不必支付较高的费用,因而深受旅客欢迎。低成本航空的业务模式在世界各地广为传播,目前世界上有100多家类似的低成本航空公司。

(一) 实施低成本战略的价值与风险

1. 实施低成本战略的价值

(1)处于低成本地位的航空公司可以获得高于行业平均水平的收益,其成本优势可以使企业在与竞争对手的争斗中受到保护,因为它的低成本意味着当别的企业在竞争过程中已失去利润时,这个企业仍然可以获利。

(2)处于低成本地位有利于在强大的客户威胁中保卫自己,因为客户公司的压力最多只能将价格压到效率居于其次的竞争对手的水平。

(3)低成本构成对强大的供应商威胁的防卫,因为低成本在应对卖方产品涨价中具有较高的灵活性,同时,导致低成本的各种因素通常也以规模经济或成本优势的形式建立起行业进入壁垒。

(4)低成本地位通常使公司与替代品竞争时所处的地位比行业中其他竞争者更有利。

2. 实施低成本战略的风险

低成本战略是企业产品低价格销售的基石,没有这个基石,市场的低价格优势就不能长期保持。企业实施低成本战略需要具备相关资源,还要承担以下相应的风险。

(1)市场需求的下降。一般情况下,成本领先企业的关注点是旺盛的市场需求,企业的规模经济是适应这种市场需求的好对策,一旦市场需求发生下降的趋势,这对靠规模经济来支持的企业无疑是一个可怕的信号。

(2)竞争对手的模仿。当企业的产品和服务具有成本领先的优势时,竞争者往往会采取合法的模仿,形成与企业相似的成本优势,给企业造成困境。甚至有些竞争者在进行合法的模仿中进行一定的创新,以更低的成本优势领先于本企业,使得本企业原有的优势反而成为劣势。

(3)顾客偏好的转移。由于市场导向等各方面原因的影响,顾客的偏好和需求从注意价格转向注重产品的品牌,在顾客的心目中产品的差异有时比价格更重要,使得企业失去低价优势。

（二）低成本战略的实施条件

低成本战略在不同的企业和同一企业的不同发展阶段，所追求和所能达到的目标是不同的，其目标是多层次的。企业应当根据自身的具体条件，来确定是否实施低成本战略。

1. 外部条件

（1）企业所处行业的产品或服务基本上是标准化或者同质化的，由于产品或服务在性能、功能、质量等方面几乎没有差异，顾客购买决策的主要影响因素就是价格的高低。

（2）企业的市场需求具有价格弹性。顾客对价格越敏感，就越倾向购买低价格企业提供的产品或服务。

（3）实施差异化战略的途径很少。很难进行特色经营以使自己产品或服务具有独特的优势。

（4）现有竞争企业之间的价格竞争非常激烈。绝大多数顾客使用产品或服务的方式都是一样的，相同标准的产品或服务就能满足顾客的需要，此时较低的价格就成了顾客选择品牌的主要决定因素。

（5）顾客的转换成本低。当顾客从一个企业转向另一个企业所承担的成本较低时，他就有灵活性，从而容易转向同质量、价格更低的企业提供的产品或服务。

2. 内部条件

（1）持续的资本投资和良好的融资能力。

（2）业务流程便于整合。

（3）低成本的分销系统。

（4）企业的信息能实现共享。

（5）企业要有很高的购买先进设备的前期投资以及进行激烈的定价和承受亏损的能力。

（6）低成本会给企业带来高额的边际收益，企业为保持这种低成本地位，可以将这种高额边际收益再投资到新设施设备上。这种再投资方式是维持低成本地位的先决条件。

（三）航空公司成本构成

成本领先战略实施的一个重要原则是，在保证与竞争对手提供大致等同的顾客价值的前提下，降低企业相对于竞争对手的成本。因此，首先需要了解航空公司的成本组成和降低成本的空间。根据不同的标准，航空公司的成本可以划分为不同的种类。

1. 按服务功能划分

按照航空公司提供空运服务的各种功能来分析成本的构成，可以分为：①飞行成本，即直接运营成本；②旅客服务成本，即向旅客提供的售票、机上服务等直接相关成本；③维修成本，飞机与其他设备的维修与保养，包括直接维修成本（实际维修成本）和分摊维修成本；④飞机服务成本，包括加油和着陆等相关成本；⑤销售成本，即市场开发、订座与销售成本；⑥折旧成本，用以积累逐渐老化的飞机及其他设备的价值消耗的成本；⑦管理成本，包括一般行政管理、法律诉讼、管理人员工资及其他成本。

2. 按成本范围划分

按成本范围将航空公司成本分为：直接运营成本、非直接运营成本和系统非运营成本。

(1) 直接运营成本,也称为航班飞行运营成本,即与机队飞行小时相关的成本,同时包括维修成本及维修管理成本的分摊。这部分成本占运营总成本的50%左右。

(2) 非直接营运成本,分为地面运营成本和系统运营成本。地面运营成本是与地面服务有关的一系列成本,包括机场/航站楼为旅客、飞机提供服务而发生的成本,航空公司对于始发旅客的订座、出票、服务等成本;系统运营成本是除地面运营成本以外的其他非直接运营成本,主要是指一些先期投入的成本,如旨在增加整体收入的促销成本、旅客机上服务和餐食成本等。

航空公司运营成本是上述三项之和,即

$$运营总成本 = 飞行运营成本 + 地面运营成本 + 系统运营成本$$

(3) 系统非运营成本,与航空运营无关的,而与航空公司运营管理有关的其他方面的成本,如税赋成本,各地有所不同。

航空公司在实施成本领先战略前,需要对企业成本作进一步的数据收集和分析,从复杂的成本结构中发现、识别那些可以削减的不必要的成本,通过改进工作流程,完善流程中的成本管理程序,并通过维修外包、采购招标等手段降低航材和供应品的采购成本。

(四) 国外低成本航空公司的战略模式

由于地域和市场环境等诸多方面的不同,低成本航空公司拥有不同的模式。

1. 美国模式

美国航空运输市场有其独特性,首先,美国国土面积大、东西方向跨度大,天然的形成大量东西方向的客流;其次,美国城市化水平高,除了人口众多的大城市以外,还有很多中小城市的航空运输服务需求;第三,美国的机场数量是全世界最多的,运输基础数接近600个;第四,军民合同,美国的空域资源丰富;第五,旅客构成方面,美国人口的流动性大,18%的美国家庭每年搬一次家、47%的旅客为商务旅客、35%的旅客为探亲访友旅客,而游客只占12%;第六,美国旅客的旅行距离长,尤其是商务旅行。

美西南(见案例6-2)至今是美国和世界上最成功的低成本航空公司,其他低成本航空公司都是从模仿美西南的模式开始。因此,美西南的模式在很大程度上代表了美国的低成本航空公司。目前,除了美西南以外主要的低成本航空公司还有美西航(America west)、ATA、捷蓝(JetBlue)等。

案例6-2

美国西南航空公司成功经营秘诀

美国西南航空公司(Southwest Airlines)总部设在达拉斯,1971年由罗林·金和赫伯·凯莱赫创建。从载客量上看,它是世界第3大航空公司,目前在美国,它的通航城市最多。

在20世纪70年代,西南航空公司只将精力集中于德克萨斯州之内的短途航班上,其航班不仅票价低廉,而且班次频率高,乘客几乎每个小时都可以搭乘一架西南航空公司的班机。这使得西南航空公司在德克萨斯的航空市场上占据了主导地位。

尽管大型航空公司对西南航空公司进行了激烈的反击,但由于后者的经营成本远远低于其他大型航空公司,因而可以采取价格战这种最原始而又最有效的竞争手段。

不论如何扩展业务范围,西南航空公司都坚守两条标准:短航线、低价格。1987年,西南航空公司在休斯敦——达拉斯航线上的单程票价为57美元,而其他航空公司的票价为79美元。80年代是西南航空公司扩张发展时期,其客运量每年增长300%,但它的每英里运营成本不足10美分,比美国航空业的平均水平低了近5美分。

西南航空公司在选准战略性机会窗口后,低价格是保证它打赢这场战争的关键。为了维持运营的低成本,西南航空公司采取了多方面的措施:在机型上,公司全部采用节省燃油的B737型飞机,并执行统一标准,使得公司在人员培训、维修保养和零部件采购上大大节省了费用;由于员工的努力,西南航空公司创下了世界航空界最短的航班轮转时间,当竞争对手需用1h才能完成乘客登机离机及机舱清理工作时,西南航空公司的飞机只需要15min;在为顾客服务上,西南航空公司针对航程短的特点,只在航班上为顾客提供花生米和饮料,而不提供用餐服务。一般航空公司的登机牌都是纸质的,上面标有座位号,而西南航的登机牌是塑料的,可以反复使用,这既节约了顾客的时间又节省了大量费用。西南航没有计算机联网的订票系统,也不负责将乘客托运的行李转机。对于大公司的长途航班来说,这是顾客无法忍受的,但这恰恰是西南航的优势与精明所在。

西南航空公司的低价格战略战无不胜,克莱尔曾说:我们(西南航)已经不再与航空公司竞争,我们要与行驶在公路上的福特车、克莱斯勒车、丰田车、尼桑车展开价格战,我们要把高速公路上的客流搬到天上。

在西南航空公司的发展过程中主张集中力量,稳扎稳打,看准一个市场后就全力投入进去,直至彻底占领该市场。西南航拒绝了开通高利润的欧洲航线的邀请,坚定不移地坚守短途航线,以避免与大航空公司兵刃相见。西南航对开通航线的城市也有着严格的标准,对每天低于10个航班客运量的城市,公司不会开辟航班。

从西南航的经营秘诀,笔者发现如果一家企业可以提供比竞争对手低的价格,并能保证一定的服务和产品质量,又能保持一定的利润,那么它将具有强大的竞争优势。

案例讨论:

1. 美国西南航空公司的低成本模式有哪些特点?
2. 美国西南航空公司降低成本的手段有哪些?

2. 欧洲模式

欧洲的低成本公司出现在20世纪90年代,瑞安航空(Ryanair,见案例6-5),由一家亏损的航空公司,模仿美西南的模式而转变为一家成功的低成本航空公司。欧洲的地理环境造就了与美国大不相同的航空运输市场,因此欧洲低成本航空公司的模式有其自身的特点:

(1)欧洲的国际航线大大多于各国的国内航线,国际旅客远远大于国内旅客,因此低成本航空主要的市场都是国际航线。欧洲最主要的两家低成本航空公司瑞安航空和易捷(Easy

Jet)都从英国和爱尔兰这样的岛国起步的。

(2)欧洲因其特殊环境,航空运输的管制比美国多,低成本航空公司受到的限制较多。

(3)欧洲具有独特的包机航空公司,据估计超过20%的欧洲内部国际旅客由低成本、低票价的包机或非正班航空公司承运。

(4)欧洲民航运输市场公务旅客的比例较高。

(5)在很多短程航线上,低成本航空公司还必须面对高速铁路的激烈竞争。欧洲高速铁路每年运输旅客超过1000万,600km内的市场份额高速铁路超过了航空运输。

(6)欧洲航空公司的劳动力成本比美国低得多。

3. 澳洲模式

澳洲地广人稀,机场数量比美国少得多,主要有低成本航空公司——维珍澳洲航空(Virgin Australia)和传统航空公司——澳大利亚快达航空公司(QANTAS)。在澳洲低成本航空和传统航空公司之间的竞争更加直接,也更加激烈,主要集中在悉尼—墨尔本—布里斯班的黄金三角航线,以及飞往各州首府的干线航线上。因此,低成本航空越来越注重商务旅客,在低成本的外壳下提供更多的服务,包括在主要城市提供基础旅客休息室、停车和洗车服务、热餐以及宽敞的商务舱等。

4. 亚洲模式

亚洲的低成本航空公司模式对我国来说是具有借鉴意义的,其中来自马来西亚的亚洲航空(Air Asia,简称亚航)是亚洲目前最成功的低成本航空公司。亚航成立于2001年9月,以两架B737-300飞机起家,除了马来西亚外,还将业务拓展到泰国、印尼、菲律宾、澳门和中国内地。2005年被全球著名的航空专业杂志《航空公司商务》评为年度全球最佳地区和低成本领导力的航空公司。整个亚洲地区的航空运输环境有很多相似的地方:管制严格、经济欠发达和人力成本低等。

(五)低成本战略的实施手段

低成本航空公司尽管在世界各地有不同的模式,但都围绕低票价和低成本的理念,各地低成本航空公司基本保持了五大共同的特点:标准化的机队、使用二类机场、飞机利用率高、旅客服务成本低和点对点的航线网络。

1. 使用单一机型

使用单一的机型可以简化机组培训费用,航班时刻安排不受机型限制,在飞机维修和航材库存方面能有效减少成本。

2. 使用不拥挤的二类机场

二类机场航班起落班次少,能有效减少航班延误,减少飞机等待和滑行时间,提高旅客登机速度,从而提高飞机利用率,以降低飞机运营成本。

3. 不指定座位,提供单一舱位服务

简化座位管理,使旅客快速登机,从而提高可用座位数量。

4. 不提供中转联程及行李托运服务

简化出票,降低行李托运的时间及成本,同时提高飞机载客量。

5. 互联网销售

通过网络销售渠道以降低分销成本。

6. 点对点服务

无需进行联运行李或为错过航班的乘客提供食宿服务,从而进一步降低成本。

关于国外低成本航空公司,人们一直存在一些误解,例如低成本航空公司不进行收益管理,低成本航空公司的员工没有工会组织,因而很少受到工会组织的束缚等。事实上,以美西南为例,美西南是最早使用收益管理系统的用户之一,而且美西南是全美航空公司业中工会化程度最高的;再比如,有人认为低成本航空公司依靠购买旧飞机,甚至是别的公司即将退役的飞机来降低飞机拥有成本,事实上很多低成本航空公司都在传统航空公司在缩减运力的时候,大批量的购进新飞机;还有比如有人认为低成本航空公司承运的公务旅客很少,事实上由于服务的目的地增多及航班密度的增加,低成本承运人对公务旅客的吸引力越来越大。

(六)传统航空公司的低成本战略

传统航空公司在遭受低成本航空公司、911事件、海湾战争、SARS和油价不断攀升的沉重打击之后,不断调整自己的经营策略,通过各种方法重新树立自身竞争优势,典型的做法主要有:

1. 加强战略联盟

战略联盟使得航空公司之间的竞争规模和范围变大,竞争强度更大,也使那些没有加入联盟的公司面临更大的压力。

2. 并购

困境中的传统航空公司已不仅仅满足联盟,还寻求通过收购或合并进行更紧密的资源整合,在航线方面形成互补,扩展业务范围,节省成本和提高收益,获得更多的航班时刻,给旅客更多的选择、更好的抵御来自低成本航空公司的竞争。近年比较具有代表性的并购案例包括2003年法航和荷航合并案,以及2005年美合众国航空公司和美西航合并案,后者的合并是一家低成本航空公司与一家资产比其大六倍的传统航空公司之间的合并。

3. 去枢纽化(DE-Hubbing)和削峰填谷(DE-Peaking)

由于主要枢纽机场越来越拥挤航班延误越来越严重,传统航空公司开始考虑放弃原枢纽,例如,美三角航放弃达拉斯枢纽,而加强亚特兰大、辛辛提那、盐湖城这三个枢纽的建设,这种做法被称为去枢纽化。另外一些公司开始重新安排他们在主要枢纽的航班时刻,使航班在一段时间内较为均匀的分布,以提高飞机、地面设施的利用率和员工的劳动生产率,这种做法称为削峰填谷。

4. 公司

传统航空公司对抗低成本航空公司竞争中最重要的方法是成立子公司。传统航空公司面对低成本航空公司的低票价竞争压力,首先会选择低票价跟进,但由于缺乏低成本作为保障,这种策略往往不能维持太长时间。大多数传统航空公司采用成立子公司模式——全资、合资或控股等方式组建自己的低成本航空公司,或者收购一家小公司(比如支线航空公司),并将其改造成为一个低成本航空公司。

在美国几乎所有骨干航空公司都有不止一家低成本下属公司,如美联航早在1994年成立的联合穿梭航空公司(United Shuttle)、大陆航的轻大陆航空公司(Continental Lite)、合众国航空的美多航空公司(Metrojet)、美西北的西北航空、美三角的三角捷运(Delta Express)和song、美利坚航的美国之鹰航空公司(American Eagle)和Can等。在欧洲,汉莎也在1994年就成立了汉莎捷运航空公司(Lufthansa Express)和Lufthansa Cityline,另外汉莎还控股另一家低成本航空公司德国之翼(Germanwings)。荷兰皇家航空(KLM)有KLM UK和Buzz两家低成本公司,英航也曾有一家名叫GO的低成本公司,后因经营不善被EasyJet收购。在大洋洲,曾经的维珍大西洋航空公司(Virgin Atlantic Airways)收购了另一家低成本航空公司,将其改成维珍捷运(Virgin Express);澳洲的快达航于2004年成立的喷气星(Jetstar)。在亚洲,新加坡航有虎航(Tiger Airways),等。

基本上在低成本航空公司活跃的地区,相应的传统航空公司都建立子公司,让下属低成本公司和对手正面竞争,母公司则专注于国际航线网络。这类子公司中,有的运作良好,可以为母公司独当一面,比如维珍捷运、喷气星等,但也有很多失败的案例,如联合穿梭、GO、轻大陆、美多、Buzz等。

三 民航运输市场差异化竞争战略

世界民航业中大多数的航空公司都选择差异化战略来与较强的竞争对手在服务内容、服务方式和服务对象等方面采取有别于竞争对手而又突出自己特征的竞争手段。表面看来,航空公司对旅客提供的都是快速、安全、舒适的位移服务,实际上各航空公司服务水平和服务质量千差万别,很多航空公司都力图形成差异优势来吸引和维系旅客的青睐,以争取更大的市场份额和经济效益。汉莎航空、新加坡航空、英国航空、大韩航空和维京航空等一批实力雄厚的航空公司都采用了差异化战略并取得了成功。

(一)实施差异化战略的价值与风险

1. 实施差异化战略的价值

(1)容易形成产品特色。差异化的过程就是企业打破原来单一标准化产品的进程,使企业的产品品种更多、类型更丰富、功能更多样化、个性更突出,不同的产品有着自己的特色与卖点,从而吸引更多的消费者来选购本企业产品。

(2)容易给企业带来高利润。当企业对产品进行差异化后,会给消费者带来更多的价值或使用价值,企业就可以对产品索要更高的价格来弥补差异化的付出,且容易形成溢价,给企业带来更多的利润。

(3)削弱顾客的讨价能力。理性的消费者总是希望以较低的价格来购买较好的产品,若企业所提供的产品确实与众不同,具有较高的功能并得到顾客的认同,消费者往往对产品价格的关注度就会降低,愿意付出较高的价格来获取这样的产品,其讨价能力会大幅度下降。

(4)降低产品的可替代程度。在民航运输市场上能够生产具有相同功能产品的企业很多,从而使得消费者很容易在不同企业之间选择所需要的产品,即对顾客而言其转换成本很低。因此,若企业自身的产品具有某一方面的优势与特长,并使消费者对该产品产生依赖性,可减少其转换的可能,进而避免被其他企业的产品所替代。

2. 实施差异化战略的风险

虽然差异化战略意义重大,但同时由于市场需求变化、消费者偏好转移及竞争者不断推陈出新,也会给实施该战略的企业带来一定的风险。

(1)差异化的成本过高。企业为了构建产品的差异,需要投入更多的财力、物力到企业的产品经营过程中,从而加大了企业的成本支出,形成较高的产品价格。在消费者没有体验到这种差异的情况下,过高的价格会给企业的销售带来巨大的反作用。

(2)竞争对手推出相同的战略会降低企业的差异化特色。由于市场是公开竞争,企业的产品在走向市场的过程中,会很快被竞争者所学习与模仿,造成企业花费很多精力与成本所构建起来的差异化失去了特色,甚至竞争对手在参考本企业产品的基础上推出更有特色的差异化产品,使本企业的差异化失去价值。

(3)购买者需求的转变会降低差异化的意义。随着科技的不断进步,产品的生命周期也在不断缩短,使得许多产品面临着技术的更新换代。一旦新技术诞生出新的产品,消费者就会改变原来的购买习惯与行为,转移到对新产品的需求上,使本企业在原有产品上所实施的差异化失去了吸引消费者的意义。

(二)差异化战略的实施条件

差异化竞争往往与细分市场密切相关,航空公司选择两个或两个以上的细分市场作为目标市场,并为每个细分市场确定竞争策略,各种竞争策略在产品、价格、经营方法、销售渠道等方面都有所区别。企业要实行差异化战略,需具备下列条件:

1. 外部条件

(1)可以有很多途径创造企业与竞争对手产品之间的差异,并且这种差异被顾客认为是有价值的;

(2)顾客对产品的需求和使用要求是多种多样的,即顾客需求是有差异的;

(3)采用类似差异化途径的竞争对手很少,即真正能够保证企业是"差异化"的;

(4)技术变革很快,市场上的竞争主要集中在不断地推出新的产品特色。

2. 内部条件

企业实施差异化战略还必须具备如下内部条件:

(1)具有很强的研究开发能力,研究人员要有创造性的眼光;

(2)企业具有以其产品质量或技术领先的声望;

(3)企业在这一行业有悠久的历史或吸取其他企业的技能并自成一体;

(4)很强的市场营销能力;

(5)研究与开发、产品开发以及市场营销等职能部门之间具有很强的协调性;

(6)企业具备能吸引高级研究人员、创造性人才和高技能职员的物质设施;

(7)各种销售渠道强有力的合作。

(三)航空公司构造差异化的内容

差异化竞争的关键是培育企业的核心竞争力。所谓核心竞争力就是企业拥有的独特的且不可仿效的产品或资源优势。真正的差异化竞争优势是一个符合自身资源状况,且通过有效资源配置建设之后的竞争对手难以模仿的优势。航空公司差异化优势的构造可以从以下四个层面入手:

1. 产品的物质层面

这一层面包括旅客在服务消费过程中使用的具体物品,如航空公司飞机的机型、内部装饰、舱内食品和饮料以及各种服务设施、航空公司员工的仪容仪表与言谈举止等。

2. 产品的包装层面

航空公司品牌的差异是典型的包装层面,打造强势服务品牌是航空公司为旅客提供差异化服务的有效手段。强势服务品牌是具有专用商标的服务,服务商标持有者以高质量的、独特的服务方式和服务延伸全方位地满足顾客多方面的需求,使顾客对航空公司的形象、竞争能力、服务水平给予认同,成为其忠实的顾客,从而达到扩大销售、占领市场的目的。

3. 产品的核心层面

统计显示,人们在购买民航运输产品时,对空运产品的安全性、服务设施的便利程度、员工的热情程度和价格的合理性这四个方面尤为关注。其中,安全与方便是旅客对航空公司产品最基本的要求。

4. 产品的附加层面

在民航产品同质化严重的今天,许多航空公司都通过在附加层面实行产品的差异化,附加层面的差异化较其他方面的差异化更为灵活,种类和方式也更为多样。

(四)实施差异化战略的主要误区

1. 没有意义的差异化

企业只是简单地改变了产品表征,没有给消费者带来实质性的价值提升。

2. 认为差异化就是高档化

企业为了满足消费者的需求,片面地认为消费者喜欢越来越高档的产品,故通过不断提高产品的档次、价格来面对市场,意图吸引更多的消费者。

3. 过分注重差异化而忽视了其他环节

差异化本身只是企业经营战略的一部分,企业不能为了实施这种战略而忽略了生产、营销、成本控制等其他因素,造成顾此失彼。

4. 想像的差异化

很多企业在构建产品差异化时,往往凭企业相关人员自身的理解与想像来设置差异化的路径,更多追求差异化的形式,没有考虑这种差异化是否是消费者所需求的。

市场竞争的加剧与消费者需求的快速变化,使得差异化战略成为现代企业必须思考的一个战略问题,也是企业构建竞争优势的重要途径之一。企业在实施差异化战略过程中,需要综合考虑该战略的实施条件、风险、意义,以及要真正理解该战略的内涵,避免出现错误认识。

案例6-3

新加坡航空公司的差异化战略

新加坡航空公司(Singapore Airlines,简称新航),是新加坡的一家航空公司,也是该国的国家航空公司。新加坡航空以樟宜机场为基地,主要经营国际航线,在东南亚、东亚和南亚拥有强大的航线网络,并占据袋鼠航线的一部分市场。除此之外,新加坡航空的业务还有跨太平洋航班,包括以 A340-500 来营运的全球最长的直航航班新加坡—纽约和新加坡—洛杉矶。新航还是首个营运全球最大型的客机 A380 的航空公司。

新加坡航空自成立50多年以来,赢得了创新市场领先者的荣誉,同时可提供优质服务和高质量产品。新加坡航空品牌在航空界中已广为人知,尤其是在安全、服务质量和革新风格方面。新加坡航空公司一直被誉为最舒适和最安全的航空公司之一。不仅如此,新加坡航空还是一家利润颇丰的公司,其中一个重要的原因是它保持高品质的同时将成本控制的非常低。作为一个城市国家,由于没有国内航线,新航注定自成立伊始就必须与国际航空公司展开竞争,争取国际航线,取得各机场的进入许可和飞机起降权及争取新的客源。新航从一开始就面临严峻的竞争形势,而正是这种艰难的开端迫使新航走上了一条与众不同的发展模式,即兼顾低成本和高顾客满意度的差异化竞争模式。

面对如此窘境,留给新航的唯一选择就是创新。当时,其他航空公司的飞机上点饮料和葡萄酒、看电视剧和看电影都是要收费的,而在新加坡航空的飞机上这些都是免费的。他们首先推出了"视频点播",除此之外,新加坡航空还非常强调创造出一种独特的顾客体验。

在乘务人员方面,1972 年公司成立时,新航就聘请了法国高级时装设计师 Pierre Balmain 为空中小姐设计了一款独特的马来沙笼可芭雅服装(马来沙笼可芭雅服装是南洋特色的本土服装——编者注)作为空姐制服,这款服装后来也成为新航最著名的公司标志,打造了世界闻名遐迩的"新加坡空姐"形象。"新加坡空姐"代表了亚洲价值观,她是亲切的、热情的、温和的以及优雅的,是新航服务承诺及优异质量的完美的人性化表现。"新加坡空姐"的形象非常成功,以至于 1994 年作为第一个商业人物陈列在伦敦的杜莎夫人蜡像馆。

在顾客娱乐方面,新航为每个座位都配有"银刃世界"个人娱乐系统,提供超过 200 种不同类型的娱乐项目,让乘客随意挑选。无论是最新巨片、热门电视剧、互动游戏,还是音乐或滚动卫星新闻,都能让乘客乐在其中。

在顾客餐食方面,自 1998 年 9 月起,新航为乘客提供国际风尚美食,实施"名厨有约"项目,邀请世界各地 12 位名厨组成顾问团,精心规划新航佳肴及佐餐佳酿葡萄酒,商务舱乘客还可于登机前24h 预定主菜,还可享受多样化的餐后饮料,包括巴西 Santos Bourbon、哥伦比亚 Supremo 和肯尼亚 AA Kilimanjaro 的各式精选单品与 Espresso 和 Cappuccino 等多种特调咖啡。在往返中国的航班上均向乘客提供中餐选择。

在顾客嗅觉体验方面,新加坡航空公司使用独特香味的热毛巾让乘客心情愉悦,而且这种香味已经被注册,其他航空公司是不能使用的。

在旅客休息上,高雅的蓝紫色调的座椅间距达 1.98m、宽度达 58.4cm。乘客想要入睡时,只要一按电钮,座椅可以完全放平,立刻变成一张睡床。另配有电动脚踏、气压式腰部坐垫、可调整高度的座椅隔间屏幕、物品收纳格、AC 电源以及阅读灯等。

从技术层面来看,新航在所有航空公司中始终保持最新的机型,并且严格坚持替换陈旧机型的制度。新航通常都是第一批使用最新机型的航空公司,如大型喷气式客机 B747 和 B777,而且是第一家在 2006 年使用 A380 的航空公司。为了将新航与其他航空公司区分开来,这些飞机甚至使用新航子品牌来命名,如 747 - Megatop 和 777 - Jubilee。20 世纪 70 年代末新航与英航进行合作,在新加坡至伦敦的航线上使用协和式飞机,并在这种飞机的机身一侧涂上新航的品牌标志及公司色,另一侧则涂上英航的品牌标志及公司色。

迈克尔·波特认为,公司必须在成本领先战略和差异化战略之间做出选择,否则"上不去,下不来"。然而,令人感到惊讶的是,新航没有牺牲成本来实现差异化战略优势。新航具有几个战略优势,抵消了因提供优质服务而造成的成本上涨,即:与竞争对手相比,新航的劳动力成本相对较低;新航飞行的机群不仅节省燃油,而且减少了维修费用;多元化、高效率的相关服务企业(维护、飞行餐、货运及机场服务);先进技术(通过电话、网络和短信形式办理登记手续);新航公司的内部成本节约意识。

新航坚定地实行差异化的品牌战略,始终坚持以不断创新的空乘体验及高品质的服务吸引消费者,成功地打造了新航的品牌形象,其做法值得其他航空公司借鉴。

案例讨论:

1. 新航运用了哪些方式实施差异化竞争战略?
2. 新航是如何做到低成本与差异化的协调?

四 民航运输市场集中化竞争战略

集中化战略,又称聚集战略、专一化战略,是指企业或经营单位根据特定消费群体的特殊需要,将经营范围集中于行业内的某一细分市场,并集中满足该市场的战略。与成本领先战略和差异化战略的不同的是,企业不是围绕整个产业,而是面向某一特定的目标市场开展经营和服务活动,以期能比竞争对手更有效地为特定的目标顾客群服务。集中化战略常常是成本领先战略和差别化战略在具体特殊顾客群范围内的体现,如企业或实现差别化、或实现低成本,或两者兼得。在民航领域实施集中化战略主要表现在把公司的运力集中投放在少数几条航线上,将目标市场定位在某个特定市场领域而获得成功。加拿大温哥华岛的好客航空公司,用小型飞机连接航程短、需求量少的点到点航线市场。联邦快递公司、伦特空运公司、美国宠物航空公司(Pet Airways)的创建和发展都得益于集中化。

(一)实施集中化战略的价值与风险

1. 实施集中化战略的价值

(1)以特殊的服务范围来抵御竞争压力。集中化战略往往利用地点、时间、对象等多种特殊性来形成企业专门服务的范围,以更高的专业化程度构成强于竞争对手的优势。

(2)以低成本的特殊产品形成优势。这一优势的实质是差别化优势,能同时拥有产品差别化和低成本优势则一定可以获得超出行业平均水平的高额利润。

(3)以攻代守。当企业受到强大的竞争对手全面压迫时,采取集中化战略以攻代守,往往能形成一种竞争优势,特别是对于抵抗拥有系列化产品或广泛市场的竞争对手有明显效果。

2. 实施集中化战略的风险

(1)容易限制获取整体市场份额。集中化战略目标市场总具有一定的特殊性,目标市场独立性越强,与整体市场份额的差距就越大。实行集中化战略的企业总是处于独特性与市场份额的矛盾之中,选择不恰当就可能造成集中化战略的失败。

(2)企业对环境变化适应能力差。实行集中化战略的企业往往是依赖于特殊市场生存和发展的,一旦出现有极强替代能力的产品或者市场发生变化时,这些企业容易遭受巨大损失。

(3)成本差增大而使集中化优势被抵消。当为大范围市场服务的竞争对手与集中化企业之间的成本差变大时,会使针对某一狭窄目标市场服务的企业丧失成本优势,或者使集中化战略产生的差别化优势被抵消。

(二)集中化战略的实施条件

具备下列四种条件,采用集中化战略是适宜的:

(1)具有完全不同的用户群,这些用户或有不同的需求,或以不同的方式使用产品。

(2)在相同的目标市场群中,其他竞争对手不打算实行重点集中化战略。

(3)企业的资源不允许其追求广泛的细分市场。

(4)行业中各细分市场在规模、成长率和获得能力方面存在很大的差异,致使某些细分市场比其他细分市场更有吸引力。

(三)集中化战略的实施方法

集中化战略的实施方法包括单纯集中化、成本集中化、差别集中化和业务集中化等。

1. 单纯集中化

单纯集中化是企业在不过多考虑成本差异化的情况下,选择或创造一种产品、技术和服务为某一特定顾客群体创造价值,并使企业获得稳定可观的收入。

2. 成本集中化(Cost Focus)

成本集中化是企业采用低成本的方法为某一特定顾客群提供服务。通过低成本,集中化战略可以在细市场上获得比领先者更强的竞争优势。实际上,绝大部分小企业都是从集中化战略开始起步,并采取更具有战略导向的行动。

3. 差别集中化(Differentiation Focus)

差别集中化是企业在集中化的基础上突出自己的产品、技术和服务的特色。企业如果选择差别集中化,那么差别集中化战略的主要措施都应从集中化战略中获取。但不同的是,集中化战略只服务狭窄的细分市场,而差别化战略要同时服务于较多的细分市场。同时,由于集中化战略的服务范围较小,可以比差别化战略对所服务的细分市场的变化作出更为迅速的反应。

当今世界,高新技术迅猛发展、经济全球化步伐加快和国内外政治经济凸显出新的发展态势,民航企业要不断改造自己的思维、丰富自己的思想以适应前所未有的挑战,制定符合企业资源和市场环境的竞争战略。一个有效的企业战略应有一个独特的价值诉求,和一个自有的、为客户精心设计的价值链,而且在价值链上的各项活动必须是相互匹配与彼此促进的,同时战略必须是连续性的,才能应对快速发展的市场变化和顾客需求。

案例6-4

全球首条"粉色航线"开通

搭乘"粉色航班",穿梭于世界时尚之都,过去只可能在好莱坞电影《律政俏佳人》中出现的场景,如今成为现实。2007年,年仅24岁的英国年轻企业家亚当·查尔斯建立起世界上第一条女性专属航线,创造民用航空业新亮点。

1."粉色航空"瞄准"潜力"女性

查尔斯创立的"粉色航空"是一家规模小而时尚的航空公司,顾客群体仅限于女性,于2007年6月开始运营,总部设在英国利物浦。查尔斯负责公司整体市场营销计划,邀请英国著名公关公司Zest负责策划产品的推广宣传。

据英国《每日邮报》报道,这条女性专属航线由英国利物浦的约翰·列侬机场飞往法国巴黎,乘客是航空公司视为日后最可能成为其长期客户的150名女性,另外还有几名随行记者。

2. 品尝粉色香槟 享受美甲服务

"粉色航空"开创了民用航空领域的全新概念。女性乘客将以能够负担的价格,搭乘这趟针对女性要求提供特色服务的"粉色航班",享受豪华空中之旅,还可在世界时尚之都做短暂停留,疯狂购物一番。从利物浦飞往巴黎的航班已开始正式运营,飞往纽约和米兰的航线也即将开通。乘客在候机厅内可品尝粉色香槟,并享受免费美甲服务,在飞机上还可享用精选美食。

3. 富有女性逐年增多

近年来,职业女性的赚钱能力有增无减,她们财政独立,消费能力强,成为一股推动各地经济的新力量。一些精明的商人纷纷转攻急速增长的女性市场,于是一些女性专属消费领域也应运而生,"粉色航线"仅是一个缩影。Datamonitor调查公司公布的数据显示,在英国37.6万百万富豪中,46%为女性,这一数字正以每年11%的速度增加。

案例讨论：
1. 粉色航线是否有市场潜力？
2. 粉色航线的目标市场是什么？
3. 该公司实施的目标市场战略是什么？

第三节　民航运输市场竞争策略

民航企业为了在竞争中获胜，需要深层次研究竞争对手，从而制定并采取相关战略与策略，本节主要从狭义的竞争者进行竞争策略的研究。企业市场竞争策略的研究与制订，参见图6-3。

图6-3　民航运输市场竞争策略

一　分析竞争者

分析竞争者是指企业通过某种分析方法识别出竞争对手，并对它们的目标、资源、市场力量和当前战略等要素进行评价。其目的是为了准确判断竞争对手的战略定位和发展方向，在此基础上，预测竞争对手未来的战略，准确评价竞争对手对本企业战略行为的反应，估计竞争对手在实现可持续竞争优势方面的能力。

1. 竞争者市场地位分析

在竞争者分析中，常用市场占有率来衡量一个企业在行业中的市场地位。市场占有率又称市场份额（Market Shares），是航空公司完成的旅客（或货邮）运输量的百分数。2010～2011年中国民航各航空集团（公司）市场份额，见表6-2。

2010～2011年中国民航各航空（集团）公司市场份额统计　　　表6-2

航空(集团)公司 市场份额	总周转量市场份额%			旅客运输量市场份额%			货邮运输量市场份额%		
	2010	2011	增幅	2010	2011	增幅	2010	2011	增幅
中国航空集团	32.6	31.5	-1.1	27.0	26.6	-0.4	32.0	31.3	-0.7
东方航空集团	25.3	23.8	-1.5	24.3	23.4	-0.9	29.3	26.9	-2.4
南方航空集团	24.3	25.1	0.8	28.5	27.6	-0.9	19.8	20.4	0.6
海南航空集团	10.6	11.0	0.4	11.6	12.3	0.7	9.3	9.9	0.6
其他公司	7.2	8.6	1.4	8.6	10.2	1.6	9.6	11.6	2.0

（数据来源：根据2010年、2011年民航行业发展统计公报整理）

从市场份额的增减中可以看出航空公司在市场竞争中的优劣和信誉的高低。计算公式为

市场占有率 =（本企业某种商品销售量/该种商品市场销售总量）×100%

市场占有率是分析企业竞争状况的重要指标，也是衡量企业营销状况的综合经济指标。市场占有率高，表明企业经营状况良好，竞争能力强，在市场上占有有利地位；反之，则表明企业经营状态差，竞争能力弱，在市场上处于不利地位。按企业对市场占有的份额，可以对企业在市场上的地位进行评价。一般分为四种：

（1）市场领先者（Market Leader），指其产品在行业同类产品的市场上占有率最高的企业。一般而言，在绝大多数行业中都有一个被公认的市场领先者。领先者企业的行为在行业市场中有举足轻重的作用，处于主导地位。市场领先者的地位是在市场竞争中自然形成的。

（2）市场挑战者（Market Challenger），指那些相当于市场领先者来说在行业中处于第二、第三和以后位次的企业，他们可以通过攻击市场领先者和其他竞争对手，以取得更多的市场份额。

（3）市场追随者（Market Follower），指安于次要地位，不热衷于挑战的企业，保住已有市场份额是他们的首要目标。

（4）市场补缺者（Market Niche），指选择某一特定较小的市场为目标，提供专业化的服务，并以此为经营战略的企业。如艺术搬家公司和联邦捷运公司，精心服务于市场的某些细小部分，而不与主要的企业竞争，通过专业化经营来占据有利的市场位置。

分析企业市场地位要注意分析范围，主要从整体市场的战略地位分析，也就分析众多细分市场集合起来的整体市场和公司的整体实力。

2. 竞争优劣势分析

在市场竞争中，企业需要分析竞争者的优势与劣势，做到知己知彼，才能有针对性地制定正确的市场竞争战略，以避其锋芒、攻其弱点、出其不意，利用竞争者的劣势来争取市场竞争的优势，从而来实行企业营销目标。竞争者优劣势分析的内容有：

（1）产品，包括竞争企业产品在市场上的地位、产品的适销性以及产品系列的宽度与深度等。

（2）销售渠道，包括竞争企业销售渠道的广度与深度、销售渠道的效率与实力和销售渠道的服务能力等。

（3）市场营销，包括竞争企业市场营销组合的水平、市场调研与新产品开发的能力和销售队伍的培训与技能等。

（4）生产与经营，包括竞争企业的生产规模与生产成本水平、设施与设备的技术先进性与灵活性、专利与专有技术、生产能力的扩展、质量控制与成本控制、区位优势、员工状况、原材料的来源与成本以及纵向整合程度等。

（5）研发能力，包括竞争企业内部在产品、工艺、基础研究及仿制等方面所具有的研究与开发能力，研究与开发人员的创造性、可靠性、简化能力等方面的素质与技能。

（6）资金实力，包括竞争企业的资金结构、筹资能力、现金流量、资信度、财务比率和财务管理能力等。

（7）组织，包括竞争企业组织成员价值观的一致性与目标的明确性、组织结构与企业策略的一致性、组织结构与信息传递的有效性、组织对环境因素变化的适应性与反应程度和组织成

员的素质等。

（8）管理能力，包括竞争企业管理者的领导素质与激励能力、协调能力、管理者的专业知识以及管理决策的灵活性、适应性和前瞻性等。

二 判断竞争者

企业需要进一步判断竞争者对企业策略可能做出的反应。竞争者的反应不仅受其目标和优势、劣势的制约，而且受企业文化、企业价值观念、企业经营观念等因素的影响。在竞争中，常见的竞争者反应模式有以下几类。

1. 从容型竞争者

从容型竞争者一般对某一特定竞争者的攻击行为不会作出迅速反应或反应不强烈，主要有以下原因：

(1) 竞争者自信顾客忠诚度较高，不会轻易转移购买；
(2) 竞争者认为该攻击行为不会产生大的冲击；
(3) 竞争者对该项业务已经采取收割或榨取战略；
(4) 竞争者反应迟钝或者缺乏进行反应所需要的资金。

2. 选择型竞争者

选择型竞争者只对某些类型的攻击作出反应，而对其他类型的攻击无动于衷。例如，竞争者可能会对降价行为作出强烈的反应，以警告竞争者降价是徒劳的，但对竞争者广告费用的增加不作出任何反应，可能竞争者认为增加广告费用对其不构成任何威胁。因此，了解竞争者会在哪些方面作出反应可以为企业选择有效攻击行为提供重要依据。

3. 凶狠型竞争者

凶狠型竞争者对所有的攻击行为都会作出迅速而强烈的反应。例如，有实力的大企业一般不会允许其他企业的新产品轻易投放市场。凶狠型竞争者意在向对手表明，最好不要向其发动进攻。

4. 随机型竞争者

随机型竞争者对竞争攻击的反应具有随机性，没有明确的反应原则，有无反应和反应程度无法根据其以往的情况加以预测。一般来说，小公司多属于这种类型。

竞争者的反应类型是企业制定竞争战略的重要参考因素。企业应注意收集这方面的信息，通过仔细分析，准确判定竞争者的反应类型，针对不同类型的竞争者制定不同的竞争策略。

三 选择竞争者

在获得足够的竞争者的相关信息后，企业要确定与谁展开最有力的竞争。一般来说，企业可以从三种不同的角度进行选择。

1. 强竞争者与弱竞争者

企业需要在弱小的竞争者与强大的竞争者之间选择重点攻击的对象。大多数公司喜欢攻击弱者,因为这种攻击行为所需的资源和时间较少,但是这对企业提高其竞争能力帮助较少。因此,公司应该考虑如何与强竞争者竞争,这样可以有效地提高企业的竞争能力和市场营销综合实力。

2. 近竞争者与远竞争者

企业需要在近竞争者与远竞争者之间选择重点攻击对象。所谓近竞争者是指与本企业在各方面都很相似的竞争者,反之,与本企业相似程度很低的企业则称为远竞争者。大多数公司认为近竞争者才是最主要的竞争者,从而与之展开激烈的竞争。

3. 良性竞争者与恶性竞争者

企业需要在良性竞争者与恶性竞争者之间选择重点攻击对象。良性竞争者的特点是:遵守行业规则,对行业增长潜力提出切合实际的设想,把自己限制于行业的某一部分或细分市场里,接受市场占有率和利润规定的合理界限,依照与成本的合理关系来定价。恶性竞争者的特点是:破坏行业规则,试图花钱购买而不是靠努力去扩大市场占有率,敢于冒大风险,生产能力过剩但仍继续投资等。总之,良性竞争者促进了行业的健康发展,而恶性竞争者打破了行业的平衡,阻碍了行业的发展。

四 确定竞争者

在对竞争者分析后,企业最后确定具体攻击的对象,根据上面的分析,可以确定以下三种类型的攻击对象。

1. 攻击市场领导者

攻击市场领导者是一项高风险、高收益的战略,可分为两种攻击战术:一种是发现市场领导者的缺陷或漏洞,如果市场领导者在某个细分市场上未能很好地满足顾客需要,那么进攻就非常有意义;另一种是挑战者能够在产品创新上领先,从而作为攻击的契机,很多企业通过产品创新对市场领导者构成强有力的威胁。

2. 攻击与自己实力相当者

攻击有问题的其他挑战者,例如在其他市场挑战者出现产品过时、价格过高、顾客对某方面不满意或财力拮据等情况时,就可以对其实施攻击。

3. 攻击地区性小企业

攻击小企业的目的就是把小企业击垮或兼并,一些实力雄厚、管理有方的国内大企业、外国独资或合资企业经常会击垮或兼并当地的小企业。

五 市场竞争策略

在确定具体的攻击对象以后,企业可以根据竞争对手在市场中的地位确定不同的竞争策略。企业在市场上的竞争地位,决定其可能采取的竞争策略。

1. 市场领先者策略

攻击自己是市场领先者最好的竞争策略。市场领先者为了保持自己在市场上的领先地位和既得利益,可采取扩大市场需求、保持市场份额或采用相应的防御战术。

(1) 扩大市场需求。处于统治地位的企业通常在总市场扩大时得益最多,领先者应采取发现新用户、开辟新用途、增加使用量和提高使用频率等策略。例如波音公司鼓励航空公司和旅游业创建和出售旅游包机业务给工会、教会和一些联谊会,这个战略已在欧洲逐渐见效,并成为扩大美国飞行市场的有效方法。

(2) 保护市场份额。在努力扩大市场规模的同时,处于统治地位的公司还必须时刻注意保护现行的业务不受敌手侵犯,市场领先者通常采取创新发展、筑垒防御、直接反击等策略。在市场竞争战中,领先者一般不会发起主动攻击,而是采用防御战术,降低对手进攻的可能性,或者把进攻引向威胁更小的方向和减弱进攻的强度,以期不战而胜来捍卫领先者的地位。保护市场份额常用的战术有竞争承诺和进展宣告等。

①竞争承诺。公司公开地、明确地显示保护自己地位的意图,如果公司的利益受到侵犯,将采取报复行动,而且可以把公司将采取的报复行动作公开声明。这种接受挑战的承诺,不仅在于被挑战者觉察的可能性,而且在于告知报复行为的严厉程度,这种竞争承诺的方法对进攻者起到一定威慑作用,这样进攻者就会比较理智地考虑自己的地位和进攻获胜的代价,而不轻易开战。

②进展宣告。提前预告,宣布本企业将会推出何种新产品、进入哪些市场或已经增加了多少生产能力等。在这种状况下,资源紧张的企业可以明智地把资源投向它处。进展宣告适用于实力雄厚的公司。

(3) 采用防御战术。市场领先者可采用的防御战术主要有以下六种:

①阵地防御,即市场领先者在自己的现有产品销售区域及经营业务范围内建立防线。

②侧翼防御,即市场领先者在主要阵地侧翼建立辅助阵地,以保护自己周边和前沿,并在必要时将其作为反攻的基地。

③先发制人,即对手还没有进攻之前,先将它击倒。先发制人的策略多种多样,如比竞争对手提前开发出新产品、率先降价或提前抢占某区域市场和消费者群体。

④反击防御,即市场领导者在受到竞争对手攻击以后,采取反击措施。先弄清竞争者进攻的目的、手段和方法,然后评估自己的实力、条件,再选择适当时机予以反击。做到有准备的反击,采用有正面反击,与竞争对手采取相同的竞争策略,即你降价,我也降价而且降幅更大。

⑤机动防御,即市场领导者既要坚守固有的阵地,同时扩张一些有潜力的新领域,以作为将来的防御和进攻中心。

⑥收缩防御,即企业主动从实力较弱的领域退出,将力量集中于实力较强的领域。当企业无法坚守所有的市场领域,并且由于力量过于分散而降低资源效益时,可采取这种战术,其优点是在关键领域集中优势力量,增强其竞争能力。

2. 市场挑战者的竞争策略

处于挑战者地位的企业可使用进攻战或侧翼战,挑战者要成功地攻击领先者,需要具备三个基本条件。

首先,挑战者要有超过领先者明显的、持久的竞争优势。无论是成本优势、差别优势还是专业化优势,都要发挥优势进行攻击。优势的持久性可以确保挑战者在领先者能进行模仿之前有足够长的时间来占领市场份额的空隙。

其次，挑战者必须有某种办法部分或全部地抵消领先者的其他固有优势，防止领先者利用其他优势进行反击。

再次，挑战者须有削弱领先者报复的办法，使领先者不愿或不能对挑战者实施持久的报复。如果没有一些阻挡报复的办法，进攻将促使领先者作出不顾自己竞争优势的反击。拥有资源和稳固地位的领先者一旦卷入战斗，可能用进攻性的报复行为迫使挑战者付出无法承受的代价，所以选择攻击的突破口应是对方无法弥补的弱点。市场挑战的进攻战术有以下几种：

（1）正面进攻。挑战者集中优势向竞争对手的主要市场阵地发动正面进攻，进攻竞争对手的强项。采用此战术需要进攻者必须在提供的服务、广告、价格等主要方面具有实力。

（2）侧翼进攻。挑战者集中优势力量攻击竞争对手的弱点。此战略进攻者可采取声东击西的做法，佯攻正面，实际攻击侧面或背面，使竞争对手措手不及，具体可采取两种策略：

①地理性侧翼进攻，在某一地理范围内针对竞争者力量薄弱的地区市场发动进攻。

②细分性侧翼进攻，寻找还未被领先者企业覆盖的产品和服务的细分市场，迅速填空补缺。

（3）围堵进攻。挑战者开展全方位、大规模的进攻策略。市场挑战者必须拥有优于竞争对手的资源，能向市场提供数量更多、质量更优、价格更廉的产品。

（4）迂回进攻。挑战者完全避开竞争对手现有的市场阵地而迂回进攻，具体做法有三种：

①实行产品多角化经营，发展某些与现有产品具有不同关联度的产品；

②实行市场多角化经营，把现有产品打入新市场；

③发展新技术产品，取代技术落后的产品。

（5）游击进攻。以小型的、间断性的进攻干扰对方，使竞争对手的士气衰落，不断削弱其力量。向较大竞争对手市场的某些角落发动游击式的促销或价格攻势，逐渐削弱对手的实力。

3. 市场追随者的竞争策略

并非所有的位居第二的公司都会向市场领先者挑战，领先者在一个全面的战役中往往会有更好的持久力，除非挑战者能够发动必胜的攻击，否则最好追随领先者而非攻击领先者。

意识平行形式在资本密集的航空行业中比较常见，民航运输的产品差异化和形象差异化低、服务质量相仿且价格敏感性高。大多数公司不互相拉走顾客，他们经常效仿市场领先者，向购买者提供相似的产品。通常使用的战术有紧密跟随、距离跟随和有选择追随。

（1）紧密跟随。追随者在尽可能多的细分市场和营销组合领域中模仿领先者。

（2）距离跟随。追随者保持某些距离，在主要市场和产品上创新，在价格水平和分销上追随领先者。

（3）有选择跟随。在有些方面紧跟领先者，但有时又走自己的路。这类公司可能具有完全的创新性，但又避免直接的竞争，并在有明显好处时追随领先者。

市场追随者必须明确如何保持现有的和如何争取新顾客，要努力给它的目标市场带来有特色的优势。追随者是挑战者攻击的主要目标，因此，市场追随者必须保持它的低成本和高质量或服务。追随战略并非是被动的或领先者的翻版，追随者必须确定一条不会引起竞争性报复的成长路线。

4. 市场补缺者的竞争策略

每一个行业中都有许多小公司为市场的某些部分提供专门的服务,避免与大公司冲突。这些较小的公司占据着市场的小角落,通过专业化为那些可能被大公司忽略或放弃的市场进行有效地服务。市场补缺者成功的关键,一是要选择好补缺之处,即补缺基点;二是要在确定补缺基点的基础上选择和制定适当的战略。

(1)补缺基点的选择。选择市场补缺基点时,多重补缺基点比单一补缺基点更能减少风险,增加保险系数。因此,企业通常选择两个或两个以上的补缺基点,以确保企业的生存和发展。

(2)专业化市场营销。取得补缺基点的主要战略是专业化市场营销,具体来讲就是在市场、顾客、产品或渠道等方面实行专业化。

案例6-5 瑞安航空公司的经营策略

瑞安航空公司(Ryanair),创立于1985年,总部位于爱尔兰首都都柏林,它改进了由美国西南航空公司创建的成本领导商业模式,成为欧洲航旅行业的领导者。瑞安公司的CEO欧里瑞(Michael O'Leary)研究了西南航空公司发展起来的降低成本的战略,并成功运用这一战略将瑞安公司定位为成本最低、价格最低的欧洲航空公司。目前,瑞安公司欧洲内部航线的平均价格只有48美元,而长期主导欧洲市场的英国航空公司和德国汉莎航空公司分别为330美元和277美元。瑞安公司在英国国内运载的旅客人数超过了英国航空公司,它在欧洲市场的份额增长的唯一限制只是新机场和新飞机的缺乏。

一直以来,瑞安航空公司虽然都严格遵循美国西南航空的商业模式,但仍有其比较独特的三点:顾客至上倡导、成本控制及渠道控制。

像美国西南航空一样,瑞安航空努力提高飞机使用率,其班机在一些便宜的、二线的机场降落,以降低机场服务费用,周转时间变短,误机时间减少(皆因小机场不拥挤,不必等待或被推后)。瑞安航空公司的机票为预订座位,也不对号入座,节省了登机时间。与美国西南航空类似,瑞安航空采用B737单一型号的客机,以节省零备件、减少维修人员数量且实现飞机的零件互换。瑞安航空不像美国西南航空那样免费提供食品,而是将三明治和饮料等放在过道里,旅客需要时付费购买,就像能提供全方面服务的国际航空公司一样。为了降低清洁成本,瑞安公司取消了座位后面、放置旅客垃圾的清洁袋,也取消了毛毯、枕头、免费饮料和小吃,甚至包括呕吐袋,而这些都是乘客在差异化航线上能够享受到的服务。付出与所得一致是瑞安公司的哲学,为了实施成本领先战略,欧里瑞和员工们必须找出去除或减少细节中的和不断增长的支出的有效方法,而这些支出从航空公司成千上万种经营点滴中不断涌现。他们的目标是消除任何能够导致成本上升的差异化品质。通过努力,瑞安公司将成本结构降低到目前任何一家其他欧洲航空公司无法接近的低成本和损益平衡点。

瑞安航空机组人员都有绩效奖金,很多人拥有公司的股票,把员工的工作热情和财务激励挂钩,使得员工心甘情愿地多做几种工作。机组服务人员负责清洁和进货,瑞安的管理层,包括 CEO 在内,轮流管理地勤和行李搬运工作,减少雇佣机场地勤人员的花费。客机的商务舱被取消了,机票票价结构也被简化了。瑞安航空认真对待控制成本,要维持低票价运作的唯一方法就是要不断地削减成本。瑞安航空极力保持直线化的管理结构,不需要官僚机构和管理阶层。瑞安航空把机票预定业务从代理商手中转移到网站上来,网站不需要代理费,也不需要中央预定系统。

竞争对手对瑞安公司成本领先型战略的反映如何呢?有些航空公司开始建立低价分部,就像美联航创建了 Song 分公司以对抗西南航空在美国的竞争那样。但是,这样做的结果往往是吞噬了自己原来的顾客,他们会从高价航线移动到低价航线。有些航空公司将差异化战略,如英国航空公司实施差异化战略,并在商务旅行市场中获得了可靠的利润。但是,其他一些航空公司,例如意大利的旗舰公司意大利航空公司已经近乎破产,爱尔兰航空公司(Aer Lingus)在过去几年间不得不降低50%的成本才能勉强生存。

在吸引客户的注意力之后,瑞安航空用多种不同的方式告诉客户,瑞安航空是"站在他们一边的",因而被称为"古怪的顾客至上倡导"。事实上,所有与公众的沟通信息都是以取笑竞争者的高价为目标的,比如广告牌上的口号、新闻发布内容、报纸上引用的风趣的语言等。瑞安航空经常针对英国航空公司(British Airways),发表打击对手的言论。例如在其机队的机身上写上打击对手的字句,如「SAY NO TO BA FUEL LEVY」(拒绝英航的燃油附加费)。瑞安航空曾在英国的报纸上刊登广告大字标题:"昂贵的 BA…ds!"来攻击英国航空公司(当地人都称英国航空公司为 BA)。英国航空公司愤而起诉瑞安航空败诉后,瑞安航空耀武扬威地发了一个新闻稿:BA 的机票就是贵,高级法院也是这么说的。

瑞安航空公司经常强调,自己的价格在众多航空公司中是最低的。在他们的网站上,会不时出现标价接近免费的机票,而实际上,所有机票都有很多附加费,这些才是收入来源。但这种策略成功为瑞安航空建立出最实惠的航空公司的形象,从而压倒其他的对手。瑞安航空面对竞争者展开竞争,包括大幅减低价格、开设新航线或直接与对手周旋,直至把对手挤走。

瑞安航空的成本要比欧洲航空业平均成本低30%。瑞安航空能在25min内完成一架飞机的卸载、清洁、备货及复载等工作,这在整个航空业中周转速度非常快。瑞安航空在1990年运送的旅客人数不到100万,到2001年就达到900万。瑞安航空拥有200多条廉价航线,遍布欧洲17个国家的近百个目的地。

案例讨论:
1. 瑞安航空公司在模仿美西南航空公司低成本模式的基础上,有哪些创新?
2. 对于瑞安航空公司的运作,竞争对手有哪些反应?
3. 瑞安航空在与其他航空公司的竞争中,使用了哪些竞争战术?

第四节 航空公司战略联盟

竞合战略泛指通过与其他企业合作来获得企业竞争优势或战略价值的战略。随着开放天空及全球经济一体化的迅速发展,民航运输市场竞争日趋激烈促进了航空公司的结盟,从而使国际民航运输市场逐渐形成了统一的整体。

一、航空公司战略联盟

航空公司战略联盟(Strategic Alliance),也称航空公司联盟或航空联盟,指两个或多个航空公司通过代码共享、联合购买等方式进行的实质性合作。联盟实质上是放大化的代码共享合作,联盟成员航空公司的航班可实现"联网"运营和联程收入共同分配,从而使航空公司在不增加投资、不扩大机群的情况下,增加运力和扩展网络,并在旅客、营销、产品、服务、人力资源和行业沟通等各个方面实现对接。此外,联盟还扩充了各公司的联合采购能力,在采购油料、飞机部件和购买飞机时能获得较低价格,从而降低航空公司运营成本。

1. 航空联盟的产生

国际航空运输市场的进入、运营和退出等都受到政府间双边协定和多边协定的严格制约,只有极少数国家互相开放天空,世界上大多数国家出于国防安全、就业、贸易等方面的考虑,对外航进入本国市场的批准特别谨慎,对外航在本国运输权的要求一般不予批准。除欧盟成员以外,大多数国家对航空公司股权结构中外资的份额都有严格的限制,如美国、加拿大等国都不允许外资份额超过25%。正是由于上述两个因素的作用,不同国籍的航空公司之间的兼并或控股非常困难,促使很多航空公司不断调整经营策略,使得不涉及股权的各种合作方式在航空公司竞争中成为主流。

真正具有现代意义的航空公司联盟关系始于1993年。当年荷兰皇家航空公司和美国西北航空公司宣布建立一种战略合作关系,但直到美国政府与荷兰政府签订了开放天空协议,并根据反垄断豁免条例,美国交通部批准了这两家公司的商业合作及综合营运协议,这一合作关系才得以实现。其后不久,由德国汉莎航空公司和美国联合航空公司于1995年倡议成立了星空联盟。一年以后,英国航空公司、美国美利坚航空公司和香港国泰航空公司等宣布组建寰宇一家航空联盟。随着2000年由法国航空公司和美国达美航空公司共同组建的天合联盟成立,现代航空公司联盟的变革终于落下帷幕。截止到目前,全世界共形成了三个较为成熟的航空公司联盟,即星空联盟、天合联盟和寰宇一家。

2. 三大航空联盟集团

(1)星空联盟(Star Alliance)。星空联盟(图6-4)1997年5月,加拿大航空公司、汉莎航空公司、北欧航空公司、泰国航空公司和美国联合航空公司创立星空联盟,将航线网络、贵宾候机室、值机服务、票务及其他服务融为一炉。星空联盟现有27家成员公司,曾多次被Skytrax和商业旅行家杂志评为全球最佳航空联盟。2007年12月中国国际航空公司加入星空联盟。

(2)天合联盟(Sky Team)。天合联盟(图6-5)于2000年6月22日建立,目前拥有17家正式会员。天合联盟遍布全球的航线网络可让旅客到达更多目的地、出行更便捷、选择更自由。同时,旅客可在天合联盟网络中的任何一家航空公司获得和兑换飞行常旅客里程,并享用全球范围内超过490家休息室。天合联盟每年为5.06亿旅客提供旅行服务,每天运营14731个航班,航线网络可通达全球173个国家的958个目的地。中国南方航空公司于2007年11月加入了天合联盟,成为首家加入国际航空联盟的中国内地航空公司,2011年6月东方航空公司也加入了天合联盟。

(3)寰宇一家(One World)。寰宇一家(图6-6)成立于1999年,现总部位于美国纽约市,成员有美利坚航、英航、香港国泰航、北欧的芬兰航、西班牙航、澳大利亚快达航、智利航和爱尔兰航等,其成员航空公司及其附属航空公司在航班时间、票务、代码共享、乘客转机、飞行常旅客计划、机场贵宾室及降低支出等多方面进行合作。

图6-4　星空联盟(Star Alliance)logo　　图6-5　天合联盟(Sky Team)logo　　图6-6　寰宇一家(One World)logo

二　航空公司联盟的利弊

(一)航空公司联盟的益处

航空公司联盟的影响包括两个方面:一个是对航空公司自身,另一个是对消费者。

1. 联盟给航空公司带来的益处

(1)服务质量将会得到大幅度提升。加入联盟的航空公司通过遵守联盟的服务质量标准,提升公司的整体服务水平。

(2)合理配置资源,降低固定资产成本。联盟成员分享基础设施,可以减少固定资产的投入,提高设备的利用率。

(3)降低采购价格。联盟统一采购可以降低采购价格,减少现金支出开支。

(4)提高航空公司的运营效率。各航空公司对自己传统航线的地理、气候等飞行条件更为熟悉,所占有的航线使入盟企业优势互补,发挥各航空公司的运营效率。

(5)获取市场营销优势。全球性联盟集团所推出的一揽子市场营销策略,特别是联盟集团统一的计算机订座系统,使入盟航空公司获得更多的销售机会与营销优势。

(6)实现公司的全球化战略。通过建立联盟,航空公司不必通过扩大机群即可迅速扩大运营范围和市场份额,实现业务的全球化。

2. 联盟给旅客带来的益处

(1)旅客可以享受更低的票价。联盟航空公司凭借其网络经济的强大效应,设备共享等方面的改变,使得其运营成本降低,这样航空公司就能在价格方面大幅度让利给消费者。

(2)旅客选择多样化。盟友间飞行网络的扩大使旅客目的地增加,盟友的航班时刻汇总后使旅客有了更多的时间选择,盟友航空公司的票价也同时公布,便于旅客选择比较适合的时间段或价格段旅行。

(3)缩短旅客转机等待的时间。盟友航空公司通过协调各自的航班,通常能够缩小中转旅客的候机时间,通过到港和离港登机口的邻近安排,方便旅客中转。

(4)共享地面服务设施。盟友航空公司能够充分达到资源共享,特别是指机场地面设施的共享。

(5)更高质量和多样化的服务。加入联盟后要求联盟内各个航空公司服务水平标准化,这不仅包括对饮食、文化、宗教差异性的高质量管理,更重要的是让旅客享受到本土化的服务。

(6)有利于旅客更充分选择常旅客计划。旅客选择联盟航空公司的航班有利于积累航空里程,从而获得更多的优惠。

(二)航空公司联盟的弊端

1.造成垄断

联盟开始时可能会致使部分机票价格下降,给旅客带来一些好处,从而提高联盟公司的竞争力,并有可能把一些小航空公司或未联盟的航空公司挤出市场。一旦联盟公司成了市场的主宰者,它们就会利用自己的垄断地位提高票价。垄断导致高票价是有先例的,比如,美国迈阿密—达拉斯的票价比迈阿密—休斯敦的票价要高100~200百美元,而两航线的空中距离却几乎相等。

2.利益的非均衡性

每个联盟内的航空公司有大有小、强弱不齐,获得的利益不均衡。如英航与合众国航空合作后,英航增加了2720万美元利润,而合众国航空利润只增加了560万美元。也就是说,国际合作会提高联盟内所有公司的整体收益,但并不一定会提高每位成员的收益。

三 航空公司联盟的主要合作形式

航空公司联盟的合作形式主要有联合营销、联合运营、联合购买以及投资参股等形式。联合营销包括代码共享、包租舱位、特许经营权、相互参与常旅客计划和联合市场营销等;联合运营包括协调航班计划、联合空中服务、联合维修和共用机场设施等;联合购买主要是为了节约成本,如联合购买航油、保险和机上设备等。

下面就联合营销的主要内容加以分析。

1.代码共享(Code-sharing)

代码共享指一家航空公司的航班号(即代码)可以用在另一家航空公司的航班上,例如南方航空公司与法国航空公司实现代码共享如表6-3所示。通过代码共享合作,航空公司可以在不投入较大成本的情况下完善航线网络,增加市场销售机会,而旅客则可以享受更加便捷、丰富的服务,比如更多的航班和时刻选择,一体化的转机服务以及共享的常旅客计划和休息室等。

南方航空公司和法国航空公司部分航线实现代码共享 表6-3

承运方航班号	市场方航班号	航　线	起飞时刻	到达时刻	班　期	机　型
AF1300	CZ7001	巴黎—马德里	09:35	11:35	1234567	A319/321
AF2301	CZ7002	马德里—巴黎	08:00	10:05	1,3,6	A320
AF1214	CZ7007	巴黎—米兰	09:35	11:05	1234567	A318/A319/A320
AF2415	CZ7008	米兰—巴黎	07:15	08:45	1,3,6	A320
AF1280	CZ7013	巴黎—伦敦	10:00	10:15	1234567	A321
AF1781	CZ7106	伦敦—巴黎	07:35	09:50	1,3,6	A320/A321

代码共享本身不等于战略联盟,它只不过是可能导致战略联盟的一种手段和战略联盟结成之后的一种主要表现形式。代码共享通常可以分为三种类型：

(1)辅助服务(也称区域性代码共享)。这种代码共享是指一条国内航线由一家国内航空公司经营,但由一家国际航空公司以自己的代码向社会公布,这种代码共享的目的是获得中转客源。

(2)门户港到门户港航班(也称具体点代码共享)。这种代码共享是指一个点到点的航班服务由一家国际航空公司运营,但同时又由另一家国际航空公司进行市场营销,结果两家航空公司达成协议,可以包括包租舱位和联合航班。

(3)门户港到门户港以及门户港以外(也称战略代码共享)。这种代码共享的航班实际上由一家或两家航空公司运营,这种协议可以包括两个以上的合作伙伴。另外国内提供客源加上国际点到点航班,或国内提供客源加上中转到第三国服务也属于这种类型。

2.包租舱位

包租舱位指共享航空公司和承运航空公司达成合作协议,购买承运航空公司某一航班的固定座位数,共享航空公司只能在此范围内用自己的航班号进行销售。根据包租舱位协议,一家航空公司就在它的某些航班上给另外一家航空公司分配一些座位,然后另外一家航空公司通过它自己的市场营销和销售系统向旅客出售这些座位,这种协议往往用在包租座位的这家航空公司由于种种原因不能服务这个城市机场的情况。包租舱位也是绕过航空双边协定障碍的一种有效方式,例如达美航空公司和维尔京大西洋航空公司达成包租舱位协议后,达美航空公司将在维尔京航空公司在伦敦至美国的6~7个城市的航班上购买50~100个座位,这将使维尔京航空公司市场份额和收入增加,而达美航空公司将间接获得进入伦敦希思罗机场的机会。

3.特许权经营

特许权经营的通常做法是一家航空公司允许另一家航空公司使用其名称、飞机专用标志、制服和品牌形象等。一家航空公司向另外一家航空公司出售这些特权,通常是作为授予特许权的航空公司承担特许权经营航空公司的市场营销和销售管理的总的一揽子协议的组成部分;反之特许权经营航空公司需支付特许权使用费,并经常充当授予特许权航空公司航线网的辅助性航空公司。例如,英国航空公司与9家小航空公司签订以英航名义运营某些航线的特许权经营协议,这些英航经营不盈利、客流量又少的航线被其他小航空公司运营后,不仅为英航的主航线提供客源,也扩大了小航空公司的运营。

4. 相互参与常旅客计划

常旅客是航空公司的财源，是航空公司常旅客项目合作联盟的主要目标之一。在航空公司加入联盟之前，常旅客只能在同一家航空公司的航班才能够积累里程，获得优惠。旅客所要到达的城市和时间都是不确定的，航线数量越多、航班频率越高就越方便常旅客的行程安排，航空公司的航线数量和航班频率是旅客选择成为航空公司常旅客会员主要考虑的因素。而联盟伙伴之间航班的互用大大增加了常旅客可选择航班的数量和范围。常旅客会员乘坐联盟伙伴的航班，仍然可以在本航空公司账户上累计里程，或者依靠在一家航空公司积累的里程去获得其他联盟伙伴航班的免票。联盟通过常旅客项目的合作，吸引了更多的常旅客，同时使伙伴航空公司的常旅客会员成为本公司客源的重要补充。

四 航空公司联盟的类型

根据不同的分类标准，航空公司联盟可分为不同的类型。

就航空公司就地理范围而言，有国内联盟、地区联盟和跨州联盟。大多数早期的航空公司的联盟是国内联盟，反映了航空市场放松管制之后的最初联合，在美国主要发生在20世纪70年代和80年代，在欧洲和亚洲则是发生在20世纪80年代后期和90年代早期。地区联盟主要是针对欧洲和亚洲而言，20世纪90年代加速发展的经济全球化导致了大多数跨洲联盟的形成。

就航空公司的内容而言，有战略联盟与战术联盟之分。战略联盟类似"婚姻"，伙伴对合作关系给予最优先级考虑，通常公司各个层次都参与其中，双方开展广泛的合作。战术联盟的重要性要低很多，通常只限于一条航线或一组航线、某些业务方面的有限合作，如代码共享、包租舱位和常旅客计划参与。在条件成熟时，战术联盟有可能发展为战略联盟。

就航空公司联盟的双方是否参股而言，可分为股权联盟和非股权联盟。

结盟是为了达到利益互补，航空企业在谈判和签署平等条约时要熟悉条约内容，加入了联盟之后业务环境问题、技术问题、文化差异问题、人员素质问题、信息交流问题和收益管理问题等也将成为企业所必须关注的内容。

案例6-6
联盟制胜：南非航空公司快速成长的经验

南非航空公司是典型的政府所有的公司，就像一般的国有企业一样。2005年7月员工罢工已经导致该公司被迫取消所有国际航班。因全体机组和地勤人员罢工，南非航空公司只得暂时取消所有地区航班和国际航班。该公司亏损严重，人心不稳，从2006年4月~9月30日，南非航空公司净亏损0.92亿美元。为此，南非航空公司决定再次削减1000个工作岗位。

非洲航空业从整体来看仍远远落后于世界其他地区。2004年,非洲年航空运输量仅占全球航空运输总量的4.5%,事故却占全球总数的25%左右。飞机严重超期服役、技术人才匮乏、空管及地勤等服务落后。

一、加入航空联盟

在一个发展相对落后的地区如何才能脱颖而出?2006年4月,南非航空公司实施了重大战略变革——加入了星空联盟,成为非洲加盟全球性航空联盟的第一家航空公司。

作为非洲最大的航空公司,南非航空公司在2006年正式成为"星空联盟"的第18名成员。对南非航空公司而言,入盟对其业务的影响是立竿见影的,这成为了整个联盟中重要的一根"轮辐",国际业务量出现增长,部分远程航线的载运率超过90%。2006年9月,南非航空公司历史上第一次单月客运量超过了70万人次。首席执行官恩格库拉将此归功于和星空联盟成员所签订的代码共享协议。通过和强手联合,南非航空公司站在了一个全新的高度。以前南非航空公司只运营40多个目的站,如今,该公司的乘客可以通过联盟航线网络无缝隙地到达800多个机场。

在IT方面,南非航空公司也远远落后于星空联盟其他几家主要航空公司。尽管南非航空公司已经完成了痛苦的转型——开始使用阿波罗(Apollo)订座系统,但员工们尚未完全熟悉新系统,同时在机场中安置自助式值机柜以及开展网上办理值机手续业务方面,南非航空公司尚有很长一段路要前行。

二、合作伙伴多多益善

加入星空联盟也只是恩格库拉采用战略的一部分,他希望建立一个更大、更好和更具有价值的航线网络。因此南非航空公司和非星空联盟成员,如以色列航空公司、阿联酋航空公司、快达航空公司等也签订了代码共享协议。

按照恩格库拉的看法,加入联盟和代码共享协议是南非航空公司奋力前行的驱动力,同时也是亡羊补牢的最快、最便捷的方式。特别在当今环境下,整个航空公司的竞争态势已经开始发生了变化,开始向联盟竞争、伙伴竞争的方向发展。现在的竞争和以前的理念出现了差别,竞争不再是彼此之间你死我活的"战斗",通过合作是能够产生双赢的效果!

在亚洲,南非航空公司和印度航空公司(Indian Airlines)商谈代码共享协议;在北美,南非航空公司已开辟了飞往华盛顿杜勒斯机场(美联航的枢纽)以及纽约肯尼迪国际机场的航线。

按照南非航空公司预测,来往于亚洲、北美和南美的业务收入将每年增长7%~9%。相比之下,来往欧洲业务量由于竞争激烈加上已经是成熟市场,因此只要能有5%的增长率就让公司非常满意了。目前南非航空公司运营着法兰克福、伦敦希思罗、巴黎和苏黎世等航线。

三、充满活力的黑土地

南非航空公司首席执行官最大的希望依然来自于尚未开垦的非洲市场,他预测每年的增长率会达到15%。因此南非航空公司预期非洲大陆业务增长率将是公司利润来源最主要的部分。南非航空公司已运营了本土大陆20多个城市,目前还在不断开辟新的非洲航线。南非航空公司已放弃了以前战略——通过收购非洲其他航空公司(比如,2002年收购了坦桑尼亚航空公司49%股份)来拓展业务,它认为以前的这些方式更多的是从政治因素考虑。而企业就是企业!因此,南非航空公司更愿意通过代码共享、包租舱位等方式来建立合作伙伴关系,比如它和塞内加尔航空公司、埃及航空公司和卢旺达快运航空公司等都有合作协议。南非航空公司正计划和毛里求斯航空公司、加纳国际航空和尼日利亚维珍航空公司等签署代码共享协议。这实际上和上述的"合作伙伴多多益善"的战略是一脉相承的。

为了满足今后发展,南非航空公司已经计划引进更多的宽体飞机。在非洲一块充满生机和活力的土地上即将冉冉升起一颗耀眼的新星。

案例讨论:
1. 南非航空公司的战略联盟形式有哪些?
2. 战略联盟给南非航空公司带来哪些益处?

本 章 小 结

波特五力模型中的竞争力量分别是供应商的议价能力、顾客的议价能力、新进入者的威胁、替代品的威胁和同行业竞争者的竞争。

民航企业的供应商主要有油料公司、飞机制造公司、航材公司、飞机发动机公司、机上供应品制造商、劳动力组织、机场和飞机租赁公司等。

国内民航运输市场主要竞争要素有航班时刻、航线、定价、航班频率、设备、服务、忠诚和总体感觉;国际民航运输市场主要竞争要素有运价、航班频率、市场准入、设备、服务和广告。

民航运输市场三大基本竞争战略是成本领先竞争战略、差异化竞争战略和集中化竞争战略。

低成本航空公司五大共同的特点是标准化的机队、使用二类机场、飞机利用率高、旅客服务成本低和点对点的航线网络。

航空公司差异化优势可以从产品的物质层面、产品的包装层面、产品的核心层面和产品的附加层面等方面进行构造。

民航企业按市场份额被划分为四种竞争地位:市场领先者、市场挑战者、市场追随者和市场补缺者。

常见的竞争者反应类型有从容型竞争者、选择型竞争者、凶狠型竞争者以及随机型竞争者。

三大航空联盟集团是星空联盟、天合联盟和寰宇一家。

航空公司联盟的合作形式主要是联合营销、联合运营、联合购买以及投资参股等。

航空公司联合营销的形式有代码共享、包租舱位、特许经营权、相互参与常旅客计划和联合市场营销等。

代码共享的三种类型是区域性代码共享、具体点代码共享和战略代码共享。

复习思考题

1. 民航运输市场五力竞争要素有哪些?
2. 举例说明,低成本航空公司应如何实施成本领先战略。
3. 如何评估竞争者的反应模式?
4. 市场领导者在提高市场占有率时应考虑那些因素?
5. 简述市场挑战者的挑战对象及策略。
6. 航空公司战略联盟对民航企业和旅客各有哪些益处?
7. 航空公司战略联盟的方式有哪些?

中英文对照专业名词

波特五力分析模型	Michael Porter's Five Forces Model
竞争战略	Competitive Strategy
成本领先战略	Overall Cost Leadership
差异化战略	Differentiation Strategy
集中化战略	Focus Strategy
成本集中化	Cost Focus
差别集中化	Differentiation Focus
市场份额	Market Shares
市场领先者	Market Leader
市场挑战者	Market Challenger
市场追随者	Market Follower
市场补缺者	Market Niche
战略联盟	Strategic Alliance
星空联盟	Star Alliance
天合联盟	Sky Team
寰宇一家	One World
代码共享	Code-sharing

课后阅读

"竞争战略之父"——迈克尔·波特

迈克尔·波特(Michael E. Porter),哈佛大学商学院著名教授,被誉为"竞争战略之父",是现代最伟大的商业思想家之一,在2005年世界管理思想家50强排行榜上,他位居第一。

迈克尔·波特32岁就获哈佛商学院终身教授之头衔,是当今世界上竞争战略和竞争力方面公认的第一权威。他毕业于普林斯顿大学,后获哈佛大学商学院企业经济学博士学位。目前,他拥有瑞典、荷兰、法国等国一流大学的8个名誉博士学位。他曾在1983年被任命为美国总统里根的产业竞争委员会主席,先后获得过大卫·威尔兹经济学奖、亚当·斯密奖和五次获得麦肯锡奖。

迈克尔·波特开创了企业竞争战略理论并引发了美国乃至世界的竞争力讨论。到现在为止,迈克尔·波特博士已出版了17本书,发表了70多篇文章。其中最有影响的有《品牌间选择、战略及双边市场力量》、《竞争战略》、《竞争优势》和《国家竞争力》等。《竞争战略》已经再版了53次,并被译为17种文字;《竞争优势》再版32次。目前,波特博士的课已成了哈佛商学院学院的必修课之一。迈克尔·波特的三部经典著作《竞争战略》、《竞争优势》和《国家竞争力》被称为竞争三部曲。

迈克尔·波特的主要理论有:

1. 五力理论。五力包括同行业竞争者,供应商的议价能力,购买者的议价能力,潜在进入者的威胁和替代品的威胁。

2. 三大战略。成本领先战略、差异化战略和专一化战略。

3. 价值链理论。企业的各项活动可以从战略重要性的角度分解为若干组成部分,并且它们能够创造价值,这些组成部分包括公司的基础设施、人力资源管理、技术开发和采购四项支持性活动,以及运入后勤、生产操作、运出后勤、营销和服务五项基础性活动,九项活动的网状结构便构成了价值链。

第七章 民航运输市场营销战略

学习目的与要求

- 认识民航运输市场营销战略及内部各要素的关系;
- 了解民航运输市场细分的含义、作用、原则与步骤;
- 理解民航运输细分市场的主要类型及其特征;影响目标市场选择的因素;
- 熟悉民航运输企业目标市场的覆盖模式;民航运输市场营销组合要素及其内容;
- 掌握民航运输企业目标市场的评价方法;市场定位的内容、步骤与战略。

市场营销战略(Marketing Strategy)指企业在现代市场营销观念下,为实现其经营目标,对一定时期内市场营销发展的总体设想和规划,包含 4 个相互紧密联系的步骤:市场细分、选择目标市场、明确市场定位及管理市场营销组合。民航运输市场营销战略就是通过市场细分,明确企业目标市场,再通过市场营销策略的应用,来满足目标市场的需要,如图 7-1 所示。

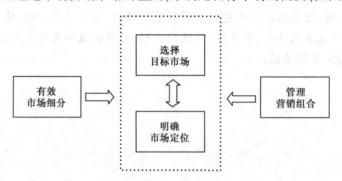

图 7-1 市场营销战略内部要素间的关系

第一节 民航运输市场细分

一、市场细分

市场细分(Market Segmentation),是由美国市场学家温德尔·斯密(Wendell R. Smith)于 20 世纪 50 年代中期提出来的。它是以消费者需求为出发点,根据消费者购买行为的差异性,运用求大同存小异的方法,把消费者总体划分为类似性购买群体的过程。

被经过细分的市场叫做细分市场,细分市场不是根据产品品种、产品系列来进行划分,而是从消费者的角度进行划分,即按消费者的需求、动机、购买行为的多元性和差异性来划分。市场细分对民航运输企业的生产、营销起着极其重要的作用。

1. 有利于选择目标市场和制定市场营销策略

市场细分后的子市场比较具体,比较容易了解消费者的需求,企业可以根据自己的经营思想、方针及生产技术和营销力量,确定企业的服务对象,即目标市场,并针对该目标市场制定特定的营销策略。同时,在细分的市场上信息容易被了解和反馈,一旦消费者的需求发生变化,企业可迅速改变营销策略以适应市场需求的变化,提高企业的应变能力和竞争力。美国联邦快递公司的诞生发展就是一个例证。

2. 有利于发掘市场机会,开拓新市场

通过市场细分,企业可以对每一个细分市场的购买潜力、满足程度、竞争情况等进行分析对比,探索出有利于本企业的市场机会,使企业及时作出投产、异地销售决策或根据本企业的生产技术条件编制新产品开拓计划,进行必要的产品技术储备,掌握产品更新换代的主动权,开拓新市场。

3. 有利于集中人力、物力投入目标市场

由于任何一个企业的资源、人力、物力、资金都是有限的,所以通过市场细分,选择了适合自己的目标市场,企业可以有效集中人、财、物及资源去争取局部市场上的优势,然后再占领自己的目标市场。

4. 有利于企业提高经济效益

企业通过市场细分后,可以针对自己的目标市场生产出适销对路的产品,既能满足市场需要,又可增加企业的收入。

案例7-1

"和时间赛跑的人"——弗雷德里克·史密斯

联邦快递公司的创始人弗雷德里克·史密斯出生于运输世家,被西方企业界誉称为"和时间赛跑的人"。他的祖父是一位船长,他的父亲把一条地方巴士交通线经营成了在美国南部地区具有举足轻重作用的美国灰狗长途汽车公司。少年时代的史密斯就学会了驾驶飞机,20世纪60年代在耶鲁大学求学期间,他利用周末时间做包机飞行员赚钱。在带着学生和其他乘客四处飞行的时候,史密斯看到了商机,这为他以后在商业运输领域进行的变革打下了基础,同时他注意到飞机上也经常装载IBM等电脑公司的配件,但这些电脑公司并不想利用客机运货,而是希望把关键部件用专门的货机直接快速送到客户那里。

1965年,经济学专业的史密斯在学期论文中首次提出了快递服务的概念。他在一篇论文中分析到,美国工业革命的第三次浪潮将全靠电脑、微处理机及电子装备来维系,这些装备的经常维护则要靠质轻价昂的部件和零件的及时供应来保证,有关信件、包裹、存货清单

均须在第二天、次日清晨,甚至于几小时内迅速送到。而当时,包裹、信件的隔夜寄达并不见得有迫在眉睫的需求。美国的多数信件、包裹都是交邮局传递,用卡车运输,而且需要很长时间才能送到,即使用航空邮寄也难以保证时间。因此,史密斯认为应该向社会提供一种比航空邮寄更快的、寄达时间有确切保证的航空快递服务。虽然论文只得到C等评分,但史密斯对自己的分析和设想抱有充分的信心,1966年他毕业后被海军陆战队任命为中尉,在越南服役。1969年他退役后,凭借对飞行的爱好,开始了他在商业界的事业。

弗雷德里克·史密斯开始的第一步是购买阿肯色航空销售公司的控制股权,这是一家以小石城为总部的公司,从事螺旋桨飞机和喷气飞机的维修服务。公司售价100万美元,它长期亏损,前途明显渺茫。史密斯了解了全部情况后,一开始就改变了经营方针,使公司成为购买和出售废旧喷气飞机的情报交流所。结果大获成功,使史密斯的营业收入增加至900万美元,两年内获利25万美元。

在此期间,史密斯在仔细考虑建立一个能够连夜快递小包裹公司的设想。这样的服务市场是否真的存在?在这个领域里已经有好几家公司,埃默里航空运输公司和飞虎航空公司是其中最大的两家,而且都是在第二次世界大战后不久开业的,每家公司在1969年的收入都有1亿美元。但是史密斯认为他能比他们提供更好的和更为可靠的服务。史密斯委托两家咨询公司对局势进行研究,他从公司的报告中得知,社会对目前的运输服务极度不满,客户声称传递不稳定,经常迟到,而且一般不太可靠。这就是说,如果一个公司能在全国某一个地区接受小型包裹,然后有效率地、毫无阻碍地在短时间内递送到另一地区,这个公司就会有市场。客户也确实是愿意为可靠的快递服务支付额外费用。除此之外,全部空运的60%以上业务是在25个最大市场之间进行的,而小型紧急递送业务的80%却是在这些最大市场之外的地方之间进行。当时的情况是,较小的地方的发货人和收货人必须等待定时的运输工具来接收并寄往边远地点的包裹。此外,不位于城市中心的工厂和研究机构也有快速传递的紧急需要,所以他们同样迫切需要这样的快递服务。

史密斯有可能提供这样的服务吗?一份报告指出,10家国内商业航空公司中就有9家的班机在晚间10点至第二天上午8点都停留在地面上。这就是说,从深夜到清晨期间的空中航线是不拥挤的,起飞和降落相对来说都会比较顺利,史密斯了解了这些情况后着手筹集资金来创办这样一个公司,他投入了其全部800多万美元资金。这种风险投资给予一些投资家以极其深刻的印象,相继投入了4千万美元,几家感兴趣的银行拿出同等数目的款项,使总额达到9千万美元,这也是美国商业史上单项投资最多的一次。

史密斯为这家公司取名为联邦快递公司,于1971年6月1日在小石城正式成立,大幅标语悬挂在办公室,上面写着"欢迎客户光临"。史密斯吸取了老对手的经验,决定效法联合包裹公司,把包裹重量定为75磅,包裹体积也有限制,这样可减轻装卸工的劳动强度。除此之外,公司还采取了其他公司采用的中心分拣系统,包裹都送到中央机场,分拣后再送到最后目的地,由公司负责送货到户。史密斯一度考虑以小石城为中心,但后来决定在孟菲斯,因为后者有好的条件和充足的设备。

公司于1973年4月17日开始营业,在22个城市开展业务。公司营业之初开始出现亏损,但史密斯没有放弃,他与他的员工携手共度难关。他亲自参加寄件分类工作,而他的飞机驾驶员常用他们自己的信用卡来购买汽油。史密斯的坚持终于有了回报,到20世纪70年代末期,美国人已经离不开联邦快递的隔夜快递服务了,并把运送备用件、紧急商业文件和生日礼物的任务都托付给它。美林证券公司的高层管理人员甚至发现,其下属员工使用联邦快递来传递曼哈顿总部不同楼层办公室间的文件,而不用办公室内部邮件的传送网络,因为联邦快递更快、更值得信赖。

如今,联邦快递公司占空中快递市场份额的44%,由645架飞机和7.1万辆卡车所组成,运输队平均每天装运550万件货物。而所有这一切都源于一个大学生看到了一个他人没有看到的市场。

案例讨论:
1. 弗雷德里克·史密斯在大学时代发现了什么商机?
2. 弗雷德里克·史密斯在创建联邦快递公司之前做了哪些调查和准备?

二 市场细分的原则

民航运输企业可根据单一因素,亦可根据多个因素对市场进行细分。选用的细分标准越多,划分的子市场就越多,每一子市场的容量相应就越小。相反,选用的细分标准越少,子市场就越少,每一子市场的容量则相对较大。一般而言,成功、有效的市场细分应遵循以下基本原则。

1. 可衡量性

细分的市场是可以识别和衡量的,即细分出来的市场不仅范围明确,而且对其容量大小也能大致作出判断。有些细分变量,如具有"依赖心理"的青年人,在实际中是很难测量的,以此为依据细分市场就不一定有意义。

2. 可进入性

细分出来的市场应是企业营销活动能够抵达的,是企业通过努力能够使产品进入并对顾客施加影响的市场。一方面,有关产品的信息能够通过一定媒体顺利传递给该市场的大多数消费者;另一方面,企业在一定时期内有可能将产品通过一定的分销渠道运送到该市场。否则,该细分市场的价值就不大。

3. 有效性

细分出来的市场,其容量或规模要大到足以使企业获利。进行市场细分时,企业必须考虑细分市场上顾客的数量,以及他们的购买能力和购买产品的频率。如果细分市场的规模过小、市场容量太小、细分工作烦琐、成本耗费大或获利小,就不值得去细分。

4. 对营销策略反应的差异性

各细分市场的消费者对同一市场营销组合方案会有差异性反应,或者说对营销组合方案的变动,不同细分市场会有不同的反应。一方面,如果不同细分市场顾客对产品需求差异不大,行为上的同质性远大于其异质性,此时,企业就不必费力对市场进行细分。另一方面,对于细分出来的市场,企业应当分别制订独立的营销方案,如果无法制订出这样的方案,或其中某几个细分市场对是否采用不同的营销方案不会有较大的差异性反应,便不必进行市场细分。

在使用细分变量对市场进行细分时需注意,当一个细分市场中的顾客群过大时,并且其中顾客的需求还有很多不同时,会出现细分不足的问题。如果能将市场进一步细分,企业就可以在不增加额外负担的情况下,将这部分顾客需求的差异更好地体现在产品设计、价格制定以及促销策略中。但在细分市场的过程中也容易将市场过度细分,使企业迷失了制定发展战略的方向。

三 市场细分的步骤

市场细分是一个动态的过程,整个过程可以分成六个阶段:定义市场范围、确定细分变量、收集和分析数据、市场细分、评估细分市场和设计营销策略,如图7-2所示。

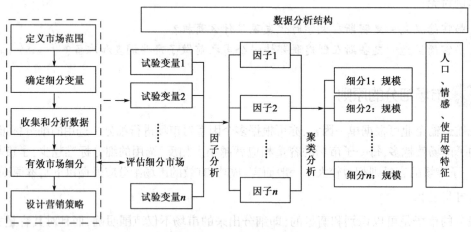

图 7-2　市场细分步骤

1. 定义市场范围

市场细分的目的可以多种多样,首先要明确研究目的,充分了解市场信息,定义市场范围。市场信息包括客户对产品或服务的介入程度、客户对这种产品、服务或该行业了解程度、客户愿意而且能够支付的能力程度和公司管理者和销售者对现有市场结构的看法等。

2. 确定细分变量

市场细分是以顾客特征为基础的,其出发点是消费者对商品或服务的不同需求与欲望。细分变量即细分标准,它决定市场细分的方向。但实际上整体市场很少有泾渭分明的界限,有的细分子市场同时拥有其他细分子市场的一些特征,即出现重叠。

3. 收集和分析数据

通过市场信息调研收集得到大量数据,在收集和分析数据的过程中比较常用计算机数据分析结构,即将采集的实测数据输入计算机,计算机通过因子分析提炼出少数几个因子,然后通过聚类分析将数据进行聚合形成细分市场,再通过对各细分市场的分析归纳出各自的特征。当前,使用较为广泛的是因子分析、聚类分析和CHAID分析等数据分析工具。

4. 有效市场细分

由于各企业经营实力、产品特点和市场状况等方面的差异,它们在市场细分时对细分变量的运用必然不同。在新兴市场中,用少量变量来对市场进行粗略细分就可满足顾客需要,而在成熟市场中,单一变量很难有效地细分市场,通常需采用综合变量来细分市场。

5. 评估细分市场

正确客观地评估细分市场。如果细分市场评估的有效性不尽如人意,可能需要重新返回第四步,寻找新的细分变量重新进行市场细分。

6. 设计营销策略

营销策略的制定除了考虑到运用各种各样的营销组合之外,还应考虑到企业对每个方案的执行能力和执行程度。

四 民航客运细分市场

(一) 民航客运市场的细分

同一条航线内不同旅客的需求并非完全一样,有些对价格敏感,有些对时间敏感,这就需要对旅客进行细分。民航客运市场细分的变量很多,主要有人口和社会经济因素、地理状况因素、出行目的因素、出行条件因素、公众出行层因素和购买行为因素等,如表7-1所示。

民航客运市场的主要细分变量　　　　　　　　　　表7-1

主要细分变量	子细分变量
人口和社会经济	年龄、性别、收入、职业、婚姻状况、种族、宗教和国籍、社会阶层
地理状况	国家、区域、地形、气候、自然资源、人口密度、亚文化群
出行目的	公务、商务、旅游、探亲访友、文化交流、留学、通勤、朝拜
出行条件	票价、时间
公众出行层	常旅客、两可性旅客、准旅客、非旅客
购买行为	购买动机、购买频率、使用习惯、对品牌的忠诚度

竞争战略制订的前提是了解目标消费群体,这主要包括两方面的内容:一方面是目标消费群体的消费行为,包括产品的使用方式、使用频率、使用的品牌和包装以及购习惯等;另一方面是目标消费群体的性别、年龄、职业、学历和收入等人口特征。按照中国民航产业的统计方法,民航旅客的构成情况主要包括旅客年龄构成、来源地构成、行业分布构成和出行目的构成4部分。根据我国国内航空目前的市场情况,大致可以分为以下几类旅客群体。

1. VIP旅客、高级管理人员、成功的商人及部分外籍旅客

这类旅客一般社会地位较高,收入丰厚,旅行机会多,习惯于良好的生活方式,他们比较看重自己的身份和地位,希望得到别人的尊重和享受特殊的礼遇,不喜欢被航空公司与买低价客票的旅客或免票的旅客等同看待,他们选择最舒适的条件及最优越的服务,对机型、舱位等级、人员服务水平要求高,希望航空公司为他们提供的服务能尽量体现出他们的生活方式,而价格对他们来说并不重要。

2. 公务出差的企事业单位工作人员、需要开拓事业的商人、有时限要求的普通人员

这类旅客的特点是来去匆匆,不允许旅途中安排休闲时间,因此对航班的正点和时间的衔

接有较高的要求,希望旅途中有良好的休息环境,经济承受力也不是这类旅客的主要问题。

从一定意义上讲,第一、二类旅客是航空公司高收益旅客群体的重要组成部分,是航空公司稳定收益的重要来源。

3. 休闲、旅游、探亲及求学旅客

随着休闲时间的增加和富裕程度的提高,这类人群逐年增加,并已成为数量可观的旅客流,他们的特点是对价格的敏感度高,只忠诚于价格,不会轻易忠诚于哪家航空公司,要求旅行快捷、方便。这类旅客市场具有一定的季节性和时间性,集中在节假日和高峰期的特点十分明显,而且在航空、铁路、公路和水运等不同的运输方式中存在选择的可替代性。

4. 潜在的市场需求旅客

潜在的市场需求旅客指从未乘过飞机的旅客,他们对乘坐飞机存有神秘感和直接欲望,这类群体在国内数量庞大,作为目标消费者饱含着有利的市场机会。

民航企业通过掌握详细的旅客构成情况,可以在知己知彼的基础上进行市场细分,具体分析在特定细分市场中的客户需求,根据客户需求评估企业的优势与劣势,以形成具有竞争力的战略方案。

(二) 商务旅行市场特征

在众多细分市场里,商务旅行市场是一个高度集中的市场。组成这一市场的人数很少,但他们平均旅行次数较高。在英国平均每年每位商务旅客航空旅行的次数要达到10次以上,频繁的空中旅行使商务旅客成为了旅行专家,他们对各航空公司的服务水平如数家珍,并时刻对比各航空公司的服务。

1. 航班密度与时刻

商务旅客一般无法提前很长时间预订座位,因此航空公司的航班密度和航班时刻十分重要。在短程航线上,航班密度与航班时刻对商务旅客最为重要。商务人员的行程一般都安排得很紧凑,旅行计划也会随时改变,因而能够提供高密度航班服务的航空公司将具有明显优势。航班密度可以保证商务旅客能够在会议开始前飞抵会场,在会议结束后又能够马上返回。如北京—上海是一条典型的商务旅客居多的航线,高峰期每天往返于这两个城市的航班达20多个。航班密度在某种程度上往往代表着航空公司在该航线上的占有率。在短程航线上,能够使商务旅客当天往返是最基本的要求,因此航班安排主要集中在早晨或者傍晚。

2. 航班正点率

商务旅客十分注重航班的正点率,一家航班正点率较低的航空公司是不可能赢得商务旅客的长期青睐的。加强管理、比拼航班正点率已成为各家航空公司的竞争手段。

3. 机场的位置

在短途航线上,如果机场离市中心较远,将会给商务旅客带来极大地不便。若在航空公司经营的航线中,如有高铁开通,商务旅客选择高铁的可能性则大大增加。

4. 座位的可及性与机票的灵活性

座位可及性是指旅客在航班起飞前预定到航班座位的可能性。有些商务旅行是为了应对突发事件,要求以最快的速度成行。除此之外,商务旅客有可能很早订妥航班的座位,但常常由于一些特殊需要而临时变更航程,因此旅客要求所持客票有一定的灵活性,便于改签。航空公司在制定机票限制条件时应充分考虑到此类问题。

5. 常旅客计划

现今几乎所有的航空公司都建立了自己的常旅客计划(FFP),或者加入了其他航空公司的常旅客计划。常旅客计划在长途航线上对商务旅客的吸引力比较显著,旅客可以通过积累里程积分换取机票、酒店等优惠或免费服务。有些商务旅客因航空公司的常旅客计划而改变消费习惯,最终成为某航空公司的忠实顾客。

6. 机场地面服务

商务旅客一般到机场的时间相对较短,他们希望拥有单独的值机柜台,以避免和普通旅客一起排队,希望有快速的安检通道,希望有休息室以方便利用航班起飞前的时间休息或工作,还希望能得到优质的行李服务,飞机上有较宽大的行李架空间。当携带有大件行李必须交运时,商务旅客还希望在目的地机场能够在最短的时间内提取到行李。

除上述6点之外,机上服务仍为商务旅客所关注的环节,因此,必须重视和加强飞机上的乘务服务,以此获得旅客的认同。

(三) 休闲旅行市场特征

就世界范围的民航客运市场而言,旅客人数占统治地位的是休闲旅行市场。休闲旅行是一种奢侈消费,旅客自己支付包括机票在内的旅行费用,故在经济困难时会放弃旅行。有休闲旅行能力的人取决于其收入水平(个人收入、家庭收入),随着收入水平上升,对航空旅行的需求也相应上升。休闲旅客的旅行花费全部由自己支付,而且常以家庭为单位,这样可能使得旅行花费成倍增加,因此休闲旅客对票价敏感性强,要求机票价格低廉。为了获得廉价机票,休闲旅客在航班时刻、座椅舒适性、机场地面服务、机场餐饮服务等方面的要求会相应降低。

五 民航货运细分市场

民航货运的快捷性是其发展的根本性所在。快捷、安全、周到的服务是现代物流的核心价值所在,航空货运业务是实现这些价值的重要手段,美国、日本等航空速递公司所取得的成功充分说明了这一点。

1. 民航货运市场的细分

根据不同的细分变量,可将民航货运市场细分,见表7-2。

民航货运市场细分　　　　　　　　表7-2

细分变量		子细分变量
地理变量	所跨国家	国际、国内
	地理位置	东部、中部、西部
	距离	长途、中途、短途

续上表

细分变量		子细分变量
行为变量	时机	一般时机、特殊时机
	忠诚程度	绝对的、不坚定的、转移型的、易变的
	追求利益	安全、便利、快速、便宜
	使用频率	不使用、少量使用、中量使用、大量使用
	时效性	快运、非快运
货物变量	运输种类	整车、零散、集装箱
	运输条件	普通条件、特殊条件
	批量	大宗、小批量
	季节性	季节性、非季节性
	运价率	高运价率、低运价率
	附加价值	高附加值、低附加值

货主对民航运输服务的需求通常是由所运输货物的特性而形成的。根据货物的特性,通常把民航货物市场分为紧急货物市场、常规易损货物市场、非常规货物市场和快递货物市场4类。

2. 紧急货物市场特征

对民航货运来说,最重要的需求通常来自紧急货物的运输,即货主需要将货物以最快的方式运输到目的地,紧急货物分为营运紧急货物和销售紧急货物。紧急货物通常要求航空公司在24h内必须发出。保证货物以最快的速度运输是紧急货物运输的核心,高航班密度和航班上的可利用舱位随之成为保证满足此类市场需求的关键。

在紧急货物运输市场上,顾客的需求是清晰而明确的,如果航空公司想在这个市场上立足,就必须设法满足他们的需求。

(1)尽可能缩短门到门的运输时间。为了满足货主这一需求,航空公司需要有高密度的航班,然而紧急情况的出现是无法预知的。当客户有紧急货物运输需要时,只有那些航班密度高的航空公司才可能为货主提供满意的服务。除此之外,航空公司必须要有一套完善的舱位管理方法,保证在航班起飞前有空余舱位可供紧急货物利用,否则如果舱位被预定完,即使航班密度再高,对于那些发送紧急货物的货主来说也没有意义。此外,航空公司还必须有一套安全可靠的地面服务体系以保证货物能够按时启运。

(2)使用货物跟踪系统。货物跟踪系统是指利用物流条形码和EDI技术及时获取有关货物运输状态的信息(如货物品种、数量、货物在途情况、交货时间、发货地和到达地、货物的货主、送货责任车辆和人员等)。航空公司提供货物跟踪查询服务,及时准确地向货主报告货物的状态信息,使顾客做好接货以及后续工作的准备,以便进一步缩短衔接时间。

3. 常规易损货物市场特征

常规易损货物对运输时限的要求不是非常紧急,但其具有易腐性且销售期较短的特点。常规易损货物又分为形体易腐性货物和经济易腐性货物。

形体易腐性货物指物品的外形或内在质量容易出现损坏,如鲜花、水果和水产品等。托运人通过地面运输方式把这些易腐货物运送到远方的市场,如果运输时间长,货物到达目的地时就可能腐烂变质,失去了使用价值,因此对于这样的货物,空运是比较理想的运输方式。

经济易腐性货物的销售周期非常短,容易在时间上造成经济价值等方面的损失。如时装、杂志、唱片等。这些一度畅销的商品可能在短时间内成为滞销品。

随着民航货运业的发展,民航运输企业将覆盖更多的业务环节,更好地捕捉市场机会。大韩航空的成功为价值链扩展提供了一个典型范例。

案例7-2

大韩航空货运领先的秘密

大韩航空货运连续6年保持世界第一的奥秘是:庞大的网络覆盖、尖端的设备保障和雄厚的人才积累。

大韩航空共拥有24架全货机,全部是经典的B747-400F机型,全年运输量的75%由全货机执行,其他由126架飞机腹舱完成,目前已经通达全球26个国家的42个城市,货运收入占到了大韩航空全部收入的30%~33%。大韩航空在仁川机场有第一和第二两个货运站,其中第一货运站是世界上由单一航空公司独资所有的货运航站中规模最大的一座,年吞吐能力可达135万t。大韩航空第一、第二货运站能够同时执行16架B747货机的装卸任务。

2000年,大韩航空公司与法国航空公司、墨西哥航空公司和达美航空公司等共同组建了天合联盟。而在今天的航空版图上,星空联盟、寰宇一家、天合联盟已具规模,并各领风骚,其中,天合联盟在国际航空货运市场上最具影响力,所占货运市场份额也最大。从这一点来说,大韩航空货运的实力和选择与天合联盟的货运影响力是相得益彰的。组建航空联盟,一方面给大韩航空货运拓展了网络,另一方面,大韩航空也从法国航空公司等吸取了先进的货运产品理念。大韩航空货运采用了天合联盟的4大产品:Equation 快件产品、Variation 特种货物、Cohesion 货物和 Dimension 普通货物,同时,大韩航空货运在高科技产品货运市场以及公司所擅长的易腐坏商品运输(水果、蔬菜和鲜花)和活牲畜运输方面保持了领先的地位。

大韩航空货运的现代化程度让人叹为观止。在仁川机场的第一货运站里,从货物的到达、称重、检查、打包、存储到转运、上机的全部流程都实现了自动化。X射线装置、23台闭路电视、爆炸物检测设备能确保货物的安全无隐患。包括ETV(自动升降车)在内的全自动输送设备以及CCS(货物紧致系统),让货物从被卸下运输车辆开始,直到被转移到登机之前的存放区,全程由自动化系统控制,并且实现了全程管理跟踪。整座航站有单位存储空间1048个、卡车装卸柜台70个、工作柜台80个,货物处理能力相当强大。

大韩航空更具竞争力的货运实力是对特殊货物运输的处理能力,大韩航空港货运航站中不仅有冷藏库,还有暖库、贵重物品存放箱,甚至有可以严格控制温度、湿度的调节箱,对于运送高要求的医疗药品最适用。从危险品到鲜活海产品、从敏感货物到大型动物、从直升机到F1赛车等其他航空公司运输不了的货物,大韩航空货运都能运。

大韩航空货运的成功还取决于实力雄厚的人力资源。比如,有6位职员通过轮班,实现了货物的24h监督、监控。如果飞机出现迟到3h的情况,他们就会通过发短信息和电子邮件告知货主,细节很到位。

大韩航空仁川机场货运站副总经理朴永主透露:到2018年,大韩航空将逐渐引进12架新机型货机,包括B747-8F、B777-F。他们还将把航点延伸到俄罗斯的圣彼得堡、西班牙的萨拉戈萨、中国的成都以及南美的秘鲁、巴西等市场。得益于特殊物品运输的高额回报,大韩航空也必将在提升运输特殊物品能力方面下更大的工夫。

案例讨论:
1. 大韩航空货运的主要运输领域有哪些?
2. 现代化的设备和手段给大韩航空货运公司带来哪些益处?

第二节 民航运输企业目标市场选择

著名的市场营销学者杰罗姆·麦卡锡提出,目标市场(Target Market)就是通过市场细分后,企业准备以相应的产品和服务满足其需要的一个或几个子市场。

一 民航运输企业目标市场选择

航空公司要取得竞争优势,必须善于识别自己能够有效服务的且最有吸引力的目标市场,而不是盲目四面出击。对细分市场有效的评价是航空运输企业目标市场策略开展的基础。

1. 航线经营价值的分析

民航运输企业应对每一条航线及航线上的顾客群进行综合评价,然后再决定是否开辟或占领该航线。航空公司对航线经营价值的评价可以从3个方面进行。

(1)分析航线两端城市及所在地区的经济发展状况、人口状况和旅游资源状况。考察两地之间经济和人员往来的总量,这可以从两地之间各种方式的运输总量中得到反映。

(2)分析两地之间的地理交通状况,了解各种运输方式投入的运力、价格和所需的运达时间与费用,比较各种运输方式的优缺点。如基于美国南部还没有直达中国的航线这一状况的研究与判断,某公司欲将开辟达拉斯—福特沃斯的枢纽飞行至北京的航线。

(3)分析两地的收入水平,以便掌握市场对空运需求转化为实际购买的现实性。如果这两地之间已开航班,则可以用航空运输量占两地之间运输总量的比例来定量分析上述问题,排出这个比例的时间数列,分析其升降状况和趋势,就可以得到比较明确的结论。如果这两地还未通航班,或许这就是一个新的细分市场,捷足先登或投放少量航班,观察市场需求情况再决定是否大量投入。在比较成熟的航线上,可以直接用该航线的客座率来推算市场潜在需求量。

2. 航线市场占有率的评价

某条航线虽然有较大的市场需求和购买力,但如本公司不占有相应的市场份额,就不能成为本公司的目标市场。

假定从 A 地到 B 地的航线上,有 n 家航空公司在经营,某航空公司在 AB 航线上的市场占有率为 $m\%$,按照一条航线上各公司的占有率状况和本公司对该航线的控制程度,可以把航线分成 3 种类型。

(1)独占航线。即由某一个航空公司 100% 占有该航线的市场份额,没有竞争对手。这里又分两种状况,即由本公司独占,或外公司独占。在选择目标市场时,是否要进入一个由外公司独占的市场,应谨慎考虑。

(2)垄断竞争航线。由某一个公司占据了市场的极大份额,同时还存在一些竞争对手占据了部分市场份额。这里也可分两种情况,即由本公司垄断,或由外公司垄断,本公司只占很小份额。

(3)均衡竞争航线。在这种航线上,有两家以上的航空公司在经营竞争,但没有一家公司可占垄断地位,竞争处于均衡状况。任何一家公司要想击败对手,都会导致两败俱伤。

3. 航线赢利能力的评价

一个航空公司的航线网少则由几条,多则由几十条、上百条航线组成。公司在选择目标市场时,必须分析评价各条航线的赢利能力,以决定取舍和投入的多少。各航线的经营利润是评价航线赢利能力的重要指标,航空公司常用每万客公里利润来反映赢利能力。

二 民航运输企业目标市场覆盖模式

民航运输企业通过对航线及航线上的顾客群进行充分的评价,选择企业重点占领的目标市场。为了规避市场经营风险,航空公司通常在细分市场上选择几条、十几条、几十条甚至上百条航线及该航线上的顾客群(单一顾客群、多顾客群)作为企业的目标市场。民航运输企业目标市场的覆盖模式有 5 种,如图 7-3 所示。

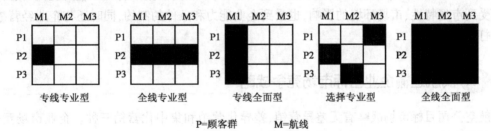

图 7-3 民航运输企业目标市场覆盖模式

1. 专线专业型

专线专业型即航空公司将自己有限的运力集中投放于很少的几条航线,专门运输某一类旅客或某些货物。很多中小型航空公司都采用这一模式,如上海航空公司组建之初,只开辟了上海—北京、上海—广州两条航线的不定期航班,以后逐渐成为定期航班,只运输旅客不运输货物,且客运只提供经济舱,这就是专线专业型的覆盖模式。专线专业型目标市场覆盖模式的特点是需要资金较少,但市场范围狭窄,企业经营风险很大。随着企业实力的增强,企业的目标市场可向广度和深度发展。

2. 全线专业型

全线专业型即航空公司投放航班的航线较多，而运输对象相对集中，专运货物或专运旅客，甚至专运某一类货物或某一种旅客。如，1992 年，上海航空公司经营的航线已扩大到 11 条，所用的 B757 飞机也有较大的货运载量，但仍只运输旅客不运输货物；又如，1984 年，圣路易斯的第一航空公司只经营头等舱业务。这家航空公司在其 B727 飞机的机舱里设置了每排 4 个座位（通常是 6 个），座椅全部是皮质的，公司为乘客提供各种美味佳肴以及上流社会的豪华排场。根据这种豪华型服务的特点和市场需求，公司开辟了从圣路易斯—华盛顿、达拉斯、堪萨斯城、纽瓦克等几大城市的多条航线航班。第一航空公司通过提供这种与众不同的特殊服务而成为"明星"。

3. 专线全面型

专线全面型即在不多的航线上进行对象众多的运输服务。大多数中型航空公司都采用这种目标市场覆盖模式，这些航空公司实力有限、飞机不多且经营的航线也不多。在所经营的航线上，尽量挖掘生产潜力和消费潜力，设法运输各种旅客和货物。

4. 选择专业型

选择专业型即企业根据对市场的分析，发现几个具有吸引力的航线，在这些不同的航线上将顾客群再次细分，满足其中一个或几个顾客群，并分别设计和制造产品，实施差异性营销策略，很多大中型航空公司多采用选择专业型模式。

5. 全线全面型

全线全面型多为大型航空公司采用，机群庞大多型，在众多航线上进行全面的运输服务。这种目标市场覆盖模式使企业能占领更多的市场，满足消费者更多的需求，为企业赢得更多的收益。

民航运输企业的市场覆盖模式不是一成不变的，一般要根据市场和环境的变化动态调整，它既受到市场特性、市场环境的影响，也受到企业能力和条件的制约，同时还与企业经营战略、经营打算有关。

三 民航运输企业目标市场竞争战略

航空公司目标市场战略有无差异营销、差异化营销和集中化营销三种。企业市场竞争战略的制定应建立在企业的目标市场上，如图 7-4 所示。

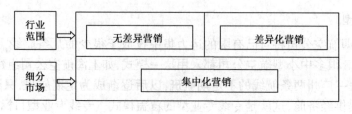

图 7-4 民航运输企业目标市场战略

1. 无差异营销(Undifferentiated Marketing)

企业不考虑各子市场间的差异性,只注重子市场需求的共性,只推出单一产品,运用单一的营销方案,力求在一定程度上适合尽可能多的顾客需求。

无差异营销的优点是由于产品单一,有利于标准化与大规模生产,从而有利于降低研发、生产、运输和促销等成本费用,以低成本取得市场竞争优势;缺点是忽视了各子市场需求的差异性。

2. 差异化营销(Differentiated Marketing)

企业针对不同的子市场,推出不同的产品,推行不同的营销方案,以最大限度地满足各子市场的需要。大部分传统的航空公司都采用这种战略,如美利坚航、美联航、英航、法航和汉莎航等。

差异化营销的优点是企业在产品设计、推销宣传等方面能针对不同的子市场,从而有利于提高产品的竞争力以及提高市场占有率。此外,还有利于建立企业及品牌的知名度,有利于提高企业威望,树立良好的企业形象;缺点是由于产品差异化、促销方式差异化,增加了管理难度,提高了生产和销售费用。因此,差异化营销多为实力雄厚的大型航空公司所采用。

3. 集中化营销(Concentrated Marketing)

企业将所有的资源力量集中,以一个或少数几个性质相似的子市场作为目标市场,进行专业化经营,力图在较少的子市场上获得较大的市场占有率。

集中化营销的优点是目标市场集中,企业资源集中,能快速开发适销对路的产品,树立和强化企业和产品形象,也有利于降低生产成本,节省营销费用,增加企业盈利;缺点是目标市场狭小,经营风险较大,一旦市场需求突然发生变化,或出现更强的竞争对手,企业就可能陷入困境。集中化营销适用于实力弱、资源少的小型企业。

四 民航运输企业目标市场选择的影响因素

3种目标市场策略各有利弊,企业选择目标市场策略时要综合考虑自身的特点、产品特点及市场的状况,全面衡量各方面的条件,根据不同的情况决定或改变市场策略。

1. 企业资源能力

理想的目标市场,首先应当与企业的实力相匹配。企业的实力主要包括航空公司的机队规模与构成、资金、经营管理水平、科技人员素质、销售渠道和网络、广告宣传和市场竞争能力等。如果企业实力雄厚,可以采取差异化营销;如果企业的资源能力不足,无力把整体市场或较大范围的市场作为自己的经营范围,可采取集中化营销。

2. 市场需求的特点

在民航运输市场上,有的消费者需求相近,对运输产品及销售方式的改变反应没有差异,可以采取无差异营销;如果市场上消费者需求差异大,差别明显,对运输产品及销售方式、服务等都有特殊要求,适用采用差异化或集中化营销。

3. 细分市场吸引力

细分市场吸引力是指细分市场的销售潜力、竞争对手是否可以垄断市场以及是否适合于发挥本企业优势。竞争力的大小包括市场竞争者的多少,竞争对手实力的强弱及其所采用的市场策略。如果竞争者实力较强,并一贯采用无差异营销,本企业就可采用差异化或集中化营销,扬长避短,取得优势。如果实力强的竞争对手已采取差异化营销,本企业可更进一步地细分市场,开拓新市场,避实就虚,避免两败俱伤。如果竞争者的实力较差时,本企业可以不必顾忌竞争对手的市场策略,有时可以采取针锋相对的策略,争夺市场。

第三节　民航运输市场定位

 民航运输市场定位概述

1. 市场定位的内涵

市场定位(Marketing Positioning),又称为产品定位或竞争性定位,由美国营销学家艾·里斯和杰克特劳特在1972年提出。市场定位是根据竞争者现有产品在细分市场上所处的地位和顾客对产品某些属性的重视程度,塑造出本企业产品与众不同的鲜明个性或形象并传递给目标顾客,使该产品在细分市场上占据强有力的竞争位置,即市场定位是塑造一种产品在细分市场的位置。市场定位作为竞争战略中的重要部分,显示了一种产品或一家企业与类似的产品或企业之间的竞争关系。

2. 市场定位的必要性

市场定位是针对潜在顾客的心理进行的创造性活动,也就是说将产品在顾客的心目中确定一个适当的位置。消费者对市场上的产品和服务有着自己的认识判断和评价标准,在提到某类产品之时,他们按照自己的评判标准进行重要性和购买选择顺序的排位。市场定位在民航运输企业营销中的作用具体表现在以下几个方面。

第一,市场定位有利于企业及产品在市场中建立自己的特色。随着民航产品越来越丰富,服务水平越来越高,民航运输企业之间的产品越来越趋于同质性,产品与服务在特性和功能上出现了很大的类似性。对于企业来说,那些与竞争者雷同、毫无个性的产品,恐怕无法吸引消费者的注意。为了使自身企业的产品在同质化的市场中脱颖而出,并以此获得竞争优势,企业必须在消费者心目中确立自己产品独特的价值利益和与竞争者产品之间鲜明的差异性。也就是说,要让消费者感觉到本企业的产品与众不同,与竞争者有差异,并且偏爱这种差异,从而使消费者形成良好的回购率和长久的购买惯性。

第二,市场定位是制定市场营销组合策略的基础。比如,企业决定生产质优价高的产品,企业的这种定位就决定了企业所生产的产品质量一定要好,价格则要定得高,相应的广告宣传的侧重点应该是强调产品所具备的高质量,让消费者相信虽然产品价格高,但是物有所值。可见,企业的市场定位决定了企业需设计与之相适应的营销组合策略。

3. 市场定位的影响因素

市场定位既受到外部市场环境的制约,又要以企业自身的实力和优势等内部因素为基础。企业要形成清晰科学的市场定位,应综合考虑兼顾各方面的因素,在整合各方面优势和规避现实不足的基础上形成自身的定位。总的来说,企业进行市场定位要考虑市场需求、竞争者状况和企业优势这3方面的因素。

(1)市场需求。市场需求是企业进行生产的基础和前提,企业的产品和服务只有满足市场的需求,才能顺利出售,从而形成企业的利润。在目标市场中,消费者是最重要的市场购买主体,消费者的消费偏好往往决定其消费行为,因此,企业必须研究分析消费者的购买需求和消费心理,从而将企业的产品按消费者的消费偏好进行排序,整合出影响消费行为的首要因素。

(2)竞争者状况。在现代市场经济中,市场的存在形式多为完全竞争市场,即每个企业都要在各自的行业和经营领域面临激烈的市场竞争。在每个经营领域,企业都拥有自身独特的定位和特有的稳定的消费群体。企业进行定位,有必要参考竞争者的定位领域和竞争优势,从而规避竞争。

(3)企业优势。企业的生产和经营,必须建立在自身实力和可支配资源的基础之上,充分利用和发挥自身的优势,建立独特的定位。科学的定位应该以企业的资源和现行的生产力为前提,发挥自身的潜力并实现自身的改善与提升,切忌逾越自身能力和水平的盲目定位、夸大定位或轻浮定位。只有在企业的战略计划中形成适合自身的定位才是科学的定位,才能充分激发企业的优势和潜力,实现跨越式发展。

二 民航运输市场定位的内容

市场定位的实质就是特色和差异化,这种差异可以体现在企业的各个领域和方面,民航企业可以从产品、服务、渠道、人员、广告和品牌等方面进行市场定位。

1. 产品差异

(1)机型差异,即飞机机型、设施设备、结构和外观等方面的新颖别致。

(2)科技差异,即通过高科技提升产品的动能特性,保证产品的质量。

(3)价格差异,即针对不同收入的消费群体的购买水平进行定价,从而占领特定的细分市场,例如美国西南航空公司的"廉价航空机票"。

2. 服务差异

民航运输企业竞争的加剧和产品科技含量的提升,使得竞争的关键点逐渐向增值服务转移。绝大多数航空公司都是在服务差异化方向进行市场定位的。如上海航空公司的"服务到家、温馨到家"、港龙航空公司的"美好旅途;The beauty of flying(飞行之美)",中国东方航空的"有限航程、无限服务"等。

3. 渠道差异

通过设计分销渠道的覆盖面,建立分销的专长和提高分销的效率,使企业获得渠道差异化的优势,例如美国西南航空公司通过开发和管理高质量的直接营销渠道来获得差异化。

4. 人员差异

企业通过对员工培训,建立训练有素的、标准特色的员工队伍,以此取得强大的竞争优势,例如新加坡航空公司的"新加坡空姐"形象闻名遐迩。

5. 广告差异

企业在对外宣传过程中，投放独具特色的传媒广告，可以在消费者心目中留下长久印象，甚至历久弥新。例如台湾华航的"相逢自是有缘"、厦门航空的"人生路漫漫、白鹭常相伴"等。

6. 品牌差异

企业的品牌建设尤为重要，要充分发掘品牌的历史价值、文化价值和品位价值，使产品品牌上升到企业品牌甚至行业品牌。例如中国国际航空公司的"承载奥运，带世界来北京"、"爱心服务世界、创新导航未来"、"心有翼，自飞翔"、"给梦想高飞的翅膀"；又如南方航空公司的"您的空中旅行之家"等。

三 民航运输市场定位的步骤

民航企业在进行一系列的分析之后，要结合影响定位的因素进行各种形式的定位设计，从而形成自身企业的定位。科学的定位设计，必须综合考察市场各方主体的意愿和心理，标记现实优劣势，以自身企业为平台和框架，科学制定量化企业的定位。通常企业可以参考以下设计步骤。

1. 建立市场需求结构图表，分析买方市场

市场需求是产品价值得以实现的前提，而市场上的需求是复杂多样的，且因消费者的个人偏好而异。同一种产品，拥有各种不同的属性和繁多的消费选择卖点，消费者内心不同的偏好追求决定了其在选择购买产品时对产品属性价值的排序不同。企业只有通过市场调研，才能把握市场的各类需求，以此来加强产品的某项属性，满足消费者的深层次需求，才能获得消费者的持久消费眷顾和持续购买欲望。因此，企业可以通过列表的形式归类消费者的需求结构，如表7-3所示。

民航运输市场需求结构分析表　　　　表7-3

需求＼特征	特 征 1	特 征 2	特 征 3	特 征 4	特 征 5
需求1					
需求2					
需求3					
……					
需求n					

2. 建立竞争者分析模型，分析卖方市场

分析企业的定位，决策者要了解竞争对手的定位与优势，清楚对手的经营特色和产品的主打特色，有意识地规避或者有根据的逾越。对于市场早期已经存在的对手，企业要根据其已取得的市场份额、宣传的市场卖点和占据的市场地位，来确定本企业进入市场的策略和发展思路。在确定了竞争对手的基本境况后，企业有意识地选择自己的定位，如表7-4所示。

民航运输市场竞争者定位分析表　　　　　　　　表 7-4

民航运输需求	特 征 1	特 征 2	特 征 3	特 征 4	特 征 5
竞争者 1		优			
竞争者 2	优				
竞争者 3				优	优
竞争者 4		优		优	
本企业	可能性 1	可能性 2	可能性 3	可能性 2	可能性 1

3. 根据结论制定企业的定位战略

企业在对竞争对手做出客观评价和对消费者需求的充分分析之后，结合企业实力，最终确立自身的市场定位，选择适合自身发展的目标市场定位战略。

四 民航运输市场定位战略

市场定位是设计公司产品和形象的行为，以使公司明确在目标市场中相对于竞争对手的位置。公司在进行市场定位时，应慎之又慎，要通过反复比较和调查研究，找出最合理的突破口，避免出现定位混乱、定位过度、定位过宽或定位过窄的情况。

1. 直接对抗定位战略

直接对抗定位也称为针锋相对定位，指企业采取与细分市场上最强大的竞争对手同样的定位，如表 7-4 中的可能性 1。企业把产品或服务定位在与竞争者相似或相同的位置上，同竞争者争夺同一细分市场。一般来说，当企业能够提供比竞争对手更令顾客满意的产品或服务、比竞争对手更具有竞争实力时，可以实行这种定位战略。由于竞争对手实力很强，且在消费者心目中处于强势地位，因此实施直接对抗定位战略有一定的市场风险，这不仅需要企业拥有足够的资源和能力，而且需要在知己知彼的基础上，实施差异化竞争，否则将很难化解市场风险。

2. 补缺式定位战略

企业把自己的市场位置定位在竞争者没有注意和占领的市场位置上的战略，如表 7-4 中的可能性 3。当企业对竞争者的市场位置、消费者的实际需求和自己经营的产品属性进行评价分析后，如果发现企业所面临的目标市场存在一定的市场缝隙和空间，而且自身所经营的产品又难以正面抗衡，这时企业应该把自己的位置定在目标市场的空当位置，与竞争者成鼎足之势。采用这种市场定位战略，必须具备以下条件：

(1) 本企业有满足这个市场所需要的资源。

(2) 该市场有足够数量的潜在购买者。

(3) 企业具有进入该市场的特殊条件和技能。

(4) 企业经营必须盈利。

3. 另辟蹊径式定位战略

另辟蹊径式定位也叫独坐一席定位战略，这种定位方式是指企业意识到很难与同行业竞争对手相抗衡从而获得绝对优势定位，也没有填补市场空白的机会或能力时，可根据自己的条件通过营销创新,在目标市场上树立起一种明显区别于各竞争对手的新产品或新服务,如表7-4中的可能性2。企业应突出宣传自己与众不同的特色,在某些有价值的产品属性上取得领先地位。

4. 重新定位战略

公司在选定了市场定位目标后,如定位不准确或虽然开始定位得当,但市场情况发生变化时,如遇到竞争者定位与本公司接近,侵占了本公司部分市场,或由于某种原因消费者或用户的偏好发生变化,转移到竞争者方面时,就应考虑重新定位。重新定位是以退为进的策略,目的在于能够使企业获得新的、更大的市场活力。重新定位可以采取更换品牌、更换包装、改变广告诉求策略等一系列重新定位方法。

企业的市场定位并不是一劳永逸的,而是随着目标市场竞争者状况和企业内部条件变化而变化的。当目标市场发生下列变化时,就需要考虑重调整定位的方向:

(1)竞争者的销售额上升,使企业的市场占有率下降、企业出现困境时;

(2)企业经营的商品意外地扩大了销售范围,在新的市场上可以获得更大的市场占有率和较高的商品销售额时;

(3)新的消费趋势和消费者群的形成,使本企业销售的商品失去吸引力时;

(4)本企业的经营战略和策略做出重大调整时,等。

总之,当企业和市场情况发生变化时,都需要对目标市场定位的方向进行调整,使企业的市场定位战略符合发挥企业优势的原则,从而取得良好的营销利润。

一旦确立了理想的定位,公司必须通过一致的表现与沟通来维持此定位,并应经常加以监测以随时适应目标顾客和竞争者策略的改变。为此,企业首先应使目标顾客了解、知道、熟悉、认同、喜欢和偏爱本企业的市场定位,在顾客心目中建立与该定位相一致的形象。其次,通过各种努力强化目标顾客形象,保持目标顾客的了解,稳定目标顾客的态度和加深目标顾客的感情来巩固与市场相一致的形象。例如:美国西南航空公司的"廉价航空机票";EasyJet航空公司的"让顾客的生活更简单";维珍航空公司的"为追求价值的旅行者提供服务的小航空公司"。

案例7-3

大韩航空公司的中国营销之路

大韩航空(Korean Air)是韩国最大的航空公司,也是亚洲最大规模的航空公司之一,是天合联盟的创始成员之一。近年来大韩航空充分利用中国阶段性开放国际航空运输市场的契机,加大了对中国市场的拓展力度。大韩航空在中国市场的迅速发展是其细致研究中国国情、深化中国市场、积极调整战略布局的结果。

一、拓展的背景

1. 飞速发展的中韩交流

1992年中韩建交以来,两国的经贸合作始终保持了迅猛发展的势头,按照两国领导人达成的共识,两国政府确定了到 2012 年双边贸易额争取达到 2000 亿美元的目标。近几年中国成为韩国人最大的海外旅游目的国之一,同时出游韩国的中国人数亦剧增。

2. 韩国国情导致大韩外拓疆域

韩国是一个以"贸易立国"的国家,为克服国内资源贫乏、市场狭小的不利因素,韩国通过实施外向型经济发展战略,利用广阔的国际市场,实现经济腾飞。2004 年 4 月 1 日,首尔至釜山的京釜高速铁路正式开通,分流大批首都到第二大城市釜山的国内旅客,大韩航空公司被迫在国内航线调减运力,改小机型以减轻压力,为大机型飞机寻找投放市场。在这种情况下,大韩航空将目光投向了海外,由于中国经济的迅猛发展,使得大韩航空公司将中国视为与巴西、俄罗斯、印度有着同等重要地位且潜力巨大的海外航空市场。

3. 确立中国内地市场为其"第二本土市场"

中国经济的迅速腾飞和人民生活水平的提高使大韩航空公司看到了更广阔的海外市场,2006 年 10 月 26 日,大韩航空公司正式宣布中国将是"第二国内市场",将把精力集中投放到中国市场上,以保持目前第一大商业货运航空公司的地位,并在 2010 年晋身世界十大客运航空公司的行列。

二、营销策略

在确立中国是大韩航空公司未来的核心市场主战略之后,大韩航空公司细化制定了一系列的营销策略。

1. 大打"本土化"的亲善牌

(1) 营销方式本土化。2004 年大韩航空公司在青岛设立了针对中国境内的统一呼叫中心(Call Center),中国旅客通过该服务热线,就能得到所需要的各种服务。

(2) 服务本土化。针对大批经仁川机场转机欧美的中国客人这个庞大需求客源市场,大韩航空在中韩航线上配备中国空乘,与南航等中国内地航空公司换乘,并在中国国内主要城市招收空乘。

(3) 产品本土化。大韩航空公司与中国国内旅行社联合推出济州岛新婚蜜月之旅、中国游客韩国整容之旅。大韩航空公司对经仁川转机到欧美的大陆旅客还专门设计了中转产品,中国旅客经仁川转机在大陆始发地可直接打印两段登机牌,行李直挂目的地,旅客在仁川机场只需凭护照、机票、登机牌中转,转机行李自动完成,大韩航空公司还在中转柜台派出会说中文的职员提供转乘协助。这样的联程值机(THROUGH CHECK-IN)模式简化了转机流程,非常受中国旅客欢迎。

2. 加强航线网络建设

(1) 航班波和航线网络构建。大韩航空公司于 1994 年进入中国市场,是在中国开设航线最多的国际航空公司。截至 2012 年 2 月,大韩航空公司共在中国开通了 30 条客运航线,每周运营约 200 个航班,覆盖北京、上海、天津、广州、深圳、大连、长沙、济南、昆明、青岛、沈阳、武汉等 21 个城市。中国市场对于大韩航空公司来说还有一个更重要的意义,就是中国旅客经过仁川机场中转世界其他城市。以美国为例,随着中美航权协定的签订,中美航空市场越来越开放,会有更多美籍航空公司加入这个市场,提供中美直航服务。但目前,中美直航多集中在北京、上海和广州3大门户机场,这就为大韩航空公司的中转业务提供了拓展空间。利用对中国内地航权的增加,大韩航空公司在仁川机场营造了进港和出港的航班波,巧妙利用自身的航班密度和网络优势,大量吸引中国旅客经仁川机场双向转机:由中国内地各航点始发的大韩航空公司航班把中国旅客输送到仁川机场衔接韩国飞美国的飞机,反之亦然。大韩航空公司在"第二个本土市场"上,试图成为往返于"中美两国之间旅客的首选航空公司"。大韩航空公司通过多次航权谈判,在中国的航班不仅在一线城市加密,触角还延伸到二线乃至三线城市航点,为其韩国国内来往于欧美的航班构建了"供血"机制。

(2) 成立廉价航空公司。大韩航空公司成立子公司JIN航空(原AIR KOREA),目标直指中国庞大的低价航空市场。该策略市场定位相当明确——大韩航空公司将主要满足远程高端商务客人的需求,而低成本子公司则主要以运营亚洲地区内的旅游航线为主,目标客户群锁定在低端旅客,并试图通过为旅客提供优质低价的航空服务,吸引国内航线及中短途国际航线上的旅客,类似于支线补充干线,干线分流支线的原理。

3. 发挥自身货运优势

针对中国国内物流业的快速发展,大韩航空公司计划通过对中国货运市场的战略性投资,以自身货运站的专业运营技能和一系列服务,为客户提供优质的航空货运服务。截止到2012年2月,货运航线方面,大韩航空公司共在中国开通了8条货运航线,每周运营38个航班,覆盖北京、上海、广州、天津、青岛、成都、厦门、香港8个城市。另外,大韩航空公司与中外运空运发展股份有限公司及韩亚大投证券有限公司共同组建银河货运航空,借机深入中国市场,进一步拓展中国物流市场,并以此巩固自己作为全球航空货运霸主的地位。

4. 抓住服务各个环节的关键点,实施"完美顾客服务策略"

大韩航空公司在"家一般温馨"的口号下,从网站、机型、餐食、制服、空地服务和机舱娱乐等方面努力将服务精细化。

(1) 网站。大韩航空全球网站(http://www.koreanair.com)能支持8个地区(韩国、美国、欧洲、大洋洲、中国、日本和东南亚)7种不同的语言。世界上任何一种主要语言的客户,都可以得到从航班预订、机票购买、机场服务到登机过程等服务。

(2) 机型。2004年,大韩航空公司开始实施"完美飞行"战略,持续购入A380、B787等新机型,增强机队建设。预计到2014年,大韩航空公司将有近一半飞机被更换为更环保、舒适的新飞机。同时大韩航空公司计划投入2亿美元全面升级其所有飞行中、长距离航线客机的座椅,全面打造顶级客舱环境。另外,改善飞机内部装修,变换坐垫颜色,采用茧式卧铺式座椅和增添随选影视及娱乐系统,接入高速互联网,创造了机舱内五星级酒店的概念。

(3) 餐食。大韩航空公司针对不同航线不同旅客的口味专门设计推出了上千种"家一般的可口饭菜"菜品。在机内餐饮菜单上推出了具有韩国特色的韩式拌饭,并因此荣获了以航空界奥斯卡奖著称的"水星奖"机内服务大奖,而卓越的葡萄酒服务也是大韩航空公司屡获殊荣的客舱餐饮服务的组成部分,公司在过去5年中曾两度荣获"水星奖",而PAX国际(被誉为客舱餐饮服务的奥斯卡奖)则将大韩航空公司评选为亚洲年度航空公司。

(4) 制服。大韩航空公司的最新乘务员制服是由善于在传统和现代的概念中融合东西方美学的意大利设计师詹佛兰科·费雷(Gian Franco Ferre)精心设计的。在此款新制服的设计中,大韩航空公司采用人体工学设计与具有伸缩性的面料,并为女性乘务员设计了裤装——这也是首次在韩国推出此项设计,使乘务员的工作更为便利。这款制服柔和的色彩彰显了沉静自律的韩式优雅。

(5)空地服务。2002年,大韩航空公司为无人陪护儿童设计了"来自空中妈妈的一封信"服务,如果未成年旅客的飞行时间大于5h,负责照料的乘务员将记录下他们在飞行期间的餐食、心情及其他信息,并以信件的形式送交给在目的地机场等候的父母或监护人。这项服务在孩子的父母中引起了强烈的反响。

5. 加强与中国航空公司的合作

大韩航空公司目前已经与中国3大航空集团建立了代码共享合作,大韩航空公司可以利用合作伙伴现成的航线、飞机,在不增加新运力的情况下,增加航班班次、提高航线质量、降低单位营运成本和提高市场占有率并与原有的竞争对手达成双赢。

6. 结合中国内地市场进行公益营销和品牌建设

大韩航空公司的主要举措有:作为"中韩友好绿色长城"的一部分,大韩航空公司在内蒙古库布齐沙漠进行"大韩航空绿色生态园"造林活动;启动"飞向未来的翅膀"爱心计划,帮助一些贫困儿童更好地完成学业、健康成长;"5·12"大地震后,大韩航空公司立即派一架B747-400货机将2000条毛毯和3000箱饮用水运往四川灾区。

案例讨论:

1. 大韩航空公司把中国内地市场作为其"第二本土市场"的原因是什么?
2. 大韩航空公司在中国内地市场上的定位是什么?
3. 针对这一定位,大韩航空公司采取了哪些营销策略?

第四节 民航运输市场营销组合

一 市场营销组合

市场营销组合(Marketing Mix)是企业市场营销战略的一个重要组成部分,这一概念是由美国哈佛大学教授尼尔·鲍顿于1964年最早采用的。市场营销组合是企业在选定的目标市场上,综合考虑环境、能力、竞争状况对企业自身可以控制的各种营销因素,进行优化组合和综合运用,使之协调配合、扬长避短、发挥优势,以取得更好的经济效益和社会效益。

20世纪50代初,麦卡锡教授提出了市场营销的4P营销组合,即产品(Product)、价格(Price)、渠道(Place)和促销(Promotion);到80年代,科特勒提出6P营销组合,即在4P的基础上再加政治(Politics)和公共关系(Public Relations);到90年代,科特勒提出11P营销组合,即6P+人(People)、市场调研(Probing)、市场细分(Partitioning)、市场择优(Prioritizing)、市场定位(Positioning);同期,美国劳特鹏针对4P存在的问题提出了4C营销理论,即消费者(Consumer)、成本(Cost)、方便(Convenience)和沟通(Communication);21世纪初,美国学者唐·舒尔茨(Don Shultz)提出了基于关系营销的4R组合,即关联(Relevance)、反应(Response)、关系(Relationship)和回报(Return)。

二 市场营销组合的特点

市场营销组合是制定企业营销战略的基础,是合理分配企业营销预算费用的依据。市场营销组合作为企业一个非常重要的营销管理方法,具有以下特点。

1. 市场营销组合是一个变量组合

构成营销组合的变量是最终影响和决定市场营销效益的决定性要素,营销组合的最终结果就是这些变量的函数。从这个关系看,市场营销组合是一个动态组合,只要改变其中的一个要素,就会出现一个新的组合,从而产生不同的营销效果。

2. 市场营销组合具有层次性

营销组合由许多层次组成,就整体而言,每个大层次中又包括若干层次子要素。企业在确定营销组合时,不仅更为具体和实用,而且十分灵活;不但可以选择要素之间的最佳组合,而且可以恰当安排每个要素内部的组合。

3. 市场营销组合的整体协同作用

企业必须在准确分析特定的市场营销环境、企业资源及目标市场需求特点的基础上,才能制定出最佳的营销组合。最佳的市场营销组合的作用,绝不是产品、价格、渠道和促销这4个营销要素的简单数字相加,即$4P \neq P+P+P+P$,而应是使它们产生一种整体协同作用,从这个意义上讲,市场营销组合又是一种经营的艺术和技巧。

4. 市场营销组合必须具有充分的应变能力

一般来说,企业对市场营销组合要素具有充分的决策权。例如,企业可以根据市场需求来选择确定产品结构,制定具有竞争力的价格,选择最恰当的销售渠道和促销方式。随着市场竞争和顾客需求特点及外界环境的变化,还必须对营销组合加以纠正、调整,使其保持适应力和竞争力。

三 市场营销组合应用的约束条件

1. 企业营销战略

在运用市场营销组合时,应首先通过市场细分,选择最有利的目标市场,确定目标市场和市场发展策略,并在此基础上对营销组合因素进行综合运用。

2. 企业营销环境

企业在市场营销组合活动中面临的困难和所处的环境是不同的。自20世纪70年代以来,世界各国政府加强了对经济的干预,宏观环境对企业市场营销活动的影响越来越大,有时起到了直接的制约作用。企业选择市场营销组合时,应把环境看作是一个主要的要素,时刻重视对宏观环境各因素的研究与分析,并对这些不可控的因素做出营销组合方面的必要反应。

3. 目标市场的特点

目标市场的需要决定了市场营销组合的性质。企业要规划合理的市场营销组合,首先要分析目标市场各个方面的条件,根据目标市场消费者情况、消费者意愿及目标市场竞争状况,分析它们对各个基本策略的影响,从而判断哪种营销组合更切实可行、更具有吸引力和更有利可图。

4. 企业资源情况

企业资源状况包括企业公众形象、员工技能、企业管理水平、原材料储备、物质技术设施、专利、销售网和财务实力等。企业不可能超出自己的实际能力去满足所有消费者与用户的需要,这就决定了选择合适的市场营销组合必须与企业实力相符。

四 民航运输市场7P营销组合

1981年布姆斯(Booms)和比特纳(Bitner)建议在传统市场营销理论4P的基础上增加3个"服务性的P",即:人(People)、过程(Process)和物质环境(Physical Evidence)。用7P理论研究民航运输企业的市场营销组合,见表7-5。

民航运输市场7P营销组合　　　　表7-5

7P 要 素	子 要 素
产品	航线开辟、航班时刻、飞行舱位、机上服务、品牌效应
价格	基本价格、品质价格、折扣票价、试行票价、价格战
渠道	渠道筛选、代理管理、客户关系
促销	广告、营业推广、公共关系、人员推销、网络推广
人员	人力配备、人员态度、顾客参与度、顾客—员工接触度
服务过程	手续、自动化程度、顾客参与度、活动流程
服务环境	环境、噪声水准、装备实物、公司标志

1. 产品

产品或服务是指满足顾客需求的所有属性的总和。在民航领域,这些属性包括飞行目的地、航班时刻、舱位、值机柜台以及相关的其他服务,诸如为特定客舱中的乘客提供可选择的酒水。许多航空公司都设有产品经理或品牌经理的职位,他们负责一种或多种产品,例如,一位产品经理专门负责经济舱产品,他的工作包括:

①确定经济舱产品的规格并做出书面报告,具体描述各种产品的特点;
②指定用来衡量产品统一性的标准,并监督执行过程;
③利用乘客的反馈信息和竞争对手的相关信息来做出决定,改进经济舱产品。

2. 价格

与产品价格有关的决策是至关重要的,因为价格是航空公司带来收入的唯一一个以P开头的单词。严格地讲,价格不仅仅是指航空公司为其所提供的每项产品或服务收取的费用。

在价格管理中,还包括制定对高品质服务收取额外费用;为了使淡季不淡,推出淡季折扣来刺激消费;待新航线开通之际推出试行票价等。

3. 渠道

渠道是指当产品从生产者向最终消费者或产业用户移动时,直接或间接转移所有权所经过的途径。民航运输市场销售渠道涵盖的内容上至航空公司的全球订座系统,下至旅行社设在当地的柜台。技术进步为航空公司节约大笔开支提供了新的可能,途径之一就是将互联网用于销售渠道建设,从而形成低成本直销的方式。

4. 促销

航空公司的产品或服务的促销活动,实质是向有意旅行的顾客传递一种信息,即航空公司所提供的服务可以使他们的需求得到满足。在本书第十一章,介绍了营销人员利用包括广告、人员推销、营业推广和公共关系在内的一整套辅助促销工具来进行这种信息的传递。以下是航空公司的几项具体的促销目标范例:

①如何才能进入阿曼市内的日本侨民市场?
②怎样为飞往纽约的新航班时刻做宣传?
③应该每隔多长时间给常旅客计划的会员寄一次邮件?

随着人们越来越多的使用互联网和电子邮件,促销方法也相应地发生了变化。虽然在传统意义上,营销人员将注意力主要集中于电视、报纸等大众营销传媒,但现在的重点已经转移到微观市场营销上,即采取一种更有针对性、更经济的方式迎合每个顾客的特点和已有观念。

5. 人员

人员是指人为元素,它扮演着传递与接受服务的角色。换句话说,也就是公司的服务人员与顾客。民航服务业的特点之一是服务的产生与顾客的消费可以同时进行,因此公司的服务人员是影响顾客对服务质量的认知与偏好的关键,服务人员与质量是产品本身不可分割的一部分。特别是以服务为导向的航空公司,必须特别注意服务人员的培养与训练,时时追踪他们的表现,如果人员素质参差不齐,服务表现的质量就无法达到一致的要求。

6. 服务过程

服务过程是顾客获得服务所必经的过程。航空公司的全程服务过程包括咨询、订票、付款、出发、值机、候机、登机、飞行、抵达以及提取行李,这一过程构成了民航企业的服务链。航空公司需要从顾客经验中创造重复购买与品牌终身顾客,这当中服务过程的健康程度又扮演着决胜市场的关键角色。

7. 服务环境

服务环境的重要性在于顾客能从中得到可触及的线索,帮助顾客体会和认识企业所提供的服务质量。航空公司对于旅客而言属于一种纵深型的服务链环境,每一个环节都涉及服务环境,是顾客评估服务程度与质量的依据。就航空公司而言,服务环境跟产品是唇齿相依的关系。

对于航空业来说,市场营销主要应从以上 7 个方面入手,民航企业经营的成败,在很大程度上取决于这些组合的选择和它们综合运用的效果。

案例7-4

春秋航空公司的市场营销组合

春秋航空公司(Spring Airlines)是首个中国民营资本独资经营的低成本航空公司,于2005年7月18日正式开航,经营国内航空客货运输业务和旅游客运包机运输业务。

春秋航空公司将自己定位为"草根航空",倡导反奢华的低成本消费理念和生活方式,采取的措施包括单一机型、单一舱位、高客座率、高飞机利用率和低销售费用等,大大节省了不必要的开支。

一、产品策略

春秋航空公司在降低可变成本上动脑筋,构造差异化的产品服务。所谓差异化的产品服务,就是降低现有的航空服务标准,主要内容包括:旅客随身携带行李体积不超过20cm×30cm×40cm、重量不超过10kg且免费行李额为15kg;机上不提供免费餐食,仅免费供应一瓶300mL的饮用水,需要餐饮可以自费购买;由于航空公司自身原因造成延误,不供应餐饮;延误4h以上,晚上10时后提供带盥洗设备的标准间住宿。使用塑料登机牌,可重复使用;飞机上不对号入座,先到先坐等。

二、价格策略

春秋航空公司主要是通过以下几个方面的措施来降低成本,保证其低价策略:

(1) 控制餐饮费用。不提供免费餐饮,只提供一瓶矿泉水,如果要喝热茶、吃食品,都必须另外收费。

(2) 使用单一机型和单一舱位。春秋航空公司只使用A320单一机型,积极争取支线机场起降费用的优惠,减少了航材储备和地面设施及维修费用。另外,单一机型的技术人员和飞行员可以共用,减少了飞行员和技术人员的培训费用。采用单一经济舱位,不设头等舱和公务舱,有利于增加飞机座位数,提高单机运力。

(3) 提高飞机日利用率。春秋航空公司计划12h以上的高飞机日利用率,每天从早上6时至深夜0时。但目前由于航线短缺,每天实际飞行时间仅为10h左右,而我国行业平均水平为9h左右。

(4) 控制行李费用。根据大多数旅客的实际需求并参考国际低成本航空公司的做法,规定旅客免费行李重量不超过15kg,比正常航班减少5kg,从而降低飞机配重节约航油。超过15kg的部分按标准收取行李费。

三、渠道策略

航空公司产品分销渠道较多且成本较高,为此,春秋航空公司的销售不进中国民航GDS预订系统,全部在春秋航空公司自己开发的座位控制销售系统销售。以网上B2C电子客票直销为主。目前春秋航空公司超过80%的出票都是通过公司网站和手机客户端实现的。春秋航空公司在渠道策略上做了以下创新:

（1）自主开发航空信息系统。旅客可以足不出户地完成航班查询、机票预订、网上支付，甚至是网上选座。这种电子商务模式可以使其销售成本节省6%以上。

（2）利用旅行社渠道销售机票。春秋航空公司就是依托其母公司春秋国旅的垂直分工管理模式，利用春秋国旅现有的销售系统销售机票。

（3）行业合作。为了更进一步增加顾客订票的便利性和快捷性，春秋航空公司与银行联手推出手机支付订票系统，通过手机登录订票网站查询票务信息、订购机票，实现一站式服务。

四、促销策略

降价促销是春秋航空公司最常采用也是最行之有效的促销手段。从成立伊始，春秋航空公司就不断推出99元、199元、299元、399元等"99元系列特价机票"，保证了极高的客座率，一般都能达到95%以上。除了降价促销外，春秋航空公司还采取了其他的促销形式，如常旅客计划、公共关系、广告宣传和人员促销等。

春秋航空公司作为国内首家低成本航空公司，其营销战略和行为对于行业后进入者具有极大地参考价值。

案例讨论：

1. 春秋航空公司的目标市场是什么？
2. 围绕春秋航空公司的目标市场，它采用的市场营销组合是什么？

本 章 小 结

市场营销战略4个相互紧密联系的步骤是市场细分、选择目标市场、明确市场定位和管理市场营销组合。

民航运输市场细分的原则是可衡量性原则、可进入性原则、有效性原则以及对营销策略反应的差异性原则。

民航运输客运市场的主要细分变量有人口和社会经济因素、地理状况因素、出行目的因素、出行条件因素、公众出行层因素和购买行为因素等。

民航运输市场细分的6个阶段分别是定义市场范围、确定细分变量、收集和分析数据、有效市场细分、评估细分市场和设计营销策略。

民航运输细分市场评估主要包括航线经营价值的分析、航线市场占有率的评价、航线赢利能力的评价。

民航运输企业目标市场覆盖模式有专线专业型、全线专业型、专线全面型、选择专业型和全线全面型。

民航运输企业的目标市场战略有无差异营销、差异化营销和集中化营销3种方式。

民航运输市场定位的4大战略是直接对抗定位战略、补缺式定位战略、另辟蹊径式定位战略和重新定位战略。

民航运输市场营销组合要素主要有产品、价格、渠道、促销、人员、服务过程和服务环境。

复习思考题

1. 什么是市场细分？民航客运市场的细分有哪些具体变量？
2. 市场细分对企业营销活动有何积极意义？
3. 民航运输企业应如何评价细分市场？
4. 民航运输市场目标市场覆盖模式有哪5种类型？
5. 市场定位的实质是什么？民航运输企业应如何进行市场定位？
6. 民航运输市场营销组合要素包括哪些？

中英文对照专业名词

市场营销战略	Marketing Strategy
市场细分	Market Segmentation
目标市场	Target Market
无差异营销	Undifferentiated Marketing
差异化营销	Differentiated Marketing
集中化营销	Concentrated Marketing
市场定位	Marketing Positioning
市场营销组合	Marketing Mix
产品	Product
价格	Price
渠道	Place
促销	Promotion
人员	People
过程	Process
物质环境	Physical Evidence
公共关系	Public Relations

课后阅读

国际民航旅客群体构成分析（2010年）

旅客是民航运输客运市场的主体，深入探询民航旅客的服务及产品要求，对了解消费者的结构和消费偏好，有助于增强民航企业的市场竞争能力。为此中国民航管理干部学院民航运输市场研究所，2010年对民航旅客市场特征进行了深入的研究，其中包括旅客性别、年龄、收入、旅客来源等10个方面的国际民航旅客消费者行为特征的分析。这些研究结果有助于我们进一步研究民航旅客消费者的特征，从而有效实施市场细分，选择目标市场、精准市场定位等营销战略与策略。

1. 旅客性别特征

2010年我国国际民航旅客群体中,男性旅客比例高于女性旅客,其中淡季男性旅客占到59.7%,高出女性旅客19.4%;旺季这一差距有所缩小,但男性旅客依然高出女性旅客9.9%。

2. 旅客年龄特征

从调查数据看,80后(1980~1989年出生的人,简称80后,余同)在我国国际民航旅客群体中所占比例最高,其次是70后和60后。在淡旺季旅客年龄层分布中,90后旅客群体旺季比例(18.8%)远高于淡季(4.7%),这与90后大多是学生族,利用暑期出行的特征非常突出。与90后的年轻人相反,1959年前出生的旅客群体淡季比例(22.8%)高于旺季(13.4%),在一定程度上反映出中老年出国旅客大多是选择淡季出行。

进一步分析中方承运、外方承运旅客的年龄特征,还可以看出,外方承运旅客中90后的比例高于中方承运90后的比例,而1959年前出生的旅客在外方承运旅客中的比例低于中方承运比例,受到文化、语言的制约,中国的老年旅客有可能更倾向于选择国内航空公司。

3. 旅客收入情况

按照收入情况分类,2010年我国国际民航旅客群体中无固定收入的旅客所占比例最高,其次是收入在5万元以下和收入在5万~10万元之间的旅客。从淡旺季调查的数据来看,收入在5万元以上的旅客群体在淡季出行比例均高于旺季出行比例,而无固定收入旅客旺季出行比例远高于淡季。分析无固定收入的旅客群体,以30岁以下为主:90后的比例为49.3%,80后的比例为31.8%;这些旅客中度假旅游者占45.7%,留学旅客占24.1%。很显然,学生群体是无固定收入旅客的主体,他们依靠家庭资助利用假期出国旅游或求学。

进一步对比2008年我国民航国际旅客调查的收入特征(见表7-6),2008年5万元以下的低收入群体仅占25.5%,收入在5万元~10万元的旅客比例最高;而2010年,收入在5万元以下的旅客(包括无固定收入)比例最高,约占37.7%。国际旅客收入呈现下降趋势,我国国际航空运输的大众化特征日益突出。

2008年与2010年我国民航国际旅客收入情况对比表 表7-6

年份	淡旺季	无固定收入	5万元以下	5~10万元	10~20万元	20~40万元	40~60万元	60万元以上
2010	淡季	11.5%	17.5%	16.8%	14.7%	14.2%	9.7%	15.6%
	旺季	30.5%	15.6%	16.1%	10.5%	9.8%	5.7%	11.8%
2008	淡季	10.0%	13.0%	18.8%	15.3%	13.7%	11.4%	17.8%
	旺季	16.5%	11.5%	17.4%	13.9%	13.6%	10.4%	16.7%

4. 旅客来源

从被调查旅客的经常居住地来看,2010年我国国际民航旅客主要是本国居民,国外旅客群体的比例仅占27.8%。进一步分析本国旅客群体,可以看到机场所在城市旅客约占52.1%,国内其他城市旅客约占47.9%,可以说,我国主要国际机场的辐射作用较大。

5. 旅客出行目的

从旅行目的看,如图7-5所示,2010年我国国际民航旅客中,度假旅游类旅客所占比例最高,约为38.4%;其次是公商务旅客,约占31.7%。

从淡旺季对比看,国际民航旅客的出行目的差别较为明显,淡季度假旅游、公商务和探亲访友比例分别为 32.1%、38.5% 和 14.6%,公商务旅客比例最高;旺季度假旅游、公商务和探亲访友比例分别为 44.5%、25.1% 和 13.2%,显然旺季是出国旅游的高峰,度假旅游类旅客增长较多。与 2008 年国际旅客市场淡旺季调查结果相比,可以看到 2010 年公商务类和留学类旅客的比例较 2008 年均有不同程度的减少,其中公商务旅客比例下降最大,淡季减少了 5.9%,旺季减少了 15.4%,而度假旅游类旅客比例较 2008 年出现了较大的增长,淡季增加了 5.5%,旺季增加了 15.4%。反映出我国出国旅游市场的迅速发展。

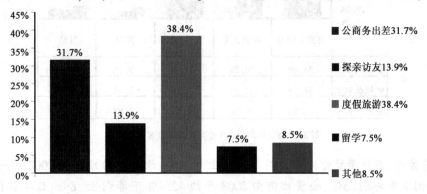

图 7-5　2010 年国际民航旅客出行目的

从旅客随团情况看,2010 年国际民航旅客随团比例为 34.2%,自由出行的比例相对较高。旅客随团情况淡旺季情况差别不大,但与 2008 年相比,国际旅客随团比例明显提高,2010 年淡旺季国际旅客随团比例高于 2008 年淡季的 21.4%、旺季的 22.2%。

进一步对比中外承运人承运国际旅客的随团情况,可以看出,2010 年中方、外方承运人承运的国际旅客随团比例均有所上升,但 2008 年,外方承运旅客随团比例高出中方承运旅客随团比例约 10%,而 2010 年中方外方承运国际旅客随团比例的差距大幅度缩小,两者相差仅 4.4%。国际团体旅游业务的发展也许是构成 2010 年度假旅游类旅客比例大幅度提升的原因之一。

图 7-6 所示为不同出行次数的国际旅客的出行目的,很明显,随着出行次数的增长,公商务旅客的比例增长较快。在出行 4 次以上的旅客中,公商务出行构成了主要出行目的,比例超过 50%。

进一步分析本国居民和外国居民国际旅客的出行目的,可以看到我国居民国际出行主要以度假休闲为主,占 40.8%,来往我国的外国居民主要以公商务出行为主,比例为 44%。可以说,我国国际旅客群体中比例最高的度假旅游类旅客主要是由我国居民构成,如何更好地开发航空旅游产品将是未来国内航空公司市场战略的重点之一。

6. 旅客购票资金来源

2010 年我国民航国际出港旅客的购票资金来源中,66.6% 为自费,30.6% 为公费,常旅客里程兑换机票和免费机票比例均不到 2%。从淡旺季来看,淡季公费、自费的比例分别为35.8%、61.5%,旺季则为25.7%、71.5%,旺季自费比例更高。常旅客里程兑换机票、免费机票或赠票在淡旺季差别不大,这表明航空公司的免票比例在淡旺季一直保持稳定状态。

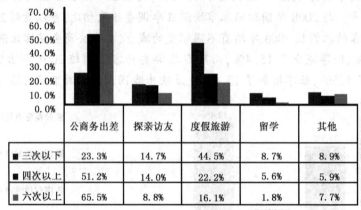

图7-6 2010年不同出境次数国际旅客出行特征

从趋势看,淡旺季资费旅客比例均呈现上升趋势:淡季自费比例由2008年的53.3%增加到2010年的61.5%,公费比例由2008年的42.4%下降到35.8%;旺季自费比例由2008年的56%增加到2010年71.5%,公费比例由2008年37%下降到25.7%。

7. 旅客出境频率

2010年我国出境旅客以3次以下为主,达到75.4%,其中首次出境旅客超过旅客总数的1/3,占39.4%。从趋势来看,2010年3次以下出境旅客的淡旺季比例分别是70.0%、80.7%,均高于2008年淡旺季69.1%、69.7%,这在一定程度上反映出我国出境旅客群体的范围正在扩大。

8. 加入常旅客计划的会员情况

2010年关于常旅客计划的调查数据显示,我国国际民航运输市场的旅客是非会员为主,占69.4%,这一比例高于2008年50.5%,至少有一张卡的旅客仅占到30.6%。在旺季非会员的比例高达72.6%,这反映出随着首次出境旅客群体的扩张,民航常旅客计划推行力度略显不足。

如果进一步分析不同承运人的常旅客计划,如图7-7所示,在旅客最常使用的常旅客卡调查中,最常使用外航常旅客卡的比例高于中国航空公司,分别是56%和44%。在中国航空公司之间,最常使用中国国际航空公司的常旅客卡比例最高,约占整体拥有常旅客卡旅客群体的20%。

9. 旅客目的地构成

分析结果表明,日韩是我国国际旅客最主要的目的地区域,比例约为36.5%,其次是港澳台、东南亚/南亚次大陆、欧洲和北美,比例分别为21.8%、16.2%、14.9%和7.6%。

10. 旅客从事行业特征

2010年国际民航旅客从事行业构成如图7-8所示。

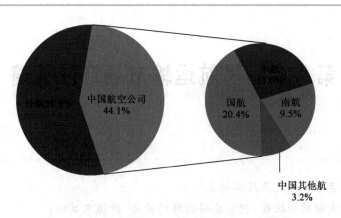

图 7-7 2010 年国际民航旅客常旅客卡持有情况对比

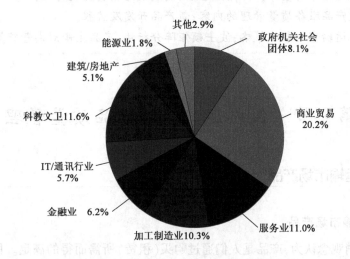

图 7-8 2010 年国际民航旅客从事行业构成

从我国国际出港旅客所在行业分布特征来看,大部分行业季节特征不明显,唯独教育科研行业旺季旅客比例明显高于淡季,旺季 14.9%,淡季 8.2%。从整体情况来看,如图 7-6 所示,来自商业/贸易、科教文卫、服务业、加工制造业的旅客比例超过 10%,这几大行业占到出境旅客群体的 53%,构成了我国国际旅客群体的主力军。今后我国开拓国际出港旅客市场时应该重点关注这几个行业。

(资料来源:国际民航旅客市场特征研究报告,2010 年)

第八章　民航运输市场产品策略

学习目的与要求

- 认识民航运输市场产品及其特点；
- 了解产品生命周期理论；航空公司品牌的构成、价值与策略；
- 理解民航运输市场整体产品的组合层次；航线结构类型及特点；
- 熟悉民航产品服务质量管理的内容；新产品开发及流程；
- 掌握民航运输市场航线策略；波士顿矩阵分析法；产品生命周期营销策略。

第一节　民航运输市场产品质量管理

一、民航运输市场产品

(一) 民航运输市场产品

现代市场营销观念认为,产品是人们通过购买(租赁)所需而得的满足。民航运输市场产品主要分为客运产品和货运产品两大类。客运产品是从旅客购票开始,候机、登机到安全舒适的乘机飞行和及时到达目的地提取交运行李止的全过程所得到的服务。货运产品是货主从托运交付货物开始到收货人在期望的时间内完好无损地收到货物为止的全过程所得到的服务。民航运输产品包括所有的旅客接触点,涉及有形和无形产品,其中有形的产品指硬件产品,主要包括机型、客舱布局、服务形象、服务设施与机供品等；无形产品主要是指服务流程、服务方式和服务形象等。

按服务分工,民航运输市场产品可以分为以下三类。

1. 地面产品

主要是旅客在乘机前的地面服务过程中接触到的所有硬件设备和服务流程的集合,产品要素包括售票、值机、贵宾休息室与登机口服务等。

2. 客舱产品

主要是旅客在乘机过程中所接触到的所有硬件设备和服务流程的集合,产品要素包括客舱舒适性、机上餐饮、机上娱乐和客舱设施等。

3. 远程产品

主要是旅客在与航空公司非面对面接触中所接触到的所有硬件设备和服务流程的集合，产品要素包括呼叫中心、常旅客计划及网上销售等。

(二) 航运输市场产品的特点

民航运输市场产品是高接触性的服务类产品，具有以下特点。

1. 不可感知性

民航运输产品的特质及组成的元素中大多是无形的，让旅客不能触摸，也不能凭视觉感到其存在，顾客消费后所获得的利益也很难被察觉，或要经过一段时间后才能感知其利益的存在。民航运输产品的这一特征决定顾客购买产品前无法判断产品的优劣，只能以搜寻信息的方法，参考多方意见以及自身的体验来做出判断。

2. 不可分离性

民航运输产品的生产过程与消费过程同时进行，从业人员提供服务于顾客的过程，也正是顾客消费航空产品的过程，生产与消费在时间上不可分离。这一特征使旅客必须以积极的、合作的态度参与民航运输产品生产的全过程。

3. 品质差异性

民航服务的构成成分及其质量水平经常变化，难于统一认定，服务品质的差异由所涉及的航空服务人员素质的差异所决定，也受顾客本身的个性特色的影响。不同服务人员会产生不同的服务质量效果，同一服务人员为不同顾客服务也会产生不同的服务质量效果。

4. 时效性

航空产品的实效性非常强，飞机起飞后，飞机上的剩余座位、吨位不再是产品，失去了价值。在上述特征中，不可感知性是最基本的特征，其他特征都是由这一基本特征派生出来的，产品不可感知的特点给民航运输企业带来的营销问题主要有：运价制定不容易，不易为消费者描述产品的特色，与竞争者难以区别，新产品容易被模仿，较难保持长久优势及消费者对产品的感性认识差，容易对企业缺乏信心。

二 民航运输市场整体产品

整体产品观念由美国哈佛商学院教授西奥多·莱维特于1980年提出。由于产品是消费者通过购买的方式获得的某种满足，因此，一切能满足买主的某种需求和利益的物质属性和非物质属性的服务都属于产品的内涵，都是产品的组成部分，这就是整体产品的概念。民航运输市场产品要素根据整体产品的概念可分解为核心产品、有形产品和附加产品三个基本组合层次，如图8-1所示。

1. 核心产品

核心产品是航空公司在市场上生存的基本理由，核心产品为顾客创造核心利益或价值。核心产品是顾客付费的内涵性前提，如果缺失了核心产品，企业便丧失了在市场上生存的基本理由。航空公司的核心产品是为顾客自身及委托运输物品实现物理空间转移的运输服务。企业核心产品的基本实现程度是企业参与竞争的前提条件,核心产品方面的缺陷对企业是致命的。

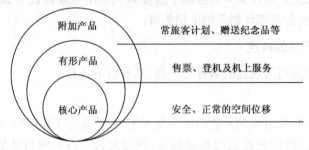

图 8-1 民航运输市场整体产品组合层次

2. 有形产品

有形产品是航空公司提供的所有为顾客能够使用或方便使用核心产品的辅助性措施。航空公司有形产品又可分为显性产品和隐性产品。如,航空公司设置的售票营业厅、业务代理网点、授权销售点、客户服务热线电话、接待咨询机场服务和安检保卫等就属于显性产品范畴。航空公司的机场建设与维护、企业运营、行政管理和后勤保障等不直接与顾客接触的服务属于隐性产品。

有形产品与核心产品难以截然分离,有时有形产品会成为核心产品的载体和表现形式,如果缺失有形产品,顾客就无法实现或不容易实现对核心产品的消费。有形产品的形式会随社会技术水平的进步发生变化,如过去绝大部分服务工作需要去相应的营业网点办理,而现在许多业务的办理可以通过网络等新形式实现。

3. 附加产品

附加产品是航空公司为顾客提供的一些除核心产品与支持产品以外的额外服务,其作用在于增加顾客感知服务价值,并将本企业的服务业务与竞争对手的服务业务区分开来。在核心产品方面,民航运输企业几乎没有差别,而在有形产品和附加产品方面,企业可以有充分的想像空间和创造空间,从而形成竞争优势。航空公司在航班飞行过程中为顾客提供的食品、饮料、报纸期刊以及影音节目等,特别是航空公司员工与顾客之间的互动交流等都属于附加产品的范畴。一些附加产品经过一段时期有可能转化为企业具有核心竞争力服务的重要内容。

包含不同层次的产品对顾客而言是一个认识整体,不易分割,但其地位与价值有所区别。核心产品是顾客消费服务的根本理由,有形产品与附加产品的价值是以具备核心产品为前提的,脱离核心产品,有形产品与附加产品就会变得毫无价值。如果缺失有形产品,就可能使顾客无法获得或便利地享受核心产品,而缺失附加产品就可能会使得航空公司缺少竞争优势而被淘汰出局。

案例8-1

航空公司增值服务出新招

行李托运做在先——行李预办

2012 年,有 200 多家美国的航空企业与一家名为 BAGS 的公司联盟合作,该公司为美国交通部认可的远程航空行李托运服务商。这些航空公司的旅客可以在自家、办公室、酒店、会议中心甚至游轮包间内办理航空行李托运,只须付费20美元,BAGS可以完成文件查验、行李称重、行李密封以及运输到机场的全套服务。旅客可以直接获得行李托运标签和登机牌,到达机场后可直接进行安检登机。

在欧洲,葡萄牙航空公司与Skybags合作,推出25欧元的行李预办业务,与美国的服务内容类似。瑞士航空公司与瑞士铁路公司合作,以20瑞士法郎的价格,在航班起飞前24h销售在瑞士全国的50余个火车站提供航空行李预办服务,旅客到达目的地机场后,行李还可通过铁路直接送达最终目的地车站。

与此同时,一些快递公司纷纷加入航空行李托运的业务内容。联邦快递和UPS在美国境内都推出了独立于航空公司的航空行李运输服务,以高速高效的服务,既免除了旅客在机场等候托运行李的不便,又确保旅客的行李同时送达旅客目的地。

欧洲的汉莎航空公司与法国航空公司均同当地高速铁路公司进行合作,办理高铁机票一票到底,行李直挂。香港赤蜡角机场也与轮渡公司合作,在珠江三角洲地区开通高速轮渡服务,出港旅客可以在4个主要的轮渡码头直接办理行李交运手续。

据统计,需要行李预办的客户目标群体包括:年长旅客、带小孩的家庭、携带超大超重体育器材的旅客。

增值便利集一身——机场接送

奥地利航空公司与拉脱维亚的巴伦支海航空公司在各自的首都推出了自己品牌的出租车服务。从维也纳到机场的奥地利航空公司出租车费为单程29欧元,由独立的出租车公司运营,但标志和品牌为奥地利航空公司所有;巴伦支海航空公司则购置了130辆丰田Avensis,开办了巴伦支海出租汽车子公司,在里加市内与其他出租汽车一同经营,往返机场和市区的服务收费为12欧元,旅客可以在飞机上向机组购买出租车券,下机即可乘车。这两家出租汽车公司均向自己的旅客提供当天免费报纸、机上杂志和一瓶矿泉水。

值机服务、安检和登机

维也纳机场还开设了优先值机、安检和登机服务,收费99欧元,奥地利航空公司的旅客可以使用专门设立的优先候机楼,更快更便捷地办理值机手续、护照查验与安检,然后进入贵宾室休息。登机时,航空公司专门派出加长轿车送旅客直接到飞机门口。

美联航在美国为经济舱旅客开辟了优先通道,专门办理优先值机、安检和登机手续。这项服务以起飞时间为准,每个小时仅提供给一定数量的旅客,高峰时段收费25美元,非高峰时段打折。这项服务可以通过航空公司网站预付费,也可到达机场后在自助柜台交费预约。许多旅客视安检为畏途,虽然身份验证技术不断更新,但签证查验和安检仍然是非优先旅客的瓶颈,也是在机场最令旅客感到焦虑的一个环节。

在英国,一些小规模的机场开始通过收取费用为旅客提供优先安检通道。在伦敦的鲁顿Luton机场,旅客只需付3英镑即可无需排队直接办理,据该机场统计,每日平均付费使用这项服务的旅客有8500人,在复活节等高峰期则数量翻倍。

随着越来越多的美国航空公司向旅客收取行李托运费用,越来越多的旅客情愿尽量手提更多的行李，因此产生了对头顶行李架空间的急迫需求。本着"先到先得"的原则，美国的航空公司向普通旅客收取9～19美元不等的费用，确保这些付费旅客可以在高端旅客登机后次优先登机，便于其占领更多的行李架空间。通过随时调整价位高低，美国航空公司还得以控制需要"占领"行李架空间的旅客人数。

旅客的私人助理

航空公司采用高科技手段推广自助式值机、登机服务已经成为比较普遍的现象，一些航空公司专门针对高端商旅客户、家庭旅客、需要协助的旅客（行动不便者、年长或语言不通者、蜜月旅行等）推出了私人助理服务项目。

美国的航空公司在5年前推出了针对贵宾和名人的"五星服务"，现在改为面向大众。收费125美元的此项服务安排专人陪同旅客办理机场的一切手续，一直陪同到登机为止。葡萄牙航空公司也推出了类似的服务，支付45欧元可由专人陪同托运行李、办理值机、通过安检并进行登机，交费140欧元还可享受加长豪华轿车飞机门口接送服务的待遇。

汉莎航空公司的旅客在法兰克福和慕尼黑两个枢纽机场可享受机场导引与家庭协助服务，该公司专门安排通晓旅客母语的员工陪同旅客完成机场的一切手续。汉莎航空公司为此专门安排了多达50多种语言的导引员，依照旅客数量多少而定，此项服务收费50～400欧元。

在机场乘机旅行是一个耗费精力、让人心情紧张的过程，目前一些航空公司的做法，一方面增加了附加盈利，另一方面提高了客户服务水平，赢得了客户忠诚度，同时帮助旅客减少了行程中的压力和焦虑，可谓多赢的局面。

案例讨论：

1. 国外航空公司增值服务有哪些新措施？
2. 从增值服务来分析航空公司未来的发展趋势。

三 民航运输市场产品质量管理

民航运输产品质量是一个产生、形成和实现的过程，这种过程是由按照一定的逻辑顺序进行的一系列活动构成的，用一个不断循环的封闭的环来表示这种系统的过程，这就是"航空公司服务质量环"。航空公司服务质量环是指从最初识别社会、旅客需要到最终满足要求和期望的各阶段中影响质量的一系列活动及其相互作用的循环流程中的一轮循环，是通用性模型的典型化设计，对航空公司服务质量的产生、形成和实现过程的抽象描述、理论提炼和系统概括。服务质量环循环过程中的活动一环扣一环，互相依存、互相制约、互为基础、互相促进，这种过程不断循环，每经过一轮循环，就意味着服务质量的一次提高。航空公司服务质量环将运输服务质量形成的全过程分解为若干相互联系而又相互独立的阶段，以便对航空公司服务质量的全过程进行分析、控制、管理和改进，如图8-2所示。

1. 航班运营质量

航班运营质量主要包括航班安全性、航班正常性和航班舒适性3个方面。其中，航班的安全性是航空公司赖以生存、发展的重要基础,是消费者的利益核心,是建设和谐民航的着力点,是航空公司服务质量获得旅客满意度的最重要一环。航班的正常性是航空公司服务高质量运行的关键环节,是目前民航消费者关注的焦点,是建设和谐民航的切入点,是航空公司服务质量获得旅客满意度的关键一环。航班的舒适性总体说来,旅客要求的程度较低,但是也不容忽视,航班舒适程度已成为旅客选择航空公司时考虑的重要因素之一。

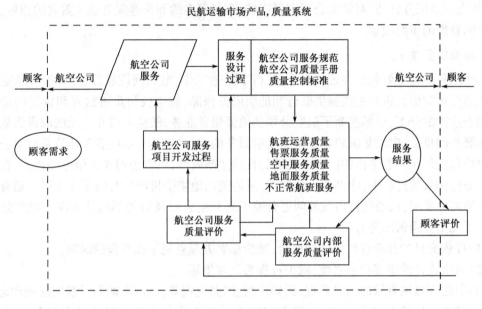

图8-2 航空公司服务质量环

2. 售票服务质量

售票服务质量包括购票方便性、机票变更方便性、退票方便性和售票人员的服务态度。从对售票服务质量工作看,旅客对于航班变更、退票两方面意见较大,因此,航空公司一方面要向旅客充分宣告本航空公司的相关规定和依据,取得旅客的理解;另一方面努力发现自身工作中存在的不足并加以改进。

当然,另外一个极为重要的原因是,由于信息的不对称而导致顾客对售票服务质量的不满。

其一,超售信息。航空公司为了确保其经济效益,往往采取航班超售的措施来保证尽可能多的座位得以利用,从而提高航班载客率。如果航空公司将超售信息准确无误地告知旅客,旅客仍冒可能被拒绝登机的风险购票,则不会发生诚信纠纷。如果航空公司未在旅客购票时告知旅客超售信息,则属于航空公司的非诚信行为。假如出现旅客被拒绝登机的情况,将给航空公司服务质量诚信满意度带来不利的影响。

其二,购买折扣票的限制规定信息。航空公司为了使收益最大化,往往采用多等级票价的差别定价方式,通过旅客市场细分,根据旅客的不同支付能力及需求弹性,科学地确定不同等级的价格,同时配有严格的限制条件,通常是折扣幅度越大,机票价格越低,限制条件越多,但不是所有的旅客都了解有关机票限制的规定,在实施多等级票价的过程中,旅客往往因客票变更、签转、退票等与航空公司发生纠纷,从而对航空公司服务质量诚信满意度产生质疑。

3. 空中服务质量

空中服务主要包括客舱服务项目、客舱餐饮质量、客舱服务主动性、客舱服务技巧和客舱服务态度。空中服务是航空公司运输服务的重要组成部分,它直接反映了航空公司的服务质量。在激烈的市场竞争中,客舱服务项目、客舱餐饮质量和直接为旅客服务的空乘人员的形象、工作态度及服务技巧,对航空公司占领市场、赢得更多的回头客起着至关重要的作用,是提高旅客满意度的重要因素。

4. 地面服务质量

地面服务质量主要包括办理乘机手续、行李运输工作、电话问询服务、F/C舱休息室服务和服务态度等方面。机场主要提供航行和地面服务保障,航空公司负责旅客和货物的运输业务。基于这样的分工,机场垄断了航空公司的地面服务业务,航空公司几乎无法取得为旅客提供地面服务的机会,也就是说旅客在接受航空服务的整个过程中,某些服务环节是航空公司必须通过外包的形式才能进行的。由于机场的自然垄断属性,航空公司作为服务委托人,在与机场签订委托协议的过程中,谈判的余地很小,只能被动地接受机场现有的服务水平。随着航空运输业的高速发展,机场运营出现的问题普遍引起航空公司及有关部门的关注。航空公司可以在以下几个方面做出努力:

(1) 提供充足的办理登机手续的柜台,减少旅客办理登机手续等候的时间。

(2) 提供优良的旅客行李系统,减少行理丢失和损坏。

(3) 向旅客提供有效的信息系统,例如广播、闭路电视等,使旅客能及时掌握航班动态。

(4) 建立良好的方向指示系统,借助方向指示标志寻找办理各种手续及购物和休息等地点。

5. 不正常航班服务质量

不正常航班的服务质量主要包括未及时通知旅客、未准确说明航班不正常的原因、未按时发布航班动态信息、航班延误后的食宿安排、航班不正常后的补偿措施以及航班不正常后的服务态度等方面。旅客的抱怨和投诉主要集中在航班不正常后的服务上,尽管航空公司在运营过程中容易受到天气、流量控制、航空管制、机场禁航、机场保障、机械故障与国家法令等多种因素的影响,但是在提高航班正点率方面仍有潜力可挖,加强和提高公司的运行质量,下大力气解决因公司原因导致的航班延误是航空公司提高服务质量的重要环节。

影响航空公司旅客满意度的主要因素及计算结果见表8-1。

影响航空公司旅客满意度的主要因素及计算结果　　　　　表8-1

旅客满意度因子	影响因素	重要度
航班营运质量	航班飞行安全	0.49811
	航班正常性	0.32854
	航班舒适程度	0.17334

续上表

旅客满意度因子	影 响 因 素	重 要 度
体现旅客服务总体质量	售票服务	0.14680
	地面服务	0.23795
	空中服务	0.13625
	航班不正常后的服务	0.47900
航班不正常后服务意见	未及时通知旅客	0.36359
	未准确说明航班不正常原因	0.22025
	未按时发布航班动态信息	0.20617
	航班延误后的食宿安排	0.05749
	航班不正常后的补偿措施	0.08104
	航班不正常后的服务态度	0.07147
地面服务工作意见	办理乘机手续	0.21211
	行李运输工作	0.22916
	电话问询服务	0.21366
	F/C舱休息室服务	0.05766
	服务态度	0.28740
空中服务工作意见	客舱服务项目	0.15637
	客舱餐饮质量	0.21082
	客舱服务主动性	0.22198
	客舱服务技巧	0.18086
	客舱服务态度	0.22997
售票服务工作意见	购买机票方便性	0.18883
	航班变更方便性	0.35839
	退票方便性	0.26395
	服务态度	0.18883
与现今国际航空公司比较需要改进的地方	飞行安全水平	0.05041
	旅行舒适程度	0.08122
	航班正常率	0.36153
	航班不正常的服务	0.21132
	售票服务工作	0.03720
	地面服务工作	0.08064
	空中服务工作	0.03522
	票价水平	0.02514

(数据来源:韩明亮,张娟,李琪.航空公司旅客服务质量实证研究)

总之,产品整体概念包括有形的与无形的、物质的与非物质的、核心的与附加的等多方面的内容,它不仅给顾客以生理上和物质上的满足,而且要给予心理上和精神上的满足。产品整体概念体现了以顾客为中心的现代市场营销观念,只有充分了解产品整体的含义,才能真正贯彻市场营销观念的要求,全面满足顾客的需要,同时提高企业的声誉和效益。

案例8-2

如此服务,怎能满意

飞机正点起飞时间为13:50,所有旅客1:30左右开始登机,登机时一切正常,空乘人员像往常一样站在门口或过道旁边迎接旅客入座,并且帮助旅客安放行李。15min后,所有旅客登机完毕。飞机缓缓滑向起飞跑道,在正点起飞时间1:50,飞机停在了跑道开端。当时地面气温估计高达37~39℃,飞机里面不知何故没有开空调,机舱里面弥漫着一股股灼人的热浪。刚才在登机时,已经有旅客在发问:"飞机上怎么这么热?!乘务员能不能把空调温度调低点?"乘务员说:"空调没开,等会起飞就好了"。现在飞机停在起跑线上,大家感觉更热,但以为飞机马上就要起飞,也就耐心地等待着。但飞机却没有按时起飞。而是在"等待航空管制的命令"(飞机播音员原话),不知不觉间10min、20min、30min过去了……飞机里面满满的,大概200多人,整个客舱像个大蒸笼,许多旅客开始烦躁不安。少量旅客开始向乘务员要水喝,乘务员很有礼貌地给旅客送来了。

一转眼,飞机已在起跑点上停留达45min,这时有旅客开始要求乘务员做出迟飞的合理解释,但乘务员说正在等待命令。在此期间,一些顾客一再提出:"既然我们还要在原地等待,为降低舱内燥热,能否把空调打开"。但机长与乘务员迟迟没有打开空调。这时,几个后排的旅客终于忍耐不住,开始发作了,而且他们的发作立即引起了其他旅客的强烈共鸣。他们提出要机长出来向大家解释原因,并要求航空公司明确答复还要等待多长时间。有的旅客甚至已经提出要求要下飞机,因为机舱内实在是太热了,大家都在拿着安全手册当扇子扇。但机长没有出来,乘务员也做不出任何响应或解释。

在几位旅客的强烈要求下,一位年轻的男士出来向旅客说话,但仍然没有说明任何原因。多位旅客开始要求打开舱门下飞机,有消费权益意识的旅客提出航空公司要向旅客赔偿。大家的情绪比较激动,说话也比较大声,愤怒已经取代了不满。就在这时,机舱内响起了广播:飞机发现机械故障,需要开回停机位检修。旅客一听,更为生气,愤怒的指责又形成了一次新的浪潮:"开机前你们在干吗?!有问题是正常,为什么你们不早说,不告诉我们,让我们在这干等?!既然飞机不能马上开飞,你们就应该打开空调,或者先让我们回候机室等待,而不是在这桑拿!把门打开,我要换飞机。请再漂亮的空姐有什么用,从来不会为旅客着想!你们公司的管理服务意识实在太差了!……"

有的旅客恼火,要下飞机,乘务员说可以下了,旅客问:"下去以后怎么安排?"乘务员答:"下去以后地面会安排,我们不知道,你们下去自己问一下。"旅客一听又火了,说:"你们什么公司,我坐的是你的飞机,你们地面天上的我不管,不是我去问,而是你应该问清楚告诉我!"一时,又引来一阵批评和嘲讽的声浪。

第八章 民航运输市场产品策略

好在这时飞机修好了,但乘务员却没有通知,直接就起动飞机,往跑道上开,站起来透气的旅客们只得自己坐回了原位,5min 后飞机起飞,一场危机总算就此结束了。

案例讨论:

1. 从整体产品角度出发,该航空公司的服务有何缺陷?
2. 作为一名市场营销经理,你认为应该如何提升航空服务质量?

第二节 民航运输市场新服务开发

民航运输企业开展创新活动的重要工具是进行"新服务开发(NSD:New Services Development)。通过新服务开发,民航运输企业不仅可以获得直接的财务收益,还可以给企业带来其他非财务方面的长期的战略收益,目前很多民航运输企业已经将新服务开发作为获取竞争优势的重要手段。

新服务开发概述

新服务开发指民航运输企业在整体战略和创新战略的指引或影响下,根据旅客和市场需求或在其他环境要素的推动下,通过可行的开发阶段向企业现有顾客或新顾客提供包含新服务的开发、新市场的开拓、新服务要素的发现、新的生产经营过程的引入以及新组织形式的实施。对这一概念,需要注意以下几点:

(1)新服务开发是在企业整体战略和创新战略指导下的一种开发活动,因此有意识、有组织和系统性的开发活动占据了主导地位,但开发活动也可能是一种偶然性的、非系统性的活动,如某些员工或某一部门为解决某个问题或在外界环境的影响下产生出创新概念和思想并进行相应的开发活动,不过这些创新概念和思想仍受到企业整体战略和创新战略的影响。研究表明,有组织、系统性的开发活动更有助于提高新服务开发的效率。

(2)新服务开发活动既可以是在企业统一规划下的正式活动(有专门的资金、人力、设施等资源配套),也可以是基于某个部门或个人创新思想的非正式活动(没有专门的资金、人力、设施等资源配套)。同时开发活动不一定必须经历开发过程的每一个阶段,它可以根据需要跳过某些阶段,或是几个阶段同时进行,因此具有相当大的灵活性。

(3)新服务开发包含的范围较广,从创新度最低的风格变化、产品线扩展到创新度最强的全新产品开发,都可以看作新服务开发的内容。新服务开发的种类见表8-2。

新服务开发的种类　　　　　　　　　　　　　　表8-2

类　型	描　述
根本创新型服务	
重大创新	对市场而言的全新服务,如由信息和计算机为基础的技术驱动型创新
创新业务	在现有服务市场中引入新1服务

续上表

类　型	描　述
根本创新型服务	
在现有服务市场中引入的新服务	对现有顾客和组织提供新服务
渐进创新型服务	
服务产品线扩充	现有服务的扩展,如航空公司增加新航线
服务改进	当前被提供服务的特性在某种程度上的变化
风格和形式变化	对顾客感知、感情和态度有影响的形式上的一定程度的可见变化,不改变服务基本特性的风格或者外形变化

二、新服务开发的重要意义

随着经济的全球化与国际化,面对更为复杂的顾客需求和更为激烈的市场竞争环境,航空公司更加认识到其生存与获利之道日益依赖于快速创新的能力以及创新的成功率。产品和服务开发是航空公司总体经营战略和市场营销决策的重要组成部分,它对航空公司将来的经营状况和前景有重大的影响。

1. 促进企业的成长

促进企业的成长是开发新产品最根本的意义所在。据美国《研究与管理》杂志1980年统计,大多数公司销售额和利润的30%~40%来自5年前还不属于本企业产品范围的那些产品。新产品已经在企业成长方面起了重要作用,近10年来,世界上优秀的航空公司都逐步从整体上进行产品与服务的开发,以保证自己企业独特的竞争优势,从而获得顾客认同,如新加坡航空公司、国泰航空公司等都是创新方面的佼佼者。

2. 对竞争做出反应

产品与服务开发可以维护企业的竞争地位。由于最先向市场投放某项新产品的企业总是少数一两家,其他企业,特别是同行企业往往要对此做出反应,如扩大同类产品系列或品种,模仿或改进竞争者已经上市的产品,推出本企业的类似新产品等,反过来最初创新者又会对自己的新产品实行改进。总之,竞争双方都力图通过新产品开发去取得某一特定市场的主导或支配地位。如,新加坡航空公司不是第一家采用波音双向宽带网络接入服务的航空公司,当时的汉莎航空公司、北欧航空公司都已经开始试用,但新加坡航空公司在网络应用方式、内容和功能上力争做到与众不同,促使了其新产品的产生。

3. 利用剩余生产力

开发适当的新产品可以使企业过剩的生产能力得到利用,同时实现更为均衡的生产。在固定成本不变的情况下,开发的新产品可能使总成本降低,提高企业资源利用率。如,经营定期航班的航空公司绝大部分开设的是定期客运航班,航空公司可以充分利用客货两用机的货仓运载能力和充分延长飞机的每天飞行时间来充分利用其生产能力。

三 新服务开发的影响因素

影响航空公司新服务开发的因素可以分为内部因素和外部因素,如图8-3所示。

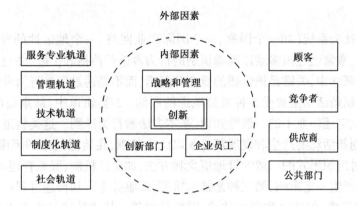

图8-3 民航运输市场新服务开发的影响因素

(一) 影响航空公司新服务开发的内部因素

航空公司服务创新活动主要由航空公司内部动力来推动,内部因素包括3类:企业的战略和管理、企业员工和创新部门。

1. 企业的战略和管理

战略是航空公司有关自身发展的长期规划,是指导航空公司各项活动的根本准则。具有创新意识的航空公司将创新作为战略规划的重要组成部分,以此作为获取竞争优势、占领市场和形成良好企业形象的根本手段,并形成针对创新活动的管理概念,使创新成为航空公司谋求生存和发展的主动需要和内在动力。

管理主要指企业高层管理和营销部门的管理活动,其中营销部门的管理活动更为频繁地出现。因为服务创新经营是由市场驱动的,而营销部门是与顾客直接接触并拥有丰富市场知识的职能部门,它会根据市场变化及顾客需求及时通过管理活动做出适当反应,并激发某种形式创新的出现。高层管理活动不仅可以针对市场需求做出反应,还可以通过对组织的变革,新市场的开发、运作和传递过程的改进而促使创新发生。战略和管理是航空公司服务创新活动成败的关键因素。

2. 企业员工

服务创新过程是服务的员工和顾客间一系列的交互作用过程。企业员工在服务创新过程中具有独特关键的作用,他们不仅为企业提供创新思想的来源,而且经常作为企业的"内部创新企业家"推动创新的出现和发展。员工在与顾客的交互作用中能最直接地发现顾客需求,并因此激发产生大量创新思想,同时员工还能根据自身的知识和创新经验提供有价值的创新思想。

3. 创新部门

航空公司中的创新部门是一种形式上的,对创新出现产生一定效力的交流部门,其职责是在航空公司内部诱发并搜集创新概念,因此也可能导致创新活动的出现。

(二) 影响航空公司新服务开发的外部因素

民用运输是非常容易受外部环境影响的产业,影响航空公司服务创新的外部因素可分为轨道和行为者两类。

1. 轨道

轨道是指在社会系统(如一个国家、一个国际产业网络、一个地区性的专业网络等)中传播的概念和逻辑,常常通过很多难以准确识别的行为者进行传播和扩散,并与周围的动态环境相对应。在轨道概念中,关键是被传播的概念和逻辑,而不是通过哪些行为者进行传播。

服务企业的创新活动主要受5种类型轨道的制约。5类轨道中,最重要的是服务专业轨道,它指存在于航空运输业中的一般性知识、基本方法和行为准则。这类轨道由航空产业自身的性质所决定,创新活动的产生和发展都必须以此为基础,在轨道约束的范围内进行;其次是管理轨道,即针对组织形式的一般性管理概念和方法,如激励机制、服务管理系统等,这类轨道也会对创新活动产生一定影响;第三种是技术轨道,即服务生产和传递过程必须遵循的有关技术使用和发展的逻辑,如信息和通信技术、网络技术等。技术轨道经常会引发很多创新的出现,这些创新活动不仅要遵循本身的服务专业轨道,还要在技术轨道约束的范围内进行;第四种是制度化轨道,它描述了航空公司外部制度环境的一般演变规律和趋势,包括政治环境、管制规则等的变化。制度环境的变化促使大量创新的出现,也可能抑制创新活动的发生;最后一种是社会轨道,它是社会一般规则和惯例的演进,如生态和环境保护意识的加强就会对航空公司的创新活动产生重大影响。

2. 行为者

行为者是指人、企业或组织,其行为对服务企业的创新活动有重要影响,并经常被包含在创新过程当中。在行为者中,顾客是最重要的一种,他们是信息以及创新思想的来源,而且还经常参与航空公司的创新过程,对创新的成功有重要影响。服务提供者和客户间的界面被认为是一个"实验室",创新在这里被"合作生产"出来。因此,顾客是推动航空公司进行创新的重要外部驱动力。

除顾客外,竞争者对创新活动有一定影响。如,航空公司可以通过模仿竞争者的创新行为而在其内部产生创新。供应商也是创新思想的重要来源和创新活动的推动者,他们可以为航空公司提供大量的创新思想,并帮助企业开展具体的创新。公共部门对航空公司的创新活动也会产生一定影响,但作用较小。

四 民航运输市场新服务开发的内容

航空公司产品与服务开发内容可以分为两个方面:一是飞机及其使用方法,二是一般性的顾客服务。

(一) 飞机及其使用方法

飞机及其使用方法的设计主要体现航空公司产品的技术质量,可以借助工程技术和科学规划的方法加以实现。

1. 机队构成与座舱结构

针对不同的经营战略和目标顾客需要，可采用不同的机队构成与飞机座舱结构设计。低成本航空公司一般使用单一机型的机队和单一的舱位结构，在飞机上安排尽可能多的座位，以降低飞机维护和运输成本。但舱位结构必须符合安全标准，要考虑飞机结构强度和紧急撤离的要求，同时顾客的舒适性必须达到航空运输的基本要求。

2. 航线布局与航班计划

现实中的许多限制会影响到航空公司航线布局和航班计划的灵活性，包括政府对航空运输市场的管制，对航线运力和航班频率的限制，机场起降时段的稀缺，机场环境要求的限制等。近年来，枢纽机场越来越拥挤，放松管制后普遍使用的枢纽辐射式航线系统受到冲击，飞越枢纽和市场分裂现象开始出现，人们越来越倾向于长航线上不中转的航班，飞机制造商也推出航程越来越长的系列飞机，受到了航空公司的欢迎。航空公司需要根据其经营战略和目标顾客的需要，进行科学合理的航线布局和航班时刻安排，形成自己的产品特色和竞争力。

3. 航班准点性

航班准点性与机队规划关系密切，使用成熟机型的新飞机，航班准点率高。因此，追求航班准点率的航空公司要避免率先引进采用了很多新技术的新机型。航空公司还应该有定期更新飞机的计划，如新加坡航空公司通过这一方法来保持航班准点率。其他决策因素包括是否投资提高飞机工作的自动着陆性能以减少天气的影响，如何计划飞机的维护成本与维护能力，航班计划安排中如何平衡飞机利用率与航班时刻的方便性、航班准点性、航班飞行时间计划等。

(二) 顾客服务的设计

顾客服务的设计主要体现航空运输服务的功能质量，增加顾客对服务过程的满意度。

1. 销售服务

销售服务是在销售点对顾客提供的服务。近年来，航空运输产品销售渠道的多样性和销售方式的急剧变化给销售服务带来了很大的困难，首先是票价结构变得越来越复杂和不稳定；其次是航空运输市场的性质发生了变化，休闲旅客的比重越来越大，他们的旅行没有规律，不熟悉航空旅行的基本特点，喜欢购买带有复杂限制条件的低价促销机票；其三是随着航空运输管制的放松，机票销售的平均交易时间不断延长。定价自由使航空公司针对不同的细分市场使用不同的票价，顾客会通过不同途径货比三家，使成交比例降低。针对以上问题，航空公司应根据自己的经营战略，权衡销售成本和产品的特性，合理设计销售渠道，提高销售人员素质和服务水平。很多航空公司投入巨额资金开发全球分销系统，允许销售代理直接进入航空公司计算机订座系统进行订票，实现了更高水平的销售服务。

2. 机场服务

与产品设计的其他方面相似，航空公司的总体经营战略决定了他们的机场服务水平。低成本航空公司把机场服务作为降低运行成本，实现盈利的主要领域。他们通常选择不拥挤的机场，顾客必须承受到达机场的不方便；由于值机柜台少，顾客值机手续的时间延长；不提供专门的候机室；登机过程简化成"先到先服务"，避免了提前安排座位的费用。

针对商务旅行市场的航空公司,机场服务近年来成了构建产品差异化的主要方法。有的航空公司提供高档小客车免费接送顾客,顾客到达机场后,可使用专用的值机设备、安检通道、豪华候机室等。在目的地机场,商务旅客可享受优先的行李服务,行李最先送达到传送带。有的机场还设有到达休息室,供商务旅客在出席商务活动前休息。提供这些服务的成本很高,需要额外的人员和设备,增加了值机柜台和休息室租金,航空公司必须通过提高票价或增加商务旅行市场份额来进行补偿。

3. 飞行服务

除了前面讨论的舱位结构与服务等级外,还有一些方面能影响旅客在飞行中的感受。航空公司的机队规划是一个主要方面。波音、空客的飞机都各有特点,近年来推出的支线喷气机也宣称飞行高度更高、飞行更平稳,能为顾客带来更大利益。其次是乘务人员的服务态度及服务水平能否达到乘客对服务人员的角色期望。机上服务也会产生许多成本,除了食品、饮料、娱乐引起的成本外,最主要的是乘务人员的工资、津贴、在外住宿费用等。合理的飞行服务水平同样应建立在航空公司总体经营战略之上,低成本航空公司倾向于不用空中乘务人员,因为这类航空公司的客舱服务是非常有限的,乘务员还常兼有机上保安的作用。

五 民航运输市场新服务开发的程序

新服务开发的过程包含很多步骤,一般适用于任何一种新服务开发的类型,无论是全新服务产品的开发,还是现有服务的延伸,或只是服务风格的转变,都可以根据有关步骤实施开发。下面对新服务开发过程中的几个关键步骤作具体说明。

1. 概念的开发与评价

企业根据总体战略和创新战略,采用多种方法和途径获取创新概念,最常用的有头脑风暴法、雇员与客户征求意见法、首用者调研法和竞争者产品分析法。新服务开发的概念主要来自组织的内部和外部。在企业的组织内部应有一些正式的机制和部门保证创新思想的产生,即专门的创新部门,这些部门的形式多种多样,可以是定期开会的新服务开发小组,也可以是顾客与员工共同参加的讨论团队。一旦某一创新思想得到确认,就可以进行具体的概念开发,其中最重要的是用合适的方法准确描述新服务概念,并在企业内部获得概念上的一致。之后是形成服务说明书并阐明新服务的特性、优势和劣势,估计顾客和员工对新服务概念的反应,并由顾客和员工对新服务进行评价,观察是否达到战略目标的要求。

2. 商业分析

在新服务概念得到认可后,需要进行可行性研究,并分析其潜在利润和收益。在这个阶段还要分析新服务概念与企业现有资源和运营系统间的联系,判断企业现有资源能否满足新服务开发的需求,运营机制和职能是否需要改进。如果新服务概念能通过商业分析阶段,就可以进入具体的实施阶段。

3. 服务开发与实施

该阶段是全面开发和实施的阶段,需要将所有的利益相关者包含进来,包括顾客、员工和各职能部门(营销、运作、人力资源等部门),并将新服务概念进一步细化,确定实施步骤。新服务开发的一个特点是服务的开发、设计与实施相互交叉,因此必须协调好参与新服务开发的各方面人员的关系,使其通力协作,保证整个过程正常运转。

4. 市场测试与商品化

民航服务生产和消费的不可分离性决定了它不能像实物产品一样在远离企业的市场上进行试销等测试活动,比较可行的办法是向企业中员工及其家庭提供新服务,观察他们在不同条件下对新服务的反应,检验价格与促销间的关系等。通过这一步骤,企业就能初步了解新服务投放市场后可能遇到的情况,并对开发过程进行改进。

在市场测试结束后,企业开始将新服务推向市场,完成新服务的商品化。在此过程中需要对服务投放市场后的各个方面进行全面监测,并要考虑到所有细节,如服务提供的难易、投诉问题、面对面的交流、单据的获取、呼叫中心等。

5. 投放后的评价

这是新服务开发全过程的最后阶段,即根据新服务商业化过程中收集的各类信息,包括顾客、员工、竞争者的反应,对新服务提供从各个角度进行评价,如对其获利能力、营销手段、顾客满意度、服务员工技能、服务环境和设施等评价。在评价的基础上,企业应对服务提供过程中涉及的各种要素进行不同程度的调整,以便提升顾客感知的服务质量。

新服务开发是在明确的组织战略规划与指引下的活动,新服务的开发应从于组织的整体战略规划。企业开发何种类型的新服务,取决于企业的目标、规划、生产能力和发展计划,还取决于市场竞争态势和出现的创新机会。

案例8-3
新加坡航空公司的挑战顶级飞行体验

新加坡航空公司(简称:新航)是在全球首家运营A380的航空公司。英国伦敦和美国纽约是新航非常繁忙的远程国际航线,为了配合未来几年A380-800飞机加入新航机队的扩展计划,新航于2002年前后开始了全新系列机舱产品和服务的研发计划。2002~2003年,来自伦敦、纽约和新加坡的超过100名常旅客比较深度地参与了新航的研发计划。

新航请旅客来描绘他们理想中的客舱环境和座椅,比如对于头等舱和公务舱,有很多这样的描述被收集上来:座椅不应该只是一张床,每个人都可以平躺,每个人可以方便地出入座椅,每个人都有足够的私密空间,等等。乘客的参与是研发计划的关键。从最初的理念设计,到评估及原型试验,常旅客的反馈意见对乘客的未来需求和期望拥有的飞行体验提供了宝贵的启示。接下来,新航所要做的就是,不仅满足顾客的这些梦想,力争在全新客舱系统的研发和服务的每个方面都做得好一点。

A380为双层客舱,其标准机型在典型三舱等配置下也可承载555名乘客,机舱内的超大空间如何利用才能既为旅客提供最佳体验,又为公司带来满意的收入呢?选择怎样的机舱结构和布局非常重要。比如,座椅的排列可以有很多不同的布局,纵横整齐排放还是交错排放,座位全部朝前还是可以部分朝后等。这些基本的布局影响空间利用率,也影响旅客的体验,必须考虑很多的因素。

另外,这一次的新客舱设计,3个等级的舱位(头等舱、商务舱和经济舱)分别达到什么标准,给旅客提供何种可供想像的飞行体验,这也是产品定义的关键。于是,新航A380的头等舱借鉴了豪华游艇企业Blubay Yachts的设计理念,并邀请世界领先的航空运输内饰设计商James Park Associates(JPA)共同设计开发,将新的头等舱升级为"空中套房"。对于A380的双层机舱,这一次总共定义了100多个概念,成为下一步产品设计的基础。

首先,新航在基本型A380上仅布局471个座位,旅客拥有更大的空间。头等舱的套房宽度接近1m,而旅客休息时可以使用单独设计的长达1.98m的平躺床,按自己最喜欢的睡姿休息。而对一起旅行的夫妇,中间两个座位的床可根据需要展开成一张双人床。由于采用改良的设计和更轻、更薄的新型材料,商务舱和经济舱座位也都比以往有更宽敞的私人空间,更方便旅客自由活动而不影响别人,商务舱的座椅也可以展成一张舒适的全平躺床。座椅方面凸显设计功力的还有多向可调节,同样的座椅能够更方便地适应不同旅客的倚靠坐卧习惯。新航久负盛名的银刃世界机上娱乐系统(Krisworld)又做了升级,娱乐节目更加丰富,还可提供热门的3D游戏以及常用办公软件系统,急于处理公务文档的旅客,只需带着USB闪存盘登机就可以了。

所有设计和技术的不断改进,均离不开旅客的参与。设计小组持续地邀请旅客进行体验和试用,听取他们的反馈,并运用到接下来的设计工作中。如何确保新产品的设计不折不扣地得以落实,确保旅客真正体验到新航想要他们获得的那种体验,新航A380整套座舱产品的制造,都出自各领域非常知名的厂商,原材料和产地也都有严格的规定,总之要让旅客放心、舒心和开心。新航A380的头等舱和商务舱的座椅产品由小糸工业株式会社在日本完成制造,而羽绒被、软垫等卧具和全套餐具则由法国时尚品牌纪梵希设计定制。新型经济舱座椅由美国Weber公司设计并制造,A380采用了更轻、更薄的新型材料,使用的新型复合材料比以前的材料轻约30%,可使每座位燃油成本降低达20%~30%,既经济又环保。

为了让全新客舱产品在A380上顺利付诸使用,新航在新加坡总部的培训中心内搭建了"仿真"A380客舱,豪华套房、商务舱和经济舱一应俱全。接下来,他们挑选出有经验的机长和服务记录良好的空乘进行针对性培训,以便让新的设计和功能最大限度地发挥作用,提升旅客的飞行体验。当然,在提供服务的过程中,每个人都在想方设法去完善这套产品和服务。比如,机长会选择尽可能短的航路;物料补给人员会精心计算餐食、饮用水等物品的用量;机上餐具会被有意地"瘦身";乘务员则会把报纸的广告版提前撤去不带上飞机等。

在A380已经开通的新加坡飞伦敦和飞纽约航线上,机票价格提升大约15%,上座率依然很高,尤其商务舱的机票几乎是一票难求。这非常符合新航一贯追求的"低成本高效益的卓越服务"。对于这样的效果,新航非常满意。

案例讨论:

1. 阐述新航开发A380客舱产品的主要程序。
2. 顾客在新产品开发中起到什么作用?

第三节　民航运输市场航线组合策略

一、民航运输市场航线组合

1. 产品组合

产品组合(Product Assortment),也称产品的各色品种集合,是企业根据市场需求和自身资源、技术条件、确定产品的经营范围,是企业生产或经营的全部产品线、产品项目的组合方式。如德国汉莎航空公司经营客运、地勤、飞机维修、航空餐食、旅游和IT服务6个服务领域。产品组合包括4个变数:产品组合的广度、产品组合的长度、产品组合的深度和产品组合的关联度。

(1)产品组合的广度指一个企业所拥有的产品线(Product Line)的数量。企业产品线较多说明产品组合的广度较宽。产品线是指产品组合中的某一大类,是一组密切相关的产品。

(2)产品组合的长度指一个企业的产品项目总数。产品项目指列入企业产品线中具有不同规格、型号、式样或价格的最基本产品单位。通常每一条产品线中包括多个产品项目,企业各产品线的产品项目总数就是企业产品组合长度。

(3)产品组合的深度是指产品线中每一产品有多少品种。增加产品项目,增加产品的规格、型号、式样、花色,可以迎合不同细分市场消费者的不同需要和爱好,吸引更多顾客。

(4)产品组合的关联度指一个企业的各产品线在最终用途、生产条件、分销渠道等方面的相关联程度。较高的产品关联度能带来企业的规模效益和范围效益,提高企业在某一地区、行业的声誉。

2. 航线组合

一条航线就是一条产品线,在民航运输市场中,航空公司经营的是航线,投放市场待以销售的是航班或座位,航班因航线而异,航空公司的产品线就是开通航班的航线。航空公司产品组合的广度是指航空公司具有多少条不同航线,如表8-3所示。航空公司开通航线的多少和提供服务种类的多少反映了航空公司产品组合的广度。

航空公司产品组合广度与深度(一)　　　　　表8-3

广度	航线1	航线2	航线3
深度	航班A 航班B 航班C 航班D 航班E	航班A 航班B 航班C 航班D	航班A 航班B 航班C

航空公司产品组合的深度是指每一条产品线中有多少不同的项目,如表8-4所示。航空公司产品组合的深度首先表现为各条航线上所投入的航班数量,这是由运输产品的不可储存

性决定的。如果一个航空公司经营的航线很多，但航线上投入的航班很少，即航班密度很低，就是只有广度没有深度。深度还表现为各条航线上运输对象的分类，即旅客构成和货物分类。旅客的组成成分越多，所运货物的种类越多，就可以挖掘更多的潜在客户，从而扩大航线的容量、增加航班投入。航空公司产品组合的关联度表现为各航线所投入机型的互容性。机型与航线的匹配是航空公司航班生产的重要原则。

航空公司产品组合广度与深度（二）　　　　　　　　　　表 8-4

广　　度	旅客运输	货物运输	邮件运输
深度	国际旅客运输 1. 头等舱 2. 公务舱 3. 经济舱 国内旅客运输 1. 公务舱 2. 经济舱	普通货物运输 快件货物运输 鲜活货物运输 贵重货物运输 动物运输 危险品运输	信件运输 包裹运输

综上所述，航空公司的产品组合实质上是航空公司的航线与航班的动态组合，它包括所开航线的数量、每条航线的长度、投入运营的机型、航班次数和运输对象，如表 8-5 所示。

航空公司航线航班结构　　　　　　　　　　表 8-5

航线名称	每周班次	机　　型	旅客构成	货物分类
航线 1 航线 2 ……	……	机型 1 机型 2 ……	……	……

二 民航运输市场航线组合策略

产品组合分析的方法有很多，其中一种是波士顿矩阵法。波士顿矩阵（Boston Consulting Group），又称市场增长率—相对市场份额矩阵、波士顿咨询集团法、四象限分析法或产品系列结构管理法等，是美国著名的管理学家、波士顿咨询公司创始人布鲁斯·亨德森于 1970 年首创的一种用来分析和规划企业产品组合的方法。这种方法的核心在于，要解决如何使企业的产品品种及其结构适合市场需求的变化，同时，如何将企业有限的资源有效地分配到合理的产品结构中去，以保证企业收益。

（一）波士顿矩阵法

波士顿矩阵法将企业所有产品从销售增长率和市场占有率角度进行再组合。在坐标图上，以纵轴表示企业销售增长率，横轴表示市场占有率，各以 10% 和 20% 作为区分高、低的中点，将坐标图划分为 4 个象限，然后把企业全部产品按其销售增长率和市场占有率的大小，在坐标图上标出其相应位置（圆心）。定位后，按每种产品当年销售额的多少，绘成面积不等的圆圈，顺序标上不同的数字代号以示区别，定位的结果即将产品划分为 4 种类型：依次为"问号产品(?)"(也称幼童产品)、"明星产品(★)"、"现金牛产品(¥)"、"瘦狗产品(×)",如图8-4所示。

(二)航线组合类型

在民航运输中,可以根据波士顿矩阵的原理对航线的运输总量、年增长率和航空公司的市场相对份额的分析,将航线分为明星类、现金牛类、幼童类和瘦狗类航线。

(1)明星类航线是销售增长率和市场占有率"双高"的航线;

(2)现金牛类航线是销售增长率低、市场占有率高的航线;

(3)幼童类航线是销售增长率高、市场占有率低的航线;

(4)瘦狗类航线是销售增长率和市场占有率"双低"的航线。

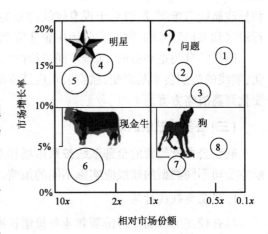

图8-4 波士顿矩阵

现以某航空公司客运航线为例,来说明波士顿矩阵法在民航运输市场航线组合中的应用。

某航空公司主要经营的客运航线共有31条,设从上海始发及往返的航班中同期旅客运输总量的平均增长率达到15%,以这一平均增长率为基准来衡量该航空公司经营的航线,其中增长率超过25%的航线共有5条,分别是上海—北京—上海、上海—深圳—上海、上海—广州—上海、上海—温州—上海和上海—乌鲁木齐—上海。旅客运输总量平均增长率在15%~25%的航线共3条,分别是上海—成都—上海、上海—青岛—上海和上海—昆明—上海。

通过分析该航空公司在各个航线的市场相对份额,位于前5位的航线分别是上海—北京—上海、上海—深圳—上海、上海—青岛—上海、上海—沈阳—上海和上海—广州—上海。

根据分析,该航空公司的航线中约10%是明星航线,具有较高的市场相对份额和业务量增长率,不仅可以带来利润和现金流,也是公司未来增长的动力。航空公司应当首先将资源向这些航线倾斜,投入足够的运力,合理安排航班频率,以保证对于市场份额的优势。航线中约16%是现金牛类航线,虽然业务量增长率低,却保持较高的市场相对份额,是成熟期航线,也是航空公司利润的主要来源,是公司发展的主要支撑力量,应重点安排资源,以保证企业的现金流。在投入一部分资源发展幼童航线的同时,对于占有现有航线总数约50%的瘦狗类航线,应该逐渐从中退出以更好地实现资源的合理运用。如图8-5所示。

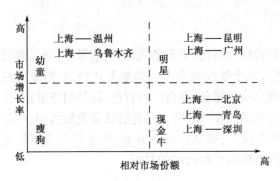

图8-5 某航空公司航线波士顿矩阵模型

民航客运的竞争在很大程度上是航线的竞争,具有良好市场效果的航线无论在客源的丰富性,还是在客户的购买能力上都具有竞争力,对企业的效益有非常大的促进作用。由于航线的申请和设置需要一定的条件,同时存在着来自于行业管理部门的限制,在短期内增加、减少和更改航线有难度,所以对于现有航线的分类十分重要。航空公司可以通过对不同航线上航行班次和飞机型号的调配,充分运用企业资源取得最大的效益。

航线的分类是动态的,随着不同航线的市场占有率的变化,以及航线自身业务量的增长变化,航线的类别会不断改变,航空公司应建立动态的监测系统,及时准确反映各种变化,并根据变化调整战略方案。

(三) 各类型航线的对策

航空公司所经营的全部航线按照市场相对份额和业务量增长率可以分为上述 4 种类型,航空公司不同类型的航线应实施不同的策略。

1. 明星类航线对策

具有较高的市场相对份额和业务量增长率是航空公司的成长期航线,是市场中最有生命力的领先者,这类航线可能会成为企业的现金牛航线,需要加大投资以支持其迅速发展。

对于明星类航线航空公司应积极扩大经济规模和市场机会,以长远利益为目标,提高市场占有率,加强竞争地位,向更高的产品质量目标努力,由对生产技术和销售两方面都很内行的经营者负责。如创精品航线,树立航班品牌,并通过大规模的形象广告及训练有素的人员销售等方式,进一步双向推动占有率和增长率的提高,以使其站稳市场取得更理想的收益。

2. 现金牛类航线对策

其业务量增长率低,却保持较高的市场相对份额,是航空公司的成熟期航线,企业不必大量投资来扩展市场规模,同时作为市场中的领导者,该业务享有规模经济和高边际利润的优势,因而给企业带来大量财源。由于业务增长率已降到较低水平,航空公司不必再增加新投入。作为市场份额的领先者能取得规模效应和高利润率,航空公司可以通过公共关系策略来创建有亲和力的公司形象,维护并巩固顾客的喜爱和忠诚度。如果市场环境变化导致现金牛航线市场份额下降,公司需要维持现金牛的领导地位,否则这个强壮的现金牛可能就会变弱,甚至成为瘦狗。

3. 幼童类航线对策

具有较高的业务量增长率,但市场相对份额较低,前者说明市场机会大,前景好,而后者则说明在市场营销上存在问题。航空公司在新进入某个航线时大多从幼童类开始,它需要大量的资金支持,因为公司必须在新投入的航线中推出特色服务,进行广告宣传,拓展销售渠道,并通过销售促进吸引消费者的注意力,以尽快打入市场。在航空公司已有的幼童类航线中,应确定在经过改进可能会成为明星的航线上进行重点投资,提高市场占有率,使之转变成明星航线,对其他将来有希望成为明星的航线则在一段时期内采取扶持的对策。

4. 瘦狗类航线对策

瘦狗类航线也称衰退类航线,它是处在低增长率、低市场占有率象限内的航线,其财务特点是利润率低,处于保本或亏损状态,负债比率高,无法为企业带来收益。对这类航线应采取撤退策略:首先,应减少批量,逐渐撤退,对那些销售增长率和市场占有率均极低的航线应立即淘汰;其次,是将剩余资源向其他航线转移;第三,是整顿航线,分析航线增长率和占有率低的原因,分析企业是否能提高增长率或占有率,使之成为幼童类航线或现金牛类航线。

区别不同类型航线的意义在于,航空公司可以根据自己在市场中的产品位置来确定扩展、维持或者放弃的目标战略。在应用价格策略时,对于只需要维持的现金牛类航线和准备放弃的瘦狗类航线,不应不顾成本降低价格,否则只会带来不必要的损失,而对于明星类和幼童类航线,则应充分运用价格杠杆及其他营销策略,以促进航线的进一步成长。

三 民航运输市场航线调整策略

在对航线进行全面评价后,航空公司可根据公司的战略目标和计划期内的运力增减,进行一些航线航班的调整,主要有以下五种策略。

1. 巩固策略

对经营状况良好的航线航班,不宜多变而应巩固。航班稳定不变,就能被公众熟悉了解并认识,当公众有航空旅行需求时,首先想到的是乘坐熟悉的班次。因此,巩固策略应视为航线航班动态组合策略的第一原则。

2. 收缩策略

当计划期的预期运力小于维持现状运力时,说明公司生产能力萎缩,只能采用收缩策略。如果萎缩是暂时现象,可以减少在航班密度较高的航线上的航班投入而维持公司整个航线网的运转;如果运力萎缩不是暂时现象,公司只能从销售率低或收支状况不佳的航线撤退,集中精力经营效益高的航线。当有如下情况出现时,可做退出航线市场的选择:

①航线市场供应增加,竞争激烈,本企业在竞争中处于不利地位,市场占有率低;
②由于地面运输方式的改进和规模扩大使航空运量锐减;
③航线运营收不抵支,且有继续恶化的趋势。

3. 微调策略

当计划期预期运力与维持现有航线航班生产所需运力基本持平时,说明公司的产品组合只能维持现有的规模。航线航班结构的调整只能在原有的规模上进行,撤出量等于投入量。销售率低的航线上的航班是否撤退？如果是该航线的市场需求总量萎缩,比如有更方便的地面交通取代了航空运输或者地区产业结构调整影响了对市场的需求,则选择撤退策略。如果是市场竞争失利,市场占有率下降,则要估量自己的营销能力,能不能把失去的市场夺回来。夺不回,那么就撤,不做无谓牺牲。可以夺回,还要看机会成本的大小,如果机会成本过大,不夺也罢。撤出的运力可以投入到本公司销售率高的航线上,以便巩固阵地,防止竞争对手的入侵。如果不撤退,则要调配公司的营销力量,加强促销,夺回失去的市场,提高该航线的运营效益。调配公司的营销力量时要注意巩固运营效益高的航线,不要给竞争对手乘虚而入的机会。

4. 进展试探策略

当计划期预期运力略大于维持现有航线航班生产所需运力时,说明公司在巩固已有阵地以后还略有余力作一些试探性的进展。首先要考虑维持原有开航航线的规模和航班密度。销售率低的航线上的航班撤退与否,参照微调策略的思路。如果是竞争失利,市场占有率下降,则不宜轻易退却,而要设法夺回失去的市场。因航班过稀而不被旅客重视,可以增设航班,因机型不受欢迎或不匹配,可以改换机型,有多余运力也可以考虑开辟新航线。新航线如果是从未开辟的航线,凭公司现有实力抢先占领则很有利,如果对本公司来说是新航线,而在民航运输市场上已不是首次开辟,则要分析市场供求和双方竞争实力。假如市场需求很大,领先者应接不暇,则可以考虑在此投入航班。假如领先者已大量投入,基本能满足市场需求,他人再挤入必然引起竞争,此时要谨慎决策,不宜挑起新的竞争,也即不宜进入别人已经抢先占领的市场阵地。

5. 扩展策略

当计划期预期运力有较大幅度的增长时,在维持现有航线航班所需运力后,有较多的机动运力,需要确定投放的方向。投向要视公司的战略目标和市场经营状况而定。公司在已进入的新市场上立足未稳,或公司现有航线网中的"热线"效益很好,则公司宜采取防御性战略,以巩固现有航线网的航班生产为主。如公司能牢固地占据现有市场的主导地位,则可采取扩张性战略,开辟新航线,即使别人已抢先占领了,也可以进行竞争。对公司现有航线网内经营不善的航线不能轻易放弃,这有关公司的整体形象。如果不是经营失措而是市场客观原因使该航线经营效益不高,则可以从经营效益不高的航线撤出航班投向效益高的航线。

案例8-4

布兰尼夫航空公司的破产

在美国总统卡特签署航空公司放松管制法案的第二天,即1978年10月25日,在联邦政府大楼外排着长长的队伍,他们都是为申请新航线而来。当时美国前10大航空公司之一的布兰尼夫航空公司是一个野心勃勃的航空公司,一口气申请了可供竞标的1300条航线中的626条,结果它获得了67条航线。那时,布兰尼夫是达拉斯市场具有绝对优势地位的航空公司。为了开通这些新申请的航线,布兰尼夫不得不减少从达拉斯进出的航班频率。当布兰尼夫航空公司在外到处甩辫子时,美利坚航空公司和达美航空公司开始在达拉斯增加航班并建立起强大的枢纽。结果布兰尼夫航空公司失去它在达拉斯的强势地位,最终倒闭。

案例讨论:

请结合案例分析航空公司产品线决策的制约影响因素。

四 民航运输市场航线选择策略

航线网络是航空公司运行的基础,也是整个营销管理体系的龙头。航线网是把航线相互连接,成为一个网络来最大限度地利用航路,方便旅客、扩大市场。航班在怎样结构的航线网上运行,是航空公司产品组合策略的重要前提。航线网结构是指一个公司(或一个地区、一个国家)的航线组织和航班安排的形式。

1.航线结构

1)城市对式航线结构(City Pair)

城市对式航线结构指从各城市之间人流和货流的需求出发,建立城市与城市之间直接通航的航线和航班,如图8-6所示。我国目前的国内航线主要是城市对式。

城市对式航线结构的优点是:

(1)运输生产组织与市场销售直接、简便,没有曲折迂回运输;

(2)旅客没有转机、转航班等麻烦。

其缺点是:

(1)航路资源和旅客资源不能有效组织和利用。一个城市不可能直接通航任意多个城市,在某两点之间的流量没有达到一定规模时就无法开航,个别的流动需求,只能绕道流通。

(2)流量规模还有一个时间的界限,如果把一周的流量集聚起来,只达到开一两个航班的规模,势必要降低该航线上的航班密度,这样,对时间性要求较强的旅客也必须等候班期,不能显示民航运输迅速的优点。

2)轴心辐射式航线结构(Hub – Spoke)

轴心辐射式又称轮毂或轮辐式结构。航线航班安排以大城市为中心,大城市之间建立航空主干线。同时,以航空支线形式沟通大城市与周围中小城市的联系,以汇集和疏散客货,如图8-7所示。AB由两个大城市组成的一个轴心,在大城市之中,图表间的联系不止两个,各自还有与其他大城市联系的航空主干线,又各自成为轮毂,用航空支线与周围中小城市联系,汇集、疏散客货。

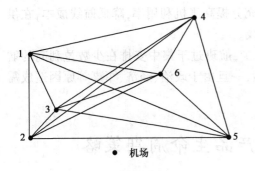

图8-6 城市对式航线结构

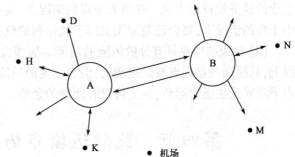

图8-7 轴心辐射式航线结构

轴心辐射式航线结构的优点是:

(1)可以相对增加航班密度,有效地使用机队运力,提高航空公司的航线配置效益和应变能力;

(2)可以提高机场的使用效率,节约机场投资费用,机场建设的规模也可以与机场航线结构中的地位和等级相匹配,即支点城市由于通航的航线短、机型小,可以不必建立大机场,引导投资,集中财力、物力于枢纽城市的机场建设。

选择轴心辐射式航线结构必须具备以下先行条件:

(1)要有巨大规模的枢纽机场。枢纽机场的规模,尤其是候机楼和货运仓库的规模,不仅

要容纳本机场的吞吐量,还要容纳客货短时中转时的滞留量;

(2)要有强大有效的销售订座系统。在轴心辐射式航线网内,旅客可能要经过几次中转才能到达旅行终点,如果在某一起点不能确保购买到几个中转航线的航班机票,旅客无法快速到达目的地,使轴心辐射式的优点根本无法发挥;

(3)航空公司必须投入高密度的、能充分满足需求的航班。

两种航线结构在下列几方面各有利弊:市场营销和运营、高峰期处理、方向的不平衡性的处理、恶劣天气的处理、飞机利用率、载运率、过站密度及服务统一性的可控程度。在国际上大型航空公司通常采用轴心辐射式,我国国内航空公司一般采用城市对式。随着国内航空产业的不断发展及竞争的进一步加剧,轴心辐射系统将成为未来的发展方向。目前国内航线集中分布在哈尔滨、北京、西安、成都、昆明一线以东的地区,其中又以北京、上海、广州的三角地带最为密集,整体上看,航线密度由东向西逐渐减小。航线的培育要经历一系列的过程,如政府的审查批准,航空港起降机位的协调,培育市场的知名度、美誉度和忠诚度。

2. 航线选择

航空公司对整个航线网络做全盘考虑,寻求总体最优化。在对航线网络与结构进行综合评估时,应考虑下列几个方面:

(1)各航线间要有扩大运量的促进关系,不应彼此削弱,造成企业内部航线间的竞争。

(2)各航线间要有利于对外竞争的支持关系。航线的多样化,不同航线间相互的服务和衔接是竞争的有力手段,所以彼此服务的航线、航班、时刻的安排会大大增加每个航班对旅客的吸引力。

(3)各航线间彼此的运力合理分配。根据不同的季节,合理调整各航线上运力的投入,使企业的经济效益最大化。在供大于需的情况下,要充分提高飞机利用率,降低航线成本,在供小于需的情况下,要合理调配飞机用于效益高的航线。

(4)航线结构要具有分散风险的功能。航线太少,航班过于集中安排在少数盈利高的航线上,从短期收益观点看是正确的,但有一定的风险,一旦由于政治、经济、军事等原因造成需求下降或无法正常运营,企业将没有回旋的余地。

第四节 民航运输市场产品生命周期策略

产品生命周期理论是美国哈佛大学教授雷蒙德·弗农(Raymond Vernon)于1966年在其《产品周期中的国际投资与国际贸易》一文中首次提出。产品生命周期是一个很重要的概念,它和企业制定产品策略以及营销策略有着直接的联系。

一 产品生命周期

产品生命周期(Product Life Cycle),简称PLC,是产品的市场寿命,即一种新产品从开始进入市场到被市场淘汰的整个过程。弗农认为,产品生命和人的生命一样,要经历形成、成长、成熟、衰退这样的周期。典型的产品生命周期一般可以分成4个阶段,即介绍期(也称进入期、导入期）、成长期、成熟期和衰退期，如图8-8所示。

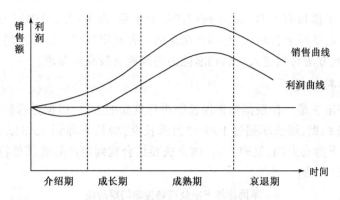

图8-8 产品生命周期与销售利润曲线

（1）介绍期指产品从设计投产直到投入市场进入测试的阶段。

（2）成长期指产品通过试销效果良好，购买者逐渐接受该产品，产品在市场上站住脚并打开销路的阶段。

（3）成熟期指市场需求趋向饱和，潜在的顾客已经很少，销售额增长缓慢直至转而下降的阶段。

（4）衰退期指顾客转向其他产品，从而使原来产品的销售额和利润额迅速下降的阶段。

在产品生命周期的不同阶段中，销售量、利润、购买者、市场竞争等都有不同的特征，这些特征可用表8-6概括。

产品生命周期不同阶段的特征 表8-6

生命周期 阶段特征	介绍期	成长期	成熟期		衰退期
			前期	后期	
销售量	低	快速增大	继续增长	有降低趋势	下降
利润	微小或负	大	高峰	逐渐下降	低或负
购买者	爱好新奇者	较多	大众	大众	后随者
竞争	甚微	兴起	增加	甚多	减少

二 测定产品生命周期

能否正确判断产品所处生命周期的阶段，对企业制定相应的营销策略非常重要。企业最常用来判断产品生命周期阶段的方法有类比法、特征判定法和销售增长率判定法。

1. 类比判定法

类比判定法是把要判定的产品与某种比较类似的产品的发展情况进行对比，并得出结论的一种判定方法。采用这种方法简单易行，常为咨询人员所用。判定人员一定要熟悉所涉及的产品。所选择的类比产品要与被判定的产品有相似的背景，以增加两个产品之间的可比性。

2. 特征判定法

特征判定法是根据目前人们已经掌握的产品上市后,在不同阶段中所表现的一般特征同企业某一产品的当前状况进行对比,并得出结论的一种判定方法。该方法易于掌握,也常为咨询人员所用,采用此方法对判定人员的判断能力与经验有较高的要求。

3. 销售增长率判定法

销售增长率判定法是一种根据销售增长率进行判断的方法,根据经验数据,一般销售增长率低于10%时为介绍期;增长率超过10%时为成长期;增长率降到10%以下时为成熟期;增长率下降到0%以下为衰退期,见表8-7。该方法要结合被判定产品的其他特征和因素进行分析,并非适合所有的产品。

不同比值下所处市场生命周期阶段　　　　表8-7

比值(K)	所处生命周期阶段
$K < 0.1$	介绍期
$K \geq 0.1$	成长期
$0 < K < 0.1$	成熟期
$K \leq 0$	衰退期

三、民航运输市场产品生命周期营销策略

在产品生命周期的不同阶段,企业、产品和市场状况等都具有不同的特征,企业只有掌握这些特征并相应采取各种市场营销策略,才可望获取较好的营销效果。

1. 介绍期特征与营销策略

介绍期是产品从设计投产直到投入市场进入测试的阶段。该阶段的主要特征是:①产品技术、性能不够完善;②生产批量小,试制费用大,产品成本高;③用户对产品不太了解,销售量少,需做大量广告,推销费用较大;④企业利润较少或无利润,甚至亏损;⑤市场竞争者较少。

介绍期营销策略重点突出一个"快"字,使产品尽快地为消费者所接受,缩短市场投放时间,扩大产品销售,迅速占领市场,促使其向成长期过渡。主要手段是广告和促销,使人们熟悉了解新产品,扩大对产品的宣传,建立产品信誉,刺激中间商积极推销新产品。具体策略有:

(1) 高价高促销策略。以高价格和高促销费用推出新产品,以便先声夺人,迅速占领市场。高价固然会影响产品销路的迅速打开,但由于支付了大量广告宣传及其他促销费用,就可在市场上塑造该产品的高质量或名牌形象,让消费者心理上产生对该产品的信任感,认识到该产品是优质优价的,从而减缓价高令人却步的不利影响。采用这一策略的市场条件是:已经知道这种新产品的顾客求新心切,愿出高价;企业面临潜在竞争者的威胁,急需尽早树立品牌。

(2) 高价低促销策略。以高价格、低促销费用来推出新产品。通过两者结合,以求从市场上获取较大利润。实施这种策略的市场条件是:市场容量相对有限;产品确属名优特新,需求的价格弹性较小,需要者愿出高价;潜在竞争的威胁不大。

(3) 低价高促销策略。以低价格和高促销费用来大力推出新产品。这种策略可使产品以最快的速度进入市场,并使企业获得最大的市场占有率。采用这一策略的市场条件是:市场容

量相当大;需求价格弹性较大,消费者对这种产品还不熟悉,却对价格十分敏感;潜在竞争比较激烈。例如亚航泰国公司的厦门—曼谷航班满载145名乘客首航成功,上座率达到97%,其原因是亚航在这条航线上投放了99元的超低票价并广为宣传。这种策略在短期内快速进入市场,待企业立稳脚跟后再根据实际运营情况确定航班合理的票价。

(4)低价低促销策略。以低价格和低促销费用推出新产品。低价目的是使消费者能快速接受新产品,低促销费用能使企业降低成本。实施这一策略的市场条件是:市场容量较大;消费者对产品比较熟悉且对价格较敏感;有相当多的潜在竞争者。

2. 成长期特征与营销策略

成长期是产品经过试销取得成功后,转入批量生产和扩大销售的阶段。该阶段特征是:①消费者对产品已经熟悉并接受,销售量迅速上升,一般来说销售增长率超过10%;②生产规模扩大,产品成本下降,企业利润不断增加;③同行业竞争者纷纷介入,竞争趋向激烈。

成长期营销策略重点突出一个"好"字,强化产品的市场地位,尽可能提高销售增长率和扩大市场占有率。具体策略有:

(1)提高产品质量。企业应把提高产品质量放在首位,及时提供各种有效服务,增加服务种类,扩充目标市场进一步适应目标市场的需求,增强市场吸引力。

(2)适当降价。根据市场竞争情况选择适当时机降低产品价格,既能吸引更多顾客购买,又可防止大批竞争者介入。

(3)加强分销渠道建设。加强与中间商的合作,巩固原有的分销渠道,根据市场扩展需要,增加新的分销渠道,进入有利的新市场,扩大产品销售网络。

(4)突出产品宣传重点。从产品的知晓度转入产品知名度、美誉度的宣传,重点介绍产品的独特性能和相对优点,树立企业和产品的良好形象,争取创立名牌,培养消费者对产品的信任感和偏好。

3. 成熟期特征与营销策略

成熟期是产品经过成长期,销售量增长速度明显减缓,到达峰点后转入缓慢下降的阶段。该阶段特征是:①产品被大多数消费者所接受;②市场需求趋于饱和,销售量增幅缓慢,并呈下降趋势,一般来说销售增长率在0%~10%之间;③企业利润达到最高点,随着销售量的下降,利润也开始逐渐减少;④市场上同类产品企业之间的竞争加剧。

成熟期营销策略重点突出一个"改"字,要采取各种措施,千方百计延长产品成熟期。具体策略有:

(1)开发新的目标市场。积极寻找尚未满足的需求,开发国内外新的目标市场。

(2)改革产品。对服务内容、服务流程、飞机及机上设备等方面改革,满足老顾客的新需求,并能吸引新顾客购买,从而扩大产品销售量,如南方航空公司推出了"南航行—真情关爱"系列,中国国际航空公司推出了"欢乐旅程自由行"等航空产品。

(3)加强产品促销力度。加强促销活动,刺激消费者购买,通过降低价格,扩大销售渠道,增加服务项目和采取新的促销形式等。

4. 衰退期特征与营销策略

衰退期是产品经过成熟期,逐渐被同类新产品所替代,销售量出现急剧下降趋势的阶段。

该阶段特征是：①产品销售量迅速下降，销售增长率出现了负增长；②消费者已完全转移到新产品上；③产品价格已降到最低点，多数企业无利可图，竞争者纷纷退出市场。

衰退期营销策略重点突出一个"转"字，应积极开发新产品取代老产品。具体策略有：

（1）维持策略。继续沿用过去的营销策略，仍保持原有的细分市场，待到时机合适，再退出市场。

（2）收缩策略。大幅度缩减促销费用，把产品销售集中在最有利的细分市场，以求获取尽可能多的利润。

（3）放弃策略。对于大多数航空公司来说，应果断地停止运营某些航线，致力于新航线的开辟。在淘汰疲软航线时，是采取立即放弃，完全放弃还是转让放弃，应慎重抉择，力争将企业损失减小到最低限度。

四 民航运输市场产品生命周期营销组合策略

产品生命周期应与市场营销结合起来使用，使市场营销组合与产品生命周期相一致，因为在产品生命周期的各个阶段上，产品销售的目标及与之相适应的市场营销组合是不同的。市场营销者应针对生命周期的变化及时调整营销组合策略，见表8-8。

民航运输市场产品生命周期营销组合策略　　　　表8-8

	导入期	成长期	成熟期	衰退期
企业目标	全力促销，广泛宣传新产品，争取消费者体验	突出企业品牌，建立企业销售渠道	改进产品，创新销售渠道，抵御竞争者	榨取尽可能多的利润收入
产品设计	航线试飞，控制产品质量，微调改进产品	增加航班、航线，以迅速占领市场	开发相关产品，降低或延伸成本和价格	减少航班，停飞没有利润的航线
价格制定	根据市场行情和顾客能力制定合理运价	稳定运价，通过多等级票价，保持企业盈利水平	通过多等级票价，保持企业盈利水平	保持可盈利的价格
流通渠道	利用销售渠道，直接让利给渠道的各个环节	扩大企业销售渠道	强化销售渠道，加强代理渠道管理	从不利的流通渠道中退出
促销方案	使产品的好处广为人知，让早期体验者采用产品，大众传播	促销优惠，突出产品，吸引一般大众采用产品	提高顾客、代理商的忠诚感，提高顾客使用频率和使用量	停止促销，不做促销努力

第五节　民航企业品牌策略

品牌是吸引消费者重复购买空运产品的一个主要的决定性因素，在民航企业营销活动中有着独特的魅力，是营销竞争的有力武器。在国外，旅客选择航空公司在很大程度上取决于航空公司的声誉，也就是航空公司多年建立的品牌左右了旅客的选择，如英国航空、大韩航空、新加坡航空、汉莎航空和美西南航空等都是享有世界声誉的航空品牌，赢得了亿万旅客的认可。

一 品牌概述

菲利普·科特勒将品牌定义为：一个名字、名词、符号或设计，或是上述的总和，其目的是使自己的产品或服务有别于其他竞争者。品牌是给拥有者带来溢价、产生增值的一种无形的资产，它的载体是用以和其他竞争者的产品或劳务相区分的名称、术语、象征、记号或者设计及其组合，增值的源泉来自于消费者心志中形成的关于其载体的印象。品牌最持久的含义是其价值、文化和个性，它们构成了现代品牌的实质。民航企业品牌建设主要有以下意义。

1. 增加企业的凝聚力

这种凝聚力，不仅能使团队成员产生自豪感，增强员工对企业认同感和归属感，而且有利于提高员工素质，以适应企业发展的需要，使全体员工以主人翁的态度工作，产生同舟共济、荣辱与共的思想，使员工关注企业发展，为提升企业竞争力而奋斗。

2. 增强企业的吸引力与辐射力

品牌建设有利于企业美誉度与知名度的提高。好的企业品牌使外界人羡慕、向往，不仅使投资环境价值提升，还能吸引人才，从而使资源得到有效集聚和合理配置，企业品牌的吸引力是一种向心力，辐射力则是一种扩散力。

3. 提高企业知名度和强化竞争力

品牌建设是提高企业知名度和强化竞争力的一种文化力，这种文化力是一种无形的巨大的企业发展的推动力量。企业实力、活力、潜力以及可持续发展的能力，集中体现在竞争力上，而提高企业竞争力与提高企业知名度密不可分。一个好的企业品牌将大大有利于企业知名度和竞争力的提高。这种提高不是来自人力、物力、财力的投入，而是靠品牌这种无形的文化力。

4. 推动企业发展和社会进步的一个积极因素

企业品牌不是停留在美化企业形象的层面，而成为吸引投资、促进企业发展的巨大动力，进而促进企业将自己像商品一样包装后拿到国内甚至国际市场上推销。在经济全球化的背景下，市场经济的全方位社会渗透，企业的体制障碍被逐步清除等因素，催化了民航企业品牌的定位与形成。

二 民航企业品牌构成

随着市场竞争的加剧，生产力过剩，残酷的价格竞争和剧增的同质性产品使企业逐渐发现品牌意识、认知价值、顾客忠诚度和强有力的品牌个性是竞争中必不可缺少的利器。对于民航企业，品牌建设是全方位立体式的，包括以下几个方面。

1. 服务质量

就服务内容而言，包括服务项目、服务标准、服务方式和服务承诺等诸多方面，共同构成了服务质量的评价标准。服务质量构成了民航企业品牌的核心，正如产品质量对于产品品牌的意义一样，因此必须使民航服务具体化、标准化、规范化，以获得稳定的服务质量。

2. 服务模式

服务模式包括经营模式(如外包、特许、自主等服务扩张模式)、管理模式等方面,服务模式与服务反应速度、服务规模共同构成服务的三大核心竞争点。通过服务模式可以稳定服务运营质量(包括服务质量、抗风险能力、持续经营能力等)方面的稳定性,使企业不会因组织机构变革、服务人员岗位调整、流失等因素而影响服务运营及服务质量。

3. 服务技术

服务的技术含量是决定服务质量的关键要素之一,同时通过不断创新服务技术可使企业获得持续竞争优势。在应用服务技术时,还应提供诸如独立咨询顾问、业务流程与技术流程整合服务、专业系统服务、网络综合布线系统集成、人力培训等信息技术和管理咨询服务,从而满足客户日益复杂和个性化的需求。

4. 服务价格

企业必须在立足于服务定位的基础上,保证服务价格的公平、合理,为客户所接受,才有利服务品牌营造。

5. 服务文化

服务文化是服务品牌内涵构件之一,服务文化立足于对企业传统文化(企业品牌文化、产品品牌文化)的继承,以及对市场消费文化的融合,服务文化必须是建立在客户导向的品牌文化,并且这种文化必须随着企业发展、社会环境、市场环境等因素变化,不断扬弃与创新。

6. 服务信誉

诚信是品牌不容缺失的关键因素之一,而企业品牌的建设,首先要以诚信为基础,没有诚信的企业,品牌就无从谈起,其次要以产品质量和产品特色为核心,才能培育消费者的信誉认知度,企业的产品才有市场占有率和经济效益。

三 民航企业品牌策略

品牌策略是企业经营服务决策的重要组成部分,是指企业依据自身状况和市场情况,最合理、有效地运用品牌商标的策略。民航运输,无论是客运还是货运,由于其品牌概念外延非常广泛,大至集团整体品牌,小至每个航班,如何设计品牌名称都需要深思熟虑。品牌策略通常有以下几种:

1. 统一品牌策略

统一品牌策略是指企业将经营的所有系列产品使用同一品牌的策略。统一品牌策略的优势主要有:品牌架构简单、清晰;企业品牌对产品的拉动力强;可以节省品牌传播的费用等。民航企业采用统一品牌存在着整体风险,虽然统一品牌策略能大大降低设计和宣传费用,新产品可自然享有统一品牌的声誉,但如果某项产品出现问题将会影响到整个企业声誉,因此风险较高。

当企业规模较小,企业产品品类较单一,企业在宣传方面的费用较少,营销管理能力较弱时,采用统一品牌策略更为适合。

2. 多品牌策略

多品牌策略是指企业对各种不同产品,分别采用不同的品牌。如,汉莎航空在核心业务——客运业务单元中,既有高端品牌——汉莎航空公司,也有低端品牌——布鲁塞尔航空公司(主要是低成本运营,针对欧洲的休闲旅行市场),还有中端品牌——奥地利航空公司(针对公务市场和休闲旅行市场);又如,南方航空公司的"货运5000"(针对广州及周边地区航空货运市场)、"货运中转"(针对货物转运市场)、"南航中转"(针对广州转机的旅客市场)、"商务2000"(针对综合客票销售服务市场)、"真诚9000"(针对地面服务市场)。

多品牌策略的优势主要有:品牌定位会更加精准;更有利于做大细分市场的规模;市场风险相对较小,一类产品出问题对其他品类产品影响较小。多品牌策略的劣势主要有:需要较多的品牌投入,每个产品品牌需要分别投入传播费用;品牌较多会加大企业品牌管理的难度等。

当企业规模较大,产品品类较多,市场推广中有较多的品牌宣传费用,营销管理能力较强时,可采用多品牌策略。

3. 扩展品牌策略

扩展品牌策略是指企业利用市场上已有一定声誉的品牌,推出改进型产品或新产品。比如企业前期先集中资源做大一、两个产品品牌,用以支撑企业品牌的拔高,再用企业品牌的影响力带动其他新品牌的运作,如 Lufthansa 的 Lufthansa Express 和 Lufthansa Cityline。扩展品牌策略既节省了传播费用,又可以降低市场风险。扩展的产品也必须是与之相适应的优良产品,否则会影响产品的销售或降低已有品牌的声誉。

4. 创新品牌策略

创新品牌策略是指企业改进或合并原有品牌,设立新品牌的策略。品牌创新有两种方式:一是渐变,使新品牌与旧品牌造型接近,随着市场的发展而逐步改变品牌,以适应消费者的心理变化,这种方式花费很少,又可保持原有声誉;二是突变,舍弃原有品牌,采用最新设计的全新品牌。如,深圳航空公司于2006年4起开始更改企业标志,从原来的绿色"月牙"形更换为红色"大鹏"形象,这是深圳航空公司自1992年成立以来,完成了彻底的形象转变。品牌创新策略能迅速引起消费者的兴趣,但需要大量广告费用支持新品牌的宣传。

案例8-5
加拿大航空公司的产品与品牌

加拿大航空公司(Air Canada),也译为加拿大枫叶航空。加拿大航空公司作为加拿大的旗舰航空公司,是加拿大境内航线、美加越境航线以及往返加拿大国际航线最大的承运航空公司。加航及其地区子公司加航Jazz,提供飞往五大洲170余个目的地的航空客运服务,年运送乘客数超过32亿人次。加航是星空联盟的创始成员之一,通过与星空联盟伙伴的密切合作,为乘客提供全球最广泛的航空运输网络和高品质的客运服务。

一、加拿大航空公司全球网络

加拿大航空公司拥有丰富的全球航线网络,网络中心位于加拿大多伦多、蒙特利尔、卡尔加里及温哥华,可提供班机直达67个加拿大城市、53个美国目的地,以及遍及欧洲、中东、亚洲、澳大利亚、加勒比海地区、墨西哥和南美洲的56个热点城市。加航及其地区子公司加航Jazz平均每天运营定期航班达1300班次。通过与其伙伴航空公司以及星空联盟的密切合作,加航为常旅客会员提供在全球155个国家的855个目的地的积分累计及兑换服务。

二、加拿大航空公司其他服务

加拿大航空公司的子公司加航Jetz,专门为职业运动队、公司奖励旅游团队以及高级行政人员提供个性化、舒适的全公务舱特殊包机服务。

加航假期作为加拿大第四大旅游服务公司,为游客提供老少皆宜的精选旅游项目,包括阳光海滨、远足活动、短途旅行、豪华游轮等风格迥异的旅游度假套餐,旅行中的航空运输服务全部由加航及星空联盟合作伙伴承运。加航假期在美国、加勒比海地区、中南美洲、及亚洲的90余个目的地提供优惠的旅游度假套餐(包括往返机票、住宿、接送机及租车)。

加航货运部向全世界150多个目的地提供航空货运服务。加航已延伸至亚洲及欧洲货运网络,顾客可选择多种机场至机场服务,货物范围包括鲜花、工艺品、海鲜及季节性产品等。

三、加拿大航空公司的品牌策略

加航在其主要品牌之外,推出了一系列新品牌,包括:
(1)针对远程休闲市场、只提供经济舱服务的"探戈(Tango)"。
(2)针对运动员包机市场、提供公务舱服务的Jetz。
(3)提供支线服务的品牌Jazz。
(4)为短程休闲市场提供的Zip。
(5)服务高端商务市场的品牌Elite。

这种多品牌战略背后的理念就是要把加航建成满足所有旅行需求的"一站式商店"。无论你是一个寻求一流服务的商务旅行者,还是一个寻找最优价格的休闲旅游者,或者是一个需要旅行一条龙服务的假日游客,总有一个品牌能满足你的需求,这就是加航的追求。

案例讨论:
1. 加拿大航空公司的品牌策略是什么?
2. 加拿大航空公司使用该品牌策略对企业的发展有哪些利弊?

四 民航企业品牌建设与管理

为了实现在消费者心志中建立起个性鲜明的、清晰的品牌的战略目标,品牌建设的职责与工作内容主要为:制定以品牌核心价值为中心的品牌识别系统,然后以品牌识别系统统帅和整合企业的一切价值活动(展现在消费者面前的是营销传播活动),同时优选高效的品牌化战略与品牌架构,不断地推进品牌资产的增值并且最大限度地合理利用品牌资产。企业的品牌战略规划与管理工作可围绕以下四条主线。

1. 规划以核心价值为中心的品牌识别系统

以品牌识别统帅一切营销传播活动,进行全面科学的品牌调研与诊断,充分研究市场环境、目标消费群与竞争者,为品牌战略决策提供详实、准确的信息导向;在品牌调研与诊断的基础上,提炼高度差异化、清晰明确、易感知、有包容性和能触动感染消费者内心世界的品牌核心价值;规划以核心价值为中心的品牌识别系统,基本识别与扩展识别是核心价值的具体化、生动化,使品牌识别与企业营销传播活动的对接具有可操作性;以品牌识别统帅企业的营销传播活动,使每一次营销传播活动都演绎传达出品牌的核心价值、品牌的精神与追求,确保企业的每一份营销广告投入都为品牌作加码,都为提升品牌资产作累积。

2. 优选品牌化战略与品牌架构

品牌战略规划很重要的一项工作是规划科学合理的品牌化战略与品牌架构。在单一产品的格局下,营销传播活动都是围绕提升同一个品牌的资产而进行的,当产品种类增加后,就面临着很多难题,究竟是进行品牌延伸还是采用一个新品牌?若新产品采用新品牌,那么原有品牌与新品牌之间的关系如何协调,企业总品牌与各产品品牌之间的关系又该如何协调?品牌化战略与品牌架构优选战略就是要解决这些问题。这是理论上非常复杂,实际操作过程中又具有很大难度的课题,同时对大企业而言,有关品牌化战略与品牌架构的一项小小决策都会在企业经营的每一环节中以乘数效应的形式加以放大,从而对企业效益产生难以估量的影响。

3. 进行理性的品牌延伸扩张

创建强势大品牌的最终目的是为了持续获取较好的销售与利润。由于无形资产的重复利用是不用成本的,只要有科学的态度与高超的智慧来规划品牌延伸战略,就能通过理性的品牌延伸与扩张充分利用品牌资源这一无形资产,实现企业的跨越式发展。因此,品牌战略的重要内容之一就是对品牌延伸的下述各个环节进行科学和前瞻性地规划。

(1)提炼具有包容力的品牌核心价值,预埋品牌延伸的管线。
(2)如何抓住时机进行品牌延伸扩张。
(3)如何有效规避品牌延伸的风险。
(4)如何强化品牌的核心价值与主要联想并提升品牌资产到品牌延伸中。
(5)如何成功推广新产品。

4. 科学地管理各项品牌资产

创建具有鲜明的核心价值与个性丰富的品牌联想、高品牌知名度、高溢价能力、高品牌忠诚度和高价值感的强势大品牌,累积丰厚的品牌资产。首先,要完整理解品牌资产的构成,透彻理解品牌资产各项指标如知名度、品质认可度、品牌联想、溢价能力、品牌忠诚度的内涵及相互之间的关系;其次,结合企业的实际,制定品牌建设所要达到的品牌资产目标,使企业的品牌创建工作有一个明确的方向,做到有的放矢并减少不必要的浪费;再次,在品牌宪法的原则下,围绕品牌资产目标,创造性地策划低成本提升品牌资产的营销传播策略;最后,要不断检核品牌资产提升目标的完成情况,调整下一步的品牌资产建设目标与策略。

案例8-6

解读中国国际航空公司品牌

世界品牌实验室(World Brand Lab)召开第八届世界品牌大会,发布2012年(第九届)《中国500最具价值品牌排行榜》,在这份基于财务分析、消费者行为分析和品牌强度分析

而获得的中国品牌阵容中,中国国际航空股份有限公司以618.85亿元的品牌价值再次荣列排行榜,名列24位,为中国民航第一名。

"赢在品牌"是国航的必然选择,国航正默默承受着经营长期品牌的巨大压力,执著而倾心倾力地打造国际知名品牌。

国航的企业标志由一只艺术化的凤凰和邓小平先生书写的"中国国际航空公司"以及英文"AIR CHINA"构成。凤凰是中华民族古代传说中的神鸟,也是中华民族自古以来所崇拜的吉祥鸟。据《山海经》中记述:凤凰出于东方君子国,飞跃巍峨的昆仑山,翱翔于四海之外,飞到哪里就给哪里带来吉祥和安宁。国航航徽标志是凤凰,同时又是英文"VIP"(尊贵客人)的艺术变形,颜色为中国传统的大红,具有吉祥、圆满、祥和、幸福的寓意,正是希望这神圣的生灵及其有关它的美丽的传说带给朋友们吉祥和幸福。

国航品牌建设的成绩来源于国航人坚持不懈的努力,来自于全公司对国航品牌的倾心打造。

首先,多年来国航重视全员参与,培育先进的品牌文化理念,从每一个细节入手,塑造客户导向的品牌文化,通过员工的精心服务体现对客户的关怀和尊重。为此国航高度关注员工素质,不仅在招聘环节精选人才,更注重多样化的在岗培训,对每位员工精雕细琢,使服务客户、打造具有国际影响力的品牌成为全体国航人的理想与目标。

其次,枢纽网络建设是国航的重要发展战略之一,近年来国航以枢纽网络建设为纽带,持续提升客户服务能力,奠定国航品牌成长基石。在航线网络建设上,不断开拓新航点,形成更为均衡的国内国际航线网络。在运力投放上,持续优化资源配置,既加大对关键市场的运力投入,又注意做好支线支持,形成主干线与支线协调发展的良好局面。

第三,国航全面提升服务品质,优化客户体验。国航2009年更加快全流程服务产品体系建设,实现对客户从购票到出行,从地面到空中的全流程、无缝隙关怀;在软件和硬件上提升新两舱服务,打造完美的高端客户体验。集中精力提高旅客密切关注的休息室服务、中转服务、机上服务以及餐饮、娱乐、行李服务、客户关系等服务水平的提升。创新航线经营模式,先后推出了京沪、京蓉、京渝快线,缩短时间,便捷旅客。在中转服务上,国航以启用北京新航站楼为契机,全力缩短中转时间,先后推出中转引导、自助值机与手机值机等服务;打造快速中转服务产品,更形成覆盖国内40个城市、国际30个城市的一票到底,行李直挂的通程登机服务,大大缩短了旅客中转时间。

案例讨论：
1. 中国国际航空公司的品牌精神和品牌形象是什么？
2. 中国国际航空公司是如何进行品牌建设与传播的？

本 章 小 结

民航运输市场产品包括地面产品、客舱产品和远程产品三个方面。

民航运输市场产品有不可感知性、不可分离性、品质差异性和时效性强等特点。

民航运输市场产品从整体上可分解为核心产品、有形产品和附加产品三个基本组合层次。

影响旅客满意度的五个重要方面是航班运营质量、售票服务质量、空中服务质量、地面服务质量和不正常航班服务质量。

影响航空公司创新的因素可分为内部因素和外部因素。其中，内部因素包括企业的战略和管理、企业员工与创新部门；外部因素可分为轨道和行为者两类。

产品组合包括四个变数，即产品组合的广度、产品组合的长度、产品组合的深度和产品组合的关联度。

根据波士顿矩阵法可将航线分为明星类航线、现金牛类航线、幼童类航线和瘦狗类航线。

民航运输市场航线调整策略有巩固策略、收缩策略、微调策略、进展试探策略和扩展策略。

航线结构可分为城市对式航线结构和轴心辐射式航线结构两种基本类型。

典型的产品生命周期可以分为介绍期、成长期、成熟期和衰退期四个阶段。企业最常用来判断产品生命周期阶段的方法有类比法、特征判定法和销售增长率判定法。

民航企业品牌主要有服务质量、服务模式、服务技术、服务价格、服务文化和服务信誉等方面构成。

常用的品牌策略有统一品牌策略、多品牌策略、扩展品牌策略和创新品牌策略。

品牌战略的四条主线是规划以核心价值为中心的品牌识别系统、优选品牌化战略与品牌架构、进行理性的品牌延伸扩张与科学地管理各项品牌资产。

复习思考题

1. 民航运输市场产品整体可以分为几个层次，各层次间的关系是什么？
2. 民航运输市场产品有哪些特点？营销人员应如何针对产品特点开展营销活动？
3. 民航运输市场新服务开发的内容有哪些？
4. 民航企业应如何应用产品生命周期理论开展市场营销活动？
5. 如何根据民航运输市场需求的变化，灵活调整航线航班组合？
6. 采用多品牌策略的利弊各是什么？
7. 民航企业应如何提高品牌价值？

中英文对照专业名词

新服务开发	New Services Development
产品组合	Product Assortment
波士顿矩阵	Boston Consulting Group
城市对式	City Pair
轴心辐射式	Hub – Spoke
产品生命周期	Product Life Cycle
世界品牌实验室	World Brand Lab

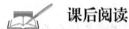

课后阅读

航空旅游与航空运输的协同发展

近些年来,中国的一些大型航空运输集团,按照航空运输的产业链不断地进行资源的优化配置,这种资源配置方式主要但不仅是为了发展航空运输主业,也不是以牺牲其他产业为代价,而是按照专业化、市场化的经营规律,使集团的各种资源配置更加合理、利用效率更高和集团利益的最大化。按专业化分工形成的各个产业,既是面对第三方市场的市场竞争主体,同时也是集团内部产业链、价值链的重要一环。由于集团内部企业天然的血缘关系,将各产业所拥有的优势资源在内部得到充分利用,实现共同发展显得尤为重要。因此,如何认识航空旅游和航空运输的关系,促进二者的协同发展,是摆在大型航空运输集团面前的重要课题。

一、航空旅游与航空运输的协同发展具有重要的战略意义

1. 构建相关多元化产业格局的需要

中国的大型航空运输集团经过几年的产业结构调整和优化,形成了围绕航空运输向上下游业务延伸的产业链,航空旅游就是产业链中的重要一环。众所周知,旅游业不仅是今后20年世界最大产业之一,也是全球服务业中增长最快的行业之一,旅游业连同电子通讯和信息技术产业被预测为21世纪推动全球经济发展的主要动力之一。旅游业可以为航空客运带来可观的客源,使航空运输的业务链得到延伸,使价值链得到增值。按照航空运输产业链各产业相互协同、相互促进的要求,航空旅游可以成为集团在旅游行业的一支生力军,成为航空运输主业的合作者和同盟军,成为集团的又一支柱产业和利润的源泉。由此可以确定,航空运输集团发展航空旅游,是集团企业定位的内在要求和相关多元化战略的实现形式。

2. 扩大航空公司客源市场的需要

航空客运市场主要由两类旅客构成,一类是商务客人,一类是旅游客人。商务客人为航空公司带来可观的收益,旅游客人为航空公司带来市场的规模;按照国家刺激内需、扩大消费的经济政策,旅游客人的增长潜力要大于商务客人。

根据世界旅游组织预测,2020年国际旅游人数将达到16亿人次,并以年均4.3%的速度增长。世界旅游业发展趋向逐渐东移到中国等亚太地区,使该地区成为主要旅游目的地和客源地,成为世界旅游业新兴增长区,中国将在2020年成为世界第一大旅游接待国。国家统计局公布的统计分析和预测显示:1985~2005年,入境来华旅游的外国人(不含港澳台同胞,下同)从137万人次增长到2025万人次,年均增长14.4%;若今后15年年均增长7%,到2020年,入境外国人数将超过5000万。近10年中国公民出境旅游年均增长速度为16%,预计今后15年间年均增长速度将在8%至10%之间,到2020年中国公民出境旅游规模将超过3500万人次。国内游目前基数庞大,2005年国内出游人数已经超过12亿人次;据预测,到2020年国内出游规模将达到36亿人次。

国际上一些著名的大型航空运输集团为了占领航空旅游市场,争夺旅游客源,旗下都有规模不小的旅游酒店业务。国内的一些航空运输集团如:中航、东航、南航、海航等都纷纷把经营的触角伸向旅游市场。为了实现协同发展,一些旅游企业也开始将业务向航空领域延伸,由传统的包机业务转而经营廉价航空公司,如春秋国际旅行社成立春秋航空公司。作为在世界航空运输业中地位不断上升的中国大型航空运输集团,要继续顺流而动,抓住机遇发展旅游,通过对旅游市场的深度介入和不断开发,并与航空市场紧密对接,促进航空运输业务规模的不断扩大。

3. 提高航空公司市场竞争力的需要

利用旅行社组织航空旅游客源,历来是航空公司进行市场经销的重要经营手段和渠道。与航线网络上的酒店企业建立合作伙伴关系,面向公商务旅客群体设计开发全程旅行服务产品、中转航点服务产品,是近几年各主流航空公司市场营销的普遍模式。旅行社可以结合航空公司的航线、航班,设计开发观光游、商务游、度假游等各种细分旅游产品,把航空运输过程包含于其中,将航线、航班与旅游捆绑起来向市场销售。这些旅游产品的设计开发,不属航空公司的职能,恰恰是旅行社的业务专长;旅行社销售旅游产品的过程,同时就是销售航空产品的过程。航空公司借助旅行社可以提升客座率,借助酒店合作可以扩展服务产品,拓展高端公商务旅客市场。总之,与酒店和旅行社开展业务合作,是航空公司增强市场竞争能力的需要。

4. 提升航空旅游企业生存和发展能力的需要

航空公司在运输生产经营过程中,会形成大量的航空业务资源,如:品牌、航线、航班、时刻、电子商务、营销网点、订座系统、离港系统与常旅客系统等,这些航空业务资源,是酒店和旅行社与航空运输业务衔接的切入点,也是二者利益和价值的结合点。航空旅游充分有效地利用其他旅游企业所不具备的这些优势资源,能够有效地强化自身的经营能力,提高旅游产品的设计和开发能力,使之在旅游市场上形成和保持独特的竞争优势,不断做大做强,实现又好又快的发展。

二、航空旅游和航空运输具有高度的业务相关性

1. 业务链条的关联性

从产业链运作角度看，旅游和运输是分别站在旅行组织者和交通运营者角度而言的同一过程的两个方面。从旅游业角度看，行、住、游三位一体构成完整的旅游产品，预定、运输、接待紧密对接形成完整的服务链条。航空运输是旅游必不可少的一个环节，是构成其服务产品组合的重要"部件"之一。从航空公司角度看，旅游是航空运输产品销售的细分市场之一，旅游企业的酒店业务、旅行社业务、预订中心业务等是航空运输业务链的延伸，它们或者处于运输环节的前端，或者处于运输环节的末端，或者完整地将运输环节包含于其中。旅游业与航空客运业具有天然的关联性，存在着互为上下游的业务关系，它们你中有我，我中有你，环环相扣，密不可分。

2. 服务对象的重叠性

旅游产品的消费者，在不同的消费环节上不断变换着角色，他们既是旅行社的游客、酒店的房客、餐厅的食客，同时又是航空公司的乘客。在航空产品的消费群体当中，有相当部分是旅游者。可以说，航空旅游与航空公司面对着同一个市场、共享同一个客户群。航空公司的旅客可以同时成为航空旅游的游客，反过来，航空旅游的游客也可以同时成为航空公司的旅客。

3. 目标市场的同一性

由于航空旅游的客源市场与航空公司的客源市场具有较强的关联度和重叠性，这一特征决定了航空旅游与航空公司目标市场的同一性，和它们在市场拓展方面的相互依存关系：航空旅游可以以航空旅客为目标市场，依托航空公司的航线、航班、定座网络、营销系统等航空资源，高效率地拓展旅游市场；反之，航空公司可以以游客为目标市场，依托航空旅游的酒店、旅行社等旅游资源高效率地拓展航空市场。同一目标市场的不断发展扩大，航空旅游和航空公司都将从中大受裨益。

三、资源共享是航空旅游与航空运输协同发展的必备条件

1. 网络资源共享

航空运输与航空旅游都是网络经济型公司，航空公司拥有强大的航线网络和市场营销网络资源，航空旅游拥有旅行社和分布比较广泛的酒店群，今后还将围绕航空公司的主要市场和重点航线继续扩展。这两种资源具有很强的亲和性和互补性，比如，机票与酒店捆绑销售、航线里程与酒店消费互换等，通过资源共享进行产品的不断开发和创新，为客户提供价值增值的服务，二者将各得其所，相得益彰。

2. 信息资源共享

航空运输与航空旅游都拥有丰富的信息资源。航空公司信息系统包括计算机订座系统、电子商务系统、电话订座系统、离港值机系统与常旅客系统等；航空旅游拥有旅行社的销售网络和酒店预定中心等，航空公司与航空旅游通过信息系统的对接，可把各自经营中产生的航班信息、旅客信息、客房信息、旅游信息和价格信息等进行分享，可以有效地促进双方的业务拓展与合作。

3. 服务资源共享

航空运输与航空旅游在服务业务互助上有巨大的拓展空间。航空公司可利用航空旅游的酒店开展售票、城市值机、不正常航班的旅客安置等服务；航空公司还可利用旅行社开展重点航线、低客座率航线、新开航线、竞争比较激烈航线的市场促销和开发。航空旅游可以利用航空公司的营销网点和航班开展酒店预定和销售，利用航空公司的航线设计开发路线型旅游产品，二者业务合作的方式、内容是多种多样的，合作的结果是相互提携、互动共赢。

4. 品牌资源共享

经过几十年的经营，中国的一些大型航空公司已成为国内外知名品牌，它在飞行安全和旅客认知度方面拥有良好声誉。航空公司的品牌是集团内各企业的共有资源，各企业要共同享有、共同维护、共同发扬光大。航空旅游利用这一品牌资源，一方面，可以充分发挥航空旅游企业的特点、实现自身的发展，另一方面，也能够宣传扩大航空公司的品牌知名度，使它的价值更大，集团各企业受益程度也更大。

四、在协同发展中航空旅游必须充分发挥自身的经营特色

航空旅游具有浓厚的航空背景，但它的本质特征是旅游企业；它的主营业务仍然是酒店和旅行社；航空旅游的经营方式仍然是以商务型、观光型、疗养型、自助型和娱乐型的旅游为主；它所面临的挑战仍然是尽快实现旅游产品的多样化，即传统产品精细化、大众产品主题化、长距离产品地域化、旅游经历特色化、旅游服务个性化，它的运作模式仍然要遵循旅游业的特有规律。因此，航空旅游要体现航空背景的特点，其前提条件是把自己看成是旅游企业。航空旅游的主战场是在旅游市场上，它的生存空间在旅游业的发展上，依托航空主业不是依附主业，是要借助航空旅游的特色优势成为旅游业的强者，成为集团航空主业的得力合作伙伴。为此，航空旅游要努力保持旅游企业的本质特征，在旅游市场上不断开拓进取，做优做强。要以自身形成的经营特色和强大实力与航空主业建立战略协作关系，形成优势互补、相互协同、合作双赢的局面。

航空旅游服务航空主业是以市场化运作为手段，实现集团旅游资源和航空资源的优化配置，包含航空产品在内的旅游产品的设计和开发，是航空旅游服务航空主业的有效形式。航空旅游要积极把商务游、自助游、观光游、疗养游、科普游、特色游、娱乐游等市场需求与航空主业的航线网络相结合，不断推出丰富多彩的路线型旅游产品，在充分展现自身独特优势的服务过程中，达到与航空主业互惠互利、共同发展的目的。

（资料来源：杨贵山. 航空旅游与航空运输的协同发展. 中国民用航空，2011 年 10 期）

第九章　民航运输市场价格策略

> **学习目的与要求**
> - 认识民航运价的种类及特点;
> - 了解民航收益管理系统;民航运输市场定价的影响因素;
> - 理解多等级票价的经济学原理及使用限制条件;
> - 熟悉民航运输市场成本导向定价法和顾客导向定价法;
> - 掌握航班座位优化控制的方法;折扣票价的制定方法;超售的应对措施。

第一节　概　述

一　民航运价

运价是运输产品的价格,是单位旅客及单位货物一定运输距离的运输价格。运价由已消耗的生产资料的价值和运输工作人员为自己的劳动所创造的价值(或劳动)和为社会劳动所创造的价值及运输业的纯收入或积累构成。

民航运价的种类包括客票价、货运价、行李运价和包机运价等。

民航价格管理体系主要有政府定价体系、多等级票价体系和政府综合基准定价。

民航运输市场价格策略是航空市场营销组合策略的重要组成部分,是企业唯一能产生收入的因素,价格策略制定的合理程度,不仅关系到企业运输产品的销量及企业盈利目标实现,而且还直接关系到消费者的切身利益及社会利益。合理定价是航空公司有效地开展市场营销活动的重要手段。

二　民航运价的特点

民航运价的特点是由其本身在经济技术上的特点所决定的。

1. 运价与运输距离有密切关系

运输价格的构成包括运输数量、运输距离两个因素。在运输数量一定的情况下,运输距离不同,运输所消耗的费用也不同。运输中所有的地面作业费虽然不因距离长短而增减,但运行作业费是随运输距离的远近而发生变化的,因此运价与运输距离有密切关系。

2. 运价只有销售价格一种

由于运输业产品在生产的同时被消费，不能脱离生产过程，所以运价只有销售价格一种。

3. 运输价格高

民航运输生产的耗费大，运输产品成本高。这主要是飞机本身的价值高，这种运输工具在运输生产过程中的价值转移对产品成本的影响较大。民航运输工具的燃料消耗也比其他运输方式高几倍到几十倍，另外旅客服务设备及维修等方面的要求也较高。

4. 运价有较复杂的差价体系

运价随运输对象的类别不同，运输方式和运输距离的不同而变化。国内航线客运价有公布运价和折扣运价两种。在这两种票价中，根据客舱布局、餐食及服务标准的等级差别而票价不同，在大型客机上还分为头等舱、公务舱和经济舱票价。国内航线客运价中还有根据不同情况制定的特别票价，如婴儿票价、儿童票价、旅游票价、团体票价、季节浮动票价，以及各种各样的优惠票价。

5. 运价与运量的变动关系密切

国内航空运价对旅游线路或运力不能满足运量需求的航线采用高运价，对运力充足、运量不足的航线采用低运价。同时，给航空企业一定范围内的票价浮动权，使其根据航线执行情况进行适当运价调剂，或实行临时性优惠客票价，给航空企业的市场销售工作带来了活力。

三 民航运价的管理方式

民航运价管理方式按照价格形成主体主要分为三种：政府定价、市场调节价和政府指导价。

1. 政府定价

政府定价是指政府直接制定价格的行为，这种行为是经济体制转轨时期价格形成的重要方式。在市场经济体制下，政府定价仍然在经济生活中发挥着重要的作用，在制定极少数具有资源稀缺性、自然垄断性、公用性、公益性的关系国计民生的重要生产和生活的价格时发挥着积极作用。

2. 市场调节价

市场调节价是经营者自主制定，通过市场竞争形成的价格。在市场经济下调节价格是价格的主要形成方式。

3. 政府指导价

政府指导价是一种具有双重定价主体的价格形式，界于政府定价和市场调节价之间，主要是政府规定基准价及浮动幅度，引导经营者据以制定具体价格。

客观而言，三种方式均有利弊。在市场经济条件下，政府过多参与定价行为不利于发挥企业的积极性，而完全的企业定价需要企业拥有比较健全的现代企业制度。政府指导定价则是兼顾政府和企业需要的中间道路。政府在市场经济下决定对价格采用何种方式的主要因素是消费者福利与生产者福利的平衡，确保公众利益的最大化。

四 民航运输市场定价的影响因素

民航运输价格的形成是各种影响因素共同作用的结果,受经济规律、市场竞争力量、民航运输生产特点和政府管制政策的综合影响。民航运输产品的服务特点和民航运输生产过程的特殊性共同决定了影响民航运输价格的基本因素。民航运输市场定价的影响因素见图 9-1。

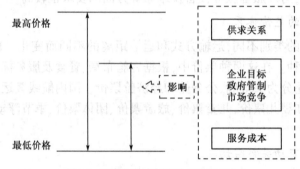

图 9-1 民航运输市场定价的影响因素

1. 企业目标

定价目标是企业通过制订产品价格所要达到的目的。在民航运输市场营销中,企业定价目标主要有:以维持企业生存为目标、以获取当前理想的利润为目标、以保持和提高市场占有率为目标、以应付或抑制竞争为目标和以树立企业形象为目标等。

2. 服务成本

制约民航运输价格的基本市场因素是服务成本和服务价值。长期来看,服务成本决定价格的下限,服务价值决定价格的上限,由此形成合理的价格区间。

3. 供求关系

制定运价时要充分考虑运输产品的供求情况。供求关系理论强调市场供求关系对制定运价的影响,它强调运价应随着运输供给的增加而下降,随着运输供给的减少而上升;运价随运输需求的增加而上升,随着运输需求的减少而下降,如图 9-2 所示。

4. 政府管制

民航运输市场具有较强的垄断性,较长时期以来,我国国内航空运价实行政府定价,从"八·五"时期开始,对国内航空运价实行幅度管理及政府指导价。

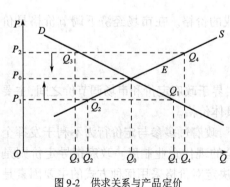

图 9-2 供求关系与产品定价

5. 市场竞争

在由需求决定的最高价格与由成本决定的最低价格之间,企业能把价格定多高,取决于竞争者同种产品的价格水平。因此,企业应该将自己的产品与竞争产品比质比价。

第二节 民航运输市场定价方法

航空公司在政府公布运价的基础上制定航空票价时,既要考虑到航空产品成本因素,又要考虑市场需求情况以及同行业的竞争情况,下面介绍航空公司定价的三种基本方法。

一 成本导向定价法

成本导向定价法(Cost-driven Pricing),是以产品单位成本为基本依据,加上预期利润来确定价格的一种定价方法,是中外企业最常用、最基本的定价方法。在空运产品价格构成中,成本所占比重大,决定产品价格的最低界限,是定价的基础。民航与其他交通运输方式相比,最大的特点就是成本的国际化,价格的制定必须考虑航空公司的运营成本。

1. 平均成本定价法

平均成本定价是单位可变成本加上单位固定成本,再加单位平均利润,就得出单位运价。在短期内(固定资产规模不变),可以认为单位运输成本固定不变,总可变成本随运量成比例增加,而总固定成本在一定运量内保持不变,因而运量越大,单位固定成本就越小。平均成本定价用式表示为

$$Pa = \frac{TFC}{Q} + VC + R$$

式中:Pa——单位运价;
  TFC——总固定成本;
  Q——运输周转量($t \cdot km$);
  VC——单位周转量可变成本;
  R——单位周转量正常利润。

在航空公司运输计划制定出来后,机型、航线和航班时刻确定下来,则可以根据企业的直接运营成本和间接运营成本估算出每一个航班的座公里成本或吨公里成本,加上公司期望的合理利润,形成基本的运输价格。

一般说来,平均成本定价适合于竞争不太激烈、运输市场不太活跃和货源比较稳定的运输航线。

这种定价方式主要存在以下问题:

第一,没有考虑和反映民航运输市场上供求关系与运价之间的相互关联和影响,在运输需求发生变化时,不能灵活地调整运价以适应市场状况。

第二,没有考虑成本差异对运价的影响。平均成本在不同地区,不同线路之间相差很大,在多条线路和运输方式并存的情况下,必然使运量向低成本的线路集中,使这些线路的运输过分紧张,而使高成本的线路亏损,甚至使亏损线路的运输趋向萎缩,并进一步限制该地区经济的发展。

第三,有时会导致运价的严重扭曲。由于各种运输方式之间的平均成本缺乏可比性,故根

据平均成本制定的运价会出现不同程度的扭曲,导致各种交通方式比价关系失调。

2. 边际成本定价法

边际成本是指每增加或减少单位旅客或货物运量所引起的总成本变化量。对于一个已经计划的航班而言,在满员或满载前每增加或减少单位旅客或货物的边际成本表现为所耗费的燃油、餐饮、离港等费用。

边际成本定价法也叫边际贡献定价法,该方法以边际成本作为定价基础,只要定价高于边际成本,企业就可以获得边际收益。边际成本定价法忽略民航运输产品的固定成本,不按总成本计算价格,而是根据由于运输量增加而直接导致的成本确定价格。

民航运输有先销售后生产的特点,边际成本定价是处理航班剩余运力的重要手段。在航班起飞前的很短一段时间,市场销部门售通常将剩余机票以略高于边际成本的价格出售给候补旅客,即票价略高于每位旅客增加的餐饮、燃油、离港等费用。特别是在一些比较冷僻的航线上,航空公司青睐临时折扣,先把机票确定在一个足以保证收益的价格上,当航班的旅客达到一定数量时,再临时释放出一些低折扣的机票。国外很多航空公司都在机场实行价格非常优惠的临时机会机票,以便尽可能增加收入。

使用边际成本定价法的好处是能填补剩余运力,补偿固定成本。缺点是如果控制不好,享受边际成本价格的顾客比例过高,会造成航空公司利润损失甚至亏损。

3. 盈亏平衡定价法

又称收支平衡定价法,是运用损益平衡原理实行的一种保本定价方法。该方法首先计算损益平衡点销量

$$损益平衡点销量 = \frac{固定成本}{单位产品价格 - 单位可变成本}$$

当民航企业的销量达到损益平衡点时,企业不盈也不亏,收支平衡,保本经营。保本价计算公式如下

$$保本价格 = \frac{固定成本}{损益平衡销售量} + 单位产品变动成本$$

如果企业把价格定在保本价格点上,则只能收回成本,不能盈利;若高于保本价格便可获利,获利水平取决于高于保本点的距离;如低于保本定价点,企业无疑是亏损的。以 B737 飞机飞行为例,航空公司是这样估算出机票价格的:B737 飞机 1h 的运营成本约为 4 万元人民币,飞行 2h 的北京—上海航段成本约为 8 万元。飞机上有 150 个座位,因此一张机票卖 500 元就能勉强维持成本。那么这 500 元就是航班的盈亏点,航空公司会围绕这个数字进行不同折扣的机票销售。

这种方法的优点在于所定价格如能被接受,则可保证企业全部成本得到补偿;计算方便;在成本没有多大波动的情况下,有利于价格的稳定。其缺点在于不能反映市场需求状况和竞争状况。

练习1:一架 A320 飞机(标准配置是 158 个座位)月租金为 30 万美元,每天的固定成本是 1 万美元(约合人民币 6.3 万元),一架飞机每天飞 8h,一周大概可以飞 30 个航班;一吨航油出厂价 7420 元(燃油费附加可以抵消部分燃油价格),航空公司购买价需要另加 15%

的费用。经询问相关人士,估计上海飞烟台耗 3t 航油,大型机场对航班每次起降收取的费用约为 1 万元左右(中小型机场更低,比大型机场低 1/3 或者 1/2);机组人员的工资每个航空公司都不同,但机长一般 260 元/h,一副 200 元/h,空姐分不同的层次,学员是 15 元/h,见习乘务员是 30 元/h,普通乘务员是 38 元/h,乘务长是 60 元/h,飞机维修费约 500/h 元,上海飞烟台航班约需 600 元左右,加上飞机固定检维修费用 500 元/航班。每个航班需要支付的地勤人员以及行政工作人员分摊工资、航空配餐、机场廊桥以及机场引渡车等费用约 1 万元。

假设为租赁飞机,不需要一次性支付大笔款项,因此没有贷款,也没有折旧,财务成本和折旧均为 0。

计算:
1. 用平均成本定价法计算机票的价格。
2. 用盈亏平衡定价法计算票价的价格。(假设飞机上的机票销售率为 80%)
(上海—烟台公布价 790 元,燃油附加费为 150 元)

二 竞争导向定价法

竞争导向定价法(Competition - driven Pricing),是企业通过研究竞争对手的生产条件、服务状况和价格水平等因素,依据自身的竞争实力,参考成本和供求状况来确定商品价格,以市场上竞争者的类似产品的价格作为本企业产品定价的参照系的一种定价方法。根据竞争导向定价法,企业按市场竞争者的价格制定本产品的价格,如公司的成本或需求可能变化,但其价格仍保持不变,因为竞争者的价格没有变化;反之,当竞争者变动价格时,本公司也需要调整价格,即使成本或需求没有变化。但需指出,竞争导向定价不是说把本公司产品的价格定的与竞争者产品的价格完全一样,可以略高或略低于竞争者的价格。

在下列情况下,企业往往采用竞争导向定价法:①难以估算成本;②本公司打算与同行业者和平共处;③如果另行定价,很难知道购买者和竞争者对本公司的价格反应。

在竞争激烈的运输市场,经营同样运输的企业有时很难显示出本企业产品的特色,在定价时没有多少选择的余地,只能按照行业的现行价格来定价。因为,如果本公司价格偏高,消费者很容易购买其他公司的产品;反之,价格偏低,其他公司也会销价竞争,容易造成恶性竞争。因此,很多企业比较偏向采取与竞争者大致相同的定价。

三 顾客导向定价法

顾客导向定价法(Customer - driven Pricing),又称需求导向定价法、市场导向定价法,是指企业根据市场需求状况和消费者的不同反应分别确定产品价格的一种定价方法。顾客导向定价法一般是以该产品的历史价格为基础,根据市场需求变化情况,在一定的幅度内变动价格,以致同一商品可以按两种或两种以上的价格销售。航空公司能够实施顾客导向定价法,是由航空公司的行业特性所决定的。

(1) 航空公司固定成本比重较大,生产能力相对较固定,航班时刻一旦固定,很难再增加新的投入。

(2) 边际成本低,在航线航班网络固定后,飞机每多承运一个旅客带来变动成本的增加相对于固定成本来说微乎其微。

(3) 航空公司产品的不可储存性,航班起飞后本次没有销售出的座位就浪费了,因而只要是高于边际变动成本的定价对航空公司来说都是可以接受的。

(4) 市场上同时存在需求弹性不同的顾客群体,使得航空公司可以根据不同的旅客期望价值按不同价格出售航班座位。

(5) 机票不能转让或转卖,这种特点可以有效阻止取得低票价的旅客将座位转卖给愿意付高价的旅客。

顾客导向定价法因顾客差异而异,可以因顾客的购买能力、对产品的需求情况、产生的型号和式样以及时间、地点等因素而采用不同的形式。对航空运输产品而言,价格差异有直接价格差异和间接价格差异两种形式。

1. 直接价格差异

针对特殊人群的票价:学生、教师票价或婴儿、儿童、成人票价。

不同质量产品的价格:头等舱、公务舱、经济舱票价或直达、经停航班票价。

不同消费时间的价格:淡季、旺季票价。

不同地理位置的价格:对不同的市场制定不同的价格。

2. 间接价格差异

基于时间的差别价格:不同订座提前期不同的价格。

基于数量的差别价格:个人、团队价格等。

基于质量的差别价格:附加限制条件的经济舱各等级票价。

实行差异定价要具备以下条件:①市场能够根据需求强度的不同进行细分;②细分后的市场在一定时期内相对独立,互不干扰;③高价市场中不能有低价竞争者;④价格差异适度,不会引起消费者的反感。

顾客导向定价法对不同的运输航线和不同的运输对象,分别根据其不同的运输价值而采用不同的票价,一方面有利于吸引潜在的顾客,充分运用现有的运输设备,提高服务质量;另一方面,又可以根据旅客的不同要求灵活地提供不同的运输服务,适应了瞬息万变的运输市场的各种要求。

案例9-1

W航空公司的票价

有位先生走进W航空公司的售票厅,对售票员说:

"我要两张旧金山的机票。"

"好的,不过,先生,这种机票有多种优惠价格,不知您适合哪一种?"售票员答道。

"哦,优惠?"这位先生漫不经心地说,"我早听说过,可不知道有些什么优惠?"

"你是美国印第安人吗?"

"不是。你问这干吧?"

"那太遗憾了,先生,因为如果您是印第安人并在清晨4点启程,又在次日清晨返回的话,我们可以给您30%的减价优待,但现在只剩下8%了。"

"哎,我的上帝,请问你们还有其他优惠条件吗?"

"嗯,如果您已经结婚50年以上没有离婚,并且去参加您的结婚纪念活动的话,我们给您减价20%。"

"这对我不合适,还有吗?"

"有的,这里有一种票,如果您是一个度假的国家驻外使馆的人员,那可以给予15%的优惠。"

"那我又错过了,我正和我太太一起旅行。"

"哎呀,先生您怎么不早说呢?您太太还不到60岁吧?如果她不到60岁,且你们又不赶在周末旅行,那么可以享受20%的优惠价。"

"可我们非得在周末才有空呀?"

"嗯,别灰心,请问您和您夫人中有当学生的吗?如果你们有在上大学的,且又在星期五(星期五在美国属周末,却又因耶稣在星期五遇难而视为不祥日子)乘飞机,我们可给您45%的减价优惠。"

"我的天,差不多便宜一半啊!可惜我已早两年念完大学了。这样吧,您还是给我那8%的优待吧,谢谢你的介绍。"

案例讨论:

1. W航空公司采用了那种市场定价方法?
2. W航空公司的票价中,有哪些方面的限制条件?

第三节 民航运输市场多等级票价策略

对于民航货运市场的定价,航空公司没有充分的自主权利,通常使用的是政府指导定价,对于客运市场,在国际航线上有一整套定价的标准,同时还要受到协议国航空公司的制约,因此在航空货运市场和国际航空客运市场上企业定价缺乏灵活性。应用灵活多变的多等级票价定价策略在制定国内航空客运票价上更具意义。

多等级票价

多等级票价也叫多级票价,是航空公司按照旅客的类型以及他们可能承受的价格水平,在特定日期离港的航班上划分成多个可调的舱位及不同价位的销售等级。多等级票价实质上是差别定价在民航业中的具体应用,多等级票价定价策略是世界上航空公司广泛采用的一种定价方式,是航空公司收益管理的重要内容。在市场销售中,航空公司使那些支付能力强的旅客尽量支付高票价,给他们提供更优质的服务,在座位未能充分利用的情况下,再向支付能力低的旅客出售空余座位。表 9-1 为某航空公司多等级舱位运价。

某航空公司多等级舱位运价(单位:元) 表 9-1

航 线	多等级舱位										
	F 舱	Y 舱	T 舱	K 舱	H 舱	M 舱	G 舱	S 舱	L 舱	Q 舱	E 舱	V 舱
成都—北京	2160	1440	1300	1220	1150	1080	1010	940	860	790	720	650
成都—上海	2420	1610	1450	1370	1290	1210	1130	1050	970	890	810	730
成都—广州	1950	1300	1170	1110	1040	980	910	850	780	720	650	590
成都—深圳	2120	1410	1270	1200	1130	1060	990	920	850	780	710	640
成都—海口	2300	1530	1380	1300	1220	1150	1070	1000	920	840	770	690
成都—济南	2040	1360	1220	1160	1090	1020	950	880	820	750	680	610
成都—昆明	1050	700	630	600	560	530	490	460	420	390	350	320
成都—南宁	1550	1030	930	880	820	770	720	670	620	570	520	460
成都—温州	2300	1530	1380	1300	1220	1150	1070	1000	920	840	770	690

多等级票价的优势在于:①在没有增加成本的前提下,通过低价格增加了需求量;②由于旅客人数增加,使得平均成本有所下降;③销售部门可以根据旅客需求开放或关闭某些等级的舱位来提高收益。

多等级票价的劣势在于:①产生收益稀释,除非对座位数进行精确的控制,否则,愿意支付高价格的旅客会转而购买低价格客票;②如果多等级票价变化太多,会给分销商和客户带来混淆;③支付较高价格的旅客会对较低的折扣表示不满。

因此,航空公司在进行多等级票价管理时,首先,必须制定科学合理的多种票价,否则将不受其利反受其害;其次,航空公司必须严格执行折扣票价的使用限制条件,避免多种票价形同虚设;最后,在上述两个环节的基础上借助收益管理预测与优化系统来合理调整高低票价的可售数量。

二 多等级票价的经济学原理

1. 价格需求弹性理论

民航运输需求的价格弹性(Price Elasticity Of Demand),是指民航运输市场需求量对于民航运输价格变化的反应程度。价格需求弹性等于航空运输需求量变化百分比除以航空运输产品价格变化的百分比。通常用 Ed 表示需求价格弹性系数,用 Q 代表需求量,用 P 代表价格,用公式表示为

$$需求弹性系数 = \frac{需求量变动的百分比}{价格变动的百分比}$$

即

$$Ed = \frac{\Delta Q/Q}{\Delta P/P}$$

例如某一航线上的机票价格上涨 10%,使得该航线上的旅客需求减少 15%,那么该航线

上的旅客需求弹性 $Ed = \dfrac{15\%}{10\%} = 1.5$。

根据 Ed 的变动范围,把需求弹性分为五种类型,如图 9-3 所示。

(1) $Ed > 1$,叫做需求富有弹性(Elastic)。说明需求量变动幅度大于价格变动幅度,即价格每变动 1%,需求量变动大于 1%,需求曲线比较平坦,斜率较小,如图 9-3a)所示。

(2) $Ed = 1$,叫做需求单一弹性(Unit Elasticity)。说明需求量变动幅度等于价格变动幅度,即价格每变动 1%,需求量相应变动 1%,如图 9-3b)所示。

(3) $0 < Ed < 1$,叫做需求缺乏弹性(Inelastic)。说明需求量变动幅度小于价格变动幅度,即价格每变动 1%,需求量变动小于 1%,需求曲线较陡,斜率较大,如图 9-3c)所示。

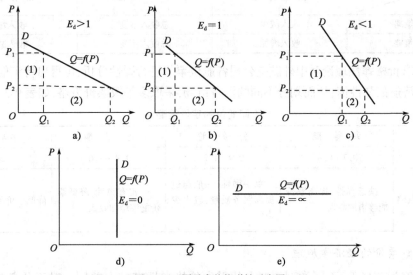

(4) $Ed \to 0$,叫做需求完全无弹性(Perfect Inelasticity)。在这种情况下,需求量不随价格的变动而变动,这种情况是罕见的,如图 9-3d)所示。

(5) $Ed \to \infty$,叫做需求完全有弹性(Perfect Elasticity)。在这种情况下,在既定价格之下,需求量可以任意变动,这种情况也是罕见的,如图 9-3e)所示。

民航运输需求的价格弹性主要取决于所运输的旅客和货物的类型、运输需求者的价格承受能力或支付能力,以及运输需求本身的性质和特点。在民航运输市场上,供给者的总收入就是购买者的总支出,等于航空运输价格乘以消费者的购买量,在需求曲线图上,表现为以需求曲线上的某一点所对应的价格为高度,相应的需求量为宽度所围成巨型的面积,见图 9-4。

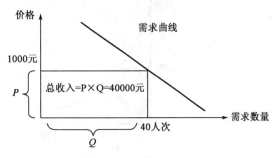

图 9-4 民航企业运输总收入

从图 9-4 中可以看出,价格的变化不仅影响矩形的高度即价格的变化,而且根据需求定律,它还影响矩形的宽度即需求量的变化,从而影响民航运输总收入的大小。当价格上升或下降而引起需求量减少或增加时,民航运输总收入的增减还要根据需求的价格弹性而定。

当需求曲线比较陡峭,也就是需求缺乏弹性时,需求变化百分比小于价格变化百分比,这时价格上升,总收入增加,价格与总收入同向变化。反之,当需求曲线比较平缓,也就是需求富有弹性时,价格的微小变化会引起需求量的大幅度变化,这时价格上升,总收入减少,价格与总收入反向变化。如果需求是单一弹性时,需求变化百分比等于价格变化百分比,那么当价格变化时,总收入不变。因此在航空公司的市场营销工作中,可有效利用这一规律为航空公司带来收益,见表9-2。

收入和价格弹性的关系　　　　　　　　　表9-2

价格策略 \ 弹性制	缺乏弹性	单一弹性	富有弹性
降价策略	收入减少	总收入不变	收入增加
涨价策略	收入增加	总收入不变	收入减少

运用需求价格弹性理论对中外航空公司各舱位票价进行弹性分析,可得出特定航班头等舱、公务舱和经济舱的弹性值,从而划分不同的消费市场,采取多等级票价策略,如表9-3所示。

不同舱位的定价策略　　　　　　　　　表9-3

舱位项目	头等舱	公务舱	经济舱	多等级舱位
弹性值	0.7~0.8	0.9~1.2	1.4~1.6	>1.6
所对应的价格策略	缺乏弹性,提高票价能够增加收入	单一弹性,一般通过提高服务质量,较少降价	富有弹性,降低票价能够增加收入	降低票价可以增加收入

2. 多等级票价的经济学原理

在民航客运市场上,不同类型消费者的需求价格弹性有较大差别。对于公务旅行的旅客来说,由于公务活动是必须进行的,而且公务旅行的时间性比较强,所以这部分旅客对于机票价格的变化并不敏感,他们更加看重的是航空运输的可达性、正常性和舒适程度。而自费旅游和探亲访友的旅客对于机票价格的变化则比较敏感。通过研究发现,价格需求弹性和收入之间存在一定的规律(见图9-5)。

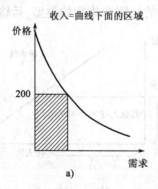
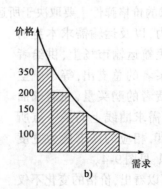

图9-5　多等级票价的经济学原理

由于不同类型的消费者对价格的需求弹性不同,因此当市场上仅提供一种运价时所得的收入等于图 9-5a)的面积。在降低运价刺激需求时,运价降低到一定程度后,需求的增长就不能弥补运价降低所带来的损失,由于航空公司固定成本占了营运成本很大比例,边际成本很低,使得在市场竞争激烈环境下,极易爆发价格战。而图 9-5b)表示在市场上同时提供多种运价,这时的收入等于多个矩形面积的总和,显然图 9-5b)的面积大于图 9-5a)的面积,这就是多等级票价定价的经济学理论基础,从理论上说矩形细分得越多,面积越大,航空公司的总收入越多。当然航空公司也必须考虑市场细分的可实施性以及细分所付出的成本。

三 多等级票价的限制条件

航空公司实施多等级票价,可以提高航空公司的收入,这一收入的提高存在两个前提:一是通过低票价,刺激出新的需求,为航空公司带来新市场;二是能够支付起高票价的顾客不能购买或不愿意购买低票价。如果这个前提不能满足,原本支付高价票的旅客很可能会购买低价票,航空公司只是卖出了更多的机票,但收入并没有提高甚至降低,这称为收益稀释。

为了避免价格弹性低的旅客购买折扣幅度较高的机票,出现收入稀释现象,根据旅客的特点,航空公司通常使用的限制条件有:

1. 提前购票限制

商务旅客往往临时决定出差旅行,提前较长时间购票的可能性不大,而游客通常会较早安排休闲度假计划。因此大多数折扣机票都会有提前购票的限制,航空公司会根据不同折扣幅度要求旅客必须提前一星期、两星期、一个月、两个月或更长时间购买机票。

2. 在外停留时间限制

商务旅客通常来去匆匆,很少能在外地停留一星期以上的时间,同时也不太愿意在外地度过周末。而休闲度假旅客大都愿意利用周末假期出游,且多数游客度假时间长达一星期以上。因此,很多折扣机票对旅客在外地的停留时间有限制,有的要求持往返打折机票的旅客在外地度过周末,有的要求最短停留时间为一星期。

3. 退票、签转和更改航班限制

商务旅客行程常有变化,退票、签转和更改航班的事情常有发生。因此航空公司一般不会限制持全价票商务旅客的退票、签转或更改航班,而对持折扣票的游客,通常会做出限制。例如不得签转和更改航班,提高退票手续费直至不可退票。

4. 出发时间限制

淡季、平季和旺季的机票价格是不同的。淡季价格只能适用于淡季,如果要更改至其他季节,则需补交差价。甚至同一天中不同时段也有淡、旺之别,持折扣票旅客只能乘坐某个时段的航班,如须变更到价格较高航班,则需补交差价。

5. 旅客身份限制

有的按职业区分旅客身份,如对学生、退休人员和军人优惠;有的按来源来区别,比如对持某个地区身份证的旅客给予优惠;另外还有团体旅客优惠等。

6. 候补登机限制

航班起飞的前一两天,如果空位较多,航空公司可以将折扣机票出售给非商务旅客。持带有候补登机限制的折扣票的旅客不能提前订好座位,只有当航班出现旅客退票、误机并空出几个零星座位时才可以登机。这种类型的折扣票通常用于旺季航班很满的情况,旅客可能会连续几天不能登机,商务旅客绝对不会冒这个风险。

设置限制条件是为了将民航客运市场分割成互相隔离的子市场,在不同子市场制定不同价格,同时限制低价子市场的座位转卖到高价子市场,从而达到收益最大化。

四 折扣票价

民航业初期的折扣票价只有一两个等级,票价的折扣幅度也是航空公司凭经验制定的。例如 20 世纪 70 年代末,美利坚航空公司推出了世界上第一个折扣运价方案,其主要内容是:如果往返程旅客在出发前一个月以上购买飞机票,并且在到达地至少停留 14 天以上,美利坚航空公司就会为旅客提供高达 45% 的折扣。到了 90 年代末期,美利坚航空公司的折扣票价体系已经变得很复杂了。表 9-4 是美利坚航空公司 1998 年 4 月纽约—洛杉矶航线的运价等级(其中运价水平在 40% 以下的飞机票不允许退票)。

1998 年 4 月美利坚航空公司纽约至洛杉矶航线的运价登记表　　表 9-4

运价基础	来回程价	运价水平	提前购票天数	最短停留期限	最长停留天数	航班时间限制
P	3475	206	—	—	—	—
C	2788	160	—	—	—	—
Y	1684	100	—	—	—	—
HA3FSN	1192	71	3	—	—	有航班限制
HE7NR	1080	64	7	—	—	—
WA7FSN	1009	60	7	—	—	有航班限制
HE21NR	918	55	21	须在外地过周末	30	—
Q14ENR	760	45	14	须在外地过周末	30	—
QE14SNR	697	42	14	须在外地过周末	30	有航班限制
V21ENR	565	33	21	须在外地过周末	30	—
VE21SNR	515	31	21	须在外地过周末	30	有航班限制
KE14FSN	382	23	14	须在外地过周末	30	航班限制更严
ME21FSN	318	19	21	须在外地过周末	30	航班限制更严
MTE7BRKN	273	16	7	须在外地过周一	3	航班限制更严

在设计折扣票价的幅度时,航空公司除了考虑竞争对手的因素外,主要需要考虑,需求价格弹性和旅客流动比率两个因素。

①需求价格弹性用于测量座位的需求数量对于价格因素变化的反应程度。由于需求价格弹性不同,当票价下降的幅度变化时,旅客的增长幅度不同。如果票价折扣幅度较大,而旅客

的增长幅度却较小,这将导致航班的收益不但不增加反而会减少,这时就应该减少机票的折扣幅度。换言之,对于富有价格弹性的子市场,航空公司应该考虑加大机票的折扣幅度以使总收益增加;反之,对于缺乏价格弹性的子市场,航空公司应该考虑减少机票的折扣幅度以使总收益增加。

②旅客流动比率指高票价旅客群体向低票价旅客群体流动的比率,即使严格规定折扣票价的使用限制条件,也不可能完全保证能够阻止高价票旅客群体流向低价票旅客群体。限制条件不同,旅客流动比率不同。如果旅客流动比率较大,说明子市场分隔不成功,将导致航班的收益不但不增加,反而会减少,这时就应该修改限制条件,严格化分子市场。

例1:票价折扣设计

某公司决定为 A—B 航线和 A—C 航线设计促销折扣价格。两条航线的全价票均为 1000 元,平均每个航班的需求量为 100 个旅客。A 和 B 两个城市都是大型的政治、经济中心城市,以商旅和公务旅客为主,只有少量的因私旅行,几乎没有度假休闲旅客。C 城市是一个滨海度假胜地,一年四季度假休闲旅客不断。市场研究发现,A—B 和 A—C 两条航线的需求价格弹性不一样,当票价幅度变化相同时,两条航线旅客量的变化有很大的不同,具体数据见表9-5。

票价折扣幅度变化时两条航线旅客量的变化　　　　　　　　　　表9-5

票价折扣幅度(%)	A—B 航线旅客增长幅度(%)	A—C 航线旅客增长幅度(%)
10	1	6
20	3	5
30	5	21
40	10	27

市场研究还发现,在不同的购票限制条件下,A—B 和 A—C 两条航线的旅客流动比率不同,具体数据分别见表9-6和表9-7。

在不同的购票限制条件下 A—B 航线的旅客流动率　　　　　　表9-6

	限　制　条　件	旅客流动比率(%)
1	无限制	46
2	提前14天购票	30
3	提前28天购票	28
4	提前14天购票+中午旅行	20
5	提前28天购票+中午旅行	18
6	提前14天购票+停留7天	17
7	提前28天购票+停留7天	16
8	提前14天购票+中午旅行+停留7天	14
9	提前28天购票+中午旅行+停留7天	12

在不同的购票限制条件下 A—C 航线的旅客流动率　　　　　　表 9-7

	限 制 条 件	旅客流动比率(%)
1	无限制	94
2	提前 14 天购票	82
3	提前 28 天购票	80
4	提前 28 天购票 + 中午旅行	62
5	提前 28 天购票 + 停留 7 天	59
6	提前 28 天购票 + 中午旅行 + 停留 7 天	52
7	提前 28 天购票 + 停留 7 天 + 不能在周末旅行	42

很显然,有两个方面的因素影响着航班的收益变化:一方面是因刺激需求使旅客量增长而增加的收入;另一方面是因高票价旅客群体向低票价旅客群体流动而损失的收入。只有当因旅客流动而损失的收入小于因刺激需求而增加的收入时,航班收益才能提高。如果用 D 代表流动旅客人数,S 代表增长旅客人数,Y 代表全额票价,Y_d 代表促销折扣票价,则只有在 $D < S \times Y_d / (Y - Y_d)$ 时,促销折扣票价才能达到增收的目的。

用上式检验 A—B 和 A—C 航线的情况,如表 9-8 所示。

检验 A—B 和 A—C 航线的情况表　　　　　　表 9-8

票价折扣幅度(%)	旅客流动人数必须少于		适合的限制条件编号	
	A—B 航线	A—C 航线	A—B 航线	A—C 航线
10	9	54	无	6,7
20	12	60	9	5,6,7
30	12	49	无	7
40	15	41	8,9	无

在 A—B 航线,只有两个折扣幅度可供选择。如果选择折扣幅度为 20%,收入没有变化,但旅客人数增多,成本相应增加,收益反而下降,因而不可取。如果选择折扣幅度为 40%,选择限制条件 8 时,收益增加 1200 元;选择限制条件 9 时,收益增加 400 元。因此,对 A—B 航线而言,最佳促销方法是折扣幅度是 40% 加上限制条件"提前 14 天购票 + 中午旅行 + 至少停留 7 天"。与此类似,在 A—C 航线,有三个折扣程度可供选择,其中最佳促销方法是折扣幅度是 20% 加上限制条件"提前 28 天购票 + 至少停留 7 天 + 不可在周末旅行"。

五 航班座位优化控制

(一)座位优化控制

座位优化控制是在市场细分和差别定价的基础上,根据各票价等级的需求预测结果,本着座公里收入最大的原则,把可销售的座位合理分配到各等级上去。座位优化控制的核心是把座位保留给最有价值的顾客,座位优化分配的过程实质是不断评估航班座位的潜在价值,然后把座位分配给能够给航空公司带来最大价值的航程和等级。

影响航空公司座位价值的因素有：

(1)航班可销售的座位数。对于一定的需求，航班可销售座位数越少，座位价值越高。

(2)多等级票价体系。定价直接决定了座位的出售价格。

(3)各航程各等级的需求及需求的不确定性。航班座位的高等级需求越多，航班座位越有价值。

(4)航线结构。在城市对式航线上，座位的价值仅受城市对需求的影响；在有联程航班的航线上，座位价值受到当地需求和联程需求的影响。

(二)舱位结构

1. 独立式舱位结构

将飞机座舱分为几个等级，各等级舱位的座位数量之和为飞机的容量。在独立式舱结构的航班中，每个舱位是一类独立的产品，各舱位之间的座位不能交互使用，即便是较低等级舱位没有出售的座位，也不允许被较高等级舱位利用。

例如：座舱容量 $C=100$，分成三个等级，舱位等级分别为

全票舱 $=40$；折扣票舱 $=30$；超级折扣票舱 $=30$

2. 组合式舱位结构

组合式舱位结构的特点：只要有需求，较高等级舱位就可以销售较低等级舱位的座位。这里有两个与组合式舱位相关的重要概念：

座位保护水平：各等级舱位可利用舱位的基数。

最大允许座位：各等级舱位可利用座位的最大限制。

例如：舱位容量 $C=100$，分成三个等级，分别为 Y、M、S。表9-9中显示了各舱位的座位分布情况。

各舱位座位分布情况表　　表9-9

舱 位 等 级	全舱票(Y)	折扣价舱(M)	超级折扣舱(S)
座位保护水平	40	30	30
最大允许座位	100	60	30

在这种情况下，决策的关键是每个舱位的保护水平。因为，各舱位的最大允许限制，可以从较低等级舱位的保护水平的累积中得到。或者说，较高等级舱位的最大允许限制是它自身的保护水平与较低等级舱位的最大允许限制数量之和。

在销售时，全票舱一直开放到航班关闭时才关闭，较低等级舱位在较高等级舱位关闭后，不能再销售。只要有需求，较高等级舱位可以从较低等级舱位获得座位来销售。

相对而言，组合式舱位结构更能创造出较多的航班收入。

(三)座位优化控制的方法

1. 依据逻辑座位控制法(RSL,Reserve Seat Logic)

依据逻辑控制座位是指依据运价低的旅客先订座的逻辑进行座位控制的方法。RSL 法向各等级分配座位的基本思路是：由于运价低的旅客先订座，等到运价较高的旅客订座时，座位

很可能已经全部被运价较低的旅客占用了。因此，必须预先根据各等级旅客的需求预测数，为价值高而订座晚的旅客预留座位；同时要保证高运价旅客能够利用低等级的座位，即低票价能够获得的座位高票价也能获得。

假设某航班经济舱提供全价(Y)、折扣(Q)、高度折扣(V)三个等级的服务，相应的需求量为Y_d、Q_d、V_d，运价为$\$_y$、$\$_q$、$\$_v$，总运力为$AC$，则按RSL方法确定的各等级的座位分配如表9-10所示。

Y、Q、V等级的座位分配　　　　　　　　　　　　　表9-10

舱位	价格	需求	分配座位数最大允许座位
Y	$\$_y$	Y_d	AC
Q	$\$_q$	Q_d	$AC - Y_d$
V	$\$_v$	V_d	$AC - Y_d - Q_d$

例如，假设经济舱的物理座位$AC=100$，Y、Q、V三个票价等级的需求见表9-11。

Y、Q、V等级的需求　　　　　　　　　　　　　表9-11

$AC=100$	分配方案1	分配方案2(RSL)
$Y_d=30$	30	100
$Q_d=50$	50	70
$V_d=70$	20	20
合计	100	190

当低等级需求增加为90时，座位分配应如表9-12所示。

Y、Q、V的座位分配(低等级需求为90)　　　　　　表9-12

$AC=100$	分配方案3(RSL)
$Y_d=30$	100
$Q_d=50$	70
$V_d=90$	20
合计	190

当高等级需求增加为60时，座位分配应如表9-13所示。

Y、Q、V的座位分配(高等级需求60)　　　　　　　表9-13

$AC=100$	分配方案4(RSL)
$Y_d=30$	100
$Q_d=60$	70
$V_d=70$	10
合计	190

应用依据逻辑的座位控制方法，以分配方案2为例，座位在订座系统中的变化见表9-14、

表 9-15。

开始接受订座前的座位分配情况　　　　　　　　　　　　　　　表 9-14

票 价 等 级	分配座位数	订座情况	可获得座位数	未来需求数
Y	100	0	100	30
Q	70	0	70	50
V	20	0	20	70

已经有 5 个订座时的座位分配情况　　　　　　　　　　　　　　表 9-15

票 价 等 级	分配座位数	订座情况	可获得座位数	未来需求数
Y	100	0	95	30
Q	70	0	65	50
V	20	5	15	65

依据逻辑座位控制方法必须解决对高等级舱位的保护水平,在组合舱位结构中每个舱位的订座限制是该舱位的允许销售的最大数量,最高等级舱位的订座限制是飞机的座位容量,而最高等级舱位的保护水平与较低等级舱位的订座限制是有区别的。

2. 期望边际收益法(EMSR,Expected Marginal Seat Revenue)

美国麻省理工学院航空运输实验室的彼得·贝罗巴巴(Peter P. Belobaba)博士在 1987 年提出了 EMSR 理论,即期望边际座位收益。EMSR 方法分配座位的思路是:对于剩余 n 个空座的航班,计算其相对于客观市场需求第 n 个座位的期望边际座位收益 $EMSR(n)$,这个期望边际座位收益相当于这个座位的机会成本,只有当某等级的票价大于这个机会成本时,才给该等级分配座位。在此以一个实例来说明这种分配方式。

假设,目前仅有一个座位(第 S 个座位),把该座位放在 Q 舱位销售的期望边际座位收益 EMSR 为

$$EMSR(S_q) = F_q \times P_q$$

式中:F_q——Q 舱位票价;

P_q——Q 舱位第 S 个座位售出的概率。

如果把该座位放在 V 舱位销售,V 舱位票价比 Q 舱位票价低一个等级,该座位在 V 舱位销售的期望边际座位收益 EMSR 为

$$EMSR(S_y) = F_v \times P_v$$

式中:F_v——V 舱位票价;

P_v——V 舱位第 S 个座位售出的概率。

当 $EMSR(S_q) \geq EMSR(S_y)$ 时,应将该座位分配给 Q 舱,反之则销售给 V 舱。

具体到一个航班,要达到最大收益,应该是每个舱位的期望边际座位收益值相等,在此时所确定的座位数,即为各舱位应该分配的座位数。

第四节　民航运输市场航班超售策略

超售(Over Booking)是航空公司收益管理中的重要内容,是航空公司追求最大收益而采

取的一种收益管理手段。今天,除了日本等极少数国家仍禁止在国内航线上超售外,这种方法已被西方大多数航空公司所普遍采用。

一 超售的概念

超售,是航空公司考虑航班离港之前旅客取消订座、退票和误机等各种情况,接受比航班实际座位数多的订座,以及将座位虚耗和总期望成本降到最低的过程。座位虚耗产生的原因有四种:①有些订妥座位买好机票的旅客不能按时前往机场乘坐飞机,这种情况被称为No-show,他们中有的是误机,有的是航程变更后未通知航空公司或航空公司的销售代理人;②有些订妥座位买好机票的旅客在其离航班时刻很近的时间才取消订座,而航空公司不再有销售该座位的机会;③重复订座,旅客可能同时与多家航空公司代理人联系订座,有的旅客因航程待定而又担心行程定下后没有座位,便要求航空公司销售代理人在几个航班同时订座,代理人稍有疏忽就有可能造成重复订座;④中转旅客错过衔接航班,通常航空公司规定中转旅客有足够的中转时间,但前一段航班延误后,旅客往往不能按原计划衔接下一航段航班。

超售并不一定意味着已购客票的旅客无法乘机,对于超售的航班,持有订妥座位的有效客票的旅客,在绝大多数情况下都能成行。但在特殊情况下,可能会有个别旅客不能按时成行。持票者被拒绝登机(DB,Denied Boarding)时,航空公司将酌情采取弥补措施。为此,机票超售应有两个基本前提:

第一,事先告知。乘客在购买机票之时,航空公司或代理商必须告知乘客机票存在超售,买与不买的决定权在乘客自己。例如,美国《联邦条例法典》规定,每一承运人都应张贴航班超售通知,并且要将该通知印在机票上,或者附随于机票的另一纸上。

第二,事后赔偿。所有因机票超售而被拒载的旅客有权获得经济赔偿,那些不急于出行的旅客可以选择放弃其座位以换取赔偿金。欧盟关于超售的赔偿则按航程计算,如航程在1500km以内的短途飞行的赔偿为250欧元等。

二 超售水平 AU 值的确定

在航空公司超售管理实践中,确定超售水平的方法有确定型模型法与风险型模型法两种。

1. 确定型模型法

要确定合理的超售水平,需要把握航班旅客取消订座和 No-show 的规律。尽管个别旅客取消订座或 No-show 的规律难以把握,但是对订座的旅客总体来说,取消订座和 No-show 具有一定的规律性,航空公司可以根据这一规律进行超售。

这里引入一个 AU 值的概念,即航班的可售座位数,航班超售的数量 = AU 值 − 航班实际座位数。

$$AU(航班可售座位数) = \frac{超售舱位总运力 - 减载座位数 + 升舱潜力}{1 - No\text{-}show\ 率}$$

升舱潜力指当低等级舱位有超量需求,高一级舱位有剩余座位未售出并且预计也不会售出时,重新调整各舱容量以满足过剩的需求。这样,就可以将经济舱中原本可能被 DB 的旅客在登机时免费升入高等舱,从而化解掉一部分 DB 现象。如某航班头等舱的座位数是 8,预计需求量为 5,经济舱的升舱潜力则为 3。No-show 是已购票但未登机的旅客,No-show 率是航班离港时的 No-show 人数与订座人数之比。1 - No-show 率,即成行率,是购票并成行的旅客人数与订座人数之比。例如天津—长春 6446 航班 9 月 6 日离港时订座系统记录订座人数 100 人,实际登机 90 人,则 No-show 10 人,No-show 率为 10%,成行率为 90%。

例 2

某航班经济舱座位数为 100,No-show 率为 20%,减载座位数为 5,头等舱座位数为 8,头等舱需求量 3,请计算经济舱 AU 值。

解

$$AU = \frac{超售舱位总运力 - 减载座位数 + 升舱潜力}{1 - \text{No-show 率}}$$

即

$$AU = [100 - 5 + (8 - 5)] \div (1 - 20\%) = 123$$

练习 2:某航班经济舱座位数为 130,No-show 率为 10%,减载座位数为 10,头等舱座位数为 10,头等舱需求量 8,请计算经济舱 AU 值。

练习 3:某航班经济舱座位数为 200,No-show 率为 50%,减载座位数为 25,头等舱座位数为 24,头等舱需求量 12,请计算经济舱 AU 值。

这种确定 AU 值的方法简单、容易计算,但存在一定的缺陷:首先,没有考虑 No-show 率的不确定性;其次,没有考虑这种不确定性可能带来的空位损失和 DB 损失。

2. 风险型模型法

风险型模型认为:订座旅客是否成行是一种不确定的随机现象,即已订座旅客可能乘机,也可能 No-show,如果航空公司不超售或超售量过小,航班就可能出现空位损失。空位损失是指本来有旅客需求但起飞时没有卖出去的座位,通常是由买了机票的人不乘机或先买了票后来又退票的旅客造成的。如果航空公司超售量过大,就有可能产生 DB 的现象,航空公司不仅要向 DB 旅客支付赔偿,而且还会对公司的信誉产生不良影响,从而产生 DB 损失。

在航班超售中,AU 值越大,空位损失越小,DB 损失越大,随着 DB 损失增加到一定程度后,净收益将会减少。因此,超售的关键是寻找一个空位损失与 DB 损失之间的最佳平衡点,如图 9-6 所示。

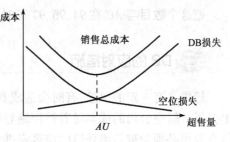

图 9-6 空位损失与 DB 损失的关系

确定 AU 值,需计算每个 AU 值所能带来的收益,步骤如下。

第一,计算该 AU 值所产生的总收益。公式为

$$总收益 = \sum(舱位中每个子等级的 AU 值 \times 平均票价)$$

第二,计算 AU 值可能带来的总损失,总损失包括空位损失和 DB 损失

$$总损失 = 空位损失 + DB 损失$$

$$空位损失 = 可能的空位数 \times 舱位中最高子等级的票价(或平均票价)$$

$$DB 损失 = DB 人数 \times 平均票价 \times DB 损失系数$$

第三,计算 AU 值带来的净收益

$$净收益 = 总收益 - 总损失$$

第四,将各个 AU 值的净收益相比较,得出最佳的 AU 值。

例3

某航班经济舱(Y 舱)有三个子等级舱位,共 80 个座位,计算 $AU=95$ 时该航班的预测净收益,相关信息见表 9-16。

例 3 所需信息　　　　　　　　　　　表 9-16

舱 位 等 级	AU 值	平均票价(元)	等级总收益(元)
M	20	900	18000
L	25	700	17500
K	50	450	22500

假如 AU 设在 95 时可能出现 3 个空位,5 个 DB,DB 损失参数见表 9-17。

例 3 DB 损失参数　　　　　　　　　表 9-17

DB 人数	DB 损失参数	票价(元)
1~3 人	1.5	900
4~5 人	2	900
6~7 人	2.5	900

解　Y 舱($AU=95$)的预测总收益是 $18000+17500+22500=58000$(元)

$$空位损失 = 3 \times 900 = 2700(元)$$

$$DB 成本 = 3 \times 1.5 \times 900 + 2 \times 2 \times 900 = 7650(元)$$

AU 值在 95 时的预测收益是

$$58000 - (2700 + 7650) = 47650(元)$$

把这个数目与 AU 在 94、96、97 等时的收益相比较,就可以确定 Y 舱的最佳 AU 值。

三　DB 的应对措施

超售具有一定的风险,有时会造成真实超售,使得一些买了机票的旅客不能乘机,即被拒绝登机。航空公司的成本随着被拒绝登机人数的增加而增加,首先航空公司的操作费用增加,航空公司必须为被拒绝登机的旅客安排食宿并且给予一定的经济补偿。如果该公司没有后续航班,或其后续航班不能安排这些被拒绝的旅客登机成行而必须交给其他航空公司承运,该航空公司还得补交差价,因为被拒绝登机的旅客很可能购买了折扣票,按照惯例,航空公司之间的签转是按全价票结算。更重要的是,航空公司的声誉受到了损害,因为无论采取了何种安排和补偿,都会给航空公司的声誉带来负面影响,使旅客对航空公司的信誉度大打折扣。为此,航空公司应遵循以下原则正确对待 DB。

(1) DB 的发生有专门的机构或人员处理。

(2) 从可能发生 DB 起就考虑应对措施。

(3) 合情合理给予 DB 旅客以赔偿。

(4)将发生 DB 的负面影响减少到最小。

航班发生事实超售,应积极应对,主要有以下措施。

1. 合理选择可能 DB 对象

旅客的订座类型有:免票、公司员工及家属优惠票、自愿超售旅客、无联程航段、有后续航班的经济舱散客和其他经济舱旅客。

选择 DB 对象可依据以下原则:首先是持公司免票的旅客,其次是被动超售的 D 舱旅客,再次是没有联程航班的低票价散客。在选择过程中,机场或航空公司服务人员,应通过观察和与旅客交谈,选择可能 DB 的对象,同时掌握恰当的语言规范和服务技巧能有效提高处理效果。

此外,还应寻找自愿者,对于实际超售的航班,值机部门在值机柜台或登机口适时通过公示、广播和询问等方式在旅客中寻找自愿改乘本公司其他航班或转载至其他航空公司航班的旅客。

2. 超售旅客安置方法

当停止值机后,DB 旅客的管理和安置成了重中之重,实施超售的航空公司,对于 DB 应有一套完整的应对措施,可参照如下方法。

(1)改签或退票。对于实际超售的航班,值机部门通过 ET 订座系统查询同一航线本公司其他航班或其他航空公司航班是否有剩余座位,采用"GOSHOW"或"中断舱单(简称 FIM 单)"等方式进行改签。不同航空公司之间在此情况下可实施航班联合,将旅客及时有效地安排到其他航班。对要求退票的旅客应免收手续费。

(2)非自愿提高舱位等级(即升舱)。当航班低服务等级舱位超售,而高服务等级舱位有可利用座位时,按照旅客客票舱位顺序逐级提高舱位等级,将部分低服务等级舱位的旅客安排到高服务等级舱位。

3. 滚动处置

航空公司在一条航班密度高的航线上,如北京—上海航线上发生实际超售,因航班密度大,时间衔接短,可采用下一个航班滚动接受上一个航班超售旅客的方法,避免某个航班超售旅客等候时间较长、旅客意见较大和现场处置被动。

4. 合理补偿

航空公司通常依照国际惯例或航空公司超售管理细则,对超售旅客除安排食宿外,还要支付补偿金。在航空公司支付补偿金后,旅客填写《补偿支付书》,申明把补偿金视为"弃乘而引起或可能引起的一切索赔要求、费用支出及损失的最终解决",这实际上是一种合同行为。目前超售补偿采用运输信用证、里程、现金三种方式,值机部门应向旅客推荐运输信用证或里程补偿方式,不提倡现金补偿。

5. 加强宣传

为了切实保护广大旅客的权益和保证航空公司的正常运行,除了有关部门应制定相应的法规,以规范航班超售外,还应加大宣传力度,使广大消费者了解航班超售这一商业做法和相应的补偿办法。

超售并不只是航空公司唯利是图,实行超售可以获得广泛的社会利益,为旅客提供了更多的乘机机会。对于超售,航空公司从计划到实施,以及后续保障都应有完整的应对方案,才能在保证航空公司在维持信誉的基础上实现收益的有效提高。

第五节　民航运输市场收益管理

航空公司的产品数量是相对固定的,产品又具有易逝性,航空公司收益管理的目的是使航空公司经营的某个航班或者某条航线的座位以及最合理的价格尽可能多的出售,力求实现航空公司总收益最大化。

一、收益管理及组成要素

1. 收益管理的概念

收益管理亦称收入管理(Yield Management,Revenue Management),是一种现代科学管理方法,它综合运用了微观经济、企业管理、数理统计和数学优化等知识,在准确地预测未来顾客需求和产品供给趋势的情况下,以持续增长企业经济收益为目标,合理制订最佳产品价格,并动态地调控产品以满足顾客需求。简单地说,收益管理是一种指导企业在合适的时间、以合适的价格、把合适的产品、销售给合适的顾客的科学管理方法。航空公司收益管理的内容有价格管理、航班座位控制管理、超售管理和团队旅客管理。

需要说明的是,这里所讨论的收益管理的直接目的是实现收入而非收益本身的最大化,因在航空公司营运过程中,一般可以认为,当航班时刻表被确定和公布以后,其绝大部分营运成本就被确定下来,旅客的增加、减少对航空公司营运成本的影响是微乎其微的,航空公司成本的相对稳定性决定了航空公司在实现收入最大化的同时便实现了利润最大化。而收益管理的着眼点是航空公司的每个微观市场,目标是寻求微观细分市场中供给与需求的平衡点。收益管理需要正确的战略、合理的机队和航线规划、良好的航班计划相匹配,并非收益管理的结果必然是航线收入及载运率的增加。缺乏效率、质量不高的收益管理将使航空公司的实际及潜在收入产生直接的损失。

2. 收益管理的要素

收益管理作为管理科学的一个重要分支,迄今已有 40 多年的历史,其产生与发展同航空运输业的管理、经济学价格理论、运筹学与管理科学和计算机技术密切相关。收益管理在综合考虑销售时间和座位存量对决策目标——航班收入最大化影响的基础上,通过需求预测、动态定价和舱位控制策略能够有效地解决由于飞机座位价值快速流失带来的价值易逝风险问题,并为航空公司带来巨大收益。同其他管理技术相比,收益管理的要素主要包括人员、定价、技术、数据、预测、优化以及衡量。

(1)人员是收益管理的灵魂。高层管理人员的理解和支持以及各有关部门的协作配合为收益管理系统更好地发挥作用提供保障。

(2)定价是收益管理的前提。定价部门制定价格策略,预测分析市场需求的变化趋势。收益管理部门根据市场预期需求、市场细分对不同价格进行控制。

(3)技术是收益管理的手段。技术进步使得收益管理系统不断优化,系统自动化程度的提高有助于提高航班优化技术。

(4)数据是收益管理的基石。全面准确的数据为航空公司制定决策提供有力的依据,使其准确掌握旅客需求的变化情况从而作出迅速、有效地反应。

（5）预测是收益管理的心脏。预测是以离港载运状况为依据，通过对同等情况下的历史数据进行分析，作出合理的市场预测。

（6）优化是收益管理的本质。航空公司通过对航班载运数量及其旅客成分的优化，实现航班收入的优化。

（7）衡量是收益管理的尺度。衡量能够量化收益管理部门对企业的作用和收益管理的潜在效益并追踪收益管理的结果。

二 民航运输市场收益管理的作用

收益管理的直接效果是在现有成本不变的情况下，通过有效配置现有资源而提高航空公司的经济效益。收益管理不仅仅是一个能提高收益的工具或是一个管理软件，而是管理理念的创新，其内涵的科学性和创新理念将给航空公司市场营销和管理带来新的理念和业务流程的重组。

1. 有助于提高落后的管理水平

收益管理要求相关部门在收益管理思想的统一指导下相互配合、协同行动，其意义不仅在于增加经济效益，还在于更新现有的市场营销观念，提高人员的素质，提高企业的整体凝聚力和运作效率，使组织机构更加合理。

2. 有助于改善航空公司的经济效益

收益管理战略的实施，使航空公司能将潜在的客源转换为现实的乘机旅客，使航空公司的收益最大化，有效提升航空公司利润水平。收益管理对于提高航空公司的经济效益已被国内外多家航空公司实践所证实。

3. 为市场营销提供科学依据

收益管理战略的实施，使航空公司市场人员能更认真细致地研究市场，研究旅客的消费行为，通过科学预测，贴近市场需求，把握市场脉搏，并制定出正确的营销策略，确保航空公司在激烈的市场竞争中掌握先机，从而有效提高航空公司的核心竞争力。

4. 有助于提高企业创新能力

收益管理要求航空公司要在不断评估需求、不断预测市场中做出不断变化的新决策，从而激发员工的积极性、创造性，使企业充满活力与创新精神。

5. 为其他决策提供辅助作用

收益管理系统产生的大量宝贵数据不仅仅适用于系统内部，而且对航空公司其他决策可以提供重要的辅助决策作用。

可以说，航空公司实施收益管理是站在一个更高层次的平台上进行的市场营销活动组织。

三 民航运输市场收益管理的发展

民航运输经济随着世界经济的发展逐渐走向全球化，整个行业出现自由化、联盟化和私有化特征。民航运输业的发展让航空公司经历了一个又一个考验，面临一个又一个问题，这也推动了解决这些问题的收益管理技术的产生和发展。

二战后，民航运输的飞速发展所产生的实际问题是收益管理产生和发展的需求源泉。20世纪60年代，航空运输业的飞速发展带来旅客需求的快速增长，也给航空公司带来了座位控制的新问题，于是产生了最早的收益管理技术——超售控制；70年代，折扣票的出现拉开了舱位等级管理的序幕；80年代，放松管制带来的航空运输市场内部的巨大变化，促进了收益管理的快速发展。由于计算机订座系统功能不断强大，并采用了计算机离港系统和结算系统，因此一些航空公司采取了结合价格与座位控制使收益最大化的方法来解决激烈的市场竞争问题，这也就是我们所说的收益管理；90年代，世界范围内出现航空公司联盟；21世纪初，互联网技术的蓬勃发展又为收益管理带来了研究和应用的新内容。民航运输市场收益管理的发展，见表9-18。

民航运输市场收益管理的发展　　　　　　　　　　　　表9-18

时　间	航空运输业务现象	收益管理的研究对象
20世纪60年代	旅客订座取消、No-show	超售（包括需求预测）
20世纪70年代	折扣票价	座位分配
20世纪80年代	中心—辐射式网络	网络收益管理（虚拟嵌套、投标价控制）
20世纪90年代	航空联盟、代码共享	联盟收益管理、座位拍卖
21世纪初	互联网订座	无约束需求预测

收益管理是航空公司管理活动、价格策略和座位控制的自然延伸，但是它的基本原理并没有改变。随着民航运输业的外部环境的改变，收益管理问题的复杂程度也变得越来越高。收益管理的发展进程大致经历了下面三个阶段。

1. 利用剩余座位增加航班收益阶段

由于旅客需求内在固有的变化规律，航空公司不可能将特定航班的全部座位都销售给全票价的旅客，所以剩余座位是不可避免的，因而有必要对此进行管理。航空公司的经营实践涉及两个方面：

（1）利用超售技术增加航班收益。航空公司为了减少剩余座位和提高客座利用率，对座位进行超售是增加航班收益的有效手段之一。操作方法就是根据旅客的订座、登机和取消订座的情况来预测剩余座位的数量，实行不同的超售方式。此方法在那些繁忙的航线上比较有效，但在需求比较少的航线上效果欠佳。

（2）利用折扣票来增加航班收益。按照购买正常票价的旅客可以分摊航班固定成本的前提下，折扣票的价格只要高于多载运一位旅客所增加的变动成本，航空公司就能获得收益，这个理论为航空公司利用折扣票来增加收益提供了理论依据。但是这种方法适用的范围还是在高密度航班之内。

2. 利用多等级票价结构增加航班收益阶段

由于旅客行为和需求特性的变化，民航运输市场的划分变得越来越细，这是因为在对剩余座位管理的过程中，采用的价格级别越多，航空公司满足各类旅客细分市场需求的程度就越高，航空公司的收益也就越多。航空公司在采用多等级票价结构的同时，也存在一定的风险，因为可能会导致原来购买高价票的旅客转向购买低等级舱位的机票，这就要求航空公司一方面需要对低票价的购买和使用提出相应的限制条件，另外一方面也要对购买头等舱、公务舱或者全价票的旅客提供多种形式的奖励和优质服务。

3. 利用流量控制使航线网络收益优化阶段

在以前,航空公司在进行航班经济性分析的时候,都是以航节为基础进行历史数据的统计和分析的,力求使得在这一航节中实现收益的最大化。但是航节收益的最大化并不等于航段收益的最大化,更不等于航线网络收益的最大化。航线网络结构转变为轮辐式航线网络结构,这种航线结构大大降低了航空公司的运营成本,但是大量的联程航班使得航空公司的航线结构变得错综复杂,再加上多等级票价的推出,使得航空公司的收益管理变得更加复杂。

四 民航运输市场收益管理系统

收益管理系统通过信息技术使企业学会利用微观市场的变化来预见市场的需求,为企业管理和决策人员提供决策支持,从而将市场的可知性转换为可能性,并进一步转换为可以获得的利润。收益管理系统是一个十分复杂与庞大的系统,是企业规模与技术发展到一定程度的产物,包含了不同社会体制、经济发展水平、经营思想以及文化背景等诸多方面,以特定社会的市场特点与结构为基础,同时需要有企业外部环境和内部条件的支持。收益管理系统还是一个不断发展、改进与完善的动态系统,它涉及多学科的交叉,如市场营销理论、信息论、系统论、决策论、计算应用技术、经济学和会计学等学科理论,并需要应用许多新理论与新技术。

民航运输市场收益管理系统业务流程:收益管理系统首先将航班计划、运价和限制条件等产品信息输入系统,由系统进行销售过程的控制,如超售、座位优化分配等,最后将得到的结果放入 CRS 系统进行销售。市场销售的实际结果则从销售业务信息系统(订座系统和离港系统)反馈到销售分析系统,销售分析系统再结合其他途径获得的信息进行分析,将分析结果反馈到产品设计和销售控制过程中,对这些活动进行调整,以获得更好的效果。民航运输市场收益管理系统业务流程,如图9-7 所示。

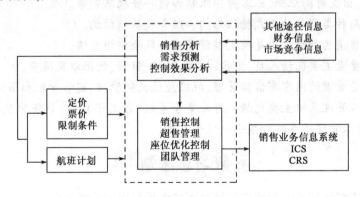

图9-7 民航运输市场收益管理系统业务流程

民航运输市场收益管理系统主要包括数据采集子系统、预测子系统、销售管理子系统、座位优化分配子系统、团队管理子系统和报告分析子系统。系统功能结构,参见图9-8。

收益管理不仅是一种方法理念,它的实施应用涉及到对市场和顾客的分析研究、组织体制的变革、人员培训以及各种数据资料的收集积累。航空公司要想科学有效地实施收益管理,还有待今后进一步的研究和不断进行管理变革,才能满足民航运输市场不断变化发展的需求。

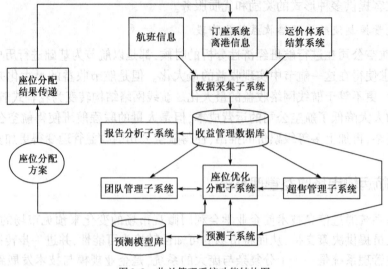

图 9-8 收益管理系统功能结构图

本 章 小 结

影响民航运输市场定价的因素有企业目标、服务成本、供求关系、政府管制和市场竞争等。

民航价格管理有政府定价、政府指导价和市场调节价三种方式。

航空公司定价的基本方法有成本导向定价法、竞争导向定价法和顾客导向定价法。

航空公司折扣票价通常使用的限制条件有提前购票限制、在外停留时间限制、退票、签转和更改航班限制、出发时间限制、旅客身份限制和候补登机限制等。

舱位结构的两种类型是独立式舱位结构和组合式舱位结构。

确定航班超售值的两种方法是确定型模型法与风险型模型法。

收益管理的要素主要包括人员、定价、技术、数据、预测、优化以及衡量。

航空公司收益管理的内容有价格管理、航班座位控制管理、超售管理和团队旅客管理。

航空公司收益管理系统主要包括数据采集子系统、预测子系统、销售管理子系统、座位优化分配子系统、团队管理子系统和报告分析子系统。

复习思考题

1. 民航运价有哪些特点？影响民航运输市场定价的因素有哪些？
2. 顾客导向定价法的核心内容是什么？
3. 民航运输市场多等级票价定价的经济学原理是什么？
4. 如何理解边际成本定价法是处理航班剩余运力的重要手段？
5. 航班超售应该如何应对？
6. 什么是收益管理？收益管理的要素有哪些？

中英文对照专业名词

成本导向定价法	Cost – driven Pricing
竞争导向定价法	Competition – driven Pricing
顾客导向定价法	Customer – driven Pricing
价格需求弹性	Price Elasticity Of Demand
富有弹性	Elastic
单一弹性	Unit Elasticity
缺乏弹性	Inelastic
完全无弹性	Perfect Inelasticity
完全有弹性	Perfect Elasticity
期望边际收益	Expected Marginal Seat Revenue
依据逻辑的座位控制法	Reserve Seat Logic
期望边际收益法	Expected Marginal Seat Revenue
超售	Over Booking
持票者被拒绝登机	Denied Boarding
收益管理	Yield Management；Revenue Management

课后阅读

中国民航运输市场运价形成机制的历史沿革

中国民航运价形成机制经历了以下几个阶段：

1. 传统计划经济体制下的运价政策

1950年国家首次制定了国内航空运价，当时是根据经营成本并参照铁路、水运运价水平制定的。航空运价沿铁路为0.20~0.24元/人·km，不沿铁路为0.31元/人·km。1952年7月，航空运价由0.24元/人·km降到0.14元/人·km。1955年将沿铁路线的航线确定为0.11元/人·km，不沿铁路线的航线定为0.27元/人·km。之后，经过1958年、1964年、1966年和1971年等几次较大幅度下调，不计成本，沿铁路线为0.05~0.06元/人·km，仅为五十年代初票价水平的15%；不沿铁路线为0.06~0.07元/人·km，仅为五十年代初票价水平的18%。这种运价水平一直维持到1984年8月底。

这种过低的运价水平使民航连年亏损，运输生产只能依靠国家财政补贴，而且扩大了国内航线上外国旅客运价与国际航线运价间的差距，造成大批原在国外购买我国国际航线和国内航线联程客票的外国旅客，改为抵达我国后再购买国内航线机票，使国家蒙受外汇和票价差额的损失。

1974年,国家规定国内航线旅客运输实行两种票价制度:外籍旅客、华侨和港澳同胞使用国内第二种票价;中国公民(包括台湾同胞)使用国内第一种票价,即低水平票价。

实行两种票价后,国内航线运价水平有所提高,但第一种运价偏低,多数航线经营亏损。这时的运价既不反映航空运输价值,也不反映供求关系,运输企业长期处于亏损状态,只能靠国家财政补贴维持经营,严重制约了民航的发展。到1978年,我国民航旅客运输量仅为230.91万人次,货邮运输量仅为6.38万t,运输总周转量仅为2.99亿t·km,航空运输在国民经济中所起作用很小。

2. 由计划经济向市场经济体制转变时期的运价政策

1984年9月,民航实行统一运价,即取消第一种票价,以第二种票价(即公布运价)为统一运价,同时对中国公民(包括台湾同胞)、华侨和港澳同胞实行折扣优惠,平均折扣率为60%,折扣票价约合0.08元/(人·km),比原订的第一种票价略有提高。但并没有从根本上解决航空运价脱离成本的问题。

1986年4月1日,由于人民币对外币汇率变动和内地至香港地区航线票价调整,广州至北京、天津、上海、杭州、昆明五条航线的公布票价平均上调70%左右,同年7月1日因汇率因素上述5条航线以外的其他国内航线公布票价上调30%。这一年国内航线收入水平从1985年1.0758元/(t·km)上升到1.1204元/(t·km)。即使如此,民航仍处于长期政策性亏损的状况。

1987年4月1日国内航线公布票价提高30%,同年6月15日折扣票价平均提高25%。国内航线收入水平1987年达到1.3322元/(t·km)。1988年国内航线运输紧张,从年初起国内主要运输干线出现了淡季不淡、旺季更旺的旅客拥挤状况。为了发挥运价的调节作用,从7月20日起取消北京至广州、广州至桂林等国内56条旅游热线折扣票价,实行中外旅客同价的政策,当时公布票价为0.28元/(人·km)。

1989年国内航线运价调整了三次,其中两次调增,一次调减。1989年3月1日将国内旅游航线由原来的56条增加到71条。同年9月5日将国内航线公布票价平均上调14.8%,公布票价由0.24元/(人·km)调整为0.28元/(人·km);折扣票价平均上调77%,运价由0.11元/(人·km)调整为0.20元/(人·km)。年中由于受国内政治风波的影响,客源减少,为了提高载运率,减少运力虚耗,于8月1日对71条国内旅游热线在公布票价的基础上下浮动20%。三次调价的总结果是1989年国内航线收入水平为2.3226元/(t·km)。

1990年4月15日因汇率变动,国内航线公布票价上调14.5%,同时华侨、港澳台同胞使用国内航线公布票价。这样,公布运价由0.28元/(人·km)调整为0.32元/(人·km)。国内航线收入水平达到3.0242元/(t·km)。1991年2月10日国内航线公布运价上调10.6%,为0.354元/(人·km),按当时人民币汇率1美元等于5.22元换算,折合6.8美分/(人·km)。1992年4月1日,为弥补汇率变动差额和计划外航空油料大幅度涨价,公布票价上调16%,调至0.41元/(人·km)。同年4月15日,部分旅游热线折扣票价上调10%,即由原来0.28元/(人·km)调至0.308元/(人·km)。1993年1月1日民航将公布票价上调10%,同时允许上浮10%,并从6月25日起对114条客座率过高的航线实行中外旅客同价的办法,即国内旅客也实行公布票价。票价的上调,使国内航线平均收入水平达到 4.7043 元/(t·km)。1994 年 1 月 1 日起我国外汇汇率并轨,国内公布票价相应上调 46.5%;国内航线折扣票价平均上调 15%。这一年国内航线收入水平达到 5.3351 元/(t·km)。1995 年 7 月 1 日起,国内航线运价平均上调 15%,国内航线收入水平达到 5.7409 元/(t·km)。

1990 年至 1995 年间公布票价平均水平由 0.32 元/(人·km)调至 0.94 元/(人·km),上调 194%,年均上调 24%;折扣票价平均水平由 0.256 元/(人·km)调至 0.47 元/(人·km),上调 84%,年均上调 13%,为提高企业经济效益,促进民航的持续、快速、健康发展发挥了很大作用。

1996 年国内航线多次调整运价,全年票价平均水平上升上 20%,国内航线收入水平达到 6.4712 元/(t·km)。1997 年,为迎接香港回归和实行国民待遇的要求,7 月 1 日起实行境内和境外旅客乘坐国内航班同价政策,即按 0.75 元/(人·km)购票。境内、外旅客如在境外购买国内航线机票仍按公布票价购买。同年 11 月,民航总局推出"一种票价、多种折扣"的票价改革政策。1998 年 5 月 8 日,民航总局发文重申运价实行幅度管理,各航空公司票价最低只能打 8 折。1999 年 2 月 1 日,经国务院批准,国家计委、民航总局联合下发了《关于加强民航国内航线票价管理制止低价竞销行为的通知》,坚决制止价格竞削行为,规范价格秩序。2000 年 4 月 1 日,各航空公司在国内 108 条航线实行收入联营,加强航线管理,进一步规范市场,稳定票价。2001 年 3 月 8 日,民航总局放松了北京到广州、深圳等 7 条航线的票价,票价实行多级舱位管理,明折明扣,最低可到 6 折。2002 年 3 月 28 日,22 家航空公司续签 113 条国内航线联营协议。目的是进一步加强市场监管,搞好宏观调控,规范市场,稳定票价。

2003 年 1 月 23 日,民航总局工作会议宣布,实施国内航空运价的改革方案,对国内航空运价实行政府指导价,对空运基准价和浮动幅度间接管理,企业在政府规定的幅度内建立多等级票价体系,并可根据市场供求情况实行差别票价。自此,航空运输企业对运价的制定有了较大的自主权。

第十章 民航运输市场营销渠道策略

学习目的与要求

- 认识民航运输市场计算机销售系统；
- 了解民航运输市场营销渠道战略的演变；我国民航运输市场客票销售渠道现状；
- 理解民航运输市场营销渠道的类型及其特点；
- 熟悉民航运输市场营销渠道策略；民航运输市场销售代理人模式；
- 掌握民航运输市场销售代理人管理的方法与措施；网络直销渠道建设的手段。

第一节 民航运输市场营销渠道

所有行业都需要建立起顾客与产品之间的市场连接,这种连接叫做营销渠道。稳定、高效的营销渠道系统是企业重要的外部资源,公司所选择的营销渠道将直接影响其他营销决策,因而成为企业够否成功开拓市场、实现销售及经营目标的重要手段。

一 营销渠道概述

（一）营销渠道的概念

营销渠道(Marketing Channel),又称销售渠道、分销渠道,是指某种产品或劳务从生产者向消费者移动时,取得这种产品或劳务所有权或帮助转移其所有权的所有企业或个人。简单地说,营销渠道就是商品和服务从生产者向消费者转移过程的具体通道或路径。图10-1形象地勾勒出了民航运输市场的营销渠道。

营销渠道具有四个特征:①营销渠道是产品从起点到终点的通道;②营销渠道是一个由不同企业或人员构成的整体;③营销渠道的途径是由产品流转环节衔接而成;④营销渠道分布呈网络形态。

（二）营销渠道的结构

营销渠道的结构可以分为长度结构、宽度结构和广度结构三种类型,三种渠道结构构成了渠道设计的三大要素(渠道变量)。进一步说,渠道结构中的长度变量、宽度变量及广度变量完整地描述了一个三维立体的渠道系统。

1. 长度结构

营销渠道的长度结构,又称为层级结构,是指按照其包含的渠道中间商(购销环节),即渠道层级数量来定义的一种渠道结构。通常情况下,根据包含渠道层级的多少,可以将一条营销渠道分为零级、一级、二级和三级渠道等。零级渠道又称为直接渠道,指没有渠道中间商参与的一种渠道结构;一级渠道指包括一个渠道中间商;二级渠道包括两个渠道中间商;三级渠道包括三个渠道中间商。

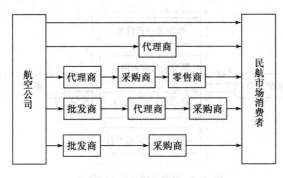

图 10-1　民航运输市场营销渠道

2. 宽度结构

渠道的宽度结构是根据每一层级渠道中间商的数量来定义的一种渠道结构。渠道的宽度结构受产品的性质、市场特征、用户分布以及企业分销战略等因素的影响。渠道的宽度结构可分成三种类型:

(1)密集型分销渠道(Intensive Distribution Channel),也称为广泛型分销渠道,是指制造商在同一渠道层级上选用尽可能多的渠道中间商来经销产品的一种渠道类型。绝大多数航空公司的营销渠道都属于密集型分销渠道。

(2)选择性分销渠道(Selective Distribution Channel),是指在某一渠道层级上选择少量的渠道中间商来进行商品分销的一种渠道类型。

(3)独家分销渠道(Exclusive Distribution Channel),是指在某一渠道层级上选用唯一的一家渠道中间商的一种渠道类型。

3. 广度结构

营销渠道的广度结构实际上是渠道的一种多元化选择。也就是说许多公司实际上使用了多种渠道的组合,即采用了混合渠道模式来进行销售。比如,有的公司针对大客户成立大客户直接销售部;针对数量众多的中小企业用户采用广泛的分销渠道;针对一些偏远地区的消费者则可能采用邮购等方式来覆盖。

二 民航运输市场营销渠道及演变过程

(一)民航运输市场营销渠道

民航运输市场的营销渠道按是否经历中间销售环节,可分为直接销售渠道和间接销售渠道;按营销渠道模式,可分为传统销售渠道和网络销售渠道。

1. 民航运输市场直接销售渠道(Direct Channel)

航空公司在全国甚至全世界各地设立自己的销售机构,免去中间环节,直接把机票销售给乘客,简称直销。目前航空公司的直销渠道主要有航空公司销售处、呼叫中心、航空公司官方网站,以及部分航空公司入驻第三方交易平台等。民航运输市场直销渠道,如图10-2所示。

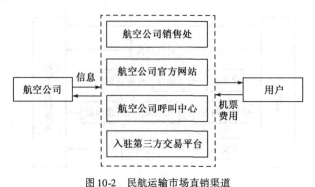

图 10-2 民航运输市场直销渠道

2. 民航运输市场间接销售渠道(Indirect Channel)

间接销售渠道指生产者通过流通领域的中间环节把产品销售给消费者的渠道。民航运输市场间接销售渠道,如图10-3所示。

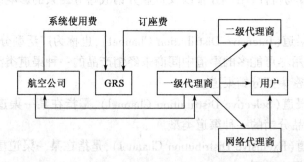

图 10-3 民航运输市场间接销售渠道

(1)传统代理人分销渠道。航空公司通过全国乃至世界各地的代理商把产品销售给乘客,传统代理人分销渠道是航空公司最为重要的渠道形式,包括通过各种系统能够销售航空公司产品的旅行社、旅行批发商和销售代理人等。分销代理人处于航空公司与最终旅客之间,成为航空公司的推销员、旅客的旅行顾问和信息经纪人。在欧洲市场上,包机公司与旅行社之间的关系就是一种生产企业与批发商的关系,其运作过程是由航空公司提供航班运力,并将座位整体批发给旅行社,旅行社再将食宿、地面交通以及其他的一些旅游项目如文化旅游、体育赛事等与航班座位打包,然后再销售给最终的顾客。

(2)OAT网络代理人渠道。OTA(Online Travel Agent),又称为第三方在线代理商,指通过网络或电话向旅游消费者提供机票、酒店、旅游线路等旅游产品预订服务的在线代理商。航空公司对渠道投放的销售成本逐步降低和高端客户电子化正推动OTA的比例增加。

(二) 民航运输市场营销渠道战略的演变

随着 20 世纪 60 年代初,民航业个人消费者市场的开放,民航业营销渠道战略近 50 年来发生了巨大转变。民航业营销渠道战略大致经历了四个阶段。

第一阶段是 1960~1970 年,该阶段主要是销售代理,电话销售是全球航空业针对个人消费者的主要销售渠道,机票代理或旅行社负责帮助旅客寻找和预订机票。据不完全统计,当时全球大约 80% 的机票都是通过代理商电话预订的。

第二阶段是 1970~1989 年,CRS(Computerized Reservation Systems)计算机预订系统开始在民航业营销渠道中普遍使用。早在 70 年代中期,欧美国家已开始使用 CRS 计算机预订系统,而且欧美很多航空公司开始直接对机票代理商开放 CRS。到了 80 年代,CRS 已发展成全球机票销售系统。此阶段中国民航 CRS 的建立也随之广泛开展起来。

第三阶段是 1990~2000 年。民航业开始建立自己公司的网站。早期网站只提供航空公司的基本信息和联系方式。2000 年初,一些航空公司尝试提供增值服务,如在线预订等,但使用范围及权限仍受到技术等多方面制约。该阶段航空公司的主要销售渠道还是通过民航企业建立的机票代理系统。

第四阶段是 2001 年至今。随着网络技术的普及和提高,越来越多的航空公司开始加大网络销售力度。随着电子客票的产生,民航业网络销售得到大量推广。现在每天有近 600 万旅行者通过互联网订购机票,据 SITA 2008 年统计,全球有近 30% 的机票是通过互联网销售的。

中国民航运输市场营销渠道经历了管制期、成长期和成熟期三个阶段。20 世纪 90 年代中期之前,中国航空公司的营销渠道采用单一的航空公司门店直销模式(航空公司间互相代理因规模很小可以忽略不计),航空公司只通过直属售票处销售机票,顾客也同样只能通过航空公司的售票处购买机票;90 年代中期以后直至 21 世纪初期,中介代理代销机票业在中国得到迅猛发展,在航空公司与终端顾客之间出现代理行业,同时航空公司的直属售票处依然存在,这期间航空公司的营销渠道出现直销与分销代理二维并存的局面;步入 21 世纪以后,基于互联网技术的线上代理(OTA)以及线上分销(B2B,Business To Business)的发展,民航运输市场销售渠道呈现多元分销的新格局。

三 我国民航运输市场营销渠道现状及运营特征

机票作为标准化程度较高的旅游产品,以传统代理商为主的销售渠道随着电子商务的成熟及航空公司降低代理费概率的增加,呈现多元并进、百花齐放的新格局。

1. 传统分销渠道

我国民航运输市场传统分销渠道的主要类型有大型机票批发商(如腾邦国际)、中小机票代理人、出入境旅行社及国内组团社、差旅管理公司(如运通、FESCO 等)。民航运输市场传统分销渠道的特征是:以企业用户及包机业务为主,APRU 值(平均每个用户每月贡献的业务收入)较高,但品牌忠诚度不高,目前随着航空公司直销渠道及第三方渠道的发展,传统的中小机票代理商纷纷退出市场,传统分销渠道的市场份额有所下降。

2. 航空公司直销渠道

航空公司直销渠道的类型主要有：航空公司营业部售票处、航空公司官方网站、航空公司呼叫中心以及入驻第三方交易平台等。航空公司直销渠道的特征是：以服务散客及航空公司大客户为主，近年来市场份额缓慢上升。互联网时代的到来和Online渠道的完善成为航空公司直销业务提升的有利推动力，基于搜索引擎、SNS社区等新兴营销平台，航空公司单张机票销售成本呈现快速下降态势，推动着航空公司官网及呼叫中心等直销渠道份额的上升。此外，航空公司营业部及签约大客户渠道通过优化服务产品，市场份额稳中有升。

3. OTA渠道

我国民航的OAT渠道主要有：携程、腾邦国际、艺龙等网站服务；号百信息、12580、116114等电话服务；独立手机客户端（IOS系统、Android系统、Windows Mobile系统）方式；京东、苏宁易购等综合电商平台。OTA渠道的特征是：以服务散客为主，强调服务高质量及接入多渠道，领先的品牌影响力推动市场份额持续上升。中国机票在线分销市场呈现寡头垄断的竞争格局，携程位居第一，以腾邦国际、号百信息为代表的企业处于第二集团，将凭借各自在区域服务、接入渠道等优势占据一定市场空间。

（1）携程网以商旅客户为主的定位决定其机票业务商务色彩浓厚。携程凭借在品牌、服务及产品领域的领先优势，利用呼叫中心为主、互联网渠道为辅的渠道策略在全国市场占据绝对领先地位。根据劲旅咨询跟踪，2012年携程机票出票量或将达到4670万张，同比增长20%。在经历了2010年45%的高速增长后增速呈缓慢下滑态势，约为总体市场出票量增速的2倍。2012年携程机票出票量占总体市场份额将达到15%，日均出票量从2006年的1.8万张提升到2012年的12.8万张，7年间增长7倍。从21世纪初的机场派卡到现在的PAD营销，携程机票业务的"围追堵截"营销模式取得初步成功。

（2）腾邦国际是中国主流航空公司的顶级合作伙伴。腾邦国际和100多家国内外航空公司建立战略合作关系，建立了数千家合作伙伴的庞大航空分销网络，除核心机票业务外，腾邦国际围绕一站式的商旅服务需求，逐步涉足酒店、租车、旅游和金融等新业务。腾邦国际定位于航空公司的合作伙伴，致力于和航空公司携手推动民航信息化进程并实现中国在线旅游市场的繁荣。从2008年开始，腾邦国际的BSP（中性客票）出票量仅次于携程，位居全国第二位。腾邦国际推出面向国内商务及个人出行的在线旅游网站（www.feiren.com）及40069-40069大型呼叫中心，通过持续的流程优化与服务改善，为用户提供精益高、差错低的服务体验。南航、深航30%左右，国航、东航、海航10%左右，和以深圳为始发地的机票皆由腾邦国际完成销售。2012年腾邦国际的机票出票量预计将达到475万张，同比增长28%，创历史新高。2012年腾邦国际的机票交易额将首次突破40亿元，日均出票量约1.3万张。腾邦国际在整体机票市场的份额由2007年的1.0%提升到2012年的1.5%，预计到2015年将达到2.3%，成为国内市场仅次于携程的第二大机票分销商。

（3）由于上海世博会的推动作用，2010年号百商旅机票业务达到峰值，当年机票预定业务收入和出票量分别达到2.4亿元和857万张，创历史最高点。此后由于华东市场需求量下降、机票分销市场竞争加剧以及号百商旅自身业务加速多元化，机票业务出现一定的萎缩态势。

4. 销售营销渠道

我国民航客票的销售营销渠道主要有：平台网站（淘宝、酷讯等）、银行客户渠道（招行、中信银行等）以及中国邮政等特殊渠道。销售营销渠道的特征是：基于已有用户资源，通过差异化产品及服务占领用户，市场份额呈现快速上升态势。淘宝旅行和酷讯旅游网为代表的服务平台通过互联网渠道优势成为拓展渠道市场份额的重要推动力。根据劲旅咨询的预测，2012年淘宝网出票量或将达到1450万张，日均出票量约为4万张，同比增长79%。淘宝网定位于旅游服务平台，通过接入南方航空等航空公司和腾邦国际等机票代理商，依托淘宝网4亿和支付宝5.75亿注册用户的优势，实现机票业务大幅度增长。

我国机票典型销售渠道及运营特征见表10-1。

表10-1 我国机票典型销售渠道及运营特征

典型渠道	主要类型	渠道特征
传统渠道	大型机票批发商（腾邦国际） 中小机票代理人 出入境旅行社、国内组团社 差旅管理公司（运通、FESCO等）	以企业用户及包机业务为主，APRU值较高，品牌忠诚度不高，市场份额有所下降
航空直销	航空公司营业部柜台 航空公司官方网站 航空公司自助售票终端 航空公司呼叫中心	以服务散客及航空公司大客户为主，市场份额缓慢上升
OTA渠道	携程、腾邦国际、艺龙 号百信息、12580、116114 独立手机客户端 京东、苏宁易购等综合电商平台	以服务散客为主，强调服务高质量及接入多渠道，领先的品牌影响力推动市场份额持续上升
销售营销渠道	平台网站（淘宝、酷讯等） 银行客户渠道（招行、中信银行等） 中国邮政等特殊渠道	基于已有用户资源，通过差异化产品及服务占领用户，市场份额呈现快速上升态势

四 民航运输市场营销渠道策略

在客户经济时代和知识经济时代下，航空公司在渠道建设方面必须紧跟时代步伐，在加大直销规模的同时，加强代理人管理，使民航运输市场的销售渠道更加有助于民航企业和民航运输市场的快速发展。

1. 强化网络渠道管理，扩大直销规模

随着互联网的成熟，在民航业中互联网技术可以更轻松和容易的将航空公司的产品以所见所得的形式展示给客户，航空公司特有的电子客票、实名制、虚拟的ERP管理，以及先进的客户忠诚度CRM计划都可以更好的将航空公司产品利用互联网技术通达到目标客户。因此，全力发展航空公司官方网站和客户服务中心，利用互联网独特的技术特征和展示方式，开发设计在传统终端指令操作下无法完成的产品功能开发，利用互联网开放的接口技术，同更多的合作伙伴展开新渠道拓展尝试，这些合作伙伴不是传统的中介代理，而是直接拥有客户资源的合作伙伴，包括网络同盟、银行、保险公司以及其他公司，展开无边界市场合作，拓展网站合作。

2. 加强销售代理人管理，使之与航空公司形成伙伴关系

销售代理人缺乏忠诚是民航业的普遍现象。因此，航空公司应考虑如何与销售代理人形成真正的伙伴关系。参照国外航空公司的一些成功经验，一是加强对大型批发商的投资，形成较为牢固的伙伴关系；二是协助培训分销机构的销售人员，并承担一定销售费用，如分销覆盖奖励等，适当时可招聘专职人员帮助代理人进行再销售。

3. 根据不同的地域选择不同的销售渠道

在民航运输市场相对发达的地区建立直销网络；在民航运输市场欠发达的地区建立分销网络，通过当地旅游部门、相关单位建立机票代理销售渠道，可在一定程度上使航空公司摆脱因资金和人力资源的有限而对销售网络发展产生的制约，以求扩大市场、降低成本。

4. 根据不同的消费群体重点发展不同的销售渠道

民航细分市场主要受地理、收入、职业、阶层、文化和品牌忠诚度等多种因素的影响。航空公司可根据对不同类型的消费者群体的细分，选择相应的渠道模式进行有效覆盖，将产品送达最终用户手中，对于商务旅行市场应以直销为主，可通过直销协议与一些大型的企业、公司、机构建立稳定的客户关系，将其发展成为常旅客会员，为其提供快捷、方便、准时和优质的个性化服务；对于旅游、探亲和休闲的旅客采取分销方式，加强与旅行社的联系与合作，使服务一体化。

第二节　民航运输市场销售代理人管理

自 1986 年国内第一家民航客运销售代理企业——中国航空服务有限公司成立以来，中国民航客运销售代理业已走过了近 30 年的历程，现在已拥有相当的规模。销售代理人在航空公司的众多分销渠道中仍占有举足轻重的地位。

一　民航运输市场销售代理人

销售代理人是指受民航运输企业委托，在约定的授权范围内，以委托人的名义代为销售航空客货运输产品及办理相关业务的营利性企业。在航空运输市场上，代理人不仅仅有买方的身份，它也扮演顾客的角色。不少公务旅客和休闲旅客倾向于让代理人替他们决定究竟乘哪一家航空公司的航班。旅行代理的"顾客"身份在休闲旅客面前得到更充分的表现，因为休闲旅客中很多人每年只有一次飞行旅行机会，对某些人来说一生中也只是一次，所以这些人愿意听取代理人为他们提供的建议。还有一个很重要的原因，休闲旅客往往对最低票价极感兴趣，而当今民航票价变化的速度之快，使得只有代理人可以通过专业计算机订座终端查到特定市场中互为竞争关系的航空公司的最新最低票价。

代理人渠道的优点在于：①可以简化航空公司营销过程，减少人员、设施投入，降低成本，同时由于代理人的专业化特点，在迅速开辟市场和扩大航空销售网络等方面可以起到重要的积极作用；②优秀的代理商将自己视为顾客的采购代理而不是制造商的销售代理，因此他们在为消费者创造时间、地点、数量等效用的同时，满足航空公司进行规范交易地需要；③代理人分销具有比航空公司更强的分摊顾客接触成本的能力，因而具有更彻底、更经济的占有市场的强大优势。

代理人渠道的缺点是：①航空公司不能直接面对终端客户，代理人在航空公司面前讨价还价能力变强；②代理人管理水平参差不齐，服务质量难以保证，当出现问题时客户会将抱怨和不满归于航空公司，影响航空公司的服务形象；③代理人的忠诚度较低，往往从自身利益出发，很难保证将销售重点放在一家航空公司上。

二 民航运输市场销售代理人类型

从销售业务范围来看，民航运输销售代理分为一类航空运输销售代理（经营国际航线或香港、澳门、台湾地区航线）和二类航空运输销售代理（经营除香港、澳门、台湾地区航线外的国内航线），每类销售代理又分为客运和货运代理两种。从销售分工来看，又有以下类型：

（1）本票销售代理人，指使用中航信的订座系统销售由航空公司发放的有某标志的客票及行李票的销售代理人。

（2）中性客票销售代理人，简称 BSP 代理人，是指通过各全球分销系统销售由国际航协统一发放的客票及行李票即中性客票（Billing and Settlement Plan）的销售代理人。

（3）网上电子客票销售代理人，指通过互联网销售电子客票的销售代理人。

（4）销售总代理（GSA, General Sales Agent），是指受民用航空运输企业委托，在约定的授权范围内，以委托人的名义代为开展航空客货运销售的市场推广和办理相关业务，通过自身拥有的渠道或发展分销渠道促进委托人的航空客货运产品销售的营利性企业。

三 民航运输市场销售代理人模式

在民航销售代理人市场上，有三种比较典型的经营模式，即批发模式、在线分销模式和差旅管理模式。三种模式在航空产品产业链上给其上游和下游客户带来的价值以及未来发展趋势各不相同。

（一）批发模式（Wholesaler）

1. 批发业务模式

实际运作中，这个模式已经存在多年，每个城市都有一个或几个从事批发业务的机票代理人，且规模较大。批发业务模式基本流程，如图10-4 所示。

作为民航运输市场批发商，往往是当地有一定社会资源和组织能力的企业，能够拿到航空公司较好的产品和价格政策，并为依附于它的二级代理提供安全的订票、出票、结算服务甚至是经营场地。

作为二级代理(简称二代),又分为核心二代和非核心二代,核心二代一般是完全依附于一个固定的批发商,其全部机票业务都是通过一个批发商完成;而非核心二代,往往不会完全绑定一个批发商,而是通过多家询价,最终选择能提供最优价格的批发商来预订和出票。因此,批发商之间对于非核心二代客户的争夺,是最直接和残酷的,有时甚至是非理性的,为了争夺业务,不惜将自己全部的正常代理费返还给二代,批发商之间的竞争在多数情况下是"割喉式"的价格战。

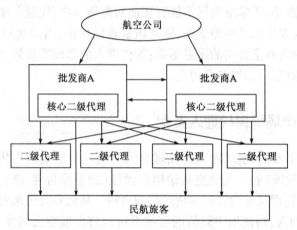

图 10-4 批发业务模式

核心与非核心、二代与批发商的关系都不是一成不变的,没有资质的核心二代规模大了,自己可以独立发展,成为有资质的非核心二代,规模再大,也可以自己作批发业务。

2. 批发业务模式价值

(1)对于航空公司的价值主要体现在两个方面。

第一,增强渠道的渗透能力。目前,国内最大的航空公司,在一个城市中的直销点最多也不过二十几个。而大的批发代理,其旗下的二代、三代,都在几百个左右,个别可达到上千的规模,其渠道渗透能力远远超过航空公司自建的直销渠道。正是有了这些批发商及其所属的二代存在,航空公司的机票分销才有可能深入城市的各个角落,如酒店、饭店、车站、工厂、学校、旅游点、旅行社等。

第二,增强机票的产品组合能力。要满足人们出行的需求,往往需要几个不同服务产品的组合,如的"机票+酒店"、"机票+接送"、"机票+门票"和"机票+签证"等。有能力利用社会和自身的资源,组合出这些产品的是数以万计的大大小小的公司或个人,其中规模较小的公司和个人,由于没有正规的资质和条件,只能从机票批发商那里获取机票资源。因此,批发商的存在增强了机票与其他旅行服务组合的能力,使得航空公司的机票可以被组合成更多样、更灵活的旅行产品。

除此,批发商为航空公司提供的其他价值还包括:管理渠道,尤其是低端分销渠道,帮助航空公司分担和消化管理风险;提供中短期销售预测,帮助航空公司调整短期产品策略;帮助航空公司销售部门承担和分解年销售任务;帮助航空公司进行临时促销,或完成短期销售任务;促进预订—出票的专业分工,提高出票准确性,简化航空公司结算工作。

(2)对于二代的价值,在民航运输市场中存在大量的小公司或个人,他们具有一定客户资源和服务能力,但由于企业规模较小,缺乏足够资金,从而无法获得正规营业资质和航空公司的相关政策。对二代而言,可以从批发商那里获得合法营业资质、场地、GDS 终端等从事机票经营所必需的基本条件,同时还可以使用批发商优惠的运价政策和返还奖励,从而把精力完全放在旅客服务上。

(二) 在线分销模式(OTA,Online Travel Agency)

1. 在线分销业务模式

在线分销是近年来新兴的机票分销模式,在线分销的业务模式很简单,只有航空公司、在线分销商和旅客三个环节,与批发商模式相比,中间环节得到了最大限度地压缩。在线分销业务模式,如图 10-5 所示。

目前规模较大的在线分销商如携程、艺龙等都是由经营酒店业务逐渐发展到了机票分销领域。中国市场上,由于客户的成熟度和消费环境以及服务能力的差异,大多数在线分销商采取了呼叫中心为主,网站为辅的业务模式。

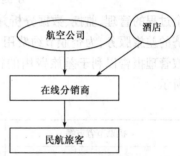

图 10-5 在线分销业务模式

2. 在线分销业务模式价值

在线分销商对于航空公司的价值,可以分为直接价值和间接价值。

(1) 直接价值:跨越所有中间环节,有助于航空公司分销渠道的简化;有助于航空公司的产品快速的跨地域行销,甚至跨国行销;组合"机票+酒店"等产品,帮助航空公司开拓自助游和商务散客市场。

(2) 间接价值:由于在线分销的跨地域性,对航空公司目前按地域化进行销售政策管理的模式提出了挑战,迫使航空公司改变分销管理方式,精简票价结构,实行集中式管理,间接促进了航空公司管理方式的升级和发展。

(三) 差旅管理模式(Travel Management,Corporate Travel)

差旅管理,即商旅管理,是指企业在专业差旅管理服务公司的协助下对差旅活动进行整体规划,全面执行监控,优化差旅管理流程与政策,整体采购资源,从而在不影响业务开展和出行体验的前提下,降低差旅成本并提高出行效率。专业的差旅管理公司能凭借其规模、经验、技术和资源优势为目标企业提供出差日程和安全管理,协助企业的差旅行为分析,制订合理的差旅政策、差旅流程、差旅预算,并进行贯彻落实,使企业的差旅行为对业务发展提供有效的支持。

1. 差旅管理业务模式

差旅管理公司(TMC,Travel Management Companies),是专门为企业提供出差相关(机票、酒店为主)管理服务的公司。差旅管理公司不再是一个分销商,也不是一个传统意义上的航空公司的代理,更多的时候它更像一个企业的差旅管家。国外差旅代理商行业起步较早,也较为成熟,如美国运通、英国 BIT、卡尔森、BCD 和 HRG 等公司;中国差旅管理起步较晚,国内的携程、E 龙、腾邦国际、芒果和戈思汉 GSH 等新陆续进入差旅管理行业,其中以携程和腾邦国际较为突出。差旅管理业务的基本模式,如图 10-6 所示。

2. 差旅管理业务模式价值

图 10-6　差旅管理业务模式

对航空公司而言,差旅管理公司的价值主要体现在高收益和高端客户服务方面。由于差旅管理公司服务的客户主要都是大型企业客户,这些客户出差的主要目的是商务活动,因此,对于机票的需求,价格敏感度低,服务要求高。随着航空公司的管理逐步由客座率管理向收益管理的转变,差旅管理公司在帮助航空公司吸引高端客户方面的价值越来越明显。

对企业而言,差旅管理公司通过专业、可靠的商务旅行服务管理可以全程控制帮助企业降低差旅成本。如,国内某差旅管理服务提供商,利用先进的信息技术及业务管理模型,对差旅活动进行全过程的管理、监控、数据分析并实施持续优化策略,从而为服务企业提供完善、快捷、方便、经济的差旅服务,为企业节约费用、减轻企业行政人员和财务人员的负担,为企业管理层提供差旅管理报告以利于差旅费用的控制和提升整个企业的管理水平。具体节省方案,如表 10-2 所示。

某差旅公司旅行费用节省方案　　表 10-2

机票节省方案	酒店节省方案	相关费用节省
严格执行机票差旅政策 追踪差旅政策的执行情况 航空协议优化整合 优先推荐最优行程 未使用机票提醒	严格执行酒店差旅政策 追踪差旅政策的执行情况 优化协议酒店体系 优先推荐性价比高的酒店 酒店比价系统	24h 服务热线免长途费 专职服务团队节省人力成本 多渠道服务模式节省时间成本 专业差旅管理节省管理成本 统一采购节省采购成本

当前,航空公司面临的问题是如何面对不同类型的差旅公司进行营销,航空公司作为差旅产业链的上游供应商,必须通过加强与差旅公司的合作,进一步争取商务旅行市场的份额。

四 民航运输市场销售代理人管理

民航运输市场代理人成份复杂,一些代理人的不良行为致使航空公司利益和形象受损。因此,对代理人,特别是批发商的管理是航空公司分销渠道管理的重点和难点。

1. 销售代理人激励管理

对业绩突出的代理人应予以鼓励或奖励。对代理人的奖励可采取物质奖励和精神奖励两种方式。如航空公司采取软硬兼施、威胁利诱的"胡萝卜加大棒"的方法对代理人进行激励。正面的物质激励包括较高的佣金、交易中给予的特殊照顾,如组织免费业务培训、免费发放航空公司的宣传资料或其他根据市场状况制定的物质奖励。精神奖励包括奖牌或荣誉证书,组织免费旅游考察,或给予销售政策、座位预订等方面的优先权,如对旺季及紧俏航线座位予以优先安排等。经验较为丰富的航空公司都会设法与代理商建立长期的合作关系,通过这种长期的合作关系来激励代理人。

2. 销售代理人信用管理

销售代理人风险主要是信用风险,因此航空公司应建立代理人风险管理机制。首先,建立销售代理人信息档案。代理人档案是运力调配、运力销售服务以及回收账款的基础和依据,与航空公司营销的每个环节都密不可分,直接关系到航空公司的运作和效益;其次,评估代理人资信状况。评估的方法可采取定量分析与定性分析相结合、静态分析和动态分析相结合,以准确、全面反映代理人的资信状况;最后,实行代理人资信分级管理,根据代理人信用评价等级,分别制订营销政策。

3. 销售代理人日常管理

航空公司对代理人的日常管理应把握以下五个方面。

(1)设专门人员与销售代理人建立经常性的业务联系,定期走访代理人,收集了解销售代理人的销售情况和存在问题,掌握销售代理人的需求和动向及其经营状况,及时提供服务或给予指导。

(2)对销售代理人分别对待,对业绩突出的销售代理人应予以鼓励或奖励;对业绩下降的销售代理人应分析原因,采取针对性的措施,帮助其提高业绩;对不履行销售协议又拒不改正的销售代理人应按协议予以处罚;对出现财务状况不佳,挪用拖欠票款的销售代理人,应立即追缴欠款并适时终止其代理关系。

(3)与代理人保持良好的沟通机制,及时将公司制定的销售政策或规定转发给销售代理人,定期或不定期地召开销售代理人会议,相互交流情况,通报公司的新航线、新产品和销售政策,沟通感情,建立稳定持久的业务关系。

(4)检查和监督销售代理人的销售行为,就销售代理人在销售中出现的违规或异常情况对代理人进行批评、警告,并及时向公司市场销售部或结算中心反映、汇报。

(5)定期对销售代理人进行业务培训、复训和考核,提高销售代理人的业务水平和综合能力。针对代理人从业人员专业性不高,业务知识欠缺的特点,航空公司可利用自身的资源优势主动为代理人提供业务培训,还可借培训将本公司强大、健康的企业文化、经营理念、品牌战略传输给代理人,使代理人主动配合航空公司运营战略发展的需要。

航空公司和销售代理人之间角色分工不同,没有本质性矛盾。合作双赢、互利互惠是航空公司和代理人之间合作的永恒守则。对于航空公司来说,除了在战略上确立以旅客为中心的基本方针外,更应该从市场拓展、市场营销等方面体现分销渠道客户关系处理的技巧,让市场向健康、稳定、可控的良性轨迹发展。

第三节 民航运输市场网络直销渠道管理

网络营销渠道是利用互联网提供可利用的产品和服务,以便使用计算机或其他能够使用技术手段的目标市场通过电子手段进行和完成交易活动的销售渠道。目前中国民航业机票网络销售主要有三种形式:航空公司 B2C、B2B 直销、OTA 网络代理商分销和第三方交易平台。航空公司 B2C、B2B 属网络直销,OTA 网络代理属网络分销,而在第三方交易平台上,如淘宝

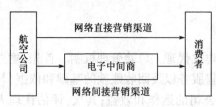

图 10-7　网络直接营销渠道与间接营销渠道

机票频道,有的航空公司直接在淘宝上开设旗舰店,属直销方式;也有部分传统代理商入驻第三方交易平台销售机票。因此,在第三方交易平台上,航空公司直销渠道和代理人分销渠道两种形式并存。网络营销渠道按是否有电子中间商分为网络直接营销渠道和网络间接营销渠道,如图 10-7 所示。

一、民航运输市场网络直销渠道及其作用

网络直销是指航空公司通过自己的网站直接面向终端客户销售机票,而不经过代理商环节。在航空公司网络营销渠道中,网络直销是航空公司营销渠道中的一种低成本、高效率的客票销售方式。目前民航运输市场网络直销主要有两种形式:①航空公司 B2C(Business To Customer)、B2B(Business To Business)直销渠道,其中 B2C 主要有官方网站直销和入驻第三方交易平台直销两种形式;②航空公司委托第三方服务信息商在网站上发布相关的产品信息,企业利用这些相关的信息与消费者取得联系,从而销售客票。

国内外的航空公司基于互联网技术和广大的互联网用户群体,纷纷建立自己的网络直销渠道,以实现以下几点的目的。

1. 降低销售成本

航空公司发展直销的首要驱动力是降低销售成本。在美国,航空公司的销售成本主要指付给分销系统 CRS 的系统使用费。而在我国,航空公司的主要销售成本除付给分销系统的使用费用外,还包括支付给代理人的佣金。航空公司发展直销后可以绕过 CRS 及代理商,有效减少中间环节,从而降低了销售成本。英国航空公司 2007 年财报数据显示,其 2007 年销售费用同比降低了 17.7%,而其客运收入增长了 3.8%,这主要归功于英航对网络直销的大力发展,2007 年英航 B2C 网络直销的比例已达到 25%,英航数据再次说明发展网络直销能够降低销售成本。从表 10-3,可以看出航空公司互联网直销渠道的销售成本最低,约占到票价收入的比例的 2.20%。

不同营销渠道的出票成本比较(单位:美元)　　　表 10-3

项　目	传统模式		互联网模式	
	代理商销售	直　销	在线代理商	直　销
佣金	22.80	0.00	10.00	0.00
CRS 订座费	8.40	0.00	8.40	0.00
信用卡手续费	6.00	6.00	6.00	6.00
出票人工及工本费	3.00	9.00	0.60	0.60
出票成本合计	40.20	15.00	25.00	6.60
占票价收入的比例	13.42%	5.00%	8.33%	2.20%

2. 增强对销售网络的控制力

航空公司加大直销力度有利于减少机票代理商及 CRS 提供商对航空公司所拥有的市场

的影响力,从而增强对销售网络的控制力。航空公司发展网络直销,不仅可以直接面对终端客户,还可以直接面对代理商,此时代理商的角色更像是团购商。航空公司可以根据自身的战略规划,制定代理准入标准,从而实现对代理商的差异化管理。

3. 塑造公司品牌

直销可以使用航空公司的品牌,有利于树立企业形象,同时航空公司员工良好的业务素质及忠诚度,保证了较高的销售质量。航空公司在互联网上直销,还可以借助互联网的动态性强、时效性长、互动性好等优势将公司品牌的良好形象放大。如,有的航空公司在其网站上开辟与顾客的互动交流模块,这种互动形式能够使人们与品牌的联系更加紧密,增强用户对品牌的认可度和依赖感。

4. 提供有针对性的服务和营销

航空公司发展网络直销后,旅客信息可以直接存储在航空公司自己的数据库中,而不必通过代理商或 CRS 系统。航空公司在销售服务中得到乘客的第一手资料,便于及时了解乘客需求的变化,促使航空公司以市场为导向不断改进产品和服务。航空公司通过对用户属性及预订行为的分析,可以提供有针对性的服务,展开精准营销,比如航空公司可以在航班起飞前的几小时,将机票价格信息发送给经常使用该航线的商务旅客,从而提高营销效果。

5. 加快资金回笼

在传统的代理模式中,顾客将机票费用支付给销售代理商,再由销售代理商支付给航空公司。目前我国航空公司与机票代理之间的结算是以周为单位的,但到账时间通常比一周要长,所以航空公司面临着资金流通压力,而在直销模式下,用户直接将票款支付给航空公司,从而加快了资金的回笼。

二 国外航空公司网络直销渠道模式及特色

欧美航空公司的网络直销起步于 20 世纪 90 年代,经过 20 多年的发展,已经取得显著地成绩。

1. 美洲航空公司网络直销——利用公司网站塑造品牌

美洲航空公司(Americana de Aviation),利用公司网站塑造品牌,主要包括两方面的内容:一是,在美航的网站上有各类对旅客的提醒信息,比如,提醒旅客怎样装行李才不会致使行李箱损坏;当行李箱损坏时,在哪里可以最方便地买到新的;在进行行李安检之前尽量不要把行李锁上等。二是,美航通过网站加强与用户之间的交流。如,在其官方网站上开辟了"为什么飞行"的版块,供旅客交流各种感受和见闻。美航希望通过其网站传达一种理念,那就是"飞行是一段经历的结束,你的目的地或许是你人生中另一个重要的开始。"

2. 美国联合航空公司网络直销——提供灵活的里程消费

美国联合航空公司(United Airlines),为用户提供了灵活的里程消费政策,用户获得的里程奖励不仅可以自己消费,还可以作为礼物送给他人,但是被赠与人必须拥有美联航的常旅客账户。美联航提供了两种里程赠送策略:一是将里程赠送给家人或朋友;二是将里程赠送给商务伙伴或奖励给公司员工。用户在美联航的网站上输入被赠与人的常旅客账户后,美联航便可直接将里程打入其账户中,并可附送电子卡片。美联航的里程赠送服务实质是一种营销手段,通过赠送里程的方式帮助用户建立起社交网络,随着用户社交网络的拓宽,美联航的服务不断被新的用户尝试。美联航通过网站建立社交圈的做法正是利用了网络便于交流且不受地域限制的优势。

3. 美国西南航空公司网络直销——一站式旅游服务

西南航空(Southwest Airlines),从未把自己的网站定位于航空公司网站,而是着重强调西南航空的网站是一家旅游网站。在西南航空的网站上,除了可以看到航班信息外,还可以看到大量的酒店、租车和旅游产品信息,并能实现预订,在功能上与专业的旅行预订网站无异。西南航空还于2007年推出了针对个人游客的剧院和公园门票的预订服务。用户需要的不仅仅是乘坐飞机飞行,这只是一种到达目的地的交通工具,用户需要的是一系列的旅行服务,包括交通、住宿、餐饮和旅游景点等。西南航空的做法满足了用户一站式预订的需求,减少了用户多次搜寻的成本,因而受到旅客的欢迎。

4. 英国易捷航空公司网络直销发展特色——给予用户不注册即可预订的权利

易捷航空公司(EasyJet),用户可以自由选择是否在网站上注册,非注册用户也能够在易捷的网站上预订机票。在允许用户不注册的同时,易捷也给出了希望用户注册的激励机制,如果用户注册就可以获得更多的产品选择机会。欧美多数航空公司已经实现了无需注册即可预订的服务,无需注册服务能够缩减用户预订环节,降低预订的时间成本。

三 我国航空公司网络直销渠道(B2C)现状

我国航空公司网络直销起步较晚,三大航空公司均于2000年以后才开始发展自己的B2C网络直销战略。中国国际航空公司的B2C起步于2003年,中国南方航空公司和中国东方航空公司的B2C均起步于2004年。而欧美航空公司的网络销售早在20世纪90年代就已经开始起步,如:美洲航空公司于1995年就创建了自己的官方网站,并于1996年开始发展网络直销策略,到1998年已成为美国最受欢迎的航空公司网站;易捷航空公司也早在1999年就开始大力宣传自己的官方网站,并于2006年实现了100%的直销。

目前,我国航空公司网络直销比例低,航空公司的机票销售还主要依靠代理商,根据艺旅咨询发布的资料显示,我国内地航空公司2011年第一季度机票电子商务交易额146亿,而同期民航机票整体交易额为608亿,电子商务所占比重只占到24%。在电子商务交易中,直销只占到33%的比例,由此可推算得出目前我国航空公司的直销比例约占到8%。而在2006年,欧美主要航空公司的网络直销比例已经达到21.5%,在2010年,美国西南航空公司的直销比例为79%左右。我国航空公司的网络直销比例低,从航空公司自身来讲,主要有以下4个方面的原因。

(1)产品可选性差。航空公司在官网只提供本公司的机票,旅客可选择的范围窄,而代理商相当于一个机票超市,它将很多航空公司的航班信息集中到一起,能够满足不同旅客的需求。

（2）直销手段单一。航空公司网上直销经常走低价路线，忽视自身服务质量的提高以及品牌建设，旅客在网上购买机票时，往往倾向于搜寻票价最低的航班，还没有完全形成对航空公司的忠诚。

（3）航空公司网站订票操作流程过于复杂。设计者虽然很好的表达了公司的意图，却忽略了用户的使用习惯和浏览习惯，造成不少旅客在订购机票时因说明事项、服务内容和各种规定太过繁琐，而没有耐性看完再进行购买，或者因不熟悉购票流程而频频遇阻，最后只能放弃操作，选择其他渠道购票。

（4）航空网络销售个性化服务不足。航空公司往往不能根据旅客需求而设计出个性化的产品。除此，旅客订票后，遇到诸如修改、取消订单，或者需要一些辅助性服务以及咨询某些问题时，很难在航空公司的网站上找到合适的答案或者解决办法。

针对当前我国航空公司网站直销比例较低的现象，可以借鉴国外特别是欧美国家航空公司网络直销的模式和经验，开展全方位的网络直销，进一步降低销售成本和提高顾客的忠诚度。

四 航空公司官方网站直销渠道建设

航空公司官方网站是航空公司直销渠道的重要环节，航空公司官方网站首先要具备被访问、机票预订、信息展示、动态查询和餐食预订等功能（如图10-8所示），其次官方网站建设从网络营销的角度还应体现以下六方面的内容。

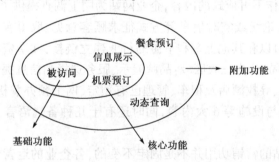

图10-8 航空公司网站的基本功能

1. 品牌形象

网站的形象代表着企业的品牌形象，人们在网上理解一个企业的主要方式就是访问该公司的网站，网站建设的专业化直接影响企业的网络品牌形象。特别关于网上运营为主要方式的企业，网站的形象是访问者对企业的第一印象，这种印象对于树立品牌形象、产生用户信任具有至关重要的作用，因而具备条件的企业应力图在企业网站上表现出企业的品牌形象。

2. 产品展现

顾客访问网站的主要目的是为了对公司的产品理解深化，针对不同的销售区域和不同的产品可设计不同的展现模式。如，日本航空和大韩航空，注重区分不同语种，首页是选择语言种类，需要点击进入正常菜单；而欧美航空公司或以域名区分语种，或进入首页后选择语言种类;货运航空网站则以宣传和提供解决方案为主。

3. 信息发布

网站是一个信息载体,在法律允许的范围内发布一切有利于企业形象、顾客效劳、企业新闻、产品信息、促销信息、招标信息、协作信息和人员招聘信息等。如汉莎航空、澳洲航空和新加坡航空的官网首页设计简洁明快,突出三大类内容,即:航班票务服务、促销信息和网上值机,网页在一屏左右,操作简便,横向菜单设计合理,最大限度提供旅客需要的信息。

4. 网上销售

通过官网直接销售是航空公司建立网站的重要目的,企业网站自身就是一个销售渠道。完成在线销售的方式有多种,航空公司可根据网站自身的资源来展开在线销售。航空公司网上直销可以通过网站直接提供支付结算功能,简化了资金流转问题,因此,线上销售应重点加强网上支付功能的建设,主要包括网上支付系统、网上支付方式和网上支付的安全控制等。

5. 顾客效劳与顾客关系

航空公司的网站应能够为顾客提供各种协助信息,如,问题解答、电子邮件咨询、在线反馈表单和在线交流咨询等。通过在线反馈和在线交流功能,应该能够答复80%以上顾客关怀的问题,从而进一步提高顾客效劳效率和节约顾客效劳成本。除此,航空公司网站还可以通过网络社区、有奖竞赛等方式吸引顾客参与,不仅起到产品宣传的目的,还有助于促进顾客关系。

6. 网上调查与资源共享

市场调研是营销工作不可或缺的内容,企业网站为网上调查提供了便捷途径,通过网站的在线调查表、电子邮件、论坛或实时信息等方式征求顾客意见,取得有价值的用户反应信息。除此,航空公司网站还可以和其他上游和下游的行业建立链接,共享资源。如,阿联酋航空的官网首页基本以 f 型布局,分为三大区域:品牌展示、服务选择和信息提供,特别是服务选择中提供了搜索及预定航班、寻找酒店及租车、管理已有预定、网上预办登机手续、查询航班状态、查看您所乘航班的服务与设施等 6 大内容,同时还有十几种备选语言,基本覆盖了全球旅客所需。

总之,航空公司网站的营销功用并不是固定不变的,各企业的运营情况不同,对网站的功用需求也有所不同,网站功用需求应与企业的运营战略相适应。随着企业电子商务流程的不断深化,企业网站不只仅是一个网络营销的工具,还可以触及到电子商务流程中的各个范畴。

五 航空公司网络直销渠道建设的手段

除官方网站外,航空公司还可以使用搜索引擎营销、网站广告、SNS 社区营销和电子邮件营销和移动电子商务营销等手段进一步拓宽网络直销比例。

1. 搜索引擎营销(SEM,Search Engine Marketing)

搜索引擎营销根据用户使用搜索引擎的方式,利用用户检索信息的机会尽可能将营销信息传递给目标用户。搜索引擎营销的基本思想是让用户发现信息,并通过点击进入网站、网页进一步了解其所需要的信息。例如百度、谷歌等搜索引擎帮助互联网访问者在浩瀚的互联网信息海洋中快速查找到自己所需要的信息。

在目前的发展阶段，航空公司的 B2C 业务的主要载体是在线官方网站。吸引潜在的在线旅游者到本公司官方网站购买机票是网络直销的首要任务，因此航空公司的官方网站首先必须保证一定的访问量，利用搜索引擎可以将本公司的官网排在顾客相关搜索页面的前端（或视觉最佳位置），从而提高顾客对本公司官网的点击率。对于机票业务来说，由于使用旅游搜索引擎的互联网用户几乎 100% 是具有购票意愿的旅游者，因而这些流量中从"访问者"到"消费者"的转化率将相对比较高。

搜索引擎的基本商业模式是按流量收费，即搜索者一旦通过某搜索结果的链接到达航空公司的 B2C 直销网站，那么航空公司将需要为每个这样的访问付费，这是典型的搜索引擎盈利模式。对于希望在 B2C 在线直销方面得到大幅度发展的航空公司来说，目前一个可行的方式就是接受旅游搜索引擎的这种商业模式，并与之开展合作。总之，搜索引擎作为一种新的互联网应用，具有其自身的核心价值和生命力。航空公司应该正视搜索引擎的存在，并不断关注搜索引擎的发展变化，以制定在线产品营销策略。

2. 网络广告营销

网络广告是主要的网络营销方法之一，在网络营销方法体系中具有举足轻重的地位，事实上多种网络营销方法也都可以理解为网络广告的具体表现形式，网络广告不仅仅限于放置在网页上的各种规格的横幅广告，电子邮件广告、搜索引擎关键词广告、搜索固定排名等都可以理解为网络广告的表现形式。航空公司网络广告营销中，应全面了解各种网站媒体类型，主要集中在门户网站、搜索引擎（综合、旅游垂直）、生活服务类网站和财经网站进行广告营销。除此，还可选择微博营销、团购营销等新兴的网络营销方式。在网络广告中，航空公司可以建立多种链接方式到航空公司的官方网站，实现网络直销渠道的铺设。

3. SNS 社区营销（SNS, Social Networking Services）

SNS 网站的主旨在于帮助人们建立和扩展社会性网络，由于借助了互联网信息传播的低成本、自动化、及时和精准等特性，SNS 网站在建立和维系用户的社会性网络方面表现出了很高的效率和很好的效果。

近年来，SNS 网站获得了长足发展，航空公司也在不断拓展在线销售和市场营销渠道，例如 Lufthansa 航空公司就率先在学生群体中访谈他们的旅行体验，并向他们促销打折机票。有的航空公司开始基于自己的常旅客群体，亲自为旅客们打造 SNS 网站，以期增加旅客对本航空公司的黏度。如，法国航空公司（Air France）和荷兰皇家航空公司（KLM Royal Dutch Airlines）推出一个名为 Bluenity 的 SNS 网站，并在其首页鲜明地声称其为"the first social network for travelers launched by an airline"（第一个由航空公司为航空乘客设计的社交网站）。在 Bluenity 上，旅客凭借常旅客卡或者票号轻松分享自己的旅程。旅客在严谨的隐私政策下，可以有选择地公布自己即将出行的行程，甚至可查看到被对方许可查看的同航班旅客的资料。当然所有旅客都被鼓励在网站上分享自己的旅行经验，也可以从其他旅客那里获得旅行贴士。法航和 KLM 的员工以私人身份参与到这个网站的各项活动中，为其他旅客提供专业的建议。在这些功能的基础上，旅客可以在旅行过程中和其他旅客接触、见面交流，并通过社区的功能保持必要的联络，以非常便捷的方式为旅客拓展社会关系网络。

对于长途旅行而言，乘坐飞机是必不可少的一个环节。在面向旅行者的 SNS 网站中，很多旅行者对于航空公司的品牌、产品、服务、航线网络和常旅客计划等进行了点评。由于这些点评来自于旅客的实践经历和切身体验，不论是批评还是赞扬都往往能够切中问题的要害，对于航空公司改善经营有很大的帮助。更重要的是，这些点评往往影响到其他旅客在选择航空公司航班时的决定，一些口碑差的航空公司可能会因此失去一部分旅客。可见，基于旅行的 SNS 网站对航空公司的在线销售有着很大的影响。反之，这样的消费者密集的场所也为航空公司创造了很好的在线营销渠道。

不论是航空公司自己为旅客打造 SNS 网站，还是借助于第三方的 SNS 网站，航空公司都可以轻易地在互联网上找到自己的在线旅客们之所在。对于目前热衷于发展在线销售渠道的航空公司而言，SNS 网站将成为航空公司重要的在线营销渠道之一。

4. 电子邮件营销（EDM，Email Direct Marketing）

电子邮件营销是在用户事先许可的前提下，通过电子邮件的方式向目标用户传递价值信息的一种网络营销手段。Email 营销有三个基本因素：用户许可、电子邮件传递信息和信息对用户有价值，三者缺其一，都不能称之为有效的 Email 营销。电子邮件营销是利用电子邮件与受众客户进行商业交流的一种直销方式，同时也广泛的应用于网络营销领域。在国外，一些航空公司已经开始使用电子邮箱营销手段，如达美航空公司在发给 Sky Miles 会员的邮件中，开门见山的督促他们回到达美航空的网站，并在正文中指出请顾客轻松浏览达美航空的优惠票务信息。

5. 移动电子商务营销

PC 电脑、智能手机、平板电脑及呼叫中心等渠道总称为电子商务，简称为电商，智能手机和平板电脑是航空公司重要的移动电子商务渠道。劲旅咨询预测该渠道的渗透率将从 2010 年的 38% 提升到 2015 年的 62%。未来，平板电脑或将取代现有的呼叫中心及营业厅，成为机票销售的主渠道。另外，航空运输科技提供商国际航空电讯集团所作的一份调查报告指出，航空公司预测手机设备到 2015 年将成为与互联网一样重要的销售渠道。全球 50 家大型的航空公司，其中，70% 的航空公司预计智能手机在 3 年内将成为"主要的"直销渠道。参与调查的 90% 的航空公司计划在 2015 年以前通过手机来销售机票，手机服务已连续两年在航空公司投资计划方面居于首位。随着手机系统的智能化及客户端应用程序的升级，航空公司必须大力开展移动商务直销渠道，以方便用户在移动终端上完成机票查询、预订、手机支付、航班动态查询和手机值机等自助服务。

第四节 民航运输市场计算机销售系统

在民航早期发展阶段，民航运输市场销售业务采用人工手段完成，随着民航的快速发展，特别是网络技术的发展，目前民航运输市场销售广泛使用 ICS 系统、CRS 系统、GDS 系统等计算机销售系统。这些智能系统的使用在民航业合理充分使用资源、加强监控、增强运行安全以及提高运行效率等方面起到了重要的作用。

一 计算机销售系统的产生与发展

最早的订座系统叫 ICS(Inventory Control System),即编目航班控制系统,是西方一些大型航空公司为实现更多、更便利的销售,于 20 世纪 60 年代建立起来的以计算机订座控制和销售为主要功能的网络系统。该系统一般由一家航空公司单独与计算机公司联合建立,并只限于服务于本航空公司。

随着国际航空公司业务迅速扩展,各航空公司通过 ICS 系统售票意义已经不大,而且成本较高,同时各代理人也产生能够同时分销多家航空公司产品的需求。在这种情况下,航空公司通过协议建立了同时与多家航空公司 ICS 相连接的 CRS(Computer Reservation System,电脑订座系统)系统。

随后又开发了 BSP 系统(Billing & Settlement Plan,开账与结算计划),这是由国际航空运输协会 IATA 根据运输代理业的发展和需要建立的供航空公司和代理人之间使用的销售结算系统。

GDS 全球分销预订系统创立于 1960 年,属美国 Airline Company 的直属企业 Sabre 股份有限公司,至今已经有 50 多年的历史。20 世纪 70 年代中期,为应对航空业激烈的竞争,美国航空公司和联合航空公司各自开发了一套名为 Sabre 和 Apollo 的计算机订票系统。系统的应用为两家航空公司带来了极大的竞争优势,使美国航空公司和联合航空公司在 80 年代初几乎垄断了所有主要的机票销售渠道,分别占 41% 和 39% 的市场份额。在增强公司竞争力的同时,Sabre 和 Apollo 还为航空公司带来了巨额的利润。以 Sabre 系统为例,系统在为旅客推荐航班时,出现在屏幕上的首先是美国航空公司的航班,仅是这一优先程序设置,在航班比较密集的航线上,就可以给公司带来高出平时 20% 以上的收入。同时,其他航空公司每通过 Sabre 系统订出一张机票需交纳 1.75 美元的系统使用费。美国航空公司还向旅行社、宾馆、租车公司等出租系统终端,通过 Sabre 系统向旅游代理商和大公司的旅游部门提供集成的、一体化的服务,包括订购机票、预订旅馆房间、租用汽车、提供餐馆及娱乐场所的信息等。此外,美国航空公司还向其他航空公司提供数据处理服务,如货物跟踪、预订、财务、气象分析、旅客安置、航班计划和库存控制等。

二 航空公司订座系统

ICS 的全称是 Inventory Control System,是航空公司人员使用的航空公司系统。ICS 的主要功能是建立、控制和销售航班。每个航空公司享有自己独立的数据库、独立的用户群、独立的控制和管理方式,各种操作均可以加以个性化,包括班期、运价、可利用情况、销售控制参数等信息和一整套完备的订座功能引擎。

ICS 为中央控制的多主机系统,载有航空公司主要航班供应情况,即航空公司航班服务、时刻表、票价、供求情况、载客量资料及实际预订记录等。ICS 是航空公司及其他旅游服务供货商用以管理供应、跟进顾客记录、控制空间分布、维护及分析重要资料及支持业务决策的强大后端管理系统。中央 ICS 系统支持 ETD 解决方案及服务,包括代码共享、常旅客数据管理、收益管理分析及电子客票。

三 代理人订座系统

CRS 的全称是 Computer Reservation System,即代理人机票售票系统。CRS 的主要功能是为代理人提供航班可利用情况查询、航段销售、订座记录和机上座位预订等服务。在 CRS 诞生之前,代理人为了能够代理各航空公司的机票,必须装上不同的终端,因而产生大量重复建设和系统冗余。对于代理人来说,订座系统范围越广,收益越大,但投资相应越大,他们希望尽快寻找到能够降低投资而保证收益不致减少的新的解决方案,计算机订座系统 CRS 应运而生。计算机订座系统为航空代理商提供全球航空航班的分销功能、非航空旅游产品的分销功能以及准确的销售数据与相关辅助决策分析的结果。

20 世纪 50 年代末 60 年代初,CRS 开始在美国的航空公司投入使用,后发展到多个航空公司共享的订座系统。70 年代早期,各航空公司内部订座系统互相结盟,将资源集聚于 CRS 共同利用,建立多用户系统,并与具有订座系统的航空公司连接,并为没有订座系统的航空公司提供计算机系统服务,从而避免了 ICS 给代理人销售多家航空公司机票带来的不便和浪费,预订效率和销售能力再度提高,旅客也因此得到更加便捷的服务。

目前全球四家 CRS 服务商分别是世博(SABRE)、伽利略(GALILEO)、艾玛迪斯(AMADEUS)和沃德斯班(WORLD SPAN)。所有区域性和地区性的服务商都通过不同形式和全球服务商发生联系,比如艾玛迪斯负责托帕(TOPAZ)的系统运行。CRS 服务商更多的是跨国界提供服务,在 ICAO,三分之二的成员国都能进入 CRS 系统。CRS 服务商往往采用跨国界提供服务的方式向第三国或者地区提供服务,而不是采取在第三国或者地区建立子公司的模式,比如艾玛迪斯服务覆盖的国家多达 210 个,但设立的国内销售公司只有 70 个。

计算机订座系统的主要功能有:

(1)显示功能。显示航班班期时刻、指定航班座位可利用情况和票价信息等。

(2)旅客订座功能。对控制或非控制航班预订单程、联程、回程座位,申请候补、取消座位,以旅客订座记录为单元进行存储和处理。

(3)航班控制功能。航班控制人员对航班实施管理的功能、建立及修改航班数据、调整航班座位开放情况、划分营业员职能范围、设置航班配额,以保证航班正常、合理地运营。

(4)信息自动处理功能。对系统外来电报自动接收,对系统外发电报自动拍发。

(5)管理报告功能。为航空公司决策者和管理部门提供各种类型的航班运营统计资料,包括各航班旅客订座数量和流向、营业员工作状况及外航对本航空公司订座等情况。

(6)预付票款功能。通过预付票款(PTA)电报往来,为旅客提供当地付款、异地取票服务,以方便旅客。

(7)自动出票功能。使用客票打印机,替代手工抄写客票,为旅客快速、准确、清晰地自动打印客票。

(8)票价计算功能。在国际航线上,两点或多点之间可能有多种票价计算公式。票价计算功能能够自动计算,提供最为合理的价格,为旅客节省票款。

CRS 还进入了其他的 IT 业务领域,大多数 CRS 提供商都会在多元化战略上采取往上和往下延伸的策略,即上游多元化和下游多元化。很多 CRS 提供商采取的上游多元化策略都会不相同,但它们有共同特点,即主要利用拥有的信息技术管理的专门知识,向航空公司、航空公司联盟、多航空公司门户网站、旅行社和分销商提供专用软件(离港系统、飞行运行系统等)开发、外包等服务。

四 全球分销系统

GDS 的全称是 Global Distribution System,即全球分销系统,是应用于民航运输及整个旅游业的大型计算机信息服务系统。通过 GDS,遍及全球的旅游销售机构可以及时地从航空公司、旅馆、租车公司与旅游公司获取大量与旅游相关的信息,从而为顾客提供快捷、便利和可靠的服务。

GDS 是随着世界经济全球化和旅客需求多样化,由航空公司、旅游产品供应商形成联盟,集运输、旅游相关服务于一体,从 ICS、CRS 演变而来的全球范围内的分销系统。它通过庞大的计算机系统将航空、旅游产品与代理商连接起来,使代理商可以实时销售各类组合产品,从而使最终消费者(旅客)拥有最透明的信息、最广泛的选择范围、最强的议价能力和最低的购买成本。

GDS 实质上是 CRS 在分销广度、分销深度、信息质量及分销形式等方面的一次飞跃。从分销广度来看,GDS 能够在世界范围内,提供交通、住宿、餐饮、娱乐以及支付等"一站式"旅行分销服务;从分销深度来看,GDS 给旅客提供专业的旅行建议,给供应商提供信息管理咨询服务,这些增值服务为客户和 GDS 自身都带来了巨大利益;从信息质量来看,IT 技术的飞速发展,客户服务理念的不断增强,促使 GDS 提供的信息更加及时、准确、全面和透明,系统响应更为迅速,增加了客户的时间价值;从分销形式来看,GDS 可以通过电话、互联网、电子客票、自动售货亭和电子商务等多种方式为客户提供服务。

目前,世界上主要有四大 GDS 巨头:即北美的 Sabre 和 Worldspan,欧洲的 Amadeus 和 Cendant – Galileo,以及一些服务于特定国家或地区的中小 GDS,如中国的 Travelsky、东南亚的 Abacus、韩国的 Topas、日本的 Axess 和 Infini、南太平洋的 Fantasia 以及 SITA 的 Sahara 等。

五 中航信系统

中国民航信息网络股份有限公司(TravelSky,简称中航信)建成以中国民航商务数据网络为依托,订座系统、离港系统、货运系统三个大型主机系统为支柱的发展格局,其中订座系统包括代理人分销系统(CRS)和航空公司系统(ICS)。中航信主机系统已发展成为中国最大的主机系统集群,担负着中国民航(包括国内所有航空公司)重要的信息处理业务。如图 10-9 所示。

自 1995 年独立运行以来,到目前为止,代理人分销系统业务遍布中国境内 296 个通航城市,58 个境外城市,拥有代理商 5300 多个,终端 2 万余台,合格上岗从业人员约 5 万人。目前该系统可以协议分销中国民航所有航空公司、非中国民航 373 家航空公司的航线航班(其中 13 家直接联结,360 家间接联结)。在非航空旅游产品的分销方面,目前有 297 个酒店、1 个租车公司,2 个大型旅行社可以通过该系统进行分销。在订座系统处理的所有旅客中,约 75% 左右是通过该分销系统销售实现的,另外 25% 左右则是通过航空公司系统实现的。

代理人分销系统提供的服务有：中国民航航班座位分销服务、国外民航航班座位分销服务、BSP自动出票系统服务、运价系统服务、常旅客系统服务、机上座位预订服务、各类等级的外航航班分销服务、旅馆订房等非航空旅游产品分销服务、旅游信息查询（TIM）系统服务、订座数据统计与辅助决策分析服务。

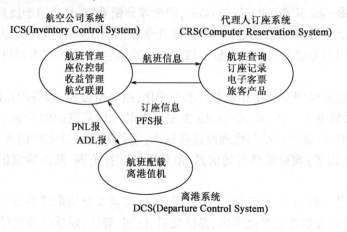

图10-9　ICS、CRS和DCS的业务关系

通过未来对代理人分销系统的建设，中国航信的代理人分销系统将发展成为服务于整个航空及旅游业的一个通用系统。除原有的航空运输业外，旅馆、租车、旅游公司、铁路公司和游轮公司等的产品分销功能也将容纳到代理人分销系统中来，使中国航信的代理人分销系统能够提供一套完整的旅游服务。经过技术与商务的不断发展，中国航信的代理人分销系统将能够为旅行者提供及时、准确、全面的信息服务，满足消费者旅行中包括交通、住宿、娱乐、支付及其他后继服务的全面需求。

本章小结

营销渠道的结构可以分为长度结构、宽度结构和广度结构三种类型。按长度结构划分，营销渠道可分为零级、一级、二级和三级渠道等；按宽度结构划分，营销渠道可分为密集型分销渠道、选择性分销渠道和独家分销渠道。

民航运输市场营销渠道可分为航空公司直销渠道和代理人分销渠道。其中，航空公司的直销渠道有航空公司销售处、航空公司官方网站、航空公司呼叫中心及航空公司入驻第三交易平台；代理人分销渠道主要有传统代理人渠道和OAT渠道。

民航运输市场销售代理人模式有批发模式、在线分销模式和差旅管理模式三种经典模式。

航空公司网络直销渠道的优点在于降低销售成本、增强对销售网络的控制力、塑造公司品牌、提供有针对性的服务和营销、加快资金回笼等。

航空公司官方网站建设从网络营销的角度应体现品牌形象、产品展现、信息发布、网上销售、顾客效劳与顾客关系以及网上调查与资源共享等方面的内容。

除官方网站外，航空公司还可以使用搜索引擎营销、网站广告营销、SNS社区营销、电子邮件营销和移动电子商务营销等手段进一步拓宽网络直销比例。

民航运输市场计算机销售系统广泛使用的有 ICS 系统、CRS 系统和 GDS 系统。

中国民航信息系统包括订座系统、离港系统、货运系统三个大型主机系统。其中,订座系统包括代理人分销系统(CRS)和航空公司系统(ICS)。

复习思考题

1. 航空公司为什么要积极开拓直销渠道?
2. 代理人分销渠道对航空公司而言有哪些利弊?
3. 民航运输市场批发业务模式对航空公司有哪些价值?
4. 民航运输市场在线分销业务的基本模式是什么。
5. 航空公司如何发展自我的差旅管理经营模式?
6. 应如何管理民航销售代理人的不良市场行为?
7. 航空公司如何建立网络直销渠道?
8. 航空公司官方网站从营销角度应体现哪些功能?

中英文对照专业名词

营销渠道	Marketing Channel
线上代理	Online Travel Agent
直接渠道	Direct Channel
间接销售渠道	Indirect Channel
密集型分销渠道	Intensive Distribution Channel
选择性分销渠道	Selective Distribution Channel
独家分销渠道	Exclusive Distribution Channel
中性客票	Billing and Settlement Plan
销售总代理	General Sales Agent
批发模式	Wholesaler
在线分销模式	Online Travel
差旅管理模式	Travel Management; Corporate Travel
搜索引擎营销	Search Engine Marketing
电子邮件营销	Email Direct Marketing
ICS 系统	Inventory Control System
CRS 系统	Computer Reservation System
GDS 系统	Global Distribution System

课后阅读

网络环境下民航客票销售渠道的变迁

随着因特网的发展，传统的客运代理方式一直在改变，新的销售方式即在线分销及网上直销已兴起。为了削减成本，已有越来越多的航空公司越过代理人，通过互联网直接销售机票，许多电子商务网站也运用现代电子计算机和网络技术，使电子分销发展了起来。

一、传统的民航客票销售渠道特征

1. 航空公司多采用间接销售渠道

长期以来我国航空公司的机票大部分是通过民航客运销售代理业来进行销售的。我国的民航客运销售代理业自20世纪80年代中期产生以来，随着民航业的发展而迅速发展。民航客运销售代理业包括票务公司、旅游代理（旅行社从事销售机票业务）等从事销售机票业务的各类企业，销售代理企业整体数量较多。我国的民航客运销售代理企业经过多年的发展，已经逐渐形成了多级分销的格局，一些有实力的代理企业实际上扮演着批发商的角色，相应地分销渠道呈现出比较长的特点。而且，销售代理企业整体数量较多，目前全中国已经注册的销售代理企业达到4000余家。在电子客票投入使用前，由于航空公司受自身资源的限制，设立的营销网点有限，其机票的销售主要是通过机票销售代理企业来实现的。

2. 大多数的客运销售代理企业规模小

我国的民航客运销售代理企业数目众多，但规模偏小。多数代理企业的注册资金只有行业准入所要求的50万或150万元人民币，这些资金仅能维持一个售票点运作，难以拓展业务，更难以树立品牌和企业形象。而规模较小的客票销售代理企业往往员工数量少，业务单一，难以满足顾客的多样化需求，当外部市场环境发生变化时，企业抗风险能力相对较差。

3. 航空公司销售渠道长且宽

当网上订票还没有被大多数消费者认可的时候，航空公司的机票主要采用间接销售渠道进行销售，在这种模式下，航空公司难以直接获得终端消费者（最终乘机人）实际需求信息；采用间接销售渠道主要是通过民航客运销售代理企业来实现的，而销售代理企业包括的范围很广，比如票务公司、旅行社、酒店等。另外，同一家航空公司的机票通过多家的销售代理企业进行销售，因而机票的销售渠道也较宽。在电子客票没有使用和网络未普及以前，航空公司必须依靠民航客运销售代理企业达到扩大市场覆盖率，实现大量分销的目的，此时航空公司很难对间接渠道进行有效地控制。

4. 民航客运销售代理企业服务功能单一

在传统的民航客票销售模式下，航空公司的机票主要是通过民航客运销售代理来实现。而目前国内多数客运销售代理企业的服务功能单一，仅能从事机票销售的传统业务，仍停留在代售机票的中间人角色。由于服务功能单一，客户需求只能得到低层次满足，随着旅客全方位服务需求的逐步增强，单一的经营方式很难满足消费者日益增长的需求。

二、影响民航客票销售渠道变化的因素

1. 电子客票的使用

从 2008 年 6 月 1 日起,国际航空运输协会规定废止使用纸质机票,改用电子客票。我国从 2006 年 6 月就开始试行使用电子客票,2007 年底基本上全面实行了电子客票。电子客票是普通纸质机票的一种电子映象。目前,它作为世界上最先进的客票形式,依托现代信息技术,实现无纸化、电子化的订票、结账和办理乘机手续等全过程,给旅客带来诸多便利,同时也为航空公司降低成本创造了条件,比如航空公司可以扩大直销的比例,从而减少付给销售代理企业的佣金。此外,电子客票可采用网上银行支付票款的方式购买,无需再到售票柜台去付款;不需送票、取票,可以直接到机场凭有效身份证件办理乘机手续。

2. 互联网的普及

国务院新闻办公室在 2010 年 6 月 8 日发表的《中国互联网状况》白皮书中指出,中国政府将继续致力于推动互联网的发展和普及,努力在未来 5 年使中国互联网的普及率达到 45%,使更多人从互联网受益。据调查数据显示,截至 2009 年,我国网民数量达到 3.84 亿。通过以上分析,我们可以看到,随着技术的发展,尤其是互联网、电子客票等技术手段的成熟和大规模应用,机票的销售方式与以前大不相同,有相当一部分机票是由旅客自己在网上或通过某个预订系统实现购票的。

3. 旅游、饭店、民航客票销售代理业的产业融合

随着消费者需求的变化,旅游、饭店与民航客票销售代理业有产业融合的趋势。比如随着旅游业的发展,一些游客不再喜欢随团旅游,而喜欢自由行的这种模式,但同时却希望交通和住宿能事先预订。一些旅行社、票务公司、酒店正是识别了这种市场需求,而采取"机票+酒店"的这种促销手段。消费者多样化需求的出现,使原来提供单一服务的客票销售代理企业很难满足消费者的需求。面对电子客票带来的冲击,民航客票销售代理企业应及时调整产业结构转型,以适应环境的变。

三、民航客票销售渠道的变化

近年来,航空运输全球化和联盟化的发展,迫使航空公司站在一体化网络和全球性旅客的角度来考虑其销售策略。由于电子客票的使用以及电子商务与互联网的普及,同时航空公司也是为了降低对民航客票销售代理业的过分依赖和降低支付的佣金,航空公司正在改变着自己的销售渠道。

1. 形成多元化的销售渠道

民航客运市场的客户群范围广泛,主要包括旅行社、大公司客户、散客等,这些客户群消费行为和习惯不同、需求不同,对民航的了解程度不同,因此航空公司面向不同客户群的产品和渠道也应不同。比如有些客户喜欢在网上查询及订票,有些客户习惯到机票代售点购票,因而航空公司也要根据客户不同的需要及习惯,制定不同的销售策略。尤其是电子客票的使用以及网络的普及,航空公司应该把握机遇,主动出击,根据不同客户群,将自己

的销售渠道多元化。

2. 直销比例的增加

直销渠道包括航空公司售票处、呼叫中心和航空公司网站等。在传统的机票销售模式中,通过民航客运销售代理企业销售机票一直是航空公司的机票主要销售渠道,长期以来民航客票销售代理人的佣金一直也是航空公司的一项主要成本,而航空公司一直努力通过削减代理人的佣金来降低销售成本。电子客票使用及网络普及后,使航空公司增加机票直销的比例成为可能。由于电子客票的网上预定不受时间、地域的限制,航空公司通过设立网站可克服自设的营业网点少的这一弊端;同时采用直销,可以节约一大笔支付给销售代理业的佣金。因此,很多航空公司设立自己的网站,进行网上营销。比如春秋航空公司已经基本上做到全部采用直销,而深圳航空公司的直销也已经达到30%左右。航空公司已经意识到以电子传输为基础的直销渠道是未来机票销售的必然趋势,他们将逐渐加大直销渠道的比例以使销售成本更加经济合理。

3. 网络销售增加

随着计算机、互联网的普及和电子客票的使用,网络销售将成为机票的主要销售渠道。据统计,网络购票已经逐渐占据主导地位,所占比例达到66.04%。同时建立票务呼叫中心和开通票务网站也是常见做法,例如携程网、elong网、同程网在这方面做得很好。在《国务院关于加快发展旅游业的意见》中提出,以信息化为主要途径,提高旅游服务效率,积极开展旅游在线服务、网络营销、网络预订和网上支付,充分利用社会资源构建旅游数据中心、呼叫中心,全面提升旅游企业信息化服务水平。因此,航空公司及各票务代理公司应响应这种号召,加强网站建设,积极开展电子商务。

4. 提供多样化的服务

目前航空公司在其直销网站上还无法推出定价灵活的多种产品,产品的单一成为这种直销模式致命的弱点。销售代理商也充分认识到产品单一、服务单一的缺点,而着手转型,从单一的机票经营商变为跨业或混业经营的产品服务商,或是结成产品联盟。服务功能单一,客户需求只能得到低层次满足。随着旅客全方位服务需求的逐步增强,单一的经营方式很难满足旅客日益增长的需求。航空公司和各民航客运销售代理企业可以把机票连同旅客的订房、旅游服务、商务管理、租车等服务一起跟机票打包,提高机票的附加值,各个机票销售企业都可以这样做。比如携程网的业务包括机票预定、酒店预定、旅游度假、商务管理以及代驾租车等服务。

5. 中小代理企业形成联盟

由于国内的民航客运销售代理大多数企业规模偏小,市场集中度不高,难以获得竞争力。中小代理人无法阻挡旅客选择大型代理公司或航空公司直销,因为这两者信息丰富、服务可靠。因此,面对这样的市场环境,中小机票代理人可以多元化经营,拓展自己的渠道,或利用第三方平台抱团取暖。比如销售代理企业可以在许多城市形成联盟,并对联盟内的客户实行免费机场接送等增值服务,以吸引旅客,提高销售量。目前,北京、海南等地区纷纷成立了民航销售代理人协会,这为代理企业之间的合作提供了一个平台。

6. 销售渠道的不断创新

旅游搜索引擎"去哪儿"网已经逐渐为在线顾客所熟知、认可和接受。"去哪儿"把互联网上的机票信息汇聚在一起,从而给顾客搭建了一个快速寻找自己所需旅游产品的平台。互联网上的顾客将越来越多地把旅游搜索引擎作为第一个入口,就像把百度作为互联网信息搜索的入口一样。这种旅游搜索引擎的出现满足了广大在线旅游消费者对最低票价的追求心理。但是这也有一定的缺陷,第一,"去哪儿"把互联网上的各不同代理商机票信息汇聚在一起,为寻求最低的票价提供了方便,但这可能会加剧机票代理企业之间的竞争。第二,一些顾客可能对网上购票的安全性存有疑虑,顾客一般不会从网上的知名度不高的销售代理企业预定机票。但是无论如何,旅游搜索引擎的出现是销售渠道的创新。另外,航空公司可以利用知名网站和门户网站的优势,建立多种链接,扩大知名度,同时也方便消费者购买。随着外部环境的变化,销售渠道也将不断的有新的模式出现。

(资料来源:刘秀丽. 网络环境下民航客票销售渠道的变迁. 当代经济,2010年)

第十一章 民航运输市场促销策略

> **学习目的与要求**
> - 认识促销 AIDA 模式;
> - 了解民航运输市场促销组合管理流程;民航运输市场广告决策与管理;
> - 理解市场促销的实质;人员推销的形式、策略、程序;
> - 熟悉民航运输市场推销人员应具备的素质;营业推广的方式;
> - 掌握民航运输市场人员推销的方法与技巧;民航运输市场公关促销策略。

第一节 概 述

一 促销

促销(Promotion),是指企业向目标顾客传递产品信息,促使目标顾客作出购买行为而进行的一系列说服性的沟通活动。民航运输市场促销是航空公司运用各种促销工具向目标顾客提供有关运输产品信息,树立企业形象,说服目标顾客作出购买行为或影响目标顾客购买态度而进行的市场营销活动。

促销的实质是营销者与购买者之间的信息沟通,这种信息沟通不是单向式沟通,而是一种由卖方到买方和由买方到卖方的不断循环的双向式沟通。在西方推销学中有一个重要的公式——AIDA(爱达)模式,该模式由国际推销专家海英兹·姆·戈得曼(Heinz M. Goldmann)总结提出。AIDA 模式指出一个成功的推销员必须把顾客的注意力吸引或转变到产品上,使顾客对推销人员所推销的产品产生兴趣,这样顾客欲望也就随之产生,尔后再促使其采取购买行为,达成交易,如图 11-1。AIDA 是由四个英文单词的首字母组成。

图 11-1 AIDA 推销模型

Attention(关注):识别出潜在顾客并引起他们的关注。

Interest(兴趣):唤起潜在顾客对产品的兴趣,才可能将产品销售出去。

Desire(欲望):了解顾客的需求后,工作重点从唤起顾客的兴趣转移到激发顾客的购买欲望。

Action(行动):说服顾客购买产品或服务。

因此,在市场营销沟通过程,营销人员应努力做到明确受众目标,确定寻求的反应,设计沟通信息,选择沟通渠道,搜集反馈信息等。

二 促销组合

促销组合是企业根据促销的需要,对各种促销方式进行的适当选择和综合编配。促销方式主要有广告、人员推销、营业推广和公共关系四种。

(1)广告(Advertising),指企业按照一定的预算方式,支付一定数额的费用,通过不同的媒体对产品进行广泛宣传,促进产品销售的传播活动。

(2)人员推销(Personal Selling),指企业派出推销人员或委托推销人员,直接与消费者接触,向目标顾客进行产品介绍、推广,促进销售的沟通活动。

(3)销售促进(Sales Promotion),指企业为刺激消费者购买,由一系列具有短期诱导性的营业方法组成的沟通活动。

(4)公共关系(Public Relations),指企业通过开展公共关系活动或通过第三方在各种传播媒体上宣传企业形象,促进与内部员工、外部公众良好关系的沟通活动。

企业营销人员必须把这些元素认真地整合成一个协调的促销组合,确定促销组合实质上是企业在各种促销方式之间合理分配及促销预算的问题。一般来说,企业在确定促销组合时需要考虑产品类型、产品发展阶段、市场状况和销售目标等因素。

三 促销组合方式

促销组合策略研究的是对各促销手段的选择及在组合中侧重使用某种促销手段。一般有以下三种方式:

1. 推动式

即以直接方式,把产品通过销售渠道推动到最终消费者手中。生产者将营销活动对准销售渠道成员,引导他们购买产品并将产品推销到最终消费者手中。

2. 拉引式

采取间接方式,通过广告和公共宣传等措施吸引最终消费者,使消费者对企业的产品或劳务产生兴趣,从而引起需求,主动去购买商品。

3. 推拉结合式

通常情况下,企业可以把上述两种促销方式结合起来运用,在向中间商进行大力促销的同时,通过广告刺激市场需求,在"推动式"促销的同时进行"拉引式"促销,用双向的促销努力把商品推向市场。

(四) 促销组合管理

促销组合管理是以提高销售额为目的,吸引、刺激消费者购买产品或劳务的一系列计划、组织、领导、控制和协调管理的工作。促销组合管理有以下流程:

1. 确认促销对象

企业通过对目标市场的研究与市场调研,界定其产品的销售对象。

2. 确定促销目标

不同时期和不同的市场环境下,企业开展的促销活动都有其特定的促销目标,对短期促销目标宜采用人员推销和营业推广相结合的方式,对长期促销目标,广告促销和公关促销更具决定性意义。

3. 促销信息的设计

重点研究信息内容是促销信息设计的重要环节,企业促销要确定对目标对象所要表达的诉求,并以此刺激其反应。

4. 选择沟通渠道

传递促销信息的沟通渠道主要有人员沟通渠道与非人员沟通渠道。人员沟通渠道是向目标购买者当面推荐产品;非人员沟通渠道主要指大众媒体沟通。人员沟通与大众传播沟通的有机结合才能更好地发挥促销效果。

5. 确定促销的具体组合

根据不同的情况,将广告、人员推销、营业推广和公共关系四种促销方式进行适当搭配,使其发挥整体的促销效果。在确定促销组合时应考虑的因素有产品的属性、价格、生命周期、目标市场特点以及"推"或"拉"策略。

6. 确定促销预算

企业应从自己的经济实力和宣传期内受干扰程度大小的状况决定促销组合方式。如果企业促销费用宽裕,则可几种促销方式同时使用;反之,则要考虑选择耗资较少的促销方式。

案例11-1
马来西亚航空公司"岁末精选"促销活动盛大启动

马来西亚航空公司(Malaysia Airlines)是一家马来西亚的国营航空公司,是马来西亚的国家航空公司。2012年10月29日至11月16日,马来西亚航空公司(简称:马航)在中国内地地区的5大城市推出为期3周的"岁末精选"全线特惠活动。消费者可以在活动期间购买2012年10月29至2013年3月31日期间出发的机票(春节旺季除外),经济舱往返含税价仅由2590元起,商务舱往返含税价由5010元起。

本次活动的优惠航线涵盖马来西亚、东南亚、马尔代夫、印度、澳大利亚、新西兰及欧洲，惠及商务舱和经济舱，最高优惠幅度超过 50%。

2012 年恰逢马航运营 40 周年，马航将开展为期 1 年的盛情待客 40 年系列庆祝活动。继香港地区刚刚结束了喜迎 40 周年庆活动之后，马航在中国内地地区又推出了新一轮覆盖全球航线大型促销，以回馈广大消费者的支持与厚爱。马航在 2012 年 Skytrax 世界航空公司评选中荣获五星级航空公司、世界最佳空服人员及最佳特色飞机餐三项大奖，马来西亚航空希望通过一系列的市场活动让中国旅客以最优的性价比体验马航的产品和服务。

案例讨论：

马来西亚航空的促销活动是如何进行的？

第二节　民航运输市场广告策略

广告不是航空公司促销的唯一手段，但广告有着不可忽视的促销功能，广告已成为现代市场营销中强有力的武器。

一、广告的概念

根据广告的目的与付费上的差异，将其分为广义广告和狭义广告。广义广告包括经济性广告和非经济性广告。经济性广告是狭义广告，其目的是为了推销产品或劳务，获取经济利益，属于盈利性广告。非经济性广告是以宣传为目的，为了获得某种社会效果。促销中的广告几乎都是经济性广告。美国市场营销协会（AMA）对广告下的定义是：由明确的广告主在付费的基础上，采用非人际传播的形式，对观念、商品及劳务进行介绍、宣传的活动。

广告的基本特征有：广告必须有明确的广告主；广告的内容是商品、劳务或观念等信息；广告的传播方式是非人员的大众传播方式；广告需要支付费用；广告是说服的艺术。

根据广告的目标不同，民航企业广告可以分为产品广告和公关广告。

产品广告以介绍民航运输企业推出的运输产品为主，主要有三个作用：传播产品信息，提高消费者对空运产品的认知程度；突出产品特点，引导消费，刺激需求；提高空运产品信息的生动性，使信息易被感知，增强说服力。

公关广告其目的是介绍民航企业的经营理念、技术水平、企业形象，它主要有树立企业形象，提高企业凝聚力，广泛吸引人才等作用。

案例11-2

航空公司经典广告语

1. 承载奥运，带世界来北京——中国国际航空
2. 爱心服务世界，创新导航未来——中国国际航空
3. 心有翼，自飞翔——中国国际航空

4. 给梦想高飞的翅膀——中国国际航空

5. 乘上航,到家了——上海航空

6. 服务到家,温馨到家——上海航空

7. 带您走遍全世界——韩亚航空

8. 抵达目标,轻而易举——大韩航空

9. 世间任意角落,皆唯我独有——大韩航空

10. 东方航空飞向世界——中国东方航空

11. 有限航程,无限服务——中国东方航空

12. 任何时候,自然体贴——中国深圳航空

13. 清新自然——海南航空

14. Smooth as silk(丝般顺滑)——泰国航空

15. 美好旅途;The beauty of flying(飞行之美)——港龙航空

16. 人生路漫漫,白鹭常相伴——厦门航空

17. 相逢自是有缘,华航以客为尊——中华航空

18. 您的空中之家——中国南方航空公司

案例讨论：

请从市场营销角度分析各航空公司广告语的特点及广告目标。

二 广告的指导原则

1. 使用明确的信息

广告的最大难题在于要以简单的文字和图形,传达所提供服务的领域、深度、质量和水准。不同的服务具有不同的广告要求,确定简明精练的言辞,贴切地把握服务内涵的丰富性和多样性,使用不同的方法和手段传送广告信息,发挥良好的广告效果。

2. 强调服务利益

能引起注意的有影响力的广告,应该强调服务的利益,而不是强调一些技术性细节。强调利益才符合营销观念,也与满足顾客需要有关,广告所强调的利益必须与顾客寻求的利益一致。因此,广告中所使用的利益诉求(Benefit Appeals),必须建立在充分了解顾客需要的基础上,才能确保广告的最大影响效果。

3. 宣传真实

只能宣传企业能提供或顾客能得到的允诺,使用服务可获得的利益的诺言应当务实,不应提出让顾客产生过度期望而公司又无力达到的允诺。

4. 提供有形线索

航空广告应尽可能使用有形线索作为提示,才能增强促销的效果,这种较为具体的沟通展示呈现可以变成为非实体性的化身或隐喻。

5. 发展广告的连续性

航空公司可以在广告中持续连贯地使用企业象征、主题、造型或形象,以克服服务业的两大不利之处,即非实体性和服务产品的差异化。英国航空公司成功的"Fly the flag"标语广告,就是受益于连续性地使用其品牌和象征。消费者甚至可从其象征符号的辨认中得知是什么公司。

6. 解除购买后的疑虑

消费者经常都会对购买行动的合理性产生事后的疑虑。因此,在营销中必须在对买主保证其购买选择的合理性方面下更多的功夫,并且该鼓励顾客将服务购买和使用后的利益转告给他人。

航空公司在提高生产运营水平和服务质量的同时,已开始注重发挥广告宣传在塑造企业形象上的作用。有的航空公司在大众媒体上加强公司业务的宣传,有的航空公司在闹市区树立广告牌发布航班信息,有的航空公司通过创建航空网站和创办杂志来宣传本企业的服务理念和优势。

三 广告决策与管理

航空公司首先应确定广告由本公司制作还是请他人代理。近些年来,一些航空公司为了降低成本,自己设计和制作广告,但效果不是很理想,主要原因是:第一,广告的设计和制作需要很高的专业素养,通常需要有专业人士来完成;第二,航空公司自制广告并购买广告媒体时的价格也通常高于广告代理人购买媒体的价格;第三,由于航空产品的销售有很大的国际性,请他国的广告代理人更容易帮助航空公司了解当地的文化和消费心理,使广告效果倍增。无论是航空公司自己做广告还是由广告策划机构设计,都有以下四个决策过程,即确定广告目标、决定广告预算、选择广告媒体、进行广告评估。

1. 确定广告目标

广告的最终目标是通过广告宣传提高空运产品或民航企业的知名度,从而影响消费者的购买行为。不同时期广告目标各不相同,有创牌目标、保牌目标、竞争目标和公共宣传目标等。企业应根据广告目标确定具体的广告内容,主要包括:①产品信息,如产品名称、技术指标、销售地点、销售价格、销售方式以及国家规定必须说明的情况等;②企业信息,如企业名称、发展历史、企业声誉、生产经营能力以及联系方式等;③服务信息,如产品保证、技术咨询、结款方式、网点分布以及其他服务信息等。

2. 决定广告预算

广告预算是整个广告计划的有机组成部分,进行广告策划及编制广告策划书等都要建立在广告费用预算的基础之上,广告费用作为企业的生产成本费用,被企业所重视。一般来说,企业确定广告预算的方法主要有以下4种。

(1)量力而行法。这种方法为不少企业所采用,即企业确定广告预算的依据是他们所能支付的资金数额,企业根据其财力情况来决定广告开支。

(2)销售百分比法。以一定期限内的销售额的一定比率计算出广告费总额。

(3)竞争对等法。根据竞争对手的广告费开支来确定本企业的广告预算。

(4)目标任务法。根据企业的战略目标确定广告目标,决定为达到这种目标而必须执行的工作任务,然后估算完成这些任务所需要的广告预算。目标任务法可以灵活地根据市场营销的变化(如广告阶段的不同、环境变化等)来调整费用,同时也较易于检查广告效果。目标任务法的缺点是没有从成本的观点出发来考虑某一广告目标是否值得追求。因此,如果企业能够先按成本来估计各目标的贡献额,然后再选择最有利的目标付诸实现,则效果更佳。

3. 选择广告媒体

广告媒体是用于向公众发布广告的传播载体,是传播商品或劳务信息所运用的物质与技术手段。五大广告媒体分别为报纸、杂志、电台、电视和网络,在广告行业把报纸和杂志称为平面媒体;把电台和电视称为电波媒体;把网络(互联网及通信)称为新型媒体。各种媒体的特性如下:

(1)报纸媒体的优点是弹性大、及时、对当地市场的覆盖率高、易被接受和被信任;缺点是时效短、转阅读者少。

(2)杂志媒体的优点是可选择适当的地区和对象、可靠且有名气、时效长、转阅读者多;缺点是广告购买前置时间长、有些发行量是无效的。

(3)电台媒体的优点是大量使用、可选择适当的地区和对象、成本低;缺点是仅有音响效果、不如电视吸引人、展露瞬间即逝。

(4)电视媒体的优点是直观,受众人群多,范围广;缺点是价格费用高,有时间限制。

(5)网络媒体的优点是传播范围最广、保留时间长、信息数据庞大、全面、开放性强、交互性沟通性强、成本低、效率高;缺点是传播范围仅限于使用网络的人群。

航空公司选择广告媒体时应考虑广告的受众对象所涉及的范围、媒体的种类、产品特性、广告费用、播出时间安排等因素。

4. 评估广告效果

广告评估是对广告投放后的交流效果和销售效果进行评估。衡量广告的交流效果,即广告是否传播得好,可采用问卷调查的形式,问卷调查可以在广告前后进行。衡量广告销售效果的方式有:其一,将过去的销售量与过去的广告开支进行对比;其二,通过实验来衡量。

案例11-3

品牌不应在天上飞——"以色列航空"的广告策划

(北京视新天元广告有限公司)

广告主:以色列航空　　实施时间:2001年

核心策略:以色列航空的独特卖点,在于以色列无所不在的传奇

创新点:从宗教、历史、人文、科技、社会、地理七个方面展现神奇的故事

以色列,一个与中国同属亚洲,但对中国人而言其心理距离却十分遥远的国度……

以色列,一个种族硝烟弥漫,纷争不断却又令人心弛神往的国度……

以色列航空,则是一座桥。想不想迈步上桥,登机入座,绝不是时间和经费等层面的问题,而在于心理层面。究竟通过这座桥能得到什么、会感受到什么,这才是问题的关键。作为实效品牌战略伙伴,视新要找到的,就是对每个人心理而言的闪光点,亦或是引力点。创

意的真正力量在于实效,即能在营销中提升品牌价值的真正促销。

在接手以色列旅游这个广告项目之初,北京视新广告曾与以色列航空公司和以色列国家旅游局进行过激烈地讨论,讨论的结果是委托方接受了视新的建议,即广告运作首先必须先解决"说什么"的问题,为以色列旅游定位,注重广告创意的实效。达成共识之后,视新开始了紧锣密鼓的前期工作,总经理朱庆辰亲赴以色列进行实地考察,掌握大量的第一手资料,为后来作品的平面表现积累了弥足珍贵的素材。

定位——把握传奇

针对以色列航空这一特殊客户,经过审视和思考的一系列过程,视新制定出了一套较为行之有效的实效品牌定位工具:空间→折叠→基调→支柱。

空间——对于以色列航空而言,传播空间是什么?空间不是服务,因为所有的航空公司占据在这个位置;空间不是航空,因为大部分的目标顾客是为了旅游;空间不是美景,因为目标顾客已是第N次出国旅游。读万卷书,不如行万里路。对于以色列航空而言,空间是文化。

折叠——如果将以色列数千年的文化折叠,要你用一句话说明这一切,而且这一句话是对你的朋友说,如果让视新广告说,那就是:以色列航空,带你去传奇之地开始心灵之旅。

基调——绘画以色列航空,画板用的是什么颜料?以色列的基调,当然不能少了传奇和沉厚。

支柱——第一条支柱是数据,第二条支柱是羊皮卷,第三条支柱是中国人看以色列的视角,如果有第四条支柱,那便是实效,只有那些追寻着实效的广告人,才会不惜为了一个好创意去与以色列大使据理力争;才会不远万里自费去实地拍摄,才会深入以色列村落采访平民……

经过与委托方的详细沟通和论证,加上朱庆辰作为一个旅游者在以色列行走采风所获得的感性体验,视新最终得出了这样的结论,以色列独特的卖点,在于它无所不在的传奇。

宗教传奇:耶路撒冷、基督教、伊斯兰教、犹太教共同的圣地。至今,耶路撒冷、家利利、海发等地,都还保留有大量"圣经时代"的遗迹、名称、习俗和信仰。

历史传奇:哭墙、马萨达遗址、七烛台、"二战"死难者纪念碑等,无不记载着犹太人不屈向上的民族精神。

人文传奇:爱因斯坦、马克思、现代经济学大师萨缪尔森、现代主义文学始祖卡夫卡、电影艺术大师斯皮尔伯格等许多对人类文明做出突出贡献,产生深远影响的巨人均出于犹太民族。

科技传奇:一个农业资源极度贫乏的国家,却拥有世界上最为发达的农业。平均一个人要养活90个人,以色列的每一天,都经历着正在发生的人类奇迹。

社会传奇:基布兹通过公有制方式,满足成员就业、住房、衣食、保健、教育等全部基本需求,被称为现实世界中的"乌托邦"。

地理传奇:世界上海拔最低的地方,动物不能繁衍,植物不能生息,却给了人类最充足的阳光和最洁净的空气。神奇的死海闪耀着传奇的光辉。

据此,视新为以色列旅游在中国市场做出了这样的定位:"进行心灵之旅的传奇之地。"那是一个不断产生奇迹的国度,一块充满了传奇色彩的土地,人们去以色列,是去感受以色列人民特有的智慧和民族精神,是一次人文之旅,更是一次心灵之旅。

创意——心灵之旅

有了明确的定位,接下来就要解决"怎么说"的问题。从以色列社会、人文、地理、宗教、科技、历史等六个方面,视新为以色列旅游提炼出七个广告主题。这其中包括:

- 推介以色列整体形象的"去以色列,探询正在发生的人类奇迹";
- 推介耶路撒冷的"耶路撒冷——人类文明史的见证";
- 推介圣经文化的"去以色列,感受圣经文化的神秘魅力";
- 推介基布兹的"去以色列,领略现实世界中的乌托邦";
- 推介智慧文化的"以色列,人类巅峰智慧的神秘家园";
- 推介犹太民族精神的"去以色列,见证人性中不屈的一面";
- 推介死海的"以色列死海,世界最低点,健康最高点"。

作品的主题风格协调一致,画面凝重、深邃,主体由朱庆辰在以色列所拍的具象照片组合而成。下方铺展的羊皮卷上,铺排出以色列独有的风情,散发着浓郁的人文气息。文案分为两部分:叙事部分独辟蹊径,以数字为内文主线,用一组组数字背后真实、确凿的事实和史实,来验证、支持广告主题;抒情部分则以震撼人心的文字净化、升华主题。

以色列旅游广告刊出后,在头两个月,中国前往以色列旅游的人数迅速增加,较上年同期增长了60%。喜出望外的以色列航空公司也将北京飞往特拉维夫的航班由每天一班增加为两班,迎接中国潮的到来。为此,以色列政府还在以色列旅游振兴计划中,将中国游客和生活在国外的犹太人、各国的基督徒一起,列为重点吸引的目标。

怎么样,吸引力足够吧?好!那就赶快搭乘以色列航空,踏上这块神奇的土地,经历一次心灵的传奇之旅!

案例讨论:

1. 以色列航空的广告策划与实施经历了哪些环节?
2. 以色列航空的广告成功之处在哪里?

3. 该广告对以色列航空市场的营销活动有何意义？

第三节　民航运输市场人员推销策略

一　人员推销的概念与特点

人员推销(Personal Selling)，是民航企业通过派出销售人员帮助和说服潜在购买者购买某种产品和服务的过程。人员推销是促销组合里最古老的一种促销方式，是双向沟通的直接推销方式，同非人员推销比较，人员推销具有以下特点。

1. 推销的直接性

推销人员在与民航中间商和民航消费者直接接触中，可以通过自己的言语、形象、特有的各种宣传材料，直接向顾客解说、展示，通过交谈进行思想沟通，并当即解答顾客所提出的有关产品的各种问题。

2. 较强的针对性

航空公司的推销人员在开展推销业务之前，一般事先要对消费者进行调查研究，在选好推销对象后，再有针对性地进行推销活动。针对性强不仅可以获得更好的销售效果，同时也能节省人力、物力和财力。

3. 节省成交时间

人员推销可以把民航服务的信息直接传递给顾客，并可当面商谈购销的各种事宜，如果双方交易意向一致，就可当即成交。若是通过媒体广告传递有关产品的信息，顾客接受信息后，往往还有一个认识、思考、比较，到最后决定购买的过程。因此，人员直接推销可大大缩短顾客购买的间隔时间。

4. 推销的灵活性

航空公司推销人员与客户保持着最直接的联系，可以在不同环境下根据不同潜在客户的需求和购买动机，以及客户的反应调整推销策略与方法，可以解答客户的疑问，使客户产生信任感。

5. 具有公共关系的作用

人员进行推销的过程，实际也是代表航空公司进行公关活动的一个组成部分。

人员推销只有在大批量购买、市场集中度高的范围内使用才能取得明显的效益。在选用人员推销时，应注意对民航客运产品不易直接采用人员推销方式，对货运产品易于采用人员推销方式，人员推销的重点是中间商。

二　人员推销的原则

1. 互惠互利原则

互惠互利是指交易双方彼此为对方提供利益和好处。互惠互利是双方达成交易的基础。

弄清交易能给双方带来的利益,找出双方利益分配的最佳点,用能给顾客带来的利益说服顾客。

2. 使用价值观念原则

使用价值观念原则即在推销航空产品时,要利用或改变购买者原有的观念体系,想方设法使他们形成对空运产品使用价值的正确认识,以达到说服和帮助顾客购买产品的目的。推销人员需找出民航产品使用价值与购买者需要的结合点,使顾客形成正确的使用价值观念,最终决定购买,并产生良好购后评价。

3. 人际关系原则

民航推销人员在推销空运产品时,必须与顾客建立真诚的、坦白的、富于感情的、和谐的人际关系,和谐的人际关系容易形成相互信任,促进彼此理解,产生信息的沟通。民航推销人员要树立人际关系的观念,善于利用各种交际方式,扩大交际范围,使自己成为一个受欢迎的人。

4. 尊重顾客原则

尊重顾客包括尊重顾客人格、身份、地位、能力、权利、兴趣、爱好、成就等。推销人员尊重顾客,从顾客的立场出发,可以帮助顾客消除疑虑,优化交易气氛。同时,推销人员要善于换位思考,注意顾客所关心的事情,对购买者予以适时赞美,体现自己应有的胸怀和涵养,以获得购买者最大限度的回报,如购买、重复购买、向别人宣传等。

三 人员推销的形式与策略

(一) 人员推销的基本形式

1. 上门推销

上门推销是最常见的人员推销形式,是由推销人员携带产品样品、说明书和订单等走访顾客,推销产品。这种推销形式可以针对顾客的需要提供有效的服务,方便顾客,为顾客广泛认可和接受。

2. 柜台推销

又称门市推销,是指企业在适当地点设置固定门市,由营业员接待进入门市的顾客,推销产品。门市的营业员是广义的推销员。柜台推销与上门推销正好相反,是等客上门式的推销方式。门市里的产品种类齐全,能满足顾客多方面的购买要求,为顾客提供较多的购买方便。

3. 会议推销

会议推销是指利用各种会议向与会人员宣传和介绍产品,实施推销,譬如在订货会、交易会、展览会、物资交流会上推销产品。这种推销形式接触面广、推销集中,可以同时向多个推销对象推销产品,成交额较大,推销效果较好。

(二) 人员推销的基本策略

1. 试探策略

试探策略又称"刺激——反应"策略,是指推销人员利用刺激性较强的方法促使顾客产生购买行为的一种推销策略。在不了解顾客需求的情况下，事先设计能引起顾客兴趣、刺激顾客购买欲望的推销语言，通过渗透性交谈对顾客进行试探，观察反应，然后采取相应的推销措施。

2. 针对策略

针对策略又称"配方——成交"策略，是指推销人员利用针对性较强的说服方法，促使顾客产生购买行为的一种推销策略。在基本了解顾客需求的情况下，事先设计针对性强，投其所好的推销语言和措施，如对已婚妇女从家庭展开话题。

3. 诱导策略

诱导策略又称"诱发——满足"策略，是指推销人员运用诱导服务方法，使顾客采取购买行为的一种推销策略。诱导策略要求推销人员能够唤起顾客的潜在需求，首先通过交谈，看对方对什么感兴趣，然后诱导他对所感兴趣的商品或劳务产生购买动机；接着，因势利导，不失时机地介绍本企业经销的产品如何能满足这些需要，使其产生购买行为。诱导推销是一种创造性的推销，要求推销人员有较高的推销艺术，使顾客感到推销员是他的参谋。

四 人员推销的方法与技巧

推销技巧是人与人之间沟通的过程，宗旨是动之以情，晓之以理，诱之以利，包括对客户心理、产品专业知识、社会常识、表达能力、沟通能力的掌控运用。常用的销售方法与技巧很多，下面介绍引导成交法、假设成交法、肯定成交法、请求成交法、最后机会法、自然期待法和从众成交法。

1. 引导成交法

引导成交法是指销售员不停地询问客户关于产品的意见，使得客户不停地赞同或认可推销员的意见，从而将认可强化到顾客的潜意识中，最终使客户顺理成章地成交。引导成交法能使顾客转移脑中所考虑的对象，产生一种想像，使顾客在购买过程中变动积极主动，在他们心中产生一种希望交易并尽早成交的愿望。

2. 假设成交法

假设成交法是假定顾客已决定购买商品，推销人员将会谈直接带入实质性阶段，通过逐步深入提问，提高顾客的思维效率，使顾客不得不作出反应。假设成交法的关键是：①必须善于分析顾客，对于那些依赖性强的顾客，性格比较随和的顾客，以及一些老顾客可以采用这种方法；②必须发现成交信号，确信顾客有购买意向，才能使用这种方法；③尽量使用自然、温和的语言，创造一个轻松的推销气氛。

3. 肯定成交法

肯定成交法是推销人员以肯定的赞语坚定顾客的购买信心，从而促成交易实现的一种方法。肯定的赞语对顾客而言是一种动力，可以使犹豫者变得果断，拒绝者无法拒绝，从而使顾客别无选择地成交。推销人员采用肯定成交法，必须确认顾客对推销品已产生浓厚兴趣。赞扬顾客时一定要发自内心，态度要诚恳，语言要实在，不要夸夸其谈，更不能欺骗顾客。

4. 请求成交法

请求成交法又称直接成交法，这是销售人员向客户主动地提出成交的要求，直接要求客户购买商品的一种方法。使用请求成交法的时机是：①销售人员与老客户，销售人员了解老顾客的需要，而老客户也曾接受过推销的产品，因此老客户一般不会反感推销人员的直接请求；②若顾客对推销的产品有好感，也流露出购买的意向，发出购买信号，可又一时拿不定主意，或不愿主动提出成交的要求，推销人员就可以用请求成交法来促成客户购买；③有时候客户对推销的产品表示兴趣，但思想上还没有意识到成交的问题，这时销售人员在回答了客户的提问，或详细介绍产品之后，就可以提出请求，让客户意识到该考虑购买的问题了；④顾客提不出新的异议，想买又不便主动开口时。推销员可利用直接请求法，以节约时间，结束推销过程。

5. 最后机会法

最后机会法利用人们怕失去能得到某种利益的心理，向顾客提示最后成交机会，促使顾客立即购买的一种成交方法。这种方法的实质是推销人员通过提示成交机会，限制成交内容和成交条件，利用机会心理效应，增强成交。

6. 自然期待法

自然期待法是指推销人员用积极的态度，自然而然地引导顾客提出成交的一种方法。自然期待法并非完全被动等待顾客提出成交，而是在成交时机尚未成熟时，以耐心的态度和积极的语言把洽谈引向成交。自然期待法的优点是：较为尊重顾客的意向，避免顾客产生抗拒心理；有利于保持良好的推销气氛，循循诱导顾客自然过渡到成交上；防止出现新的僵局和提出新的异议。自然期待法的要求是：推销人员运用自然期待法时，既要保持耐心温和的态度，又要积极主动地引导，推销人员在期待顾客提出成交时，不能被动等待，要表现出期待的诚意，简明表达成交的有利条件，或用肢体语言进行暗示。

7. 从众成交法

从众成交法也叫排队成交法，是指推销人员利用顾客的从众心理，促使顾客立刻购买商品的一种成交方法。从众行为是一种普遍的社会心理现象，顾客在购买商品时，不仅要考虑自己的需要，受自己的购买动机支配，还要顾及社会规范，服从某种社会压力，以大多数人的行为作为自己行为的参照系。从众成交法正是利用了人们的社会心理，创造众人争相购买的社会气氛，促成顾客迅速做出购买决策。

五 人员推销的基本程序

推销程序是对人员推销的过程进行阶段划分，并指出每个阶段的工作重点和各个阶段的内在联系及转换规律，以便推销人员更清楚地了解推销活动的实质，避免工作中片面、孤立地开展推销活动。一般来说推销过程有以下 7 个步骤。

1. 寻找顾客

推销人员必须利用各种渠道和方法为所推销的产品寻找购买者，包括现有的和潜在的购买者。应用现有顾客挖潜法、停购顾客启动法、同类顾客推移法、连销介绍法、广告开拓法等方法,拟定潜在顾客名单。通过电话、邮件及其他调查方式,了解潜在购买者的需求、支付能力和购买权力,做出购买资格评价,筛选出有接近价值和接近可能的目标顾客,以便集中精力进行推销,提高成交比例和推销工作效率。

2. 接近前准备

推销人员在推销之前必须进行充分准备,包括尽可能地了解目标顾客的情况和要求,确立具体工作目标,选择接近方式,拟定推销时间,预测推销中可能产生的一切问题,准备好推销材料。在准备就绪后,推销人员需要与顾客进行事先约见,用电话、信函等形式向访问对象讲明访问的事由、时间、地点等约见内容。

3. 接近目标顾客

推销人员经过充分准备和约见后,要与目标顾客进行接洽。接近顾客的过程往往是短暂的,长的不过十几分钟,短的只有几分钟,在这极短的时间里,推销人员要依靠自己的才智,根据掌握的顾客材料结合实际情况,灵活运用各种接近技巧,如介绍接近、产品接近、利益接近、好奇接近、问题接近等方法,引起目标顾客对所推销产品的注意,引发和维持他们对访问的兴趣,并引导顾客进入面谈,达到接近顾客的最终目的。

4. 推销面谈

面谈需要接近,接近与面谈是同顾客接触过程中的不同阶段,两者之间没有明显的绝对界线,两者本质区别在于谈话的主题不同。接近阶段多侧重于让顾客了解自己,有利于沟通双方感情和创造良好的推销气氛;而面谈阶段往往集中在推销产品,建立和发展双方的业务关系,促使顾客产生购买欲望。一般来说,推销面谈需要推销人员利用各种面谈方法和技巧,向目标顾客传递企业及产品信息,展示顾客利益,消除顾客疑虑,强化购买欲望,让顾客认识并喜欢所推销的产品,进而产生强烈的购买欲望。

5. 处理异议

面谈过程中,目标顾客往往会提出各种各样的购买异议,诸如需求异议、价格异议、产品异议、服务异议、竞争者异议、对推销人员及其所代表的企业的异议等。这些异议都是目标顾客的必然反应,它贯穿于整个推销过程之中,销售人员只有针对不同类型的顾客异议,采用不同的策略、方法和技巧,有效地加以处理与转化,才能最终说服顾客,促成交易。

6. 成交

成交是面谈的继续,也是整个推销工作的最终目标。事实上一个订单很少在第一次访问就能定下来,特别是对于较大的订单,经常需要五次以上的访问。一个优秀的推销员,要密切注意成交信号,善于培养正确的成交态度,消除成交的心理障碍,谨慎对待顾客的否定回答,把握好成交机会,灵活机动,采取有效的措施和技术,帮助目标顾客做出最后选择,促成交易,并达成协议。

7. 后续工作

让顾客满意并使他们继续购买,后续工作是必不可少的。达成交易后,推销员就应着手履约的各项具体工作,做好顾客服务,妥善处理可能出现的问题。着眼于民航企业的长远利益,与顾客保持和建立良好的关系，树立消费者对产品的安全感和信任感，促使他们连续、重复购买，利用顾客的间接宣传和辐射作用，争取更多的新顾客。

六 推销人员应具备的素质

推销人员的素质是推销能否成功的重要因素，也是民航企业形象的体现。推销人员主要承担以下任务：负责寻找潜在顾客，并对客户进行拜访；与客户沟通，传递公司有关产品或服务信息；回答客户疑问，讨价还价，进行交易，完成销售；进行市场调查，收集情报。因此，一名优秀的民航业推销人员应具备以下素质要求。

1. 具有良好的职业道德和积极进取的精神

提高推销人员的品德修养，加强推销人员的职业道德建设是一个不容忽视的问题。就推销人员与企业来说，推销人员为企业服务，企业除了给予其正常的报酬，还为其付出培训、培养等费用。因此，除了受到劳动合同的制约，推销人员还受到无形的道义上的约束，必须忠诚于所服务的企业，不得利用工作之便牟取私利，这是企业推销人员应具备的最基本的职业道德。鉴于营销工作的特点，需要推销人员具有较高的情商，较强的公关能力，比如：善于言辞，真诚待人，容易获得他人的信任和好感；能够准确把握顾客的心理，预测反应，掌握主动；富有自信，不怕困难，积极进取；能够认识环境，适应环境，准确地自我定位等。

2. 具备营销意识

民航运输作为与社会息息相关的一项产业，任何经济形势的变化都会给民航运输市场带来直接影响，大到国家某项政策，小到某个节日、某次会议。推销人员要有较强的市场意识，社会上发生了什么事，引起民航运输市场怎样的变化，顾客可能有什么新需求，竞争对手的情况等，都应该在第一时间捕捉到，并及时反馈给有关部门。

3. 具备民航业务知识

民航运输业作为一个专业性较强的行业，从事市场推销的人员，首先，要熟悉民航业的业务知识；其次，应了解公司的历史沿革、发展现状、未来规划、企业文化、经营理念等；再次，要求推销人员关注行业发展，学习企业知识，掌握销售动态，加强与不同部门之间的沟通。

4. 具备市场营销理论和专业营销知识

营销理论及专业知识理论对实际销售工作有着明显的指导作用。市场营销理论极其丰富，主要包括市场营销观念、市场细分与市场定位、目标市场策略的选择、市场营销组合策略、产品策略、价格策略、分销策略、促销策略等内容，推销人员应该系统地学习这方面知识。此外，国际航协函授课程《航空公司市场营销》和《货运市场营销》系统地讲授了有关航空公司市场营销的理论知识，同时还有许多营销案例，针对性强，有较强的指导意义。

5. 具备与市场经济理论相关的其他学科知识

推销人员必须掌握多方面知识，才能应付各种问题。比如，具有一些经济学方面的知识，可以用来解释经济现象、经济政策等问题，这些问题往往与民航运输密切相关；管理学知识可以使推销人员认识管理的计划、组织、领导和控制的基本职能,了解某个组织内的管理结构和管理方式,可以更好地发挥团体内各个成员的作用;拥有一些财务方面的知识,可以使推销人员增强成本意识,在营销活动中从成本出发,以赢利为目标;熟悉营销管理知识,可以更好地建立和协调营销组织,加强营销队伍管理,科学制订营销计划,完善营销网络,有效控制营销活动。除此,推销人员还应具有一定的历史、地理以及文化知识,比如,熟悉航线通达城市的地理位置、城市概况、人文风景等,将会有利于开展营销活动。

6. 具备一定的营销方法与技巧

从事推销工作必须具备一定的营销技巧,比如:介绍产品时,能够使用顾客容易理解的语言,采用简单明了的方式,必要时可借助图表、举例等帮助顾客理解;能够有效总结产品特征,以便增强客户记忆;在交谈中,能够很快了解顾客的意思,遇到不明之处,采用自然友善的方法令他们清楚地作出解释;既要清楚地保持销售目的,又能够饶有兴趣倾听顾客的意见;既能够系统地促使顾客认同你的观点,又允许顾客表达不同观点;遇到拒绝时,能够保持冷静、避免显出激动,做到不引起对抗的情况下处理异议,或者先保留异议,以便不妨碍话题继续,等等。推销人员销售技巧需要在实践中不断学习,积累经验。

随着民航业的发展,推销人员的作用也越来越明显,为了有效了提高推销人员的业绩,企业除了给予相应的报酬以外,还应制定推销定额制度,加强对推销人员的激励管理,同时强化对推销人员的控制管理,对推销人员业绩评估应做到公开、公正、公平,从而最大限度调动推销人员的积极性和主动性。

案例11-4

一年成交230架飞机的推销员

贝尔纳·拉梯埃被誉为空中客车(Airbus)公司的"推销突击队员",1979年他创纪录地为公司推销了230架飞机,价值420亿法郎,使该公司继美国波音公司之后,成为西方第二大民用飞机公司,名列另两家美国大公司道格拉斯和洛克希德之前。五年之内,世界四分之一的客机销售市场落入了这位"突击队员"之手。到1981年,已有四十家航空公司订购了该公司生产的飞机465架,其中130架已投入运行。在此基础上,公司计划再生产1000架各种类型的客机,向世界各航空公司推销。这在欧洲飞机制造工业史上是前所未有的。

空中客车公司是法国、联邦德国和英国等西欧国家合资兴办的飞机制造公司,总装厂设在法国的图卢兹,该公司生产的客机性能优,但是由于它是在七十年代初新办的企业,对外销售业务一时难以打开。为了改变这一被动局面,公司决定招贤纳士,聘用能人,以求挤向国际市场,打通销售渠道,拉梯埃正是在这一背景下于1975年被该公司聘用的。拉梯埃心里明白,公司此番以重金相聘,主要是想靠他为公司打开销路。可是,拉梯埃受命之日正是世界经济持续衰退,国际航空客运量不断下降,各大航空公司皆处于不景气之时。但是,他还是愿意挺身而出,一展身手。拉梯埃到任后,遇到的第一件棘手事是与印度航空公司的一笔交易。当时,印航与空中客车公司的交易未被印度政府批准,大有告吹之势。拉梯埃得此情报,便匆匆赶到了新德里,他的谈判对手是印航主席拉尔少将。在拉尔作礼节性接见时,拉梯埃对他说:"我对您对待我公司持如此强硬的态度表示感谢。因为是您使我有机会在我生日这一天又重新回到了我的出生地。"随后,他向对方介绍了身世,说他于1929年3月4日生于加尔各答,其父为法国米歇林公司的驻印代表。拉尔听后大为感动,当即提议要请他共进午餐,席间哼起"祝君生日愉快"的歌来。万事开头难,拉梯埃看到首招得手,感到应该趁热打铁。于是,他从公文皮包里取出了一张已经泛黄了的照片呈给拉尔,并问:"少将先生,您看这照片上的人是谁?""这不是圣雄甘地吗?"拉尔惊喜地答道。"请您再看看旁边的小孩是谁?""就是我本人呀,那时我仅三岁半,随父母离开贵国回欧洲途中,有幸和圣雄甘地同乘一条轮船……"一笔生意就此谈成。过后,拉尔宣称"带着圣雄甘地的照片前来向我兜售飞机的,这还是破天荒第一次,我不能再拒绝了。"对一般生意人来说,只要做成交易,各种手段都可使用。可拉梯埃认为,推销是首先要从信任取胜,既要取得客户的信任,又要信任客户、了解顾客,要熟悉他们的国家,要懂得他们的语言,要与他们建立亲密的关系。他要求属下也这样做。

做买卖还得机动灵活,坚韧不拔。1977年2月,空中客车公司与美国西部航空公司的交易由于银行家的压力而搁浅。该公司的一位老板声称:"法国马厩的味道对美国人并不总是欣赏的。"拉梯埃听了并不气馁,而是积极设法进攻。此时,西方第二大航空公司——美国东部航空公司老板弗兰克·鲍曼正想向空中客车公司购买23架飞机,但也遭到银行家们的反对,谈判陷入僵局。为了打破僵局,拉梯埃提出,可以向鲍曼出借四架飞机,作为期六个月的试用营业,条件是鲍曼必须拿出600万美元为该公司的飞机在美国推销使用做业务广告,协议终于达成。后来只经过两个月的试飞营业,公司赚钱,原来持反对态度的银行家们也改变了立场,做成了这笔交易。这样就打破了"美国造"飞机在本土上的一统天下。

现在,世界各大洲的一些航空公司都在使用空中客车公司生产的客机。可是拉梯埃却并不满足于此,他还是马不停蹄,作为一名推销员,继续奔波于世界各国。他只有他只有一个念头:在未来的世界客机市场上,打败波音。

案例讨论:

1. 拉梯埃的推销之道是什么?从他的身上看到的一名优秀的推销人员应具备哪些素质?
2. 当拉梯埃遇到不利的推销环境时,是如何进行推销并获得成功的?

第四节 民航运输市场营业推广策略

一 营业推广的概念与作用

营业推广也称销售促进(Sales Promotion,简称SP),是狭义的促销。美国市场营销学会(AMA)对营业推广的定义是:营业推广是人员推销、广告和公共关系之外的,用以增进消费者购买和交易效益的那些促销活动,诸如陈列、展览会、规则的、非周期性发生的销售努力。菲利普·科特勒对营业推广所作的定义是:营业推广是刺激消费者或中间商迅速或大量购买某一特定产品的促销手段,包含了各种短期的促销工具。

综合营业推广的概念,营业推广具有以下基本特征:①营业推广通常用作短程考虑,是为立即反应而设计的,所以常常有限定的时间和空间;②营业推广注重的是行动,要求消费者或分销商的亲自参与,行动导向的目标是立即销售;③营业推广工具的多样性;④营业推广是在一特定时间给购买者提供一个激励,以诱使其购买某一特定产品;⑤营业推广见效快,销售效果立竿见影,增加了销售的实质价值。

营业推广对民航运输市场营销具有积极的影响,主要表现在以下方面。

(1)有效加速产品进入市场的进程。使用促销手段,旨在对消费者或分销商提供短期激励。营业推广在一段时间内调动了人们的购买热情,培养顾客的兴趣和使用偏好,使顾客尽快了解产品。

(2)说服初次使用者购买,以建立购买习惯。消费者一般对新产品具有抗拒心理,由于使用新产品的初次消费成本可能大于使用老产品的成本,所以许多消费者不愿冒风险对新产品进行尝试。营业推广可以让消费者降低这种风险意识,降低初次消费成本,接受新产品。

(3)提高销售业绩。促销是一种竞争,它可以改变一些消费者的使用习惯及品牌忠诚。因受利益驱动,分销商和消费者都可能大量购买,因此在促销阶段,产品销量在短期内会得到迅速提升。

(4)有效抵御和击败竞争者。无论是企业发动市场侵略,还是市场的先入者发动反侵略,促销都是有效的竞争手段。市场的侵略者可以运用促销强化市场渗透,加速市场占有。市场的反侵略者也可以运用促销针锋相对,来达到阻击竞争者的目的。

二 营业推广的方式

对于不同类型的顾客,民航企业使用的营业推广方式往往有所不同。

(一)对中间商的营业推广方式

对中间商促销目的是吸引他们经营本企业产品,抵制竞争对手的促销影响,获得他们更多的合作与支持,主要方式有:

(1)销售津贴。销售津贴是最具代表性的促销方式,是为了感谢中间商而给予的一种津贴,如广告津贴、展销津贴、陈列津贴、宣传津贴等。

(2)列名广告。企业在广告中列出分销商的名称和地址,告知消费者前去购买,提高分销商的知名度。

(3)赠品。赠品包括赠送有关设备和广告赠品。

(4)销售竞赛。销售竞赛是为了推动中间商努力完成推销任务的一种促销方式,获胜者可以获得现金或实物奖励。销售竞赛应事先向所有参加者公布获奖条件、获奖内容。这一方式可以极大地提高中间商的推销热情。

(5)业务会议和展销会。企业一年举行几次业务会议或展销会,邀请中间商参加,在会上,一方面介绍商品知识,另一方面现场演示操作。

(二)对消费者的营业推广方式

对消费者促销是为了鼓励消费者更多地使用产品,促使其大量购买。航空公司对消费者的促销方式可谓多种多样,常见的方式有:

1. 免费赠送

向消费者赠送机票,但通常免费赠送伴有一定的限制条件。如,香港甘泉航空公司为了庆祝开通温哥华与香港直飞航线及能够在本地打响知名度,甘泉航空特地准备了1000张免费经济舱单程机票作为推广之用。从活动启动开放订票的头两日,首1000位前往香港的旅客将可以获单程免费机票,市民只要上甘泉航空的官网订票或是致电订票专线或本地旅行社,便有机会拿到免费机票。

2. 折价券

在购买某种商品时,持券顾客可以免付一定金额费用,折价券可以通过通信手段或直邮的方式发送。如,新加坡航空公司的头等舱和公务舱的乘客如填写一张表格,便可将自己的姓名地址存入新航公司的计算机系统,并取得一个编号,日后可得到新航寄来的优待券,可凭优待优先购买新航的机票,行李超重可不付费,还可以享受到新加坡的一些百货商店的购物折扣优惠。

3. 抽奖促销

顾客购买一定的产品之后可获得抽奖券,凭券进行抽奖获得奖品或奖金,抽奖形式多样。如,成立于1994年的卡塔尔航空(Qatar Airways),为庆祝进入北京市场八周年,特推出对所有舱位的折扣促销:从2012年10月24日起至10月31日,共计8天销售有效期,只需要在卡航官网预定北京至卡塔尔航空全球航线中任何目的地的,包括商务舱和经济舱在内的任一单程或往返机票,都可享受高达20%的折扣。此外,在此期间购买机票的消费者,还有机会得到B787或B777飞机模型、价值人民币200元的购物卡等特别礼物。

4. 现场促销

企业派促销员在销售现场演示本企业的产品,向消费者介绍产品的特点、用途和使用方法等。如,海南航空公司在飞机上进行机票拍卖促销,这样特殊的机上互动方式,不仅可以活跃机上气氛,也成为海航践行社会公益工作的资金来源之一。

5. 联合促销

航空公司与其他相关企业联合促销。如南方航空公司与澳大利亚墨尔本水族馆、尤利卡88高塔、阳光海岸海底世界、菲律普岛等多家景点合作,推出"南航约您变身澳游达人"新产品。凡是乘坐南航航班,目的地为澳洲的旅客,持登机牌副联可享受当地旅游景点旅游观光7折起优惠。

6. 参与促销

通过消费者参与各种促销活动,如技能竞赛、知识比赛等活动,获取企业的奖励。如,芬兰航空(Finnair)在重庆站举办芬兰航空的推介活动,并进行纸飞机投掷大赛,参与者均有机会通过抽奖获得重庆出发至欧洲的往返机票2张。

7. 特价促销

航空公司特价促销在所有促销方法中的效果最为明显,可谓立竿见影。如天津航空在其官方网站举行为期两天的大型促销活动,共推出68元、128元、188元特价机票近5000张,覆盖天津、大连、武汉、三亚等数十条航线的近800个航班。这种特价促销方式一方面快速提升销量(特别在旅行淡季),另一方面起到对企业宣传的作用。

(三) 对内部员工的营业推广方式

主要是针对企业内部的销售人员,鼓励他们积极推销产品或处理某些老产品,或促使他们积极开拓新市场。一般可采用方法有销售竞赛、免费提供人员培训、技术指导等。

三 营业推广策划与管理

在运用营业推广的过程中,需要进行一系列的策划活动,其中主要的策划过程包括:建立营业推广目标;选择营业推广工具;确定营业推广方案;试验、实施和控制方案;评估营业推广效果。

(1) 确定推广目标。营业推广目标的确定,就是要明确推广的对象及要达到的目标。只有确定推广的对象才能有针对性地制定具体的推广方案,例如是为达到培育忠诚度的目的,还是鼓励大批量购买为目的。

(2) 选择推广工具。营业推广的方式方法很多,但如果使用不当,可能适得其反。因此,选择合适的推广工具是取得营业推广效果的关键因素,企业一般要根据目标对象的接受习惯和产品特点,目标市场状况等来综合分析选择推广工具。

(3) 推广的配合安排。营业推广要与营销沟通的其他方式如广告、人员推销等整合起来,相互配合,共同使用,从而形成营销推广期间的浩大声势,取得单项推广活动达所不到的效果。

(4) 确定推广时机。营业推广的市场时机选择很重要,如季节性产品、节日、礼仪产品等,必须在季前节前做营业推广,否则就会错过推广时机。

(5) 确定推广期限。即营业推广活动持续时间的长短。推广期限要恰当:推广时期过长,消费者新鲜感丧失,产生不信任感;推广时期过短,一些消费者还来不及接受营业推广的实惠,同时企业也达不到推广的预期效果与目的。

第五节 民航运输市场公共关系策略

一 公共关系及其特点

公共关系(Public Relation),简称公关,是企业或团体为了适应环境的需要,争取社会各界的理解、信任和支持,树立企业或团体的良好信誉和形象而采取的一系列活动。公共关系是一种内求团结完善、外求和谐发展的经营管理艺术,是社会组织为了生存发展,通过传播沟通,提高组织的知名度和美誉度,塑造形象、协调关系、优化社会心理环境,为组织创造良好的舆论生存空间的科学和艺术。公共关系的核心职能是收集信息、监测环境、咨询建议、参与决策、传播沟通、宣传造势、塑造形象、创造无形资产,沟通交际、协调关系,解决矛盾和危机管理。

从市场营销学的角度来谈公共关系,即营销公关,只是公共关系的一小部分。公共关系作为促销组合的一个重要组成部分,具有以下特点。

1. 注重长期效应

公共关系要达到的目标是树立企业良好的社会形象,创造良好的社会关系环境,实现这一目标是一个长期的过程,并不强调即刻见效。企业通过各种公共关系活动的运用,能树立良好的产品形象和企业形象,从而长时间地促进销售和占领市场。

2. 注重双向沟通

公共关系的工作对象是各种公众,包括企业内部和外部公众两大方面。它是全方位的关系网络,它强调企业与公众之间的感情传播与沟通。在企业内部和外部的各种关系中,如果处理得当,企业易获得良好的发展环境。企业通过公共关系听取公众意见,接受监督,也有利于企业全面考虑问题,追求更高的社会形象目标。

3. 注重间接促销

公共关系传播信息并不是直接介绍和推销商品,而是通过积极地参与各种社会活动,宣传企业宗旨、联络感情、扩大知名度,从而加深社会各界对企业的了解和信任,达到间接促进销售的目的。

二 公共关系在市场营销中的作用

公共关系在市场营销中的作用非常重要,绝大多数民航企业经营管理中都运用公共关系为企业服务,以提高形象竞争力。从企业市场营销角度来看,公共关系主要具有以下作用:

1. 收集信息,提供决策支持

借助公共关系,企业可采集到大量相关信息,这不仅可以帮助企业密切关注环境变化,而且能够引导企业针对性地调整各项营销决策,改善营销工作的效果。

2. 对外宣传,塑造良好形象

作为企业的宣传手段,公共关系通过将有关信息向公众传递,加深公众对企业的理解、认识,为企业创造良好形象并赢得舆论支持。成功的公共关系,不仅可以提高企业的美誉度、知名度,还可以消除公众的误解,化害为利。

3. 协调关系,加强情感交流

现代企业是一个开放型的组织,它既有一定的内在联系,同时又受到外部环境的影响,因此,企业各部门之间以及企业与外部环境之间的协调是非常重要的,这种协调能使企业所有部门的活动同步化、和谐化,并使企业与环境相适应。缺乏协调就会使企业在时间、人力、物力等方面造成浪费,使企业形象受到损害。公共关系在现代企业管理中,能够恰到好处地发挥这种协调作用,使企业在和谐稳定的环境中健康发展。

4. 服务社会,追求社会效益

公共关系活动更多的是通过服务社会,造福公众而展现出自身的意义和价值,企业因此确保了社会效益目标的实现,同时自身的无形资产也得到了增值。

现代企业管理离不开公共关系,公共关系贯穿于企业经营管理全过程,正确处理好两者关系,充分发挥公共关系的积极作用,是推动和促进企业发展的重要保证。

三 公共关系的分类与活动方式

1. 公共关系的分类

根据公共关系工作的业务特点,可以将公共关系活动划分为五种类型。

(1)宣传型公关。运用印刷媒介、电子媒介等宣传型手段,传递组织的信息,影响公众舆论,迅速扩大企业的社会影响。宣传型公关的特点是主导性、时效性强,传播面广,推广企业形象的速度快,特别有利于提高企业的知名度。其具体形式有:发新闻稿,做公益广告,出版、发行公共关系刊物和各种视听资料,演讲或表演等。

(2)交际型公关。运用各种交际方法和沟通艺术,广交朋友,协调关系,缓和矛盾,化解冲突,为企业创造"人和"的环境。交际型公关的特点是直接沟通,形式灵活,信息反馈快,富于人情味,在加强感情联络方面效果突出,其方式包括社团交际和个人交际,如工作餐会、宴会、座谈会、招待会、谈判、专访、慰问、接待参观、电话沟通、亲笔信函等。

(3)服务型公关。以实际的服务行为作为特殊媒介,吸引公众,感化人心,获得好评,争取合作,使企业与公众之间关系更加融洽、和谐。服务型公关的特点是以行动作为最有力的语言,实在实惠,最容易被公众所接受,特别有利于提高企业的美誉度,其方式有各种消费教育、消费培训、消费指导、售后服务、免费保用保修、各种完善的服务措施等。

(4)社会活动型公关。以企业的名义发起或参与社会性的活动,在公益、慈善、文化、体育、教育等社会活动中充当主角或热心参与者,在支持社会事业的同时,扩大企业的整体影响。社会活动型公关的特点是社会参与面广,与公众接触面大,社会影响力强,形象投资费用较高,能较有效地提高知名度和美誉度。其形式有:赞助文化、教育、体育、卫生等事业,支持社区福利事业、慈善事业、扶持新生事物,参与国家、社区重大活动并提供赞助;还包括利用本企业的庆典活动和传统节日为公众提供有益的大型活动或招待。

(5)征询型公关。运用收集信息、社会调查、民意测验、舆论分析等信息反馈手段,把握时势动态,监测企业环境,为决策提供咨询。征询型公关的特点是以输入信息为主,具有较强的研究性、参谋性,是整个双向沟通中不可缺少的重要机制。其形式有:开办各种咨询业务,建立来信来访制度和合理化建议制度,制作调查问卷,设立热线电话,分析新闻舆论,广泛开展社会调查,进行有奖测验活动,聘请信息人员,举办信息交流会等。

2. 公共关系的活动方式

公共关系的活动方式,是以一定的公关目标和任务为核心,将若干种公关媒介和方法有机地结合起来,形成具备特定公关功能的工作方法系统。对不同的企业环境和公共关系的具体状态,可以采取不同的公共关系活动方式。

(1)建设型公关。它适用于企业的开创阶段,以及某项事业、产品服务初创、问世阶段。为了提高知名度,形成良好的第一印象,可采用高姿态的传播方式,力图尽快打开局面,形成舆论,扩大影响,如隆重的开业庆典仪式、剪彩活动、落成典礼、开业广告等。

(2)维系型公关。它适用于企业机构的稳定、顺利发展时期,为了维系企业已有的声誉,稳定已建立的良好关系,采取持续不断、较低姿态的传播方式,对公众施以不露痕迹、不知不觉的影响,保持一种潜移默化的渗透力,维系良好的形象,如,保持一定的见报率,长期将企业名称、标志或商标巨型广告树立在高大建筑物上;服务性、信息性的邮寄品分发;逢年过节的专访、慰问;给老客户适当的优惠或奖励等。

(3)防御型公关。适用于出现了潜在的公关危机的时候。为了控制公关状态失调的苗头,防患于未然,采取以防为主的策略,重视信息反馈,及时调整自身的政策或行为,以适应环境的变化。

(4)进攻型公关。适用于企业与环境发生某种冲突、摩擦的时候。为了摆脱被动局面,创造新局面,采取以攻为守的策略,抓住有利时机和有利条件变换决策,迅速调整,改变对原环境的过分依赖,开辟新的环境和新的机会。

(5)矫正型公关。适用于企业的公共关系严重失调,形象受到严重损害的时候。为了尽快挽回信誉,要采取一系列有效措施,做好善后的传播沟通工作,以求逐步稳定舆论,平息风波,挽回影响,重塑企业形象。

四 民航运输市场公关促销策略

航空公司在经营管理中可以运用公共关系来为企业服务,以提高促销效果和形象竞争力。

1. 制造新闻

制造新闻是指民航企业在真实的、不损害公众利益的前提下,有计划地策划、组织、举办具有新闻价值的活动、事件,吸引新闻界和公众的注意和兴趣,争取被报道的机会,并使本企业成为新闻报道的主角。企业有计划、有目的制造的新闻具有三个特点:第一,不是自发的、偶然产生的,而是经过公关人员精心策划安排的;第二,制造的新闻比一般新闻更富有戏剧性,更能迎合新闻界及公众的兴趣;第三,能明显提高企业的社会知名度。民航企业应充分利用制造新闻这种方式,如深航的"女孩大赛"活动,南航的"海选空姐"活动等,实际上都是航空公司策划的新闻事件,能够最大限度地吸引媒体和广大公众的眼球,提高航空公司在公众中的知名度和美誉度。

2. 举办赞助活动

赞助活动是公共关系专题活动中不可缺少的重要组成部分,已经越来越多地被企业所认识并加以重视,是一种超越一般广告宣传的系统化的公共关系活动。赞助活动能为企业赢得政府、媒体及相关公众的支持,赢得社会的普遍认同和赞誉,能够创造企业生存和发展的良好环境。赞助活动的形式多种多样,如赞助体育运动、赞助文化生活、赞助教育事业、赞助社会慈善和福利事业、赞助公益活动、赞助各种展览和竞赛活动、赞助宣传用品的制作、赞助建立某一职业奖励基金、赞助学术理论活动等。

赞助活动在民航企业中是经常运用的公共关系活动形式,如2008年3月18日,空中客车中国公司特别代表来到海拔5000多米的西藏山南地区浪卡子县普玛江塘乡小学,该公司资助的"空中客车西藏普玛江塘乡小学图书室"正式挂牌。同时,空中客车中国公司还与这所世界上海拔最高的小学结成环保互勉伙伴,承诺互相支持对方的环保行动,共同为中国的环境保护事业做出贡献。空中客车中国公司十分重视社会公益事业,近年来不断为中国文化、教育和慈善事业提供资助,比如从2002年开始赞助西藏登山学校,迄今已经捐款将近100万元;从2004年开始通过外交部向云南贫困地区中小学校捐款,总计80多万元。赞助活动的开展,能够体现企业的社会责任感,深层次提升企业的知名度和美誉度。

3. 开展丰富多彩的庆典活动

庆典活动是现代企业公关策划中重要的工作方式之一,是提高企业知名度、扩大社会影响的活动。现在许多民航企业开展了形式多样的庆典活动,如,2010年第16届广州亚运会倒计时一周年庆典活动晚会在广州新体育馆隆重举行,作为广州亚运会合作伙伴的中国南方航空公司全程参与了一周年庆典活动晚会筹备和举办的多个环节。本次前来参加广州亚运会倒计时一周年庆典活动晚会的多位嘉宾就是乘坐南航航班,在体验了南航为他们提供的优质服务和保障后,这些亚运组委会委员、各单项协会、各国家、地区和城市代表、记者、名人等纷纷赞不绝口。亚运会倒计时一周年仪式现场的上千观众和数百媒体记者,全球亿万观众都目睹了45个国家和地区及其旗帜入场、倒计时365天揭幕活动、领导人为大会致词、亚奥理事会主席向45个国家和地区代表颁发邀请函、广州市向全世界颁发邀请等几个分仪式,这些重要环节的50名礼仪人员全部是南航"中国亚运空姐",她们用自信、优雅和美丽提供了完美周到的礼仪服务,成为晚会上一道吸引公众眼球的最亮丽的风景线,进一步塑造了南航的高品质形象。

4. 协调内外部公众关系

民航企业的公众可以分为内部公众和外部公众。内部公众有员工公众和股东公众,主要包括决策层、知识层、管理层和操作层以及投资者。内部公众是企业形象的体现者,他们的文化素养、专业水准、职业道德、精神风貌、言谈举止、服务态度和穿戴仪表都是企业形象的缩影,是企业形象的代言人。内部公众是企业形象的传播者,他们处在企业对外公共关系的第一线,不管企业有没有要求,他们都在有意无意地传递着企业的信息。在现实工作中如果企业内部公众关系处理不当,将会影响企业运营,严重的可以导致企业倒闭。

民航企业最主要的外部公众包括政府、顾客、新闻界、同行业、社区、能源供应部门等,它们构成了企业生存和发展的外部社会环境,是制约和促进民航企业生存和发展的重要因素。了解和研究外部公众,协调与各类外部公众的关系是民航公关工作十分重要的内容,如中国南方航空汕头航空有限公司为答谢广大南航精英会员、大客户、代理人及旅行社对汕头航空事业发展的大力支持,举行了南航精英客户高尔夫邀请赛等系列客户年会及庆祝活动,感恩众多客户群体,融洽了顾客关系。

五 民航运输市场公关危机管理

公共关系危机简称公关危机,是指危及企业利益、形象、生存的突发性或灾难性的事件。如重大生产事故、劳资纠纷、财务损失、交通事故、火灾、水灾、爆炸、污染等。造成这些事件的原因有生产、经营、管理方面带来的;有操作不当、防范不严、决策失误造成的;还有自然灾害、社会环境变化等客观因素引发的。民航企业的决策者不仅要有敏锐的危机感,在顺境中察觉未来可能出现的危机,更应随时了解危机可能发生的范围、时间以及如何在危机来临时加以妥善处理。建立公关危机预警系统是企业公关危机管理的一项重要工作,即通过对有关公众对象和企业环境的监察,及时发现危机隐患,使企业在危机发生时能做出更快的反应,帮助企业迅速采取针对性措施,减少危机可能对企业造成的损害。民航企业在进行危机管理时应做到如下几个方面。

(1)树立危机意识。民航企业的全体员工,特别是在各职能管理层中都要进行危机意识的宣传、教育和危机管理知识的普及、培训,在全体员工中形成危机管理意识。

(2)采取控制潜在危机的手段和策略。各个部门的主要领导者应有一份本部门可能发生危机的清单,针对这些可能的危机,拟订严格的工作规程和纪律,如操作规程、保密条例、质量标准等。

(3) 加强各职能部门的沟通。加强横向与纵向沟通,实现信息共享,发挥公共关系收集信息的职能,对危机的预防建立高度灵敏、准确的信息监测系统。

(4) 保证民航企业与外部环境信息沟通渠道的畅通,密切关注环境变化。

(5) 对员工进行危机处理教育。

(6) 制订具体可行的危机处理公关措施。内容包括控制危机、调查事件、接待来访、传播解释、解决方法等,每一方面都应有一套完整的应急处理计划。

(7) 处理危机必要的设备准备。如在通信方面,重要人物的地址、电话号码,重要部门的电话号码、电话及传真线路、网络设备及线路等;在交通方面,备有应急的车辆等;在记录方面,有记事本、签字笔、录音笔等。

(8) 及时理顺公众情绪。比如,出现航班延误,就应加强与顾客的沟通,妥善处理顾客的安置等,避免等到航空公司深陷于旅客的愤怒中再进行处置;又如,对企业内部员工因切身利益问题而引起的不稳定情绪,应及时解决,做好解释和协调工作;再如,加强内外公众之间的双向沟通,防止因一些枝节问题引发更为严重的问题,尽量把危机事件消灭在萌芽状态,彻底清除危机隐患。

在中国民航企业面临着新的挑战和机遇之际,公共关系的运用要采取系统的、行之有效的方法,要实行全员公关,让公共关系发挥它的强大功能,为民航企业服务。

本 章 小 结

企业促销主要有广告、人员推销、营业推广和公共关系等四种方式。

促销组合策略的三种方式是推动式、拉引式、推拉结合式。

民航运输市场广告的指导原则是使用明确的信息、强调服务利益、宣传真实、提供有形线索发展广告的连续性和解除购买后的疑虑。

广告决策的四个过程是确定广告目标、决定广告预算、选择广告媒体以及评估广告效果。

五大广告媒体分别是报纸媒体、杂志媒体、电台媒体、电视媒体和网络媒体。

人员推销具有推销的直接性、较强的针对性、节省成交时间、推销的灵活性、具有公共关系的作用等特点。

人员推销的原则有互惠互利原则、使用价值观念原则、人际关系原则和尊重顾客原则。

人员推销的基本形式有上门推销、柜台推销和会议推销等。

常用的人员推销方法有引导成交法、假设成交法、肯定成交法、请求成交法、最后机会法、自然期待法、从众成交法等。

民航运输市场推销人员应具备的素质是:具有良好的职业道德和积极进取的精神、具备营销意、具备航空业务知识、具备市场营销理论和专业营销知识、具备与市场经济理论相关的其他学科知识和具备一定的营销技巧。

民航企业对消费者常用的营业推广方式有免费赠送、折价券、抽奖促销、现场促销、联合促销、参与促销、特价促销等。

公共关系在市场营销中有收集信息,提供决策支持;对外宣传,塑造良好形象;协调关系,加强情感交流;服务社会,追求社会效益等作用。

公共关系的五种类型是宣传型公关、交际型公关、服务型公关、社会活动型公关和征询型公关。

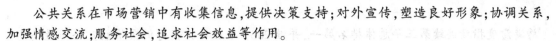

复习思考题

1. 分析促销及促销的作用。
2. 如何理解民航运输市场促销组合,促销组合有哪些具体方式?
3. 营业推广有哪些特点?
4. 简述五种广告媒体的优缺点。
5. 民航运输市场推销人员应具备哪些素质?
6. 公共关系的作用体现在哪些方面?
7. 民航企业应如何开展公关营销?

中英文对照专业名词

促销	Promotion
广告	Advertising
人员推销	Personal Selling
销售促进	Sales Promotion
公共关系	Public Relations

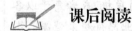 课后阅读

"航空小霸王"的经典危机公关

捷蓝航空公司(JetBlue Airways)(简称捷蓝)成立于1998年8月,捷蓝成立之时,美联航、美洲航、三角洲等六大航空公司占据了美国空运市场近90%的份额,而原来较小的西南航空公司异军突起,高举"平价机票"的大旗,成为第七大航空公司。捷蓝创始人尼尔曼在公司成立之初,便将捷蓝定位为"低价优质"的航空公司,以此切入市场。而正是这一差异化定位,成为捷蓝成功发展的秘密武器。凭借严格的成本控制和优质的服务,捷蓝发展迅速,在2002年便取得了年净利润名列全美航空业第一的业绩。

2007年6月19日,美国最为知名的市场调研机构J.D. Power and Associates公布了《2007年北美航空公司满意度调查》的调查报告,数据显示,捷蓝航空公司以810点(共1000点)的

总满意度指数连续第三年总体排名第一,并继2006年后再次获得低票价航空公司最高的客户满意度。

然而,这个在2月还处于危机的风口浪尖之上的小航空公司,如何仅仅在四个月之内就能扭转乾坤,转危为安,保持良好发展势头的呢?

"2月危机":天灾人祸

2月14日,一场灾难性的冰暴袭击了捷蓝航空公司的基地——纽约市约翰·菲茨杰拉德·肯尼迪国际机场,机场的跑道结冰,造成多趟进出港航班延误,数百名乘客被困机舱,时间最长达9小时。

捷蓝航空有10架飞机被困机场跑道,751号航班便是其中一架。这趟航班原计划于美国东部时间14日上午8时15分(北京时间14日21时15分)离开纽约,前往墨西哥城市坎昆。然而,登机乘客在机舱内等待数小时后,飞机仍没有起飞。乘客卡罗琳·福彻说,舷窗被冰雪覆盖,飞机像一个"隔音棺材"。继旅客滞留机舱数小时事件之后,捷蓝航空又取消了6天之内的1000多趟航班。

一系列的旅客滞留、飞机延误和航班取消事件同时暴露出了捷蓝在管理上的不足——缺乏紧急应变的能力,在遭遇暴风雪之后捷蓝也没能及时安排充足的人员来应对。北卡罗来纳大学Kenan-Flagler商学院的市场营销学教授瓦拉里蔡特·哈姆尔指出:"无休止的延误、航班取消以及服务混乱对捷蓝航空公司的致命性打击远胜于规模更大的航空公司,这一切与人们对它的印象以及它对自己的宣传、它的经营原则完全不相符。"捷蓝一直以来宣称将"重新为航空旅行带来人性关怀",在人们那里也留下了低价优质的印象。

这次天灾让捷蓝的经营管理几乎陷于混乱,公司也深陷危机管理和公共关系的泥沼之中。至2月20日星期二,捷蓝航空公司的股票下降了66美分,收于12.90美元。

直面危机精心设计媒体形象

遇到危机时最忌讳的就是像鸵鸟那样把头埋到沙子里面不敢面对危机,或者急于以各种理由来为自己的过错开脱,这样只会让更多人对你失去信任并让企业陷得越来越深。态度决定一切,捷蓝深知这一点!

2月的危机发生之后,捷蓝并没有以天气原因来为事件做解释,而是主动承担责任,将责任归为自身的管理失误,捷蓝航空的CEO尼尔曼做了两个大胆而有创意的举动——在YouTube上发布道歉视频和参加电视节目《大卫·莱特曼晚间报道》。YouTube是全球最大的视频网站,拥有庞大的用户群体。目前,用户每天通过YouTube网站观看的视频数量已经超过1亿个。现在我们仍能在YouTube.com上看到尼尔曼的题为《Our promise to you》的视频,视频中尼尔曼以非常诚恳的态度就旅客滞留和飞机延误及航班取消等事件道了歉,并提出了具体措施,即增加人员处理客服,并将成立专门的组织机构来处理类似事件,而且要扩大这个机构的规模,最后承诺以后此类事件不会再发生。在其发布视频时候,立刻就有许多网友跟帖表示支持!而这一举动因为创造性的利用网络来进行危机公关,甚至被《连线》杂志作为经典案例,更有评论家预测,捷蓝的这次危机公关可以当选为2007年年度最佳危机公关案例。

尼尔曼另一个大胆的公关举动是,在2月21日参加了美国最受欢迎的脱口秀节目《大卫·莱特曼晚间报道》(Late Show With David Letterman)。在节目中,尼尔曼从容地应对主持人的提问,并主动承认了自己管理上的问题。他说:我们本应该行动得再快点,我们本应该有更好的应急预案,这样就能让顾客下飞机。我们本应该早些与港务局联系。这些全都是我们从这次经历中汲取的教训。节目最后他还表示:我们将从这次事故中重新站起来。如果说之前的网络视频已经让人们对捷蓝的"坏"印象有所转变,在这个节目中的亮相更让人们看到了捷蓝的诚意!

如果说YouTube上的视频让人们看到了一个亲民的诚恳的尼尔曼,那么在《大卫·莱特曼晚间报道》中人们又看到了一个沉着冷静的尼尔曼,同时脱口秀节目也让他镀上了一层明星的光芒。在这一新一老的媒体中的两次亮相,与其说是两次对公众的道歉和解释,不如看作是两次自我宣传,其目的不仅在于为之前的事故取得乘客的谅解,更在于让更多的人看到捷蓝的真诚,获得更多的信任!

核心传播:顾客权利永远第一

捷蓝的危机公关又一创举便是在2月20日以书面形式对外公布了一份保障顾客权利的公告。公告承诺,如果捷蓝航空公司在起飞12小时之内取消航班而且原因是公司可以控制的话,旅客可以获得完整的退款,或得到一个贷记或优惠礼券。如果捷蓝航空公司在可控制的情况下发生航班误点,旅客可以获取价值在25美元到相当于全额来回机票的优惠礼券,数额多寡取决于误点的时间长短。而其他对顾客的补偿还包括:如果飞机已经着陆,但却在30分钟之内无法滑行与接机口对接,或者如果飞机起飞时间延误超过3个多小时,旅客所获得的礼券至少有100美元,具体的数额取决于机票的价格。

捷蓝对外公布的这份书面报告在美国航空运营商中独树一帜,尽管每个公司都可能有对于类似事件的赔偿措施办法,但是捷蓝却另辟蹊径,以书面公告的形式来推出这种"服务保证"。这的确是个明智之举,它回归了捷蓝航空公司一直以来的宣传核心,显示了捷蓝把顾客永远放在第一位的态度。另外国会针对航空服务存在的问题曾明确表态,希望航空公司采取步骤自行解决有关服务问题而不是由国会来立法。捷蓝的这个政策正好是对政府的最好回应,而这一举动也得到了某位关键性国会议员的肯定,可以说这个政府公关做得非常及时和到位。

迅速反应:亡羊补牢,为时不晚

捷蓝采取的第一步行动就是立刻向在情人节当天被困飞机上的旅客退票,并赠送了旅行券。而当顾客权利政策出台之后,捷蓝宣布这个政策溯及既往。因此,捷蓝向在2月14日事故中的旅客赔付了1600万美元的免费机票券,并承担400万美元的其他开支。2000万美元的数额可不是个小数,这远远大于捷蓝2006年第四季度的利润。除了赔礼道歉、赔偿旅客和制定顾客权利法案以外,捷蓝开始实施一系列的改革。它彻底整顿了跟踪全体员工所在位置的信息系统,升级了公司的网站,从而允许在网上更改预订,并且对纽约总部的员工进行了机场危机处理方面的培训。一旦未来再次出现类似事故,一支捷蓝的"特警"队伍将奔赴机场,装载行李、操作计算机工作站并且帮助进港飞机做好再次起飞的准备。所有这一切的目的是使公司在未来遭遇与天气有关的经营混乱时掌控局面。

(资料来源:李坚."航空小霸王"的经典危机公关.中国电子商务,2007年08期)

第十二章 民航运输市场客户关系管理

> **学习目的与要求**
> - 认识民航运输市场客户关系和常旅客计划的战略意义；
> - 了解客户关系管理的产生与发展；常旅客计划的创新与发展；
> - 理解民航运输市场客户关系管理的内涵；顾客忠诚与顾客满意的关系；
> - 熟悉客户关系管理流程；常旅客计划的管理与实施；
> - 掌握客户识别的理论与方法；顾客投诉管理。

第一节 民航运输市场客户关系管理

客户是航空公司最重要的资产，是市场竞争的焦点，保持稳定的客户群已成为很多航空公司开始重视并选择的战略。

一、客户关系管理的产生与发展

随着经济发展水平的不断提高，顾客消费心理的不断成熟，市场竞争的加剧，企业的战略中心也随之发生了变化，经历了一个由产品中心论、销售中心论、利润中心论向顾客中心论演进的历程。随着客户消费观的变化和企业战略中心的转变，现代营销观念强调以客户需求为出发点，为客户提供更具个性化的服务和产品，从而提高客户的满意度与忠诚度，在这样的背景下，产生了客户关系管理（CRM,Customer Relationship Management）。一般认为，客户关系管理是通过对客户信息的分析、挖掘，深入了解客户的需求，发现客户进行交易的规律和价值客户的构成规律等，从而根据这些信息做出正确决策，提升业务管理水平。

CRM 的概念产生由来已久，但 CRM 真正运用，并借其产生利润是在 20 世纪 90 年代后期。1980 年初最早的 CRM 形式是"接触管理"（Contact Management），即专门收集客户与公司联系的所有信息，到 1990 年演变成主要分析客户资料的客户关怀（Customer Care），其主要形式为电话服务中心。现在，CRM 包括一个组织机构判断、选择、争取、发展和保持其客户所要实施的全部商业过程。最早提出 CRM 概念的是美国，最早应用发展 CRM 的国家也是美国，CRM 在美国发展多年，经历了销售自动化系统（SFA:Sales Force Automation）、客户服务系统（CSS,Customer Service System）和呼叫中心（Call Center）三个阶段。综合了现代市场营销和现代服务的理念,集成了计算机集成技术和 Internet 技术,逐步演变成今天的 CRM。1999 年美国一家对 IT 业有专攻的咨询顾问公司 Gartner Group 首次正式提出了 CRM 的概念,从此加速了 CRM 的应用研究和发展。

从世界范围内来看,CRM 应用从 1997 年以来一直处于飞速发展之中,CRM 主要的应用领域在电信业、公共事业、金融服务业和零售业等行业,在 IT 技术的支持下,服务行业在 CRM 应用中受益最大。通过实践证明,很多企业都认为客户关系管理将成为现代企业提高竞争力,在成熟市场中发挥作用并获取稳定利润的法宝之一。

二 民航运输市场客户关系管理的内涵

航空公司属于服务性行业,企业客户人数较多,客户结构特点差异性较大,同时航空企业的信息开发程度较高,在实施 CRM 上由于其行业特点和基础优势首当其冲。

民航运输市场客户关系管理(见图 12-1)主要是通过对民航旅客详细资料的深入分析,来提高客户满意程度,从而提高民航企业竞争力的一种手段。民航运输市场客户关系管理围绕客户生命周期发生、发展的信息归集,通过一对一的营销原则,满足不同价值客户的个性化需求,提高客户忠诚度和保有率,实现客户价值持续贡献,从而全面提升民航企业的盈利能力。

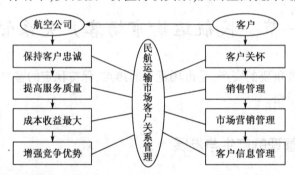

图 12-1　民航运输市场客户关系管理

民航企业实施客户关系管理的目标有三个方面:①提高效率。通过采用信息技术提高业务处理流程的自动化程度,实现企业范围内的信息共享,提高企业员工的工作能力,并有效减少培训需求,使企业内部能够更高效的运转;②拓展市场。通过新的业务模式(电话、Internet)扩大企业经营活动范围,及时把握新的市场机会,占领更多的市场份额;③保留客户。客户可以选择个人所喜欢的方式同企业交流,方便获取相关信息,得到更好的服务,客户满意度的提高可帮助企业保留更多的老客户,并且更好的吸引新客户。

三 民航运输市场客户关系管理的战略意义

作为一种新的管理模式、业务营销理念和信息技术的前沿产品,CRM 能够有效帮助航空公司建立持久赢利的客户关系,实现识别有价值客户,提供个性化服务等功能,从而提升航空公司的核心竞争力。

1. 保持客户忠诚度

美国西南航空公司曾发生过这样的事情,在公司几乎还没有竞争力的时候,一位乘客要乘坐该公司航班参加本年度最重要的商务会议,但他却误了班机,一位票务代理得知情况后,从旅客信息中了解到该旅客是一名老顾客,每年乘坐班机达 300 多次,于是调拨了一架轻型飞机将该旅客送往目的地。此后,西南航空公司名声大振,赢得了很多旅客的信任并获得更多旅客的忠诚,一跃跻身于美国四大航空公司之列。这就是航空公司通过客户信息管理而提供超值服务后,成功地获得巨大效益的案例之一。民航运输尚未成为大众的运输方式,很多旅客都希望凭借自己以往在航空公司登记的资料来获得个性化的服务,享受超值的体验。航空公司的 CRM 系统恰恰能记录旅客的基本信息和喜好、习惯等,这就使旅客忠诚度和旅客终生价值成为可能。

2. 提高服务管理质量

CRM 是促进航空公司飞速发展的新方式之一。公司从领导者到一线的服务人员都需要高度重视客户关系管理的重要意义,认识到每一位员工都需要站在旅客的角度思考问题,能切身体会旅客心理,把握旅客的需求,为旅客提供定制化的服务,注重服务细节,才能有效地提高服务质量。在民航服务中,从旅客预定开始建立服务关系,直至旅客运送结束,每个环节都应尽善尽美,有令旅客获得超值服务的体验,有助于增加企业服务价值和形象价值。如此往复的良性循环,使航空公司的服务管理质量自然而然得到提高。

3. 使成本收益最大化

为了在竞争中占据有利地位,各航空公司都普遍使用价格折扣优惠手段来最大限量吸引客户,虽然折扣价格在一定程度上能够吸引某些客户,但也有不乏一定数目的顾客,任其他航空公司的机票如何打折,出行时仍选择已经习惯并信任的航空公司,即便该航空公司的机票价格没有任何折扣。这两种类型的顾客就属于美国西北大学教授 Paul Wang 划分的交易型顾客(TB:Transaction Buyer)和关系型顾客(RB:Relation Buyer)。折扣票价吸引的是交易型顾客,因而公司所获得的利润也非常有限。而关系型顾客则是在心理上与航空公司建立了长期契约关系的顾客,他们在折扣和个性化服务之间必然会选择后者。这种忠诚顾客的数目虽然有限,但优质服务带来的利润却占总利润的很大比例。Reichheld 和 Sasser 于 1990 年对美国 9 个行业的调查数据表明,客户保持率增加 5%,行业平均利润增加幅度在 25% ~ 85% 之间,由此证明客户关系管理已成为公司成功至关重要的实施手段之一。

4. 增强企业竞争优势

管理学大师彼得·德鲁克曾说过:衡量一个企业是否兴旺发达,只要回过头看看其身后的顾客队伍有多长就一清二楚了。绝大多数的 CEO 认为客户关系管理是企业成功和更富竞争力最重要的因素,航空公司也不例外。客户关系管理系统可改变航空公司过去由内而外的业务流程,通过 CRM,了解旅客需求趋向,并满足旅客需求,甚至做到超值服务。当航空公司实现了旅客需要什么服务就提供什么服务时,才真正实现顾客至上。旅客对公司的认可以及忠诚度的建立,必将充分推动航空公司的发展并为其带来明显的竞争优势。

案例12-1
CRM 在中国南方航空公司和中国东方航空公司中的应用

互联网的出现和大规模的应用改变了传统的商业模式,接触客户的方式、产品销售的方式和服务客户的方式都发生了深刻的变化,这使得一对一和交互式的客户服务成为现实。CRM 作为网络技术和商业运作的成功结合,在国内外航空公司得到了广泛的运用,并显示出良好的发展前景和巨大的市场潜力。我国的航空公司正在利用 CRM 来增强市场竞争力,扩大自己的销售渠道,提高对商务旅客为主的常旅客的服务能力,树立自己良好的公众形象。

中国南方航空公司的 CRM

中国南方航空集团公司(简称南航)成立于 2002 年 10 月,是以中国南方航空(集团)公司为主体,联合新疆航空公司、中国北方航空公司组建而成的大型国有航空运输集团,是国务院国资委直接管理的三大骨干航空集团之一,主营航空运输业务,兼营航空客货代理、飞机发动机维修、进出口贸易、金融理财、建设开发、传媒广告等相关产业。

南航一直在不断强化客户关系理念,加大 CRM 工作力度,在创造顾客终身服务和终身价值上取得了一定成效。截止 2009 年底,南航拥有超过 565 万会员、里程累积机会最多增值最快的常旅客俱乐部——明珠俱乐部;首度推出中国首张电子客票,率先提供电子客票网上值机和手机值机服务。2008 年 5 月,南航与腾讯战略合作,使客户可通过 QQ 购买机票,用户只需登录 QQ,即可通过财付通直接定购南航各个航班的机票,客户可获得的航班折扣优惠信息更加及时、准确,同时用户还可以根据个人需要在定购时提前选好座位,并可在办公室或家中实时打印登记牌,免去机场排队之苦。南航的呼叫中心采用计算机电信集成(CTI)、交互式语音应答(IVR)、智能自动呼叫分配(ACD)、顾客关系管理数据库(CRM)等先进技术,可通过电脑预定应答与转接坐席代表人工服务同步处理多个顾客服务需求。在 CRM 应用中,南航的"明珠"常旅客服务、地面两舱贵宾室服务、南航中转服务、南航五星钻石服务热线——"95539"等多项服务在国内民航系统处于领先地位。2009 年南航开始在进行内部 IT 系统的整合工作,并重整客户档案核心数据库,使常旅客档案、高端旅客档案以及 B2C 网上销售管理部门的资料统一起来,以期望建立统一的客户关系管理,提供完美流畅的客户服务。

中国东方航空公司的 CRM

中国东方航空集团公司(简称东航)总部位于上海,是我国三大国有骨干航空运输集团之一。2002 年,以原东航集团公司为主体,在兼并原中国西北航空公司、联合原云南航空公司的基础上组建而成中国东方航空集团公司。东航集团拥有大型飞机 400 多架,截至 2012 年 9 月底,总资产为 1321.58 亿元人民币。经过数年的调整优化和资源整合,东航集团已基本形成以民航客货运输服务为主,通用航空、航空食品、进出口、金融期货、传媒广告、旅游票务、机场投资

等业务为辅的航空运输集成服务体系。

中国东方航空公司通过实施 CRM，改进了流程与效率，使公司与客户的交易更加简单、快捷、省钱。通过建立信息交流平台，使原来各自为政的地勤人员、营销人员、客服人员围绕"满足客户需求，实现客户价值最大化"这一中心协调合作，实现了以销售为中心转向以客户为中心，以推销座位为目的转向以满足客户需求为目的营销理念。在长期的管理实践中，东航通过利用先进的科学技术工具和管理手段，采取了差异化战略和目标市场战略，在产品策略上、价格策略上、渠道策略上，沟通策略上，取得了一定的成效，提升了东航的核心竞争力和团队合作意识，促使员工树立高度的效率观念和效益观念，从而带动公司实现稳定、健康的发展。例如，东航在沪京线头等舱、公务舱推出"温馨下午茶"，旅客可以在空中旅行时可细细品味东航独有的客舱文化。"阳光健身操"是东航专为"空中飞人"设计的一套空中体操，它不仅融入了瑜伽、舞蹈、体操等精髓，更重要的是让旅客在运动中达到身心舒畅、放松的目的，减少了高空飞行所带来的不适。东航还根据商务客人时效性的特点，对服务流程进行优化组合，推行及时服务，以消除人为的让旅客在用餐过程中的等待，将更多的时间和空间留给旅客自由支配。东航常旅客俱乐部的"东方万里行"是目前国内规模最大、发展最快的航空常旅客奖励计划，该计划主要面向东航金银贵宾卡旅客服务，是更先进的计算机系统支持的服务体系。持有金银卡的贵宾，可通过登录或致电东方航空公司，享受换取免费机票、享受免费升舱、优先办理登机手续、免费托运更多行李、贵宾室休息、免费积分等服务。"东方万里行"会员卡集旅游出行、日常消费、健康休闲于一体，采取丰富多彩并具有吸引力的积分奖励方式，让旅客在享受舒适旅途的同时获得更多额外里程回报。东航还设置了个性化服务平台，金卡或银卡会员进入东航网站后都可以查询到乘坐东航航班飞行里程和积累的常旅客里程信息，乘客还可用累积的积分换取免费机票、免费升舱、免费入住酒店。客户可查询自己的服务信息和累计常旅客里程，参与"东方假期"组织的"东方万里任我行"系列旅游活动，东航还专门在机场为金银卡会员提供专用值机柜台。

案例讨论：

1. 南方航空公司和东方航空公司在 CRM 上各有所特，主要体现在哪些方面？
2. 参照国外 CRM 经验，我国航空公司在 CRM 方面有哪些新的开拓与发展？

四　民航运输市场客户关系管理的实施

客户关系管理可以通过客户获取、客户识别、客户维护、客户恢复等方面来发现有价值客户，挖掘客户潜在价值，赢得客户忠诚，并最终获得客户长期价值的管理过程，如图 12-2 所示。

图 12-2　CRM 模型图

在民航企业客户关系管理中,主要有四项基本任务:第一,获取最真实、有效和大量的客户信息资料;第二,在庞大的客户群中,识别出最有价值的客户;第三,培育有价值客户的忠诚,避免客户转向竞争对手,造成客户大量流失;第四,有效化解企业与客户之间矛盾,恢复与客户的良好关系。这四项任务是 CRM 实施的关键所在,其中又以客户识别最为关键和重要。

(一)客户获取(Customer Acquiring)

航空公司在部署 CRM 战略时,首先必须确定如何搜集、分析及利用客户信息,并明晰相关的客户关系管理类型是否有悖于某些客户或公司的隐私保护。

航空公司有得天独厚的获取客户信息资料的优势。一项研究表明,59% 的消费者拒绝向公司提供信息。由于民航运输产品是实名消费,航空公司通过旅客提供的有效证件就能够了解掌握其年龄、出生地、住址等真实有效的信息。因此,航空公司可以对各部门所接触的旅客资料进行整理并统一管理,包括对旅客类型的划分、旅客基本信息、旅客联系人信息、旅客乘机记录、公司销售人员的跟踪记录、客户状态等。航空公司在获取到客户信息时要注意对客户信息严格保密,不能轻易泄漏,这是处理好航空公司和客户之间良好关系的重要环节。

(二)客户识别(Customer Identifying)

帕累托法则(Pareto Principle)指出:20% 的顾客会给公司带来 80% 的销售利润,民航业的客户最符合帕累托法则。航空公司在进行客户关系管理时必须对客户进行正确识别,充分认识不同客户价值存在的差异,并根据企业定位找到客户价值最大的顾客。

1. 客户生命周期理论

作为企业的重要资源,客户具有价值和生命周期。客户生命周期也称客户关系生命周期,指从企业与客户建立业务关系到完全终止关系的全过程。客户生命周期是客户关系水平随时间变化的发展轨迹,它动态地描述了客户关系在不同阶段的总体特征。客户生命周期可分为考察期、形成期、稳定期和退化期四个阶段,如图 12-3 所示。

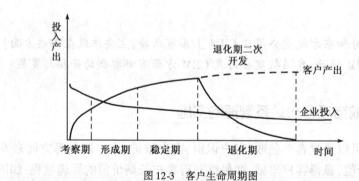

图 12-3 客户生命周期图

在客户生命周期的不同阶段,客户对企业收益的贡献是不同的。在考察期,企业只能获得基本的利益,客户对企业的贡献不大;在形成期,客户开始为企业做贡献,企业从客户交易获得的收入大于投入,开始盈利;在稳定期,客户愿意支付较高的价格,带给企业的利润较大,而且由于客户忠诚度的增加,企业将获得良好的间接收益;在退化期,客户对企业提供的价值不满意,交易量回落,客户利润快速下降。根据客户生命周期理论,客户关系水平随着时间而推移,从考察期到形成期和稳定期直至退化期依次增高,稳定期是理想阶段,而且客户关系的发展具有不可跳跃性。同时,客户利润随着生命周期的发展不断提高,考察期最小,形成期次之,稳定期最大。

2. 识别顾客

航空公司要找到最有价值的客户,应计算出每个客户的价值。在航空公司看来,客户的价值应该被理解为公司与客户保持买卖关系全过程中从客户处所获得的全部利润。根据客户生命周期价值对客户进行细分,首先,对客户即成价值和客户潜在价值进行评估;其次,按照客户终身价值大小对客户进行排序;再次,根据对客户终身价值的评价结果,划分客户群;最后选择具有与本企业满足客户需求能力相匹配的客户作为自己的目标客户。

具体方法是将客户的即成价值和潜在价值作为两个维度,把每个维度分成高低两档,由此可将整个客户群划分为四类,客户细分的结果用客户价值矩阵(Customer Value Matrix)表示,如图12-4所示。

上述四类客户中,Ⅰ类客户对公司最有价值,为公司创造的利润最多,称为"钻石客户";Ⅱ类客户对公司的利润次之,也是公司的利润大户,称为"白金客户"。根据帕累托定律,Ⅰ、Ⅱ两类客户数额不大,约占20%,为公司创造的利润却占到公司总利润的80%,常说的"最有价值的客户"指的就是这两类客户。Ⅲ类客户属于有潜力的客户,未来有可能转化为Ⅰ类或Ⅱ类客户,但就当前来说带给公司的利润微薄,称为"黄金客户";Ⅳ类客户对公司的价值最小,是公司的微利或无利客户,称为"白银客户"。Ⅲ、Ⅳ两类客户在数量上占了绝大多数,约占公司客户总数的80%,但他们为公司创造的利润大约只占公司总利润的20%。

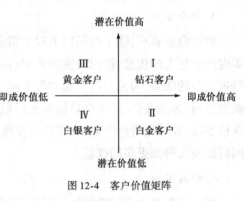

图 12-4 客户价值矩阵

(三)客户维护(Customer Retaining)

客户维护是指企业通过努力来巩固及进一步发展与客户长期、稳定关系的动态过程和策略。客户保持需要企业与客户相互了解、相互适应、相互沟通、相互满意、相互忠诚,这就必须在建立客户关系的基础上,与客户进行良好的沟通,让客户满意,最终实现客户忠诚。客户关系管理主要在于维持现有客户,客户保持比吸引新客户更能够带来企业的低成本,据统计吸引一个新客户所需花费的成本是维护一个老客户所需成本的5~10倍。因此,越来越多的企业转向保持老客户,把营销重点放在获利较为丰厚的客户群上。

根据客户价值矩阵,对客户进行分类管理,企业可针对不同客户类型设计不同的服务模式,采用不用的客户维持策略,如表12-1所示。

四类客户的资源配置和保持策略 表12-1

客户类型	客户对公司的价值	资源配置策略	客户维持策略
钻石客户	即成价值高,潜在价值高	重中之重投入	不遗余力保持、发展客户关系
白金客户	即成价值高,潜在价值低	重点投入	高水平关系保持
黄金客户	即成价值低,潜在价值高	适当投入	关系再造
白银客户	即成价值低,潜在价值低	不投入	关系解除

1. 白银客户

白银客户对于企业几乎无利润可言,可以通过因特网渠道,定期向他们发布公司消息和最新产品信息,使用最低的维护成本,有时也可放弃对其进行管理,以降低客户关系管理的工作量和营销成本。

2. 黄金客户

对于黄金客户,不仅可以通过各种渠道定期向他们发布公司最新消息和最新产品信息,而且可以向顾客赠阅公司的杂志,杂志中附有购物赠券,鼓励顾客再次购买或向亲友推荐,杂志附带信息反馈卡,允许顾客更新个人资料,询问商品信息,发表评论或提问题,对黄金客户还可以随机抽样,进行电话交流。

3. 白金客户

对于白金客户,除了包括以上对黄金客户的保持项目外,还要给予一些特殊待遇,如购买时给予更大的优惠,被邀请参加公司的活动等。使客户有种特殊的满足感,更愿意与公司保持进一步的联系,为公司的产品和服务提出意见和建议,与公司保持更好的合作关系。如南方航空公司,为企业金、银卡会员提供包括航班售罄时保证经济舱订座、候补优先、精英柜台办理乘机手续、额外免费行李额、贵宾休息室服务、优先登机等众多优先权,在提升了客户满意度的同时使公司得到更多的收益。

4. 钻石客户

对于钻石客户进行管理的目标就是要保持此类客户对公司的长期忠诚。即使有些情况下无法在某些客户处获得更多的赢利,也要努力保持良好的客户关系。如,国航成立了专门的大客户业务管理部门,依据众多大客户各自不同的差旅模式制定多样化的合作方案,为不同性质及需求的大客户提供更多的选择,使大客户差旅在便捷、舒适与成本支出上达到最佳的均衡。针对大客户的国际、国内差旅采购,国航目前主要有先期优惠、后期折让、累计航段赠送免票以及具体航线特价等个性化合作方案供客户参考。

(四)客户恢复(Customer Restoring)

客户恢复管理的重点是寻找、研究流失客户,在已经流失的客户中,寻找机会,恢复原有的客户关系。客户流失是指本企业的客户由于种种原因,转向购买其他企业产品或服务的现象。客户流失可以是与企业发生一次交易的新客户的流失,也可以是与企业长期交易的老客户的流失,还可以是中间客户(代理商、经销商、批发商和零售商)的流失,甚至是最终客户流失。通常老客户的流失率小于新客户,中间客户的流失率小于最终客户的流失率。

对于流失的客户可以通过顾客流失率、顾客保持率和顾客推荐率等顾客指标;市场占有率、市场增长率、市场规模等市场指标;销售收入、净利润、投资收益率等销售收入指标,来具体判断顾客流失的情况,并从主观原因(产品因素、服务因素、员工因素、企业形象因素等)和客观原因(顾客因素、竞争者因素、社会因素、其他因素等)两个方面分析顾客流失的原因。对于流失的顾客可以通过访问、再交流等形式争取恢复原有客户关系。

五 民航运输市场客户忠诚管理

(一)客户忠诚与顾客满意的关系

客户忠诚(Customer Loyalty,简称 CL),是指客户对企业的产品或服务的依恋或爱慕的感情,它主要通过顾客的情感忠诚、行为忠诚和意识忠诚表现出来。其中,情感忠诚表现为顾客对企业的理念、行为和视觉形象的高度认同和满意;行为忠诚表现为顾客再次消费时对企业的产品和服务的重复购买行为;意识忠诚则表现为顾客做出的对企业的产品和服务的未来消费意向。

客户的忠诚建立在顾客满意基础之上,客户满意是客户的一种心理感受,是客户的需求被满足后形成的一种愉悦感或状态。客户忠诚和满意之间的关系既复杂,又微妙,如图 12-5 所示。客户忠诚和满意水平之间的关系具体表现为:满意才可能忠诚、满意也可能不忠诚、不满意一般不忠诚、不满意也有可能忠诚。只有在完全满意的情况下,客户忠诚的可能性才会最大。

哈佛商学院的厄尔·萨塞及其学生弗雷德里克·莱希赫尔德的研究表明,顾客满意与顾客忠诚之间有高度的正相关关系,这种关系的取向会因行业的不同而不同,如图 12-6 所示。

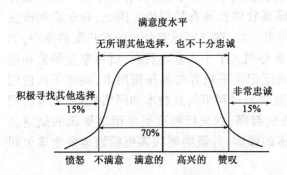

图 12-5 顾客满意水平与顾客忠诚之间的关系

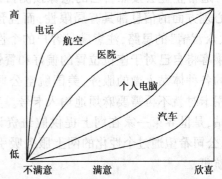

图 12-6 不同行业顾客满意水平与顾客忠诚之间的关系

航空行业属于低度竞争区,在低度竞争的行业中,顾客满意程度对顾客忠诚度的影响较小。因为在低度竞争情况下,客户的选择空间有限,即使不满意,他们往往也会出于无奈继续使用本企业的产品和服务,表现为一种虚假忠诚。随着专有知识的扩散、规模效应的缩小、分销渠道的分享、常旅客奖励的普及等,客户的不忠诚就会通过顾客大量流失表现出来。因此,处于低度竞争情况下的企业应居安思危,努力提高顾客满意程度,否则一旦竞争加剧,顾客大量流失,企业就会陷入困境。

(二)提高客户忠诚度的方法

1. 提高服务质量

企业的每位员工,都应该致力于为客户创造愉快的购买经历,并时刻努力做得更好,超越客户的期望值。

2. 提高客户满意度

客户满意度在一定意义上是企业经营"质量"的衡量方式。通过客户满意调查、面谈等，真实了解客户目前最需要的是什么，什么对他们最有价值，他们能从本企业提供的服务中得到这些认知的最好的方法是什么。现在许多航空公司提供姓相呼服务，航班上的乘务员先记住自己所负责舱位的乘客的姓名，乘客上机时只需将座位号贴在登机卡上，乘务员在机舱门口引导乘客对号入座，并在舱位图上做记号，等乘客就座完毕后，乘务员就能按照记忆对每一位乘客直接以姓氏相称，使乘客在感到宾至如归的同时又略感意外的和谐与舒适。

3. 超越客户期望

不拘泥于基本和可预见的水平，向客户提供渴望的甚至是意外惊喜的服务。在行业中确定"常规"，然后寻找常规以外的机会，给予超出"正常需要"的更多的选择。如，新加坡航空公司在旅客休息完后，给旅客送上一包精美的盥洗用具，包括牙刷、牙膏、肥皂、梳子和化妆品，上面都印有新航标记，这些盥洗用具不但是美观实用的纪念品，更是值得保留的宣传品。

4. 满足客户个性化要求

通常企业会按照自己的想像预测目标消费者的行动。事实上，所有关于客户人口统计和心理方面的信息都具有局限性，而且预测模型软件也具有局限性。因此，企业必须改变"大众营销"的思路，注意满足客户的个性化要求。如，在美国航空公司的客户资料库中，如果乘客将自己对于座位位置的偏好和餐饮习惯等列入了个人基本资料，就可享受到公司提供的各种体贴入微的服务，美国航空公司甚至还记录下乘客的各张信用卡，乘客下次使用信用卡时就不再需要麻烦地输入卡号。美国航空公司利用信息技术和网络优势，完善公司网站，是世界第一家在网上提供航班资讯、飞机起降、航班行程变更等诸多资讯的航空公司，公司希望通过个性化的网上服务吸引更多的顾客，并最终使顾客更频繁地乘坐该公司的航班。

5. 让购买程序变得简单

网络时代使购买程序变得更为简单，旅客在整个飞行过程中最大的困扰莫过于要在飞机起飞前数小时提前到达机场，并排队长时间等候办理登机手续，为此，亚航在其官网和智能手机客户端上开发了亚航专用应用程序，为旅客办理登机手续。自助登机服务的推出，一方面节省了旅客办理登机手续的时间，使旅行程序变得更加简单、快捷和省时，同时也进一步提高运营效率，降低人工和运作成本。

六 民航运输市场客户投诉管理

客户投诉的目的在于投诉的问题能得以解决，此外顾客还希望得到企业的关注和重视。有时顾客不投诉，可能是因为他不相信问题可以得到解决或者说他觉得他的投入和产出会不成比例。目前国内航空公司投诉率居高不下，并逐年上升，如何有效地处理顾客投诉，是企业赢得客户高度忠诚的关键。表12-2为2011年消费者对国内航空公司的投诉统计。

2011年消费者对国内航空公司的投诉统计（已受理）　　　　表12-2

序号	投诉类型	投诉数量	所占比例
1	航班问题	859件	50.74%
2	预定、票务与登机	311件	18.37%
3	行李运输差错	147件	8.68%
4	退款	132件	7.80%
5	旅客服务	126件	7.44%
6	综合（常旅客）	75件	4.43%
7	超售	32件	1.89%
8	残疾旅客	3件	0.18%
9	信用	3件	0.18%
10	票价	2件	0.12%
11	歧视（除残疾人）	1件	0.06%
12	动物（丢失、受伤）	1件	0.06%
13	其他	1件	0.06%
	合计	1693件	100

（数据来源：中国航空运输消费投诉通报，2011年）

1. 明确客户投诉管理的主要内容

客户投诉管理主要包括四个方面的内容：客户投诉受理管理、客户投诉培训管理、客户投诉筛选管理和客户投诉受理追踪管理。其中，客户投诉受理管理是客户投诉管理的主要内容，通过受理客户投诉实现客户知识的获取；客户投诉培训管理指导客户就相应的问题采取相应的方式投诉；客户投诉筛选管理保证进入客户知识获取系统的客户投诉具有分析价值；客户投诉受理追踪管理监督客户投诉的受理和客户知识的获取过程。

2. 创造全员重视的客户投诉管理战略联盟

确定客户投诉管理战略意义的同时，更为重要的是企业内部各职能部门员工的战术执行。要做到及时有效地处理客户投诉，必然需要涉及产品品质相关部门之间的通力合作和上下级之间的顺畅沟通。同时，企业和分销商作为产品价值链上的两个独立的业务单元，面向客户投诉，二者扮演着利益均沾、风险共担的战略伙伴角色。基于获取客户知识、创造客户价值的目的，企业和分销商之间可以形成一种以企业为中心，以分销商为辅的面向客户投诉的战略联盟。因此，企业需要明确经销商受理客户投诉的责任，同时还要将客户投诉受理的辅助执行情况作为对其考核的重要指标。

3. 建立客户投诉受理知识库

在受理客户投诉之前，企业需要形成一套完备的客户投诉应对预案，建立面向客户投诉受理知识库，力求员工受理客户投诉规范化、制度化，查有所据。客户投诉受理知识包括可能引发客户投诉的原因,针对每项可能的投诉制定处理客户投诉的流程,明确客户和企业就相应的投诉问题应该承担的责任,避免由于权责不清造成推诿和争端。

4.赋予受理客户投诉员工必要的决策权

向员工授权,一方面可以消除信息传输过程中的延时和误差。客户服务中心人员位于客户投诉的最前沿,当发生客户投诉时,如果员工限于职责的权利范围而延误客户投诉的受理,或者由于组织结构要求由上而下的分级汇报而产生数据、信息的搜集误差,将会直接影响客户投诉受理的质量,造成客户基于投诉而产生更大不满;另一方面,赋予客户投诉受理员工以必要的决策权力,能够更加充分地调动其工作积极性。面对琐碎的客户投诉事务和不满的客户情绪,授权有利于缓解员工烦躁的工作情绪,也会对其产生激励作用。因而,客户投诉管理组织结构的扁平化有助于实现员工的责任和权力并重。

5.保证客户投诉信息双向沟通的有效和顺畅

当发生客户投诉时,常规投诉由客户投诉知识库直接给出解决方案,非常规投诉由客户服务中心协调相关部门的相关人员及时与客户取得联系,全权答复客户投诉问题,建立并维护客户关系,并在此基础上,取得客户的信任并向客户学习,发现现有产品或服务的缺陷和客户的潜在需要。另外,建立客户投诉处理追踪系统,客户和企业相关部门的人员可以自身的权限,通过该系统实时追踪投诉问题的解决进程。

航空公司要不断优化业务流程,不断提高员工服务素质,通过客户的不满、投诉和员工的补救经验来反思自身存在的问题,将客户的不满和投诉作为公司如何改进的方向,从而提最大限度提高顾客满意水平。

第二节 航空公司常旅客计划

常旅客计划的实施与客户关系管理是密不可分的,在很多时候它甚至成为客户关系管理的代名词。常旅客计划不仅仅是一个信息系统的使用,本质上是航空公司经营理念与方式的彻底转变。

一 常旅客计划的产生与发展

国际航空界第一个常旅客系统出现在美国。20世纪70年代,在美国政府放松对民航运输业的管制以后,一些中小航空公司纷纷压低票价,引发航空公司之间的价格大战。原先属于大航空公司的客源纷纷流向低票价的航空公司,不灵活的价格策略使得大型航空企业陷入困境。美国航空公司通过客户数据资料分析,发现并非所有的客户都能给公司带来利润,而且开发新客户的成本非常高。在这种情况下,美国航空公司将客户范围缩小化,准了那些数量不多但乘坐航班比率较高的,在航空公司整个旅客运输收入中始终占有较高比例的旅客称为常旅客。航空公司为把这部分常旅客吸引成为公司的忠诚客户,对这些经常乘坐本公司航班的旅客提供某种程度上的优惠,以培养旅客的忠诚度,常旅客计划应运而生。

常旅客计划(FFP:Frequent Flyer Program),即旅客加入航空公司的常旅客俱乐部,通过乘坐其加入的公司航班来累积里程,达到相应的里程后,航空公司提供免票或免费升舱等奖励服务,达到增加或保持公司的顾客、提升竞争力的目的。

美利坚航空公司于1981年率先推出名为AAdvantage的常旅客计划,随后各航空公司纷纷效仿推出各自的常旅客计划。时至今天,全球的常旅客系统已经发展到酒店、租车、银行、零售、旅游等行业以及行业之间的联合,从而交换积分,互通有无。

在中国,随着计划经济向市场经济的转变,中国国际航空公司率先借鉴世界航空公司的做法,于1994年推出了国内第一个常旅客计划——国航知音奖励计划。随后中国南方航空公司推出了"明珠卡",中国东方航空公司推出了"金燕卡",厦门航空公司推出了"白鹭卡"等各自的常旅客奖励计划,其目标直指航空商务市场。常旅客计划作为一项行之有效和保证公司高收益的非价格营销手段被国内各家航空公司所效仿。在短短不足10年的时间,中国的航空公司已建立起数十个常旅客系统,常旅客计划已逐步成为航空公司赢得竞争优势的重要方式之一。

二 常旅客计划的战略意义

常旅客计划之所以被众多航空公司所推行,是因为它以会员制的形式来积累市场份额并防止其他航空公司进入该市场,它与产权联盟、收益管理系统、轮辐式航线网络并称为航空公司的四大经营战略,它们分别在航空公司增强实力、巩固市场份额、增大收益、开辟新市场等方面发挥了积极的作用。常旅客计划的优势具体表现在以下几个方面。

1. 常旅客计划是航空公司稳定的收入来源

常旅客是一种可以与之建立长期关系并从他们身上取得长期利润的客户,他们可以一直在某航空公司消费,前提是航空公司必须和他们建立联系,并通过服务维持这种联系。他们一旦和航空公司建立了这种联系,就可能放弃一些折扣而寻求个性化的服务。因此,常旅客计划可以吸引某些较高价值的旅客,降低旅客的需求价格弹性,提高航班的客座收益。此外,忠诚的客户在带来巨额利润的同时,还可以降低营销成本,所以航空公司把常旅客的发展作为客户关系管理的一个重要目标。航空公司的实践也证明了这一点,如美利坚航空公司最重要的收入来源就是常旅客计划,整个常旅客计划收入约占其运输收入的50%和利润的80%,而中国的常旅客运输周转量也占到航空公司总周转量的50%左右。

2. 常旅客计划是提高客户满意度和提升客户价值的有效方法

建立与客户之间良好的互动关系并提供高质量的服务,以此来保留忠诚客户是航空公司常旅客计划的重要目标。常旅客计划提升客户满意度和客户价值主要表现在:常旅客是航空公司核心的客户资产,各个服务接触点的高质量服务是客户满意的先决条件;常旅客计划的实施使客户让渡价值得到提高,即通过提高服务质量来提高客户服务价值和通过升舱、免票等奖励来降低客户的货币成本。

3. 常旅客计划是航空公司了解旅客、了解市场的重要渠道

比较完备的常旅客计划都建立了强大的常旅客信息系统,这个系统不仅为常旅客记录里程,还负担着记载、统计、分析常旅客的群体特征、消费习惯、需求特点,甚至生活偏好等任务。

通过这种分析,航空公可以了解自己的常旅客和整体民航运输市场,从而有助于服务的改进和营销产品、营销计划的制订。

4. 常旅客计划是航空公司获得竞争优势的重要手段

航空公司会受到同行业的企业、客户、替代产品和潜在进入者的竞争。常旅客计划有助于培养对服务敏感大于价格敏感的客户,从而降低航空公司客户的讨价还价能力;常旅客计划的客户忠诚度培养还有助于避免替代品的威胁,加强航空公司在同行业的竞争优势。

5. 常旅客计划是航空公司联盟的重要因素

目前很多国际航空公司逐渐形成战略联盟关系,也是基于常旅客的交换,而具有庞大数量的忠诚常旅客是航空公司之间形成联盟的重要砝码之一。通过联盟,航空公司可以使自己的常旅客计划对常旅客产生更大的吸引力,从而保持忠诚的旅客群体。联盟公司建立起共同的常旅客优惠计划,使得常旅客可以选择更广的航线网和更多的航班时刻,兑换免费里程的选择范围也相应扩大。

案例12-2

深航用常旅客计划打开效益之门

深圳航空有限责任公司(Shenzhen Airlines,简称深航)于1992年11月成立,截至2012年11月,深航共拥有波音747、737,空客320、319等各类型客货机逾百架,经营国内国际航线135条。

继2008年7月新常旅客系统正式启动上线后,深航正式运营新常旅客系统二期,标志着深航新常旅客系统全面胜利上线,系统升级工程全部竣工,常旅客系统及电子商务平台双保障体系成功建立,也标志着深航常旅客计划完成基础建设,进入全面经营时代。

深航新常旅客系统将通过盘活常旅客数据库资源为常旅客部门启动自主造血功能,逐渐将常旅客业务从成本中心向利润中心方向发展,并最终使常旅客会员对公司主业的贡献产生量和质的飞跃。新常旅客系统拥有诸多世界、国内及业内领先的先进功能亮点,具备以客户为中心兼顾积分经营的优良品质,将服务与营销有机结合在一起,以更加灵活及开放的状态迎接常旅客计划全面经营的到来。

与深航新常旅客系统一期相比,二期系统在合作伙伴、奖励品及市场营销三大板块更强化了营销的理念,具体表现在以下三个方面。

国内独有合作伙伴门户建立。在深航合作伙伴处建立系统终端平台,便于深航常旅客会员在合作伙伴处消费体验时获得更便捷的服务,同时也极大方便了合作伙伴积分统计,对发展新的合作伙伴具有良好的促进作用,进一步提升积分销售收入及合作销售收入等。

奖励品板块处于全球领先地位。采用与阿联酋航空相媲美的积分+现金灵活组合的奖励品兑换方式,精心打造的尊鹏网上商城,在会员随心所欲的时尚购物体验中,提升现金收益促进积分消费。多元化的奖励品兑换渠道平台建立,商户直接扣减积分换购礼品功能,让会员到深航奖励品供应商处直接刷卡扣减积分换购礼品,方便了会员使用积分,同时也将丰富深航奖励品,构建"无成本、无库存、无配送"的低成本奖励品中心。

独立的市场营销模块。同样是国内独有,可开展能够有效监控的市场活动,灵活开展精准促销和会员沟通,提升客户感知的同时促进会员销售,加强对深航主营业务收入的有效支撑和促进作用。

同时,深航为会员提供了诸多便捷功能,加大了对会员的服务力度,涵盖以下诸项功能:世界独有的一户多卡功能和礼遇卡功能,解决了所有常旅客会员卡重复、合并、换卡问题,方便拓展多种形式的联名卡。将贵宾卡预售,丰富贵宾卡获取方式,增加公司收益。

国内独有的关联卡功能,实现有条件的账户积分互转共享,相当于信用卡的主附卡。

业内领先的自动累计积分功能,用身份证号从离港记录中匹配累计积分,很好的解决了客人乘机不出示会员卡,再补登积分问题。

国内领先的积分按照折扣精确累计,可以把会员购买的任何舱位机票记录进行统计,不需要对特殊舱位进行补登,方便了累计积分,维护了会员权益。

用常旅客计划打开效益之门,深航在完成2008年基础建设打造的同时,将在2009年开展全面经营。以深航百万常旅客数据库为基础,通过电子商务手段,实现对常旅客及相关合作伙伴的服务营销,做大常旅客会员的规模,盘活常旅客价值,优化常旅客高端会员比例,从而为深航主业产生提升销售、降低成本、提高品牌美誉度的助推器作用。

通过梳理和构建互动式顾客接触点,聆听和分析顾客需求,联合合作伙伴共同不断推出营销举措,持续改进顾客在深航的商旅体验。并在此过程中锻造成商旅数据库精准营销领域的顶级专家团队、构建最先进的客户沟通平台、构建航空界"星巴克"式的商旅生活空间、打造最丰富会员权益的常旅客俱乐部、形成最活跃最具成交性的精准营销客户数据库、将积分作为虚拟货币在商旅价值链中进行全面的流通从而形成航空界的"招商银行",最终做到以最小的成本获得最大的非航空主业利润。

案例讨论:

1. 深航是如何开展常旅客计划的?
2. 常旅客计划对深航有哪些深远的影响?

三 常旅客计划的管理与实施

航空公司常旅客的实施办法是:当旅客申请加入常旅客奖励计划后,航空公司为其建立账户和档案,由计算机系统为其记录旅行信息和累积飞行里程,经济舱机票通常以实际里程累积,商务舱和头等舱机票按实际里程的若干倍累积,当旅客累积的里程达到规定的数目后,便可获得一定里程的免票、免费升舱、免费行李、优先候补和其他服务等多项综合优惠。常旅客实施流程,如图12-7所示。

1. 会员资格控制

实施常旅客计划的目的就是要识别常旅客,给予常旅客差别利益,隔离普通旅客,有效地降低常旅客计划的运营成本。因此,航空公司都设法运用限制性措施在常旅客与一般旅客之

间构筑壁垒,实现常旅客的自我筛选。航空公司设置的主要限制性措施包括:

(1)入会限制。一些航空公司向申请者收取一次性入会手续费,以减少非常旅客的申请。例如,澳大利亚航空公司向申请者收取入会手续费30澳元。

(2)账户活动限制。对在一定时期内没有乘坐航班或里程累计的旅客取消会员资格。如美国三角洲航空等几家公司规定,如果一名会员在三年内未在所属航空公司及其合作伙伴那里消费,其资格就会被取消。

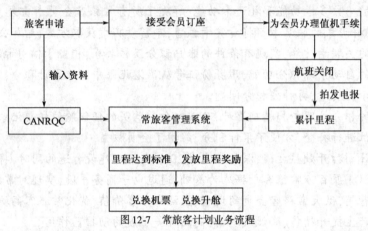

图12-7 常旅客计划业务流程

(3)里程累积时间限制。普通旅客不易像常旅客那样在规定的时间内累积足够的里程数,因此可以通过里程累积时间限制对普通旅客加以隔离。如美洲航空和联合航空都曾规定:如果一名会员在三年内,未累积起可兑换奖励的里程数,从第四年起,会员累积的里程数就会部分或全部失效。

2. 会员分级管理

对航空公司而言,常旅客也并非等同重要,很多航空公司的常旅客计划对常旅客又作了进一步的区分,根据旅客在航空公司消费的多少,将他们划分为多个等级。常见的分级有3~4个级别,由高到低依次为白金卡会员、金卡会员、银卡会员和普通会员(名称上各不相同)。等级越高,门槛也越高。表12-3是美联航常旅客计划的会员级别。

美联航里程卡基础信息　　　　表12-3

	有　效　期		不失效,18个月内账户有活动
白金卡	定级		16万公里/年,100个航段
	保级		16万公里/年,100个航段
金卡	定级		8万公里/年,60个航段
	保级		8万公里/年,60个航段
银卡	定级		4万公里/年,30个航段
	保级		4万公里/年,30个航段
头等舱里程系数			1.5
商务舱里程系数			1.25
全价经济舱系数			1
折扣经济舱系数			1
不累计里程舱位			免费

多数航空公司采用一套并行于里程积分的点数积分制来划分级别,旅客购买机票,既获得里程积分,也获得点数积分(点数仅用于顾客分级,不能兑换奖励)。一年内点数积分达到一定数额,可获得银卡会员资格,若能达到更高的标准,则可获得更高的等级。不少航空公司还根据会员每年的积分情况,对其等级进行审核。

相应地,航空公司给予高等级的旅客更多的利益,如,里程积分的奖励。在很多航空公司,普通会员飞行1英里能得到1英里的里程积分,而高等级的会员则能获得1.25~3英里的里程积分;又如,附加服务。不同等级的会员能得到多少不一的免费特别服务,如柜台快速检票、优先接受预订、优先安排座位、优先登机、专门的候机休息厅等,这些附加服务不仅让这些旅客旅行更加便利和舒适,服务上的特别关照也带给他们较多的心理满足感。表12-4是美联航对不同级别旅客的奖励措施。

美联航里程卡服务项目　　　　　　表12-4

奖励措施	白金卡	金卡	银卡
贵宾卡里程奖励	100%	100%	25%
国内航段免费升舱	次数限制	次数限制	次数限制
会员专用热线	√	√	√
优选座位预定	√	√	√
优先登机	√	√	√
优先办理登机手续	√	√	√
优先候补	√	√	√
免费行李优惠	√	√	×
免费休息室	仅国际舱班	仅国际舱班	×

3. 常旅客奖励管理

奖励是常旅客计划用来稳住常旅客的主要手段,如在美国,由于美国各大航空公司都有相似的常旅客计划,对常旅客的争夺十分激烈,各大航空公司无不用尽心思,增强常旅客计划奖励的吸引力。根据美国营销咨询人员奥布赖恩(Iduise O'Brien)和琼斯(Charles Jones)的研究结果,对顾客而言,奖励的价值取决于奖励的现金价值、奖励是否具备顾客渴望的价值、奖励是否容易取得、可选择的奖品类别、领取奖励是否方便等因素,这几个因素在各大航空公司的常旅客计划中都有所体现。大多数航空公司通过对常旅客奖励措施的偏好分析,制定符合旅客需求的会员专享政策,稳固并逐步扩大客户群。

近年来,航空公司与业内外众多企业结成奖励网络,旅客不仅可通过乘机旅行累积里程,还可通过住旅馆、租车、打电话、使用信用卡消费等来能获得相应的里程积分,使整个网络共享的顾客都能较容易地累积里程、获得奖励。旅客累积起足够的里程积分后,可拥有丰富的兑奖选择,不仅可以换取航空公司的免费机票、免费升舱等奖励,还可兑换其合作伙伴提供的各种奖励,如免费旅馆房间、免费租车等。如果里程数略有不足,还可用现金向航空公司购买里程积分。一些航空公司还允许旅客将自己获得的奖励赠与亲友。

4. 常旅客里程累计管理

经过多年的实践,航空公司主要通过运用里程积分来影响常旅客的行为。航空公司通过增加或减少一项购买所能获得的里程积分来影响旅客的购买选择。常见的方式有：

（1）鼓励对公司有利的购买行为。付高价购买高档舱位机票和付全价购买经济舱位机票的旅客最有利于增加航空公司的收入与利润，很多航空公司都为购买高档客舱机票或全价机票的会员提供额外的奖励里程积分，鼓励公务旅行者购买全价机票。

（2）鼓励旅客尝试新服务。在互联网迅速普及的背景下，航空公司都加强了机票的直销，以降低销售费用。为培养常旅客形成使用网络直接订票的习惯，各航空公司都为网络订票提供了较多的奖励里程积分。

（3）运用里程积分调节不同航线的供求关系。航空公司常常降低热门航线机票所能获得的里程积分，增加冷僻航线的里程积分。

四 常旅客计划的创新与发展

客户经济时代下，客户可以借助互联网完成一切信息的收集和比较，选择权得到极大的释放。因此客户就会越来越不容易满足，客户忠诚度随之降低。在这种形式下，作为收入来源重要组成部分的常旅客计划也应随之出现创新与发展。

1. 不拘一格的奖励计划

按照以往的积分政策，往往是会员账户累计达到一定标准后，方可给会员回馈，有部分会员对这样的累计并不十分在意，常旅客计划也就达不到激励效果。因此，可打破常规，尝试实行实时和分段奖励，如某条航线连续乘坐多少次，便可享受次年度该航线低于外放价格10%的优惠。另外，对于大客户企业的票务采购人、间接订票人、甚至销售代理人均可以实行里程、免票、旅游等奖励方式。这种立体复合的奖励方式对于会员的激励价值会更有效。

2. 灵活多变的发展模式

长期以来，各航空公司采用最多的常旅客会员发展模式为售票现场、网站入会、值机入会、空中入会等。除此，航空公司还可以通过其他渠道发展常旅客会员，例如山东航空公司所采取的电话发展、联盟商户均取得了良好效果。另外，也可以参考国外类似直销的会员发展模式，即会员推荐他人入会，可享受到一定程度的优惠，通过会员介绍会员可让消费者口碑发挥价值，同时也能形成新的"消费者链条"，为航空公司加速常旅客计划的发展。

3. 多种会员俱乐部

通过会员中不同年龄、阶层的兴趣爱好，建立会员俱乐部，创造会员之间的交流平台，增加常旅客黏性。如目前企业日趋成熟的高尔夫俱乐部、自驾游俱乐部、红酒、品茗俱乐部等，这些都是定期通过一些活动增加会员之间的沟通交流，形成共同爱好团体，在维系客户的同时也让会员主动去传播航空公司的品牌。

4. 新媒体下的社交互动

新媒体主要是指微博和社交网站，例如国外的 Twitter 和 Facebook，国内的新浪和腾讯微博等。这些网站在发挥娱乐大众功能的同时，在市场营销、销售、公共关系和客户服务等方面也有重要的商业价值。国内航空公司自 2009 年底开始陆续建立官方微博，从一人维护到跨部门团队运作，已成为一个潜在的与旅客互动交流的平台。新媒体因其成本较低，易于推广等优势,在品牌互动和提升客户忠诚度方面可以起到积极作用。

常旅客计划作为航空公司战略中的一部分,不仅仅是一个维护顾客的手段,更是一种低成本、高产出的营销模式。目前国内航空市场仍处于开发阶段,潜力巨大,在常旅客计划管理走向成熟的同时,国内民航业将出现一片繁忙景象。经济全球化所带来的机遇和挑战是中国民航发展的催化剂,将推动中国民航的改革和创新,相信在二十一世纪,中国民航运输业必将走在世界前列。

本章小结

民航客户关系管理具有保持客户忠诚度、提高服务管理质量、使成本收益最大化、增强企业竞争优势等战略意义。

民航企业客户关系管理的主要内容是客户获取、客户识别、客户维护和客户恢复。

按客户价值矩阵可以把客户分为钻石客户、白金客户、黄金客户、白银客户4种类型,民航企业应根据这4种类型分别制定客户关系管理方案。

客户忠诚和满意水平之间的关系具体表现为:满意才可能忠诚、满意也可能不忠诚、不满意一般不忠诚、不满意也有可能忠诚。只有在完全满意的情况下,客户忠诚的可能性才会最大。

在民航运输市场客户投诉管理中应做到明确客户投诉管理的主要内容、创造全员重视的客户投诉管理战略联盟、建立客户投诉受理知识库、赋予受理客户投诉员工必要的决策权和保证客户投诉信息双向沟通的有效和顺畅。

常旅客计划与产权联盟、收益管理系统、轮辐式航线网络并称为航空公司的四大经营战略。

民航运输市场常旅客管理包括会员资格控制、会员分级管理、常旅客奖励管理、常旅客里程累计管理等内容。

复习思考题

1. 什么是客户关系管理,客户关系管理对民航企业有何战略意义?
2. 民航运输市场客户关系管理有哪些内容?
3. 论述客户生命周期各个阶段的 CRM 策略。
4. 根据客户价值,民航运输市场客户有哪些类型?
5. 简述客户忠诚和客户满意之间的关系。
6. 民航企业应如何建立客户投诉管理机制?
7. 什么是常旅客计划?如何实施有效的常旅客计划管理?

中英文对照专业名词

客户关系管理	Customer Relationship Management
接触管理	Contact Management
客户关怀	Customer Care
客户服务系统	Customer Service System
交易型顾客	Transaction Buyer
关系型顾客	Relation Buyer
客户获取	Customer Acquiring
客户识别	Customer Identifying
客户维护	Customer Retaining
客户恢复	Customer Restoring
客户忠诚	Customer Loyalty
常旅客计划	Frequent Flyer Program

课后阅读

微博粉丝也是生产力,从常旅客计划到粉丝团

国内航空公司电子商务市场营销人员正在开展一种有趣的营销活动,即不遗余力地发展各自航空公司的"粉丝"。这项营销活动的热门透露出了某些信息,比如,在大力发展电子商务的战略下,航空公司们正试图在互联网上笼络一批自己的忠实旅客。

"粉丝"是英语"Fans"的音译,指的是支持某些明星的追星族们。不过,现在"粉丝"的应用已经非常广泛,许多年轻人对这个新词汇爱不释手,将使用该词变成了一种时尚。

最近,中国东方航空股份有限公司举办了一次征集官网"粉丝团"的活动,在登录东航官网购过票的旅客中,征集了150名旅客,并根据旅客们给官网提出的建议,评选出"金粉丝"、"银粉丝"和普通粉丝奖。东航相关高管出席了有媒体参加的颁奖仪式并为获奖者颁奖,表明了对"粉丝团"的重视。

更多航空公司则在利用新浪微博平台建立自己的"粉丝团"。新浪微博干脆将"关注者"(follower)叫做"粉丝",每个新浪微博的使用者(不管是机构还是个人)的页面上,都能看到他们有多少"粉丝"。国内大多数的航空公司,都在新浪微博建立了自己的官方微博,并通过各种促销手段,积累了成千上万的粉丝。

"粉丝团"的出现,不得不让人联想到航空公司的常旅客计划,或许"粉丝团"可以定义为航空公司常旅客计划的一个在线子集,以求常旅客计划在在线市场的某些突破。

常旅客计划是指航空公司向经常乘坐其航班的旅客推出的以里程累积奖励为主的促销手段,是吸引公商务旅客、提高航空公司竞争力的一种市场手段。世界上第一个航空公

司常旅客计划是美国航空公司(American Airlines)建立的名为AAdvantage的常旅客计划,当时是在1981年,至今已经30多年历史。

传统的常旅客计划以旅客的乘机次数、乘机频率和每次消费金额等指标来甄别会员的价值,航空公司与常旅客之间的互动是主要的营销手段。除了向亲朋好友的口碑传播外,加入同一家航空公司常旅客计划的旅客之间几乎没有建立任何的联系。

而"粉丝"则显示出了常旅客迥然不同的特点:

(1)即使没有乘坐过某航空公司的航班,但仍能成为该航空公司的"粉丝"。也许这样的粉丝只是因为一家航空公司的品牌、飞机、机组形象而成为其粉丝。不过这样的粉丝显然是潜在的乘机者。

(2)粉丝的病毒式传播能力巨大。在微博环境下,航空公司的每个粉丝都有自己的一群或多或少的粉丝,这种扩散式的传播路径,使得航空公司的信息能够得以广泛地传播。

(3)粉丝表现出了勤于关注、乐于分享的特点,粉丝之间的互动也十分频繁。这与传统常旅客计划会员之间的没有联系形成鲜明对比。作为同一家航空公司的粉丝,微博等在线工具创造了良好的互动环境,使得粉丝们可以围绕航空公司的某些主题相互交流。

新浪微博上有一句非常流行的话,表明了微博的传播威力:"当你的粉丝超过一百,你就好像是本内刊;超过一千,你就是个布告栏;超过一万,你就好像是本杂志;超过十万,你就是一份都市报;超过一百万,你就是一份全国性报纸;超过一千万,你就是电视台;超过一亿,你就是CCTV了。"

如果一家航空公司能建立一百万甚至更多的在线"粉丝团",并为他们营造良好的互动氛围,那么不管是航空公司的品牌形象还是促销信息都将无疑会获得大范围的传播,对传统的常旅客计划无疑将是一个很好的补充。也许未来航空公司的在线直销之战的胜负,仅仅取决于这些"粉丝"数量的多寡,而常旅客计划向利润中心转型的梦想也或许能因互联网特有的创新盈利模式而得以实现。

这样看来,互联网再次正在以出人意料的方式对传统航空业产生影响。在航空公司,从常旅客计划到粉丝团,也许正是这些逐步发生着的某些有趣改变之一。

(资料来源:李志军.中国民航资源网.http://news.carnoc.com/list/170/170878.html)

参 考 文 献

[1] 菲利浦·科特勒,凯文·莱恩·凯勒.营销管理[M].梅清豪,译.第12版.上海:上海人民出版社,2006.
[2] 迈克尔·波特.竞争战略[M].陈小悦,译.北京:华夏出版社,2005.
[3] 菲利普·科特勒.营销管理:分析、计划、执行和控制[M].梅汝和,等,译.上海:上海人民出版社,1997.
[4] 吴健安.市场营销学[M].2版.北京:高等教育出版社,2004.
[5] 郭国庆.市场营销理论[M].北京:中国人民大学出版社,1999.
[6] 晁钢令.市场营销学[M].第3版.上海:上海财经大学出版社,2008.
[7] 吴长顺.营销学[M].北京:经济管理出版社,2001.
[8] 孟华兴,张洪吉,等.市场营销学[M].石家庄:河北教育出版社,2006.
[9] Simon Majaro. Marketing[M].北京:中国人民大学出版社,2001.
[10] Philip Kotler. Marketing Management[M].北京:清华大学出版社,2001.
[11] 刘敏文,梁炜,等.空运市场营销[M].第3版.北京:人民交通出版社,2010.8.
[12] 乐卫松.航空客运营销实务[M].上海:上海东方出版社,2000.
[13] 顾胜勤.航空市场服务营销与管理[M].北京:中国科学技术出版社,2001.
[14] 斯蒂芬·萧.航空公司市场营销与管理[M].邵龙译.北京:中国民航出版社,2007.
[15] 彭本红,吴桂平.航空公司运营管理[M].武汉:武汉理工大学出版社,2010.6.
[16] 耿淑香.航空公司运营管理方略[M].北京:中国民航出版社,2000.
[17] 冯丽云.现代市场调查与预测[M].北京:经济管理出版社,2000.
[18] 甘碧群.企业营销道德[M].武汉:湖北人民出版社,1997.
[19] 应恩德.人员推销[M].北京:电子工业出版社,2001.
[20] 施鼎豪,梁馨.中国民航业发展报告[M].北京:中国物资出版社,2008.
[21] 刘德一.民航概论[M].北京:中国民航出版社,2000.
[22] 赵影,钟晓东.民航客货运输实务[M].北京:中国民航出版社,2007.
[23] 陈淑君.民航服务、沟通与危机管理[M].北京:中国民航出版社,2006.
[24] 高铁生,任林书.营销渠道管理[M].北京:电子工业出版社,2003.3.
[25] 劳伦斯·G·弗里德曼,蒂莫西·R·弗瑞.创建渠道优势[M].北京:中国质检出版社,2003.
[26] 黄沛,王丹,周亮.营销创新管理[M].北京:清华大学出版社,2005.
[27] 杨锡怀,冷克平,王江.企业战略管理[M].北京:高等教育出版社,2004.
[28] 熊越强.公共关系实务[M].北京:清华大学出版社,2006.
[29] 王盘根.商务公关[M].北京:高等教育出版社,2005.
[30] 熊超群.公关策划实务[M].广州:广东经济出版社,2003.
[31] 高志斌.计量经济法预测北京地区航空旅客和航空货邮运输需求[J].空运商务,2011(23).

[32] 韩明亮.竞争环境下航空公司航线市场份额的预测方法[J].中国民航大学学报,2007(1).

[33] 李慧兰.航空公司分销渠道的创新管理[J].民航管理,2004(9).

[34] 路大巍.航空公司的分销渠道策略[J].航空公司管理,2004(5).

[35] 王晶.大型客机国内民航旅客市场特征分析[J].民用飞机设计与研究,2010(4).

[36] 张琳.中国低空空域管理改革与通用航空旅游的发展[J].当代旅游,2011(5).

[37] 王冠云.航空运输对旅游导向型城市的贡献分析及发展建议——以云南丽江为例[J].空运商务,2011(9).

[38] 戴福瑞.数字化浪潮推动全球航空业发展[J].中国民用航空,2010(6).

[39] 党亚茹,陈韦宏.基于中国优秀旅游城市的航空客运网络分析[J].旅游学刊,2011(2).

[40] 周海龙.海南航空:航空巨头成功跨界酒店业[J].经营者,2009(9).

[41] 国家航空产业基地,通用航空专家委员会.中国空中游览和航空旅游市场浅析[J].国际航空,2007(9).

[42] 谢泗新,冯素君,康燕.航空公司服务遭遇与服务补救[J].中国民用航空,2001(6).

[43] 刘功仕.论当代航空运输业发展的四大特征[J].国际航空,2007(02).

[44] 沙水全.航空公司服务质量问题的成因分析[J].世界标准化与质量管理,2004(7).

[45] 李洪涛.服务营销中的旅客满意度分析[J].民航经济与技术,2000(3).

[46] 吴晖.航空公司服务质量旅客满意度研究[J].现代商业,2007(30).

[47] 吴晖.民用航空运输服务产品评价[J].现代商贸工业,2004(4).

[48] 张丽萍.有效的服务管理,实现服务品牌可持续发展的关键[J].中国民用航空,2009(11).

[49] 王云涛,李飞龙.齐验品牌服务——航空公司核心竞争力之一[J].空中商务,2007(7).

[50] 孔令宇,赵宇光,徐舟.论航空公司客户关系管理的发展方向[J].中国民航学院学报,2006(04).

[51] 韩涛.航空公司的营销服务[J].中国民用航空,2003(03).

[52] 韩明亮,张娟,李琪.航空公司旅客服务质量实证研究[J].中国民航学院学报,2005(1).

[53] 胡宗权.我国航空公司客运服务整体化运营的思考[J].空运商务,2007(20).

[54] 李薇,石丽娜.航空公司客户关系管理研究[J].空运商务,2006(16).

[55] 范小军.航空公司客户关系管理策略研究[J].南京财经大学学报,2007(4).

[56] 郭雯,葛朝阳,吴晓波.基于客户认知的CRM策略[J].商业研究,2003(8).

[57] 侯秀敏.航空公司常旅客计划的发展[J].空运商务,2012.19.

[58] 徐炳强.从顾客忠诚度谈航空公司常旅客计划[J].空运商务,2012(23).

[59] 宋英,邦翟静.浅谈民航客户关系管理在航空公司中的实施[J].辽宁经济管理干部学院学报,2011(2).

[60] 魏亚波.中外航空公司常旅客计划比较分析[J].空运商务,2007(10).

[61] 彭涌,陈传波.航空公司常旅客系统的研究与实现[J].计算机应用研究,2000(11).

[62] 邓晓勇.荷兰航空公司的服务品牌战略及借鉴意义[J].空运商务,2008(23).

[63] 陈洁茹.超越4p——浅析航空公司市场营销的要素组合[J].管理,1999(7).

[64] 邓剑熙.大韩航空货运领先的奥秘[J].空运商务,2006(22).
[65] 曾昊.电子客票及其分销渠道分析[J].企业活力,2007(1).
[66] 熊越强.公共关系在民航企业经营管理中的运用[J].桂林航天工业高等专科学校学报,2011(2).
[67] 杨贵山.航空旅游与航空运输的协同发展[J].中国民用航空,2011(10).
[68] 肖芸.航空业发展对中国旅游业的影响研究[J].经济研究导刊,2012(20).
[69] 刘功仕.航空运输市场的基本特征[J].民航经济与技术,1996(5).
[70] 尹彬.基于"顾客让渡价值"的高铁民航竞争研究[J].现代商贸工业,2012(15).
[71] 张威,朱志愚.论提升我国航空公司直销比例[J].现代商贸工业,2011(16).
[72] 王金骅.民航业电子客票网络营销的理论分析[J].空运商务,2007(23).
[73] 杨俊杰,缪建营.民营航空公司竞争战略的SWOT分析[J].产业与科技论坛,2010(11).
[74] 石洪景.企业实施差异化战略研究[J].消费导刊,2009(6).
[75] 刘秀丽.网络环境下民航客票销售渠道的变迁[J].当代经济,2010(12).
[76] 陈力华.我国民航客运市场的分析和预测[J].上海交通大学学报,2003(4).
[77] 林晓航.消费者动机分析与营销策略[J].中山大学学报论丛,2006.
[78] 白钊.中国民用航空公司客运分销渠道管理[J].商场现代化,2006(3).
[79] 曹明标.中国民用航空客运销售代理业行业发展及企业竞争战略选择[D].厦门大学,2005.
[80] 穆光明.南方航空股份有限公司营销策略研究[D].长沙:湖南大学,2002.
[81] 郭嘉晔.海南航空公司客运市场营销战略研究[D].沈阳:东北大学,2005.
[82] 王正磊.航空公司客户关系管理系统设计问题的研究[D].南京:南京航空航天大学,2007.
[83] 王朝晖.上海航空公司竞争战略研究[D].上海:上海交通大学,2006.
[84] 张剑虹.航空公司低成本战略研究[D].广汉:中国民用航空学院,2006.
[85] 程燕.航空公司CRM(客户关系管理)问题研究——以国航为例分析[D].苏州:苏州大学,2010.
[86] 李彤.东方航空公司的客户关系方案研究[D].北京:北京交通大学,2006.
[87] 孙庭树.客户关系管理的策略研究[J].山西财经大学学报,2007(S2).
[88] 艾瑞咨询集团.航空公司网络直销发展策略研究报告(简版)[R],2008.
[89] 中国民用航空局发展计划司.民航行业发展统计公报[Z],2010.
[90] 中国民用航空局发展计划司.民航行业发展统计公报[Z],2011.
[91] 中国民航局消费事务中心.中国航空运输消费投诉通报[Z],2011.
[92] 中国民航总局.中国民用航空发展第十二个五年规划[Z],2011.